KB211305

선수 禪修

마음의 평정과 깨달음으로 이끄는 진정한 법문

The
Cultivation
of Mind
Series

修心坊
02

Cultivation of Mind

선수 禪修

마음의 평정과 깨달음으로 이끄는 진정한 법문法門

둥자닝 지음 ── 김진무 옮김

일빛

선수

2012년 5월 3일 초판 1쇄 인쇄
2012년 5월 10일 초판 1쇄 발행

지은이 | 둥자닝
옮긴이 | 김진무

펴낸이 | 이성우
편집 | 이수경 · 김정현
마케팅 | 황혜영

펴낸곳 | 도서출판 일빛
등록번호 | 제10-1424호(1990년 4월 6일)
주소 | 121-837 서울시 마포구 서교동 339-4 가나빌딩 2층
전화 | 02) 3142-1703~5
팩스 | 02) 3142-1706
전자우편 | ilbit@naver.com

값 25,000원
ISBN 978-89-5645-164-0 (03220)

■ 일러두기

1. 번역은 원문에 충실한 직역을 원칙으로 하였다. 그러나 직역했을 때 오히려 이해하기 힘든 경우에는 의역을 추가하였다.

2. 생소하고 전문적인 개념에 대한 이해를 돕기 위해 괄호 안에 변역자의 보충 해설을 추가하거나 필요에 따라 주를 달았다.

3. 학계에 여러 가지 다른 견해가 있는 부분은 원래의 텍스트인 『도해 선수(圖解 禪修)』(섬서사범대학출판사陝西師範大學出版社)를 기준으로 번역하였다.

4. 이 책에 나오는 티베트 불교의 주문에 대한 한역(漢譯)은 모두 삭제하고, 현재 통용되는 표준 티베트어 발음을 사용했음을 밝힌다.

5. 이 책에 사용된 중국과 일본 등의 모든 인명과 지명, 시대명 등은 한자음을 그대로 사용했다.

양신수심(養身修心)의 법보(法寶)

　　최근 서양에서는 동양의 종교와 철학에 대한 관심이 매우 높아지고 있다. 그 가운데서도 선수(禪修)는 철학적 측면에서뿐만 아니라 의학적 효과라는 측면에서도 크게 주목을 받고 있다. 옛부터 내려온 동양의 수행 방법 가운데 하나인 선수가 현대인의 심리 치료에 탁월한 효과를 가진 것으로 드러나자 서양에서는 선수에 대한 재조명을 통하여 직접 선수를 수행하고자 하는 열기가 고조되고 있다. 선수는 고대의 미신 행위이거나 깊은 산림에 묻힌 소수 은자들만이 행하는 특별한 수련이 아니라 누구나 효과를 볼 수 있는 생활 속의 수련 방법이며, 서양에서는 특히 심리학과 유사한 수심(修心)의 방법 가운데 하나라고 인식되고 있다.

　　선수는 불교의 중요한 수행 법문 가운데 하나일 뿐만 아니라 우리의 전통적인 양신수심(養身修心 : 몸을 기르고 마음을 닦는다)의 방법으로 우리 문화에 지대한 영향을 미쳐왔다. ‘선(禪)’은 ‘정려(靜慮)’로 해석할 수 있으며, ‘선수(禪修)’는 마음의 지혜를 계발하고 배양하는 것을 의미한다. 선수를 통하여 내면의 지혜를 계발함으로써 ‘명심견성(明心見性 : 마음을 밝혀 본성을 본다)’의 깨달음을 얻고, 일체 사물의 본성을 여실히 꿰뚫어 보는 최고의 지혜를 획득하는 것이다. 불교에서는 이러한 최고의 지혜를 ‘증오열반(證悟涅槃 : 올바른 지혜로써 진리를 증득하여 깨닫고, 평안하고 적정한 경지에 이른다)’의 경계라고 설명한다.

　　일반인의 입장에서 볼 때 이러한 목표는 너무도 요원한 것처럼 느껴질 것이다. 하지만 이러한 최고의 경지는 힘들더라도 선수를 통하여 마음의 안정과 평화를 얻고, 자신이 진정으로 원하는 바가 무엇인지를 알게 된다면 올바른 인생의 방향을 찾아 행복한 삶을 만들어 갈 수가 있을 것이다. 실제적인 측면에서 볼 때 선수는 분노나 슬픔, 상실감이나 자기비하 혹은 괴로움 등 내면의 부정적인 정서나 심리적 상태를 긍정적인 태도로 바꾸어 줌으로써 현실에서 만나는 각종의 문제에 대하여 적극적이고도 개방적으로 극복할 수 있는 마음가짐과 태도를 배양시켜 준다. 북송(北宋) 시대의 학자 범중엄(范仲淹)이 「악양루기(岳陽樓記)」에서 '불이물희 불이기비(不以物喜 不以己悲 : 사물 때문에 기뻐하지 않고, 자신 때문에 슬퍼하지 않는다)'라고 이야기한 것처럼 시시각각 자신의 내면을 성찰하여 자신과 타인에 대한 분별적 사고를 버리게 되면 외부의 사물 때문에 일희일비하지 않게 되고, 모든 인류는 하나라는 인식을 통하여 자신과 타인을 모두 사랑하는 자세를 가질 수 있게 된다. 궁극적으로 '중생이 모두 일체의 고통에서 벗어나 지극한 행복과 자재(自在)를 얻기를 염원하는' 마음이 바로 불교에서 말하는 자비심이다.

불교의 선수는 세속의 무상함이나 인생의 고통 혹은 무아(無我)의 실상 등을 여실히 통찰할 수 있게 만들어 마음을 정화시키고, 내면의 지혜를 계발시킨다. 현대인의 입장에서 살펴보면 자아에 대한 성찰을 통하여 내면의 역량을 촉진하고 강화하여 실제 생활에서 만나는 각종 시련과 어려운 문제를 적극적이고도 능동적으로 대처해 나갈 수 있는 힘을 길러 주기 때문에 진정으로 유쾌하고 행복한 생활을 영위할 수 있게 된다. 선수를 통하여 자신의 내면에 충실하게 되면 눈앞의 문제나 사건에 대하여 보다 개방적이고도 객관적인 태도를 가질 수 있게 되고, 보다 지혜로운 눈으로 인생과 사물에 대한 자신의 인식과 사상을 단련시켜 나갈 수 있게 된다. 선수의 심지(心智) 수련은 우리의 사고와 의식을 더욱 명철하고 깊이 있게 만들어주며, 정신적인 안정과 평정을 가져다준다. 이 때문에 물질 중심의 복잡다단한 현실을 살아가고 있는 현대인들에게 선수는 매우 의미 있는 심리적 요법으로 각광받고 있는 것이다.

인간은 누구나 행복을 추구하며 어떤 작은 고통도 원하지 않는다. 또한 인간은 복을 찾고 재앙을 피하고자 하는 일방적인 심리에 사로잡혀 방향 감각을 상실하기도 한다. 이것은 모두 욕망에 바탕을 둔 어리석은 집착 때문에 생기는 현상이다. 선수는 각종 욕망과 과중한 업무에 지쳐 있는 현대인들의 긴장과 스트레스를 효과적으로 풀어주는 수련이다. 출세나 물질적 욕구에 사로잡혀 서로를 기만하거나 진심을 숨긴 처세의 부담감 때문에 생기는 각종 심리적 장애나 스트레스를 치유해 주고, 자신의 정서에 대한 긍정적인 통제력을 강화시킨다. 사물의 본성이나 문제의 본질, 혹은 인간 내면의 상태를 정확하게 이해하고 통찰하는 힘을 길러주기 때문에 어떠한 상황 아래서도 자신에 대한 통제력과 평정심을 잃지 않도록 만들어준다.

이 밖에도 선수가 현대 심리학의 전문적 연구와 일치하는 점이 있다면 마음의 변화는 심리적 장애를 치료할 뿐만 아니라 신체적 건강에도 매우 중대한 영향을 미친다는 점이다. 선수가 비록 내면의 수련에 중점을 두는 수행이긴 하지만 인간의 생리적 건강에 미치는 영향은 결코 간과할 수가 없다. 신경이나 혈압을 조절하고 긴장을 해소시키며, 정신적으로 지나치게 예민해지는 것을 막아줌으로써 심신의 에너지를 보호하고 새로운 활력을 부여한다. 선수는 현대인의 신체적 건강과 정신적 건강의 두 측면을 모두 만족시킬 수 있는 가장 효과적인 수련 방법이라고 할 수 있다.

이 책은 선수에 입문하기 위한 지침서이다. 선수를 쉽게 이해시키고자 가급적 현대인에게 친숙한 용어로 서술하였기 때문에 선에 대한 이해가 부족한 초보자라도 편하게 접근할 수 있을 것이다. 또한 현대적 사상의 관점에서 선수를 조명하여 선수에 대한 이해가 있는 경험자에게도 새로운 시각을 제공하고자 노력하였으며, 가급적이면 모호한 해설을 피하고 모든 독자가 직접 그 가르침을 명쾌하게 이해할 수 있도록 하였다. 이 밖에도 이 책에서는 각종 수련 방법에 대한 상세한 소개와 해설을 통하여 독자가 자신의 상황에 맞는 방법을 선택할 수 있도록 하였다. 예를 들면 욕념이나 집착 때문에 고생하고 있는 독자의 경우 무상(無常)을 관(觀)하는 수련 방법을 선택하는 것이 효과적이고, 급한 성정이나 울화 때문에 고생하고 있는 독자의 경우에는 마음을 안정시키고 체내의 기를 다스리는 수련 방법을 선택하는 것이 효과적이다.

이 책은 화려한 수사를 피하고 누구나 쉽게 이해할 수 있도록 투박하지만 진솔한 용어로 서술되었으며, 가급적이면 이해하기 어려운 전문적인 용어를 피하여 모든 독자가 여러 가지 선수 방법에 대하여 쉽게 접근할 수 있도록 하였다. 또한 본문을 보충하고 정리하는 방법으로 각 단계마다 그에 맞는 300여 컷의 '일러스트와 도표'를 첨가하여 편집함으로써 독자가 선수의 각종 방법에 대하여 명쾌하게 이해할 수 있도록 돕고 있다.

끝으로 우리 모두가 진지한 열망과 굳은 의지를 가지고 수련에 힘써 내면의 지혜를 계발하고 영혼을 정화시키는 선수의 여정을 성공적으로 마치기를 바라며, 또한 독자 모두가 지혜의 눈이 열리고 진정한 희열과 행복을 찾게 되기를 바란다.

아미산(峨眉山) 자락 우거(寓居)에서

차례

❀ 글머리에 : 양신수심(養身修心)의 법보(法寶) • 6

❀ 이 책의 구성과 그림 해설 • 14

1장 수심(修心)을 위한 선수(禪修) | 16

01 선수의 목적 : 행복에 대한 탐색 • 18

02 우리의 마음에 대한 인식 : 행복의 근원 • 24

03 내면의 지혜 계발과 고양 : 선수는 마음의 지혜를 닦는 수련 • 27

04 선수에 대한 몇 가지 오해 : 선수와 좌선의 비교 • 30

05 지선 : 전주식(專注式) 선수 • 33

06 관선 : 사고식(思考式) 선수 • 37

2장 선수의 수련 | 44

01 선수의 목표의 필요성 : 명확하되 무모하지 않게 • 46

02 장소의 선택 : 선수의 장소 • 52

03 선수의 시간 안배 : 선수의 시간 • 55

04 관호흡 : 선수 방법의 선택 • 61

05 수행의 동기와 태도 : 영적 능력의 계발 • 64

06 선수의 자세 : 편안한 신체의 유지 • 70

07 수행을 할 때 심신의 상태 : 심신의 방송과 경각(警覺) • 76

08 선수의 과정 : 선수의 시작 • 79

09 선수 과정에 나타나는 각종의 문제 : 수련을 할 때의 여러가지 장애 (1) • 83

10 내면의 마장 극복 : 수련을 할 때의 여러가지 장애 (2) • 91

3장 관심觀心 | 102

01 관호흡 : 가장 상용되는 선수의 방법 • 104

02 마음의 명성 : 여러가지 미혹에 물든 마음의 정화 • 116

03 마음의 연속성 : 과거와 미래에 대한 탐구 • 122

4장 사고식 선수 | 128

01 공성에 대한 선수 : 만물개공(萬物皆空) • 130

02 사람으로 태어나는 소중함에 대한 선수 : 인신난득 • 138

03 무상을 관찰하는 선수 : 변화에 대한 성찰 • 147

04 사망에 대한 선수 : 피할 수 없는 고통 • 153

05 업력에 대한 선수 : 전인(前因)과 후과(後果) • 165

06 업장의 정화 : 악업으로 인한 장애의 극복 • 179

07 고(苦)에 대한 선수 : 중생개고(衆生皆苦) • 189

08 심평기화의 선수 : 분별심의 제거 • 203

09 자애를 배양하는 선수 : 중생에 대한 사랑 • 213

10 자비를 배양하는 선수 : 중생에 대한 슬픔 • 222

11 부정적 정서의 처리 : 평정한 대응과 긍정적인 대응 • 232

12 집착의 처리 : 쾌락에 대한 내면의 갈망 • 242

13 분노의 처리 : 화해 • 249

14 저상의 처리 : 자신에 대한 재인식 • 257

15 두려움의 처리 : 모든 두려움은 일종의 환상 • 261

5장 관상觀想 선수 | 266

01 관상 : 선수의 방편 • 268

02 빛에 대한 관상 : 밝고 긍정적인 역량의 강화 • 275

03 도모에 대한 관상 : 중생을 구도하는 자 • 279

04 관음보살에 대한 관상 : 자비의 화신 • 286

05 졸화에 대한 관상 : 심령(心靈) 에너지의 흡수 • 294

6장 그 밖의 수행법 | 302

01 경건한 마음의 배양 : 이지(理智)적인 신앙의 문제 • 304

02 부처님에 대한 관상 : 일체중생개유불성(一切衆生皆有佛性) • 344

03 약사불에 대한 관상 : 질병을 해소하는 방법 • 357

04 수심팔송 : 이타심의 배양 • 368

05 이십일도모에 대한 관상 : 가장 효과가 빠르고 탁월한 본존법문 • 395

06 금강살타참회법 : 업장을 해소하는 참회법 • 412

07 대승팔계 : 계율을 준수하는 수행 • 425

08 삼십오불참 : 보살참회문 • 448

옮긴이의 글 • 459

찾아보기 • 462

제목의 주제어
해당 제목의 본문에서
이야기하고자 하는 주제를 제시했다.

05 전인前因과 후과後果
업력에 대한 선수

>>> 마음은 선업善業과 악업惡業의 주도자라고 할 수 있다. 우리의 말과 행동 그리고 의식은 모두 마음의 선악에 그 바탕을 두고 있다. 수레바퀴가 말 발자국을 좇아가듯, 그림자가 형체를 따라가 듯 우리의 일체의 의식과 행동은 그렇게 우리의 마음을 따라 표출된다.

제목 번호
이 책에서는 각 장마다 소
제목의 번호를 붙여 책의
전후 내용을 쉽게 찾아볼
수 있도록 했다.

업(業)이란 무엇인가?

업(業)의 범문은 카르마(Karma)이며, 행위나 행동 또는 조작의 의미를 가지고 있다. 그러므로 업력(業力)은 업의 조작으로부터 나오는 업의 힘 혹은 업의 작용을 가리킨다. 우리가 평상시에 "선(善)에는 선보(善報)가 따르고 악(惡)에는 악보(惡報)가 따른다. 하루라도 업보를 받지 않고 지나가는 날은 없다"라는 말은 업력에 대한 가장 직접적이고 간단한 진술이라고 할 수 있다. 업은 불교의 인과법칙의 개념을 담고 있는 용어다. 선인(善因)의 씨를 뿌리면 선과(善果)를 얻게 되고, 악인(惡因)의 씨를 뿌리면 악과(惡果)를 얻게 된다. 우리가 행하는 일체의 의식과 행동이 모두 이러한 인과법칙의 지배를 받는다.

본문
전문가가 아닌 일반 독자
들의 수준에서 쉽게 이해
할 수 있도록 평이한 문장
으로 설명하여 가독성을
높였다.

전생에 자신이 어떤 원인의 씨를 뿌렸는지 알고 싶으면 금생의 모습을 보면 된다. 내세에 자신이 어떠한 과보를 받을지 알고 싶으면, 금생에서 자신이 어떠한 행위를 하면서 살고 있는지를 살펴보면 된다. 우리의 현재의 모습은 모두 우리가 과거세에 지은 것에 대한 과보이며, 우리가 다음 생에 얻을 과보는 모두 현생에서 뿌린 각종 원인에 의하여 영향을 받는 것이다. 우리의 과거, 현재, 미래는 서로 영향을 미친다. 현재는 과거와 완전히 같지 않고, 미래 또한 현재와 완전히 같을 수는 없지만 과거와 현재, 현재와 미래는 서로 영향을 미치며 변화하고 흘러가는 것이다.

도해 제목
본문에서 설명한 주된 내용을 그림과
도표로 분석함으로써 독자들의 이해
를 돕는다.

육도윤회

일체의 사물이 모두 인과법칙의 지배를 받는다. 업인이 있으면 업과가 형성
된다. 그 업보에 따라 한 마리 벌레가 한 나무의 가지 끝에서 다른 나무의 가
지 끝으로 이동하면서 절코 두 나무의 중간에 떨어지지 않는 것처럼 이 세상
에서 죽어서 다른 세상에서 태어난다. 이러한 윤회輪迴가 끝없이 이어진다.

과거
과인(果因)

현재
과인(果因)

미래
과인(果因)

그림과 사진
이해하기 어려운 추상적인
개념을 구체적인 그림으로
풀어서 설명하기 때문에,
독자들이 직관적으로 쉽게
원문의 뜻을 이해할 수 있
도록 했다.

선과(善果)
악과(惡果)

선인(善因)
악인(惡因)

삼악도
(三惡道)

축생도(畜生道)
아귀도(餓鬼道)
지옥도(地獄道)

육도
(六道)

삼선도
(三善道)

천도(天道)
인도(人道)
아수라도(阿修羅道)

도표
의미가 명확하지 않은 문장
을 도표 방식으로 풀어서
설명했다. 이러한 방식은
복잡한 내용을 쉽게 이해할
수 있도록 해주는 장치이자
이 책의 가장 큰 장점이다.

1장 수심修心을 위한 선수禪修

    어느 정도의 차이는 있겠지만, 인간은 모두 행복한 인생을 만들기 위하여 끊임없이 노력한다. 종교나 국가, 인종을 불문하고 인간은 모두 자신의 인생을 가장 즐겁고 유쾌하게 만들기 위하여 하루하루를 분주하게 살아가고 있는 것이다. 그러나 매일 매일 이렇게 우리가 끊임없이 추구하는 행복의 진정한 의미는 무엇인지, 그리고 이러한 진정한 의미의 행복이나 쾌락을 어떻게 획득하고 지속할 수 있을지에 대하여 생각해 본 적이 있는가?

1장의 일러스트 목록

진정한 행복이란 무엇인가? · 19 | 선수는 진정한 행복을 찾기 위한 여정 · 23 | 우리들이 모두 얻을 수 있는 행복의 본질 · 25 | 팔식 · 29 | 선수에 대한 오해와 올바른 이해 · 31 | 정定의 의미 · 35 | 지와 관의 차이점 · 39 | 지선과 관선 · 40 | 사선과 팔정 · 41

01

행복에 대한 탐색
선수의 목적

>>> 모든 사람은 행복한 인생을 추구하며 하루하루 분주히 살아간다. 그러나 인간에게 진정한 의미의 행복이란 무엇일까? 또한 어떻게 그것을 추구하고 지속하여야 할까?

인생의 행복

　사람은 모두 각자의 독특한 견해와 방법으로 자신만의 이상적인 인생을 추구하면서 살아가고 있다. 개개인이 동경하고 추구하는 이상적인 생활의 형태는 천차만별이지만, 누구나 행복한 인생을 추구한다는 것에는 이론이 있을 수 없다. 개개인이 추구하는 이상적인 생활의 중심에는 행복한 인생이라는 공통의 목표가 존재하고 있으며, 인간은 각양각색의 방법을 통하여 이러한 목표를 이루기 위하여 하루하루 노력하고 있는 것이다. 현대 사회는 나날이 이혼이나 이민 혹은 이직 현상 등이 심화되고 있으며, 이에 따라 자신만의 이상적인 인생을 만들기 위한 현대인의 생활 리듬과 패턴 역시 끊임없이 흔들릴 수밖에 없다.

　사실상 생활 속에서 일어나는 크고 작은 우리의 일상은 그것이 중요하거나 사소하거나 모두 개개인이 자신만의 행복과 쾌락을 추구하는 방식이라고 할 수 있다. 학생이 공부에 매진하거나 운동 선수가 고된 훈련을 견디는 것 등이 모두 자신의 이상을 실현하기 위한 분투라고 할 수 있다. 이러한 일상적인 생활 하나하나가 모두 개개인이 행복을 추구하는 방식과 목표에 연결되어 있는 것이다. 어머니가 자식을 양육하거나 노인이 꽃을 가꾸고 새를 기르는 취미 생활을 하는 것 등의 모습도 어떤 면에선 자신의 행복을 위한 하나의 방식이라고 할 수 있으며, 또한 요즘 유행하는 컴퓨터, 아이패드, 노트북 혹은 각종 기능의 휴대폰 등도 역

인간은 모두 행복한 인생을 꿈꾸며 일체의 고통이나 번뇌로부터 벗어나 자신의 인생을 보다 더 아름답게 만들기 위하여 노력한다. 그러나 순간적이고 덧없는 쾌락이 아닌 진정한 의미에서의 행복이란 무엇일까? 많은 사람들이 다양한 의견을 제시하겠지만 이에 대하여 정확한 답을 가지고 있지는 않는 것처럼 보인다.

해탈

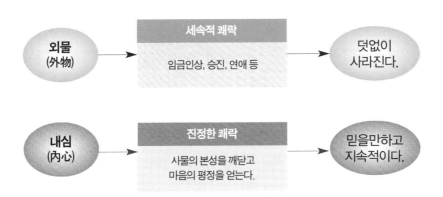

| 외물(外物) | 세속적 쾌락임금인상, 승진, 연애 등 | 덧없이 사라진다. |

| 내심(內心) | 진정한 쾌락사물의 본성을 깨닫고 마음의 평정을 얻는다. | 믿을만하고 지속적이다. |

시 모두 인간이 쾌락한 인생을 추구하는 방식이라고 할 수 있다. 마찬가지로 자연에 묻혀 전원 생활을 하거나 건강 식품을 즐기거나 요가나 선수 등을 수련하는 것 역시 진정한 행복을 찾기 위한 하나의 방식이라고 할 수 있다.

우담화(優曇華)와 인생의 행복

인간이 다양한 방식으로 행복을 추구하며 그것을 즐기고자 하는 것은 결코 잘못된 일이 아니다. 하지만 우리가 진정한 행복이 무엇인지 올바르게 이해하고 행복한 인생을 추구하고 있느냐 하는 것은 다른 차원의 문제다. 열정적이고 낭만적인 사랑, 각종의 자극적인 체험, 혹은 만관의 금은보화를 모으고 국가고시 등에 합격하여 명예와 지위를 높이는 일 등은 잠시 우리에게 성취감과 만족감을 가져다 주지만 결코 영원히 지속되지는 않는다. 이러한 것들은 본질적으로 끊임없이 변화하는 속성을 가지고 있기 때문에 영원히 지속되지 않고 결국엔 사라져 버린다. 우리 자신의 육신을 포함하여 재산이나 친구 등 우리가 가진 모든 것들이 이와 같다. 본질적으로 대자연의 모든 것들이 모두 이와 같은 속성을 가지고 있기 때문이다. 대부분의 사람들이 추구하는 쾌락은 이러한 무상한 사물에 의지하고 있는 것이며, 이러한 사물에 의지하고 있는 행복 역시 우담화가 피었다 사라지는 것처럼 허망한 것이다. 비록 피어 있을 때는 매우 아름답게 보이지만, 덧없이 지고 나면 결국엔 실망과 탄식만 남게 되는 것이다.

우리는 신외지물(身外之物)을 통하여 잠시지간 쾌락을 느낄 수도 있지만, 이러한 것들로부터 오는 쾌락은 결코 우리에게 지속적인 만족감이나 행복을 가져다 줄 수 없다. 만약 쾌락이나 행복을 몇 단계의 등급으로 나눈다면 앞에서 이야기한 형태의 쾌락이나 행복은 저급의 범주에 속하는 것이라고 할 수 있다. 그러므로 고급의 범주에 속하는 쾌락이나 행복을 얻고자 한다면, 먼저 이러한 것들에서 벗어나야 한다. 행복이나 쾌락의 진정한 의미를 이해한다면, 이러한 형태의 사물을 통해서는 결코 우리가 원하는 지속적인 행복이나 만족을 얻을 수 없다는 것을 명백히 알 수 있게 될 것이다.

문제의 근원

중요한 것은 사물을 보는 관점이다. 모든 문제는 사물을 보는 관점으로부터 비롯된다. 우리는 우리의 눈에 보이는 일체의 사물이 모두 존재하는 것이며 그것들이 우리를 만족시켜줄 수 있다고 확신하지만, 이러한 견해가 바로 잘못된 것이다. 우리는 우리의 감각에 의지하여 사물이 본래 우리의 감각에 보이는 그대로 존재하며, 또한 우리의 감각이 파악하는 그대로 사물은 고정적인 특성을 가지고 있을 뿐만 아니라 고유하고 내재적인 실질을 가지고 있다고 믿고 있다. 이를 토대로 우리는 어떠한 사물에 대하여 아름답거나 혹은 추하거나 혹은 매력이 있거나 혹은 혐오스럽다고 생각한다. 이러한 특성은 우리의 견해와 상관없이 사물 내부에 고유하게 독립적으로 존재하는 것이라는 잘못된 사고를 하고 있는 것이다.

이러한 잘못된 견해를 기반으로 사물을 보게 되면, 어떠한 상황이나 사정에 처해서도 이러한 그릇된 견해에서 기인한 선입견을 가지고 대하게 된다. 예를 들면, 어떤 사람들은 술이 신과 같은 효능을 가지고 있기 때문에 매우 유익하고 좋은 것이라고 생각하며, 또한 어떤 사람들은 자신의 사업이 장래성이 매우 좋아서 아주 크게 성공할 것이라고 생각한다. 이들이 믿고 생각하는 것처럼 일이 이루어진다면 결코 실망하고 낙담하는 일이 일어나지 않겠지만, 현실은 어떠한가? 현실은 결코 우리의 생각대로 이루어지지는 않으며, 오히려 예측할 수 없는 형태로 전개되는 것이 일반적이다. 사물이나 어떠한 상황에 대하여 우리의 감각으로 그 미추나 선악을 판단하는 것은 실제적으로 그 사물이나 상황의 고유한 특성에서 비롯된 것이기보다는 우리 각자의 마음의 소산이라는 것을 알아야 한다.

지속적이고 신뢰할 수 있는 행복

그렇다면 과연 인생에서 지속적이고 신뢰할 수 있는 행복이란 어떤 것일까? 불교에서는 중생은 모두 불성(佛性)을 지니고 있으며, 중생의 진실한 성품은 모두 원만하다고 설명하고 있다. 또한 이러한 불성 혹은 진실한 본성은 모두 본래 우리의 마음속에 있지만 우리가 고통을 받거나 느끼는 것은 이러한 진실한 본성이 그릇된 견해 등에 의하여 미혹되어 있기 때문이며, 이러한 미혹 등으로부터 벗어날 수 있다면 모든 사람은 진정한 행복과 만족을 지속적으로 얻을 수 있다고 설명한다. 각종 미혹으로부터 벗어나 자신의 본성을 찾기 위한 수련을 통하여 일정한 성취를 이루게 되면, 국적이나 빈부, 인종 등을 불문하고 누구나 진정한 행복이나 희열을 지속적으로 얻을 수 있게 되는 것이다.

선수(禪修)는 인생의 참다운 행복을 찾아가는 여행이라고 할 수 있다. 선수를 통하여 우리는 어떠한 시간, 어떠한 장소, 어떠한 상황에서도 늘 진정한 행복과 만족을 느낄 수 있게 될 것이다. 선수는 각자의 마음속의 고통을 해소시키고 희열감을 가져다 주며, 또한 불만이나 조급함, 분노 등의 부정적인 심리 요소들을 치료해 준다. 최종적으로 우리는 선수를 통하여 사물의 진정한 이치를 깨닫게 되어 자신을 괴롭히던 마음속의 각종 부정적인 심리적, 정서적 요소에서 벗어나 참된 행복을 지속적으로 느끼게 될 것이다.

선수는 진정한 행복을 찾기 위한 여정

진정한 행복은 각종 미혹에서 벗어나 자신의 본성을 깨달았을 때 비로소 맛볼 수 있으며, 이것이 바로 선수(禪修)의 궁극적 목표다. 바꾸어 말하면 선수는 인생의 진정한 행복을 찾기 위한 여정이라고 할 수 있다. 아래의 그림은 유명한 「십상도十象圖」로 깨달음의 과정을 묘사한 것이며, 또한 진정한 행복을 찾아가는 과정을 상징하고 있다.

철저히 자성(自性)을 깨닫게 된다면 진정한 행복을 느끼게 되며, 또한 이러한 희열감을 지속적으로 맛볼 수 있게 된다.

승려, 큰 코끼리, 원숭이, 토끼와 보조 그림들을 사용하여 수행자의 최종 목표를 설명하고 있다.
또한 이것은 바로 수행자가 본래 구비하고 있는 '본성(本性)'을 발견해 나가는 과정을 상징화한 것이다.

「십상도(十象圖)」는 또한 「구주심도(九住心圖)」라고 부르기도 한다. 이른바 '구주심(九住心)'은 바로 선수(禪修)의 아홉 단계를 가리키는 것이다.

02 행복의 근원
우리의 마음에 대한 인식

>>> 마음 혹은 의식은 불법佛法의 핵심이며, 또한 수행의 근본과제이다. 마음으로부터 고통과 쾌락이 나온다는 것을 알고 우리의 마음을 올바로 다스리며 실상에 대하여 정확하게 이해하게 된다면, 진정한 행복과 희열을 지속적으로 느끼게 될 것이다.

마음은 흐르는 물과 같다

역사상 수많은 불교의 수행자들이 마음의 본질에 대하여 깊이 탐색하여 왔다. 그들은 생사를 초월하여 마음의 안정과 평정을 찾는 방법을 모색하고 궁극적인 행복을 추구하였지만, 마음은 쉽게 자기의 모습을 보여주지 않는다. 인간이 이 세계에서 경험하는 것은 헤아릴 수 없는 고통과 무상함 그리고 미혹 등이지만, 성인이나 범부를 막론하고 자신의 마음을 올바르게 이해하고 다스릴 수 있다면 진정한 행복을 얻을 수 있게 될 것이다.

우리의 마음은 시시각각 변화한다. 이러한 모습은 마치 하천의 물이 한시도 쉬지 않고 끊임없이 흘러가는 것과 같다. 앞의 물이 흘러가면 뒤의 물이 이어져 흐르고, 다시 그 뒤의 물이 이어져 흘러가며 끊이지 않는다. 마음도 이와 같아서 어떠한 마음이 있다가도 다시 다른 마음이 이어져 생겨나면서 끊임없이 다른 생각을 하며 이어진다. 개개인이 모두 자신의 세계의 중심이며, 이러한 세계는 바로 개개인의 감각과 사고 혹은 기억이나 꿈 등으로 구성되어 있는데 이것이 바로 마음이다.

마음의 청정한 본질

마음은 실체적인 어떤 모습을 가지고 있지는 않지만 우리는 경험으로 마음

우리들이 모두 얻을 수 있는 행복의 본질

불교는 인간의 마음은 본래 청명하여 능히 각종 사물을 있는 그대로 비출 수 있지만, 마음의 본성을 깨닫기 어렵기 때문에 사물의 실상을 바로 파악하기 힘든 것이라고 인식하고 있다. 또한 인간은 모두 진정한 행복을 얻을 수 있는 능력을 가지고 있지만, 각종의 어리석음으로 인해 잠시 그것이 가려져 있을 뿐이고, 깨달음을 얻게 되면 누구나 진정한 행복에 이를 수 있다고 설명하고 있다.

인간의 마음의 본성은 본래 청명한 것으로 개개인은 모두 이러한 불성을 가지고 있으며, 또한 이를 통하여 누구나 진정한 행복을 획득할 수 있다.

행복은 우리의 내심으로부터 비롯된다. 마음의 본성은 본래 청명한 것으로 세상의 모든 사물을 비출 수 있다. 이러한 모습은 마치 잔잔한 호수에 주변의 풍경이 그대로 비치는 것과 같다.

우리의 마음이 미혹으로 인하여 그 본성을 가리게 되면 각양각색의 정서에 사로잡히게 된다. 이러한 모습은 마치 잔잔한 호수에 파문이 일어나는 것과 같다. 만약에 집착과 번뇌로부터 벗어나 마음의 본성으로 돌아오게 된다면 다시 평온과 즐거움을 되찾을 수 있게 된다.

의 존재와 힘을 느낄 수 있다. 마음은 본래 청명하여 각종 사물이나 경험을 그대로 보여주며, 이러한 모습은 맑고 고요한 호수가 주변의 모습을 그대로 비추는 것에 비유할 수 있다. 여기에서 말하는 마음은 특정한 형태의 사고나 감각의 실체를 가리키는 것이 아니고 우리가 일상에서 순간적으로 느끼는 경험을 의미하는 것이며, 이러한 형태의 마음은 또한 의식이라고도 할 수 있다.

마음을 바다에 비유한다면, 마음에서 일어나는 각종의 상황, 쾌락이나 원한, 고통, 흥분 등은 바다에 일어나는 파도에 비유할 수 있다. 마음에 분별이 생긴다는 것은 각종 사물에 대한 일정한 판단이 생긴다는 것을 의미한다. 하나의 사물을 좋아하게 되면 집착이 생겨나게 되고, 하나의 사물을 싫어하게 되면 이에 따라 고통이 수반되게 된다. 결국 우리가 무엇인가를 갈망하거나 혹은 무엇인가를 잃는 것을 두려워하게 되면, 흥분이나 고통 등의 감정이 이를 따라 일어나게 되는 것이다.

"현명한 사람은 일체의 쾌락과 고통이 모두 마음에서 결정된다는 것을 알고 있다. 그러므로 현명한 사람은 마음에서 쾌락을 구한다. 그들은 우리 자신 속에 이미 모든 쾌락의 근원이 구비되어 있다는 것을 알고 있기 때문이다." 파도가 잦아들면 바다가 다시 평온을 되찾듯, 마음이 평정을 되찾아 그 본성으로 돌아가게 되면 우리가 원하는 행복과 평온을 얻을 수 있게 될 것이다. 이것이 바로 선수(禪修)이다.

03 선수는 마음의 지혜를 닦는 수련
내면의 지혜 계발과 고양

>>> 마음에서 일어나는 소리에 귀를 기울이고 신중한 분석과 새로운 사고, 그리고 부단한 선수禪修를 통하여 마음을 갈고 닦는다.

심신의식(心神意識)의 활동

마음은 크게 의식과 심신의식으로 나눌 수 있다. 전자는 시각, 청각, 후각, 미각과 촉각 등을 가리키는 것이며, 후자는 지능의 과정과 각종 감정, 기억과 꿈 그리고 크게는 분노나 욕념 등의 경험에서부터 작게는 미묘한 감각인 적정과 청정 등의 상태가 모두 이에 속한다고 할 수 있다. 선수는 바로 이러한 심신의식의 활동으로, 내면의 계발과 단련이라고 할 수 있다. 심신의식의 일부분이 나머지 부분을 관찰하고 분석하며 이를 처리하는 과정을 통하여, 집착을 줄이고 내면의 지혜를 계발하여 마음을 청정하고 평온하게 유지할 수 있도록 하는 것이다.

선수는 또한 '숙실(熟悉 : 익숙하여 조금도 서투르지 않음)'의 의미를 내포하고 있다. 통상 어떠한 상황에 대하여 우리의 마음속에 나타나는 여러 감정 등은 일반적으로 그러한 상황 아래서 자신이 보여주는 가장 익숙한 반응이라고 할 수 있다. 만약에 어떤 사람이 비우호적인 태도로 우리를 대한다면, 우리는 마음이 상하거나 화가 날 것이다. 이러한 상황에서는 분노나 불쾌감 등이 바로 우리에게 가장 익숙한 반응 혹은 가장 습관적인 감정으로 나타난다. 불교의 선수는 자비심이나 인내심 혹은 평정심이니 지혜 등의 긍정적 태도를 계발하고 발전시켜, 궁극적으로 이러한 긍정적인 태도를 자신에게 가장 친숙하고 일반적인 태도로 만드는 것이라고 할 수 있다. 이러한 수련을 통하여 자신에게 비우호적인 상황에서도 평정심을 유지하거나 심지어는 오히려 자비의 마음으로 반응할 수 있도록 자신을 성숙시키는 것이다.

선수의 궁극적 목표

선수의 궁극적 목표는 깨달음이다. 선수는 인간 의식의 가장 미묘한 부분을 각성시키고 다시 이러한 각성을 바탕으로 직관력을 고양시킴으로써 사물의 실상을 즉각적으로 파악할 수 있는 경지를 얻고자 하는 여정이라고 할 수 있다. 선수를 할 때에 이러한 목표를 분명히 인식하고 임한다면, 단시간 내에 거대한 효과를 얻을 수 있게 될 것이다. 마음의 눈으로 사물의 실상에 대하여 정확히 인식하게 됨에 따라 사물을 보는 눈이 부드럽게 변하는 동시에 긍정적이고 적극적인 자아를 형성하게 되면서 마음에 여유가 생긴다면, 쉽게 동요하지 않게 되어 주변의 사람이나 어떠한 상황에 대하여 불필요한 기대나 실망을 하지 않게 될 것이다. 이러한 과정을 통하여 인간 관계나 일의 처리가 보다 더 나은 방향으로 발전되어 나간다면, 궁극적으로 진정한 행복을 지속적으로 누리게 될 수 있다.

선수의 수행 방식은 다양하지만 하나의 공통된 원칙이 있다. 바로 마음을 긍정적이고 적극적으로 수련하는 것이다. 하나의 어떤 대상에 주의력을 집중하거나 어떠한 개인적인 주제에 몰두하거나 성실하게 기도를 하거나 자신의 내면과 소통하기 위하여 노력하는 등의 모습을 통하여 대자비심을 얻게 된다면, 이것이 바로 불교에서 말하는 깨달음이며, 또한 대승 불교의 증과(證果)를 성취하는 것이다. 이러한 증과를 획득하여 다른 모든 수행자들의 성취를 적극적으로 도와야 할 것이다.

불교는 인간의 마음을 팔식八識으로 나누어 설명한다. 앞의 오식五識은 인간의 감관을 통하여 생기는 인식 능력으로 이른바 '색법色法'이라고 말하는 것이며, 뒤의 삼식三識은 우리의 의식을 근거로 하여 생기는 인식 능력으로 이른바 '심법心法'이라고 말하는 것이다. 통속적으로 보면 뒤의 삼식이 더욱 고차원적인 심리 활동이라고 말할 수 있다.

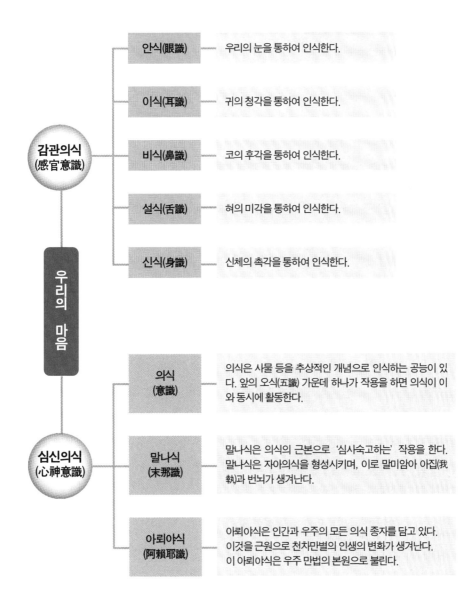

감관의식(感官意識)

안식(眼識) — 우리의 눈을 통하여 인식한다.

이식(耳識) — 귀의 청각을 통하여 인식한다.

비식(鼻識) — 코의 후각을 통하여 인식한다.

설식(舌識) — 혀의 미각을 통하여 인식한다.

신식(身識) — 신체의 촉각을 통하여 인식한다.

우리의 마음

심신의식(心神意識)

의식(意識) — 의식은 사물 등을 추상적인 개념으로 인식하는 공능이 있다. 앞의 오식(五識) 가운데 하나가 작용을 하면 의식이 이와 동시에 활동한다.

말나식(末那識) — 말나식은 의식의 근본으로 '심사숙고하는' 작용을 한다. 말나식은 자아의식을 형성시키며, 이로 말미암아 아집(我執)과 번뇌가 생겨난다.

아뢰야식(阿賴耶識) — 아뢰야식은 인간과 우주의 모든 의식 종자를 담고 있다. 이것을 근원으로 천차만별의 인생의 변화가 생겨난다. 이 아뢰야식은 우주 만법의 본원으로 불린다.

선수에 대한 몇 가지 오해

선수와 좌선의 비교

>>>> 일부의 사람들은 좌선坐禪이 바로 선수禪修이며 선수가 곧 좌선이라는 견해를 가지고 있는데, 이것은 완전히 잘못된 인식이다.

선수와 신체적 활동의 관계

어떤 사람들은 좌선이 곧 선수이며 선수가 바로 좌선이라는 견해를 가지고 있으며, 좌선을 하지 않을 때는 평상시와 다를 바가 없고 좌선을 하고 나서야 비로소 선수에 임했다고 설명하고 있는데, 이러한 견해는 선수에 대한 그릇된 인식에서 나온 것이다. 선수는 어떠한 신체적 활동과는 관계가 없으며, 선수의 본질은 마음의 활동에 있다.

진정으로 선수를 진행하고자 한다면 어떤 시간이든지 선수를 할 수 있다. 좌선을 통해서뿐만 아니라 좌선을 하지 않을 때에도 자신과 끊임없이 대화하면서 선수를 할 수 있다. 신체적 자세는 선수에서 하나의 자세에 불과하다. 안정된 장소에서 선수를 행하는 것이 비교적 좋은 결과를 가져온다. 하지만 혼잡한 환경 속에서, 혹은 근무를 하고 있을 때, 혹은 걸어갈 때, 혹은 식사를 하고 있을 때, 혹은 잠을 자면서도 우리는 선수를 할 수 있다. 선수는 좌선과는 본질적인 측면에서 큰 차이가 있는 것이다.

선수는 어떤 특정한 자세나 특정한 호흡 방법을 지칭하는 것이 아니다. 또한 선수는 우리의 감각에서 어떠한 유쾌한 경험을 목적으로 하는 것이 아니라 마음의 활동을 그 본질로 한다. 마음을 적극적이고 긍정적으로 변화시키기 위한 것이며, 이러한 측면에서 본다면 좌선과 선수는 결코 동일한 것이 아니다.

선수의 수행자와 접촉해 보지 않은 일부의 사람들이 종종 선수에 대하여 그릇된 오해를 하는 경우가 있다. 먼저 선수에 대한 이러한 그릇된 착오에서 벗어나는 것이 필요하다.

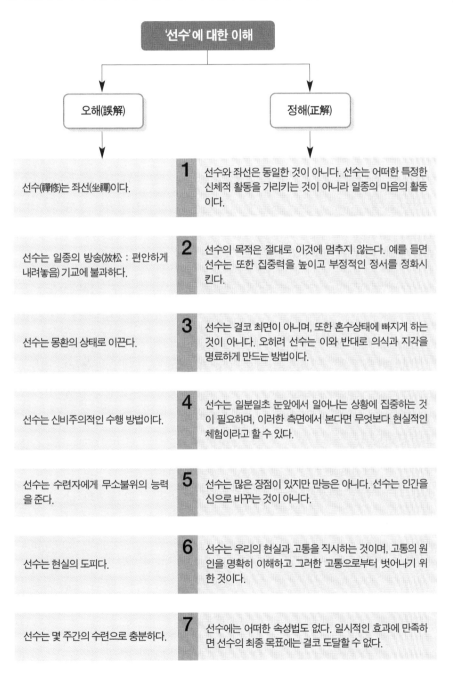

'선수'에 대한 이해

오해(誤解) — **정해(正解)**

선수(禪修)는 좌선(坐禪)이다.

1 선수와 좌선은 동일한 것이 아니다. 선수는 어떠한 특정한 신체적 활동을 가리키는 것이 아니라 일종의 마음의 활동이다.

선수는 일종의 방송(放松 : 편안하게 내려놓음) 기교에 불과하다.

2 선수의 목적은 절대로 이것에 멈추지 않는다. 예를 들면 선수는 또한 집중력을 높이고 부정적인 정서를 정화시킨다.

선수는 몽환의 상태로 이끈다.

3 선수는 결코 최면이 아니며, 또한 혼수상태에 빠지게 하는 것이 아니다. 오히려 선수는 이와 반대로 의식과 지각을 명료하게 만드는 방법이다.

선수는 신비주의적인 수행 방법이다.

4 선수는 일분일초 눈앞에서 일어나는 상황에 집중하는 것이 필요하며, 이러한 측면에서 본다면 무엇보다 현실적인 체험이라고 할 수 있다.

선수는 수련자에게 무소불위의 능력을 준다.

5 선수는 많은 장점이 있지만 만능은 아니다. 선수는 인간을 신으로 바꾸는 것이 아니다.

선수는 현실의 도피다.

6 선수는 우리의 현실과 고통을 직시하는 것이며, 고통의 원인을 명확히 이해하고 그러한 고통으로부터 벗어나기 위한 것이다.

선수는 몇 주간의 수련으로 충분하다.

7 선수에는 어떠한 속성법도 없다. 일시적인 효과에 만족하면 선수의 최종 목표에는 결코 도달할 수 없다.

선수를 정식으로 시작하고 수련할 때에 선수가 생활의 일부분이 되기 위해서는 어떠한 형식에 구애받지 말고 창조력을 발휘하여 자유롭게 실천하여야 하며, 어떠한 상황에서도 자유자재로 선수의 상태에 들어갈 수 있어야 한다.

선수(禪修)와 백일몽(白日夢)

선수는 또한 헛된 환상이나 현실의 도피가 아니다. 진지하고 경건하게 자기 자신을 대면하고 자아와 소통하며 자신을 합리적이고 긍정적으로 발전시켜 나가는 여정이며, 이러한 과정을 통하여 우리는 행복한 생활을 영위하게 될 것이다.

이미 전술한 바와 같이, 마음에는 긍정적인 측면과 부정적인 측면이 있다. 부정적인 측면은 질투나 분노, 욕망 등의 정서를 가리키며, 이러한 정서들은 자신에 대한 집착과 이에 근거하여 생겨난 사물에 대한 편견에서 비롯된다. 선수를 통하여 자신이 저지르고 있는 과오를 분명히 깨닫고 그러한 과오와 착오들을 성실하게 반성하면서 확실하고 정확한 방법과 방향으로 자신의 사고를 변화시켜 나간다면, 일체의 잘못된 습관에서 벗어나 어떠한 상황에서도 마음을 안정되게 다스릴 수 있게 될 것이다.

이러한 과정은 결코 쉬운 일이 아니다. 자신의 마음속에 있는 분노나 질투 등을 정면으로 진지하게 성찰하여야 하며, 이러한 정서들의 근원을 탐색하여 하나하나 제거해 나가야 한다. 이것은 가볍게 말할 수 있는 일이 결코 아니다. 마음의 수련은 서두른다고 이루어지는 과정이 아니라 차근차근 점진적으로 이루어지는 것이 좋다. 이러한 완만한 수련 과정을 통하여 자신의 잘못된 사고와 습관을 하나하나 제거하고 긍정적이고 합리적인 사고를 성숙시키고 생활화하는 것이 바로 선수라고 할 수 있다.

05 | 전주식專注式 선수
지선

>>> 선수의 수련방식은 매우 다양하지만, 모든 수련 방법은 크게 두 종류로 분류할 수 있다. 즉 지止와 관觀이 그것이다. 하나의 대상에 집중하여 흔들림이 없는 것이 바로 지止의 선수이다.

마음의 혼란과 극복

'지(止)'는 범어 샤마타(shamata)에서 비롯되었다. 삼마지(三摩地) 혹은 삼매(三昧)로 표현하기도 하며, 마음의 안정을 나타낸다. 지선(止禪)은 특별한 전주(專注 : 오롯한 집중) 상태의 일종이다. 호흡이나 마음의 본성 혹은 어떠한 특별한 개념 혹은 어떠한 관념적인 형상을 매개로 지속적인 전주를 통하여 지극한 희열이나 청정 혹은 평온에 드는 것으로, 사물에 대한 통찰력이나 마음에 있어서 어떠한 변화가 수반된다.

마음은 흐르는 물과 같아서 우리의 마음속에는 생각이 쉬지 않고 끊임없이 일어난다. 하나의 일에 대하여 생각하다 보면 이를 따라 다시 또 다른 생각이 일어난다. 관계된 사람이나 연관된 일, 시급히 혹은 천천히 처리해야 될 일, 혹은 신체 감관의 처한 상태 등에 따라 생각이 끊임없이 이어진다. 때로는 어떠한 특별한 상황이나 사건에 집중하고자 하여도 마음이 복잡해지면서 집중할 수가 없게 되기도 한다. 이런 경우에는 그러한 상황이나 사건에 대하여 명확히 정리하는 일이 무척 곤란하다. 산란하고 복잡한 마음의 상태가 사고를 명확하게 하는 일을 방해하는 것이다. 때로는 친구의 전화번호를 기억하고자 하여도, 마음이 혼란스러운 경우에는 기억하지 못하는 경우가 있다. 더구나 친구의 전화번호를 기록할 때에 심정이 복잡한 상태에 있었다면, 종내는 전화번호를 기억하지 못하거나 아예 잊어먹게 되기도 한다. 어떤 사람은 다른 생각을 하면서 식사를 하다가 소금과 설탕을 구별하지 않고 입에 넣다가 웃음을 자아내게 하기도 한다.

마음이 분산되어 있는 상태에서는 주의력을 집중할 수가 없다. 이런 상태에서는 생활 속에서 아주 사소한 일을 망치기 쉬울 뿐만 아니라 중대한 일을 잘못 처리하기도 한다. 마음을 집중하지 않는다면 선수 역시 성공하기가 어렵다. 이러한 점이 바로 지선(止禪)에서 요구하는 극복의 요소다.

정력(定力)을 배양하는 수행법

지선을 수련할 때에는 마음을 평정하게 가라앉히고 하나에 집중하여 동요하지 않고 안정된 상태가 되어야 한다. 마음을 하나의 목표에 집중하는 것이 바로 불교에서 말하는 소연경(所緣境)이다. 마음을 산만하지 않게 다스리는 것이며, 이 때문에 지선을 정력(定力)을 배양하는 수행법이라고 하는 것이다. 다음에 설명하는 관선(觀禪)이 지력을 배양하는 수행법이라면, 지선은 이러한 관선의 중요한 기초가 된다. 초보자는 일반적으로 지선을 먼저 수행하여 정력을 배양한 이후에, 관선을 수행하는 것이 좋다.

지선을 수련하기 위한 특별한 조건이나 상황이 따로 있는 것은 아니다. 깊은 산속에서 아무것도 방해받지 않고 혼자 조용히 수련할 수 있다면 더할 나위 없이 좋겠지만, 마차가 다니는 시끄러운 시장 속에서나 매일매일의 업무 가운데서도 수련할 수 있다. 다만 10~15분 정도의 시간을 규칙적으로 안배하여 꾸준히 지선의 수행을 할 수 있으면 마음의 정력을 배양하는 효과를 볼 수 있을 것이다.

지선을 수행하는 것이 생각처럼 그렇게 쉬운 일이 아니다. 모든 수행자는 지선을 수련하는 과정에서 마음이 산만하게 나뉘는 상황을 맞이하게 된다. 이러한 때일수록 정상적인 수련의 단계를 밟아 나가는 것이 보다 효과적인 방법이 될 수 있다. 예를 들면, 좌선을 할 때에 마음이 평정한 상태에서도 홀연 하나의 잡념이 나타날 수 있다. 오늘 오후에 무엇을 먹을까? 혹은 내일 업무를 어떻게 하는 것이 효과적일까? 일단 이런 생각이 들게 되면 다시 꼬리를 물고 이런저런 생각이 떠오르게 되어 수습하기 곤란한 경우에 이르게 된다. 자신의 마음이 선수의 주제로

정定은 즉 선정禪定으로 마음의 본성의 가장 아름다운 상태를 깨닫는 것이며, 마음속의 일체의 망념이 모두 정화되며 본심자성本心自性이 그대로 드러나는 상태다. 나아가 하나에 집중하여 어떠한 동요나 번뇌도 없이 안정적 상태에 있는 것으로, 정정正定이라고 말하기도 한다. 지선止禪은 이러한 정력定力을 배양하는 수련법이라고 할 수 있다.

진정한 선정(禪定)은 공비 쌍융(空悲雙融)의 상태에 도달하는 것이다.

비(悲) : 비(悲)는 즉 진심(眞心)의 끝없는 묘용(妙用)이며, 복덕이다. 사방을 비추는 대자비심이 가리키는 것은 대자비심으로 일체 중생의 제도를 서원하고 타인에게 갖가지 선행을 행하며 복덕을 쌓는 것이다. 이렇게 행할 때에 증과(證果)를 이룰 수 있게 될 것이다.

공(空) : 공(空)은 즉 혜(慧)이며, 진심공(眞心空)과 무상(無相)을 가리킨다. 자신의 마음을 어지럽히는 일련의 번뇌는 모두 자신의 마음이 일으킨 그림자이며, 만물의 실상은 모두 공하다는 것을 깨달을 수 없게 만드는 요인이다.

부터 벗어나게 되면 자연히 수련의 목적을 달성하기가 어려워진다. 이러한 상황에 처하게 되었다고 지나치게 걱정을 하는 것도 도움이 되지 않는다. 이러한 걱정은 오히려 마음의 분산을 더욱 가중시키기 때문이다.

마음의 분산이 일어나면 심호흡이나 수식(數息) 등의 적당한 방법을 찾아서 다시 수행에 집중하도록 노력하여야 한다. 다시 마음의 평정을 찾아 수행에 전념할 수 있어야 마음의 분산을 극복할 수 있다.

06 사고식 선수
관선

≫≫ 티베트 불교의 전통에는 두 종류의 선수 방식이 있다. 하나는 전주식專注式 혹은 초점식焦點式 수행으로 지선止禪을 말하며, 다른 하나는 분석 혹은 이해식 수행 방식으로 관선觀禪을 말한다.

통찰력의 계발

'관(觀)'의 범어는 위파사나(vipashyana)다. 비파사나(毘婆舍那) 혹은 비발사나(毘鉢舍那)로 음역되고 있으며, "대단히 명철하게 본다. 혹은 대단히 넓게 본다"라는 의미를 가지고 있다. 관은 또한 내관(內觀) 행위 혹은 각지(覺知) 행위를 말하며, 자신의 신체와 마음의 오온(五蘊)의 실상을 여실히 꿰뚫어 보는 것을 가리킨다.

관선(觀禪)을 수행하는 사람은 각 종류의 사물을 점진적으로 분석하고 선수의 각종 대상을 명백히 이해하며, 나아가 분석을 통하여 내면의 지혜를 드러내게 된다. 이 때문에 관선은 또한 사고식(思考式) 선수로 불리기도 한다. 이 형태의 선수의 목적은 통찰력을 계발하거나 사물의 원리에 대하여 정확하게 이해하는 능력을 배양하는 것이며, 궁극적으로는 본질을 직관적으로 꿰뚫어 볼 수 있는 특별한 통찰력을 얻는 것이라고 할 수 있다. 또한 이것은 어떠한 측면에서 본다면 일정한 대상의 본질을 간접적으로 경험할 수 있게 만드는 훈련이라고 할 수 있다. 수련자는 이러한 수련을 통하여 자신의 불만이나 불쾌감의 대부분이 대상 자체의 오류에서 비롯되기보다는 자신의 그릇된 태도와 사고에서 조성되었다는 것을 명백히 이해할 수 있게 될 것이다.

관선(觀禪)의 수련을 통하여 얻는 통찰력은 수련자가 만물의 본성을 명백히 이해할 수 있도록 이끌 뿐만 아니라, 일체 현상의 생성과 소멸을 관찰하면서 그러한 것들의 무상성(無常性)과 무아성(無我性)을 깨달을 수 있도록 돕는다. 이러한 형태의 사고식 선수의 장점을 말할 때에 결코 빼놓을 수 없는 요소는 창조적인 지혜의 계발이라고 할 수 있다. 사물의 본성을 이해하기 위해서는 먼저 명철하고 깊은 사색과 분석을 통하여 우리 자신의 사고 가운데 존재하는 각종의 편견이나 착오 등을 찾아야 한다. 그리고 이러한 오류와 착오에 대한 명백한 이해와 비판을 거친 후에, 그러한 것들을 자신의 사고와 감각 속에서 제거하고, 이어서 정확하고 긍정적인 사고와 감각을 배양할 수 있도록 지속적으로 노력하여야 한다.

지(止)와 관(觀)의 상호 관계

일부의 사람들은 모든 선수의 수행은 전주식 형태인 지선(止禪)에 속하며, 분석과 이해는 우리의 마음속에 존재하는 모종의 사유와 개념이라고 분별하여 인식하기도 한다. 이러한 견해는 결코 정확하다고 할 수 없다. 왜냐하면 선수를 수련하는 과정에서도 우리의 마음속에는 많은 사유와 개념이 나타났다 사라지기 때문이다. 이러한 사유나 개념들은 수행에 장애가 되는 경우도 있지만 이를 유용하게 이용할 수 있다면 오히려 수련 단계의 진보에 큰 힘이 될 수도 있다. 가장 좋은 방법은 먼저 사고식 선수로서 이러한 사유나 개념들을 정확히 인식한 후에 전주식 선수의 방법으로 그것들을 관찰하고 최종적으로 그것들로부터 자유로워지는 것이다.

전주식 선수와 상대적으로 사고식 선수는 분석과 사유를 통하여 사물에 대하여 명백히 이해하고 이후에 마음을 그 가운데에 평온하게 안정시키는 것이다. 이러한 상태의 마음은 일종의 완전 방송(放送 : 편안하게 내려놓음)의 상태로서 마음이 수행의 대상에 완전히 몰두해 있는 상태라고 할 수 있다. 이러한 순간에는 집중력이나 경각심이 매우 높기 때문에 사고식 선수를 통하여 획득하는 개념이나 사유는 더욱 명철하고 정확하며, 평소의 습관적인 사유에 비하여 더욱 그 영향력이 크다고 할 수 있다.

다만 우리가 주의해야 할 것은 과도한 사고식 선수는 오히려 마음의 평정을 저하시킬 수 있다는 점이다. 그러므로 수행자는 언제나 마음을 전주식 선수의 선

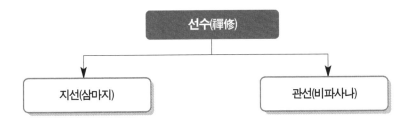

선수(禪修)

지선(삼마지)　　　　　　　　　　　관선(비파사나)

 ① 지선은 앉는 자세를 위주로 하며, 굳이 자세를 바꿀 필요는 없다.

 ① 관선은 일정한 자세에 구애받지 않는다.

 ② 마음의 안정, 즉 정력(定力)을 수행의 목표로 한다.

 ② 관선은 지견(智見)을 수행의 목표로 한다.

 ③ 마음을 모종의 사물에 집중하고 진행하는 수련.

 ③ 마음을 끊임없이 변하는 목표에 집중하고 나아가 심신의 자연스러운 변화 과정을 탐색한다. 전체적인 심신의 변화 과정의 흐름이 모두 관선 수련의 목표다.

 ④ 지선의 꾸준한 수련은 마음의 정력을 높인다. 이러한 정력은 그 단계별로 서로 다른 정신적 희열과 마음의 평정을 가져온다. 또한 이러한 수련을 통하여 잠시 마음속의 탐(貪), 진(嗔), 치(痴)로부터 벗어날 수 있다.

④ 마음의 정력을 끊임없이 변화하는 목표에 집중한다. 정력을 신체, 감각, 심식(心識)과 마음의 목표, 이 네 가지 목표에 집중하고 매 순간 그것들의 체험에 몰두한다.

 ⑤ 지선은 하나의 대상을 정하고 전주, 다시 전주하는 수련을 통하여 결과적으로 마음과 대상이 하나가 되는 경지에 이른다.

 ⑤ 관선은 특정한 목표가 되는 대상이 있는 것은 아니다. 만약에 특정한 목표가 있다 하여도 그것은 끊임없이 변화하는 것이다.

⑥ 지선을 수련하는 것만으로는 해탈에 이르기 힘들다. 해탈을 하기 위해서는 관선(觀禪)을 수련하여야 한다.

⑥ 관선을 수련하여 무상(無常)으로부터 바로 열반(涅槃)에 이를 수도 있다. 먼저 지선의 기초를 닦는 수련과정이 반드시 필요한 것은 아니다.

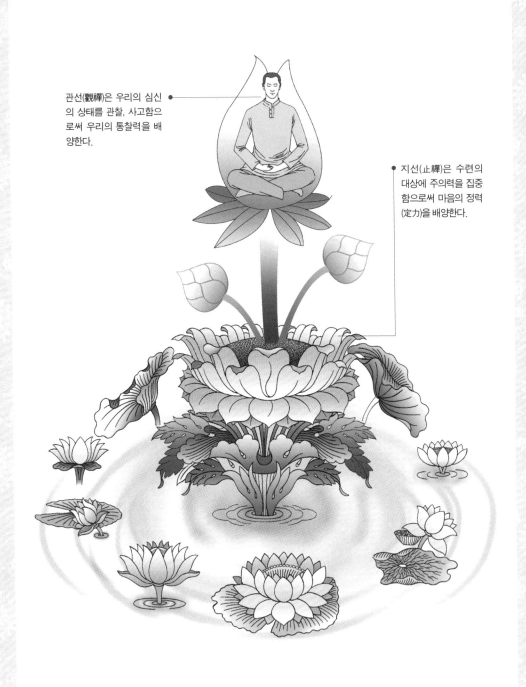

관선(觀禪)은 우리의 심신의 상태를 관찰, 사고함으로써 우리의 통찰력을 배양한다.

지선(止禪)은 수련의 대상에 주의력을 집중함으로써 마음의 정력(定力)을 배양한다.

사선四禪은 또한 사정려四靜慮라고 부르기도 하며, 선정禪定의 네 가지 경계를 가리킨다. 팔정八定은 색계천色界天의 사선四禪의 경계와 무색계천의 사무색정四無色定의 경계를 합하여 부르는 것이다.

심리 상태

초선(初禪) : 마음이 색계(色界)로부터 벗어나며, 정력(定力) 또한 점점 더 깊어진다.

이선(二禪) : 마음이 고요한 물과 같다. 안팎으로 평온하다.

삼선(三禪) : 희열 등 감정의 동요로부터 자유로워지며, 더욱 깊은 정(定)의 경지에 들어간다.

사선(四禪) : 일체의 쾌락으로부터 벗어난다. 호흡이 전혀 없는 듯하며, 마음에는 조금의 동요도 없다.

공무변처정(空無邊處定) : 각종의 색상(色相)이 모두 소멸한다. 깊은 선정 가운데 오직 허공무변(虛空無邊)의 경계를 볼 뿐이며, 일체의 색상(色相)이 모두 소멸한다.

식무변처정(識無邊處定) : 깊은 선정에 침잠되어 있으며, 여타의 일을 보지 않고 다만 과거와 현재, 그리고 미래의 모든 식(識)이 드러날 뿐이다. 선정에 완전히 동화되어 조금도 어지러움이 없다.

무소유처정(無所有處定) : 마음의 상태가 혹은 어리석은 듯 혹은 취한 듯하다. 여전히 무명(無明)에 가려 있기 때문에 깨닫는 바도 없고 즐거움도 없다.

비상비비상처정(非想非非想處定) : 일체의 유상(有相)·무상(無相)이 모두 존재하지 않으며, 마음속이 청정무위하다.

사선(四禪)

팔정(八定)

주관적 느낌

전신의 모공(毛孔)을 통하여 호흡을 자유롭게 할 수 있다. 가벼운 희열을 느낀다.

신체와 내면이 모두 평정한 상태이며, 대단히 큰 희열을 느끼며 심령이 명철하게 된다.

희열의 감정도 사라지고 모든 것이 사라진 입정(入定)의 상태에 있는 듯하다. 지극히 오묘한 즐거움이 마음으로부터 끊임없이 흘러나오며 전신을 감싼다.

호흡이 멈춘 듯하며, 일체의 망상이 모두 끊어진다. 심령은 그윽한 적정(寂靜) 상태에 있으며, 만사만물이 모두 빠짐없이 드러난다.

공(空)과 상응하며 마음은 명징하다. 괴로움도 즐거움도 없다.

마음이 청정하며 정려하다. 언어로 형용할 수 없다.

내면이 공(空)과 같아 의지할 바가 없다. 모든 생각이 끊어지고 적정하다.

유무(有無)를 보지 않으며 고요히 청정하다.

정 상태와 같이 유지하도록 노력하여야 한다. 또한 지나친 전주식 선수는 마음의 명철함을 감소시켜 오히려 수행자를 혼미한 상태로 이끌 수 있다. 이 때문에 전주식 선수의 수행자는 보완적으로 사고식 선수를 통하여 평정을 찾도록 하는 것이 중요하다.

지(止)와 관(觀)의 두 종류의 선수(禪修)의 방법을 조화롭게 결합하여 수련함으로써 마음과 선수의 대상을 근본적으로 합일시킨다면 우리가 바라는 가장 이상적인 효과를 얻을 수 있게 될 것이다. 이렇게 조화롭게 수련해 나간다면 집중력이나 통찰력이 점점 더 강화될 뿐만 아니라 사물에 대한 분석력이나 이해력 또한 더욱 더 깊어질 것이다.

2장 선수의 수련

행복을 추구하는 것은 인간의 천부의 권리라고 할 수 있지만 실상은 어떠한가? 인생의 즐거움은 아주 짧게 왔다가 사라지고, 오히려 수많은 불유쾌한 사정과 상황이 지속적으로 이어지면서 인간은 끝없는 번뇌에 시달리게 된다. 인간은 끊임없이 자신의 생활 방식을 바꾸어 가며 행복과 쾌락을 찾기 위하여 노력하지만 이렇게 얻어지는 행복이나 즐거움은 결코 영원히 지속되지는 않는다. 우리가 선수를 수련하는 것은 이러한 상황을 직시하며 문제의 원인이 무엇인지 이해하고 한없는 번뇌의 고통으로부터 벗어나 인생의 지극한 행복과 희열을 얻기 위한 것이다.

2장의 일러스트 목록

선수의 목표·47 | 선수의 목표의 수립·51 | 수련 장소의 선택·53 | 선수 시간의 선택·57 | 규칙적인 수련·59 | 네 종류의 호흡의 상태·63 | 수련 중의 마음가짐·65 | 다섯 종류의 출리·67 | 선수의 자세·72 | 칠지좌법·74 | 조신·77 | 회향에 대한 해설·81 | 수행 중의 통제와 조절에 관한 문제·85 | 통상적으로 발생하는 장애에 대한 대처·87 | 오욕의 마장·88 | 육진의 마장·89 | 삼독의 마장·93 | 오개의 마장·95 | 조심·99 | 혼미한 상태의 극복·101

01 명확하되 무모하지 않게
선수 목표의 필요성

>>> 수련자의 굳건한 결심과 더불어 수련의 목표가 명확할수록 이에 상응하여 성공의 확률이 높아진다. 일반적으로 어떠한 일을 추진할 때 명확한 목표를 가지는 것은 매우 중요한 요소이며, 이것은 선수에서도 마찬가지다.

명확한 목표

선수(禪修)의 수련을 시작하기 전에 우리는 먼저 명확한 목표를 수립하여야 한다. 어떠한 일을 하기 위해서는 먼저 자신이 도달하고자 하는 목표를 명확한 관념을 가지고 구체적으로 세워야 하며, 이것은 선수에서도 대단히 중요한 문제다. 목표가 없거나 분명하지 않으면 성취 동기나 성취 욕구가 떨어지게 되며, 이것은 선수에서도 마찬가지다. 명확하고 분명한 목표 없이 다른 사람의 행위를 흉내 내는 것은 맹인이 코끼리를 더듬는 것과 같다고 할 수 있다. 일정한 성취를 얻기 힘들고 오히려 고통만 가중시킬 수 있다.

일단 분명한 목표나 이상이 세워지면 집중력이나 성취 욕구 등이 높아지면서 자신의 모든 능력을 이끌어낼 수 있을 뿐만 아니라 이러한 과정을 통하여 또한 자신의 역량이 강화되기도 한다. 결론적으로 확고한 의지와 명확한 목표가 있어야만 이에 상응하여 성공의 확률이 높아진다고 할 수 있다. 그러면 선수에서는 어떠한 목표를 세워야 하는가? 이것은 하나의 특정한 목표가 따로 있는 것이 아니다. 개개인의 상황과 희망에 따라 자신에게 적합한 목표를 세울 수 있으며, 그 구체적인 목표는 사람에 따라 다를 수 있다.

선수의 목표

어떠한 일을 할 때는 분명한 목표가 있어야 한다. 목표가 없거나 분명하지 않다면, 일에 대한 성취 욕구나 동기 등 일에 대한 자세와 마음가짐에 차이가 생길 수밖에 없다. 선수의 수련에서도 명확하고 적극적인 목표의 수립은 매우 중요한 요소다. 이러한 목표가 반드시 고차원적이거나 지극히 요원한 경지일 필요는 없다.

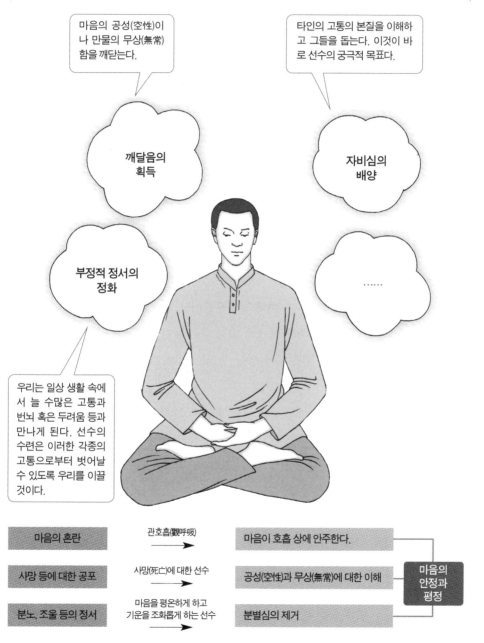

마음의 공성(空性)이나 만물의 무상(無常)함을 깨닫는다.

타인의 고통의 본질을 이해하고 그들을 돕는다. 이것이 바로 선수의 궁극적 목표다.

깨달음의 획득

자비심의 배양

부정적 정서의 정화

……

우리는 일상 생활 속에서 늘 수많은 고통과 번뇌 혹은 두려움 등과 만나게 된다. 선수의 수련은 이러한 각종의 고통으로부터 벗어날 수 있도록 우리를 이끌 것이다.

마음의 혼란	관호흡(觀呼吸) →	마음이 호흡 상에 안주한다.	
사망 등에 대한 공포	사망(死亡)에 대한 선수 →	공성(空性)과 무상(無常)에 대한 이해	마음의 안정과 평정
분노, 조울 등의 정서	마음을 평온하게 하고 기운을 조화롭게 하는 선수 →	분별심의 제거	

목표의 수립

선수의 목표가 따로 특정되어 있는 것은 아니지만 또한 임의적이나 일시적이어서는 안 된다. 다른 사람과 비교하여 조금 더 빨리 깨달음을 얻거나 다른 사람과 비교하여 더욱 큰 성취를 얻으려는 태도는 결코 올바른 자세라고 하기 힘들다. 선수의 목표는 다른 사람이 아닌 자기 자신의 잠재적인 역량을 온전히 계발하는 것에 두어야 한다. 이러한 목표는 내면의 안정과 정화를 비롯하여 번뇌나 고통으로부터의 해탈, 고차원적인 의미에서 적멸이나 정도(正道)의 실천, 정도의 준수를 통한 지극한 희열 맛보기를 포함한다.

목표를 수립한 후에는 이를 달성하기 위한 일정한 단계적 계획이 있어야 한다. 우리가 서울에서 부산까지 긴 여행을 한다고 가정하면, 기차로 약 5시간이 소요된다. 이 시간 내내 온 마음이 목적지에 도달하는 것만을 생각하고 있다면, 조금은 길고 지루한 여행이 될 수 있다. 하지만 이 시간 동안 몇 개의 중간 역으로 구분하여 여행을 즐긴다면, 어느 정도는 지루함이나 따분함에서 벗어날 수 있을 것이다. 여행을 같이하는 친구를 만나 깊이 있는 대화를 나누면서 여행 중간 중간의 경관에 심취할 수 있다면, 여행의 따분함이나 무료함이 크게 줄어들 것이다. 또한 이러한 과정을 통하여 목표에 대한 자신의 마음가짐도 크게 개선될 수 있으며, 목표를 달성하는 과정에서 생길 수 있는 각종의 어려움을 극복하는 데 큰 힘이 될 수도 있다.

선수의 궁극적 목표는 깨달음을 얻는 것이며, 또한 이러한 깨달음을 가지고 다른 사람이 깨달을 수 있도록 인도하는 것이다. 이것이 바로 불교에서 말하는 보리심(菩提心)이며, 또한 대승 불교에서 설명하는 최고의 경지인 중생 제도의 경지다. 하지만 이러한 궁극적 경지는 이제 막 선수를 시작하려는 사람에게는 너무나 먼 요원한 경지이며, 결코 쉽게 도달할 수 있는 경지가 아니다. 선수를 처음 시작하는 초보자에게는 이러한 궁극적 목표는 장거리의 여행과 같은 것이므로 단기의 목표를 세울 필요가 있다. 예를 들어, 생활이나 자신에게 느끼는 불만이나 불쾌감 등을 다스릴 수 있는 마음의 평정을 얻는 것을 단기적인 목표로 삼고 꾸준히 정진해 나간다면 궁극적으로는 최고의 경지에 도달할 수 있게 될 것이다.

이러한 단기적 목표는 개개인의 상황과 성격 등에 근거하여 수립할 수 있다. 자신의 상황이나 성격에 맞추어 분노, 오만, 집착, 질투 등의 감정이나 부정적 정서를 다스릴 수 있도록 단기적 목표를 정하고 수련해 나가는 것이다. 비록 이러한 목표가 사소하게 보일지 몰라도 이러한 감정이나 정서 등은 현재의 자신과 가장 가까운 것이기 때문에 한 걸음 한 걸음 이를 다스리는 수련을 지속해 나간다면 결국 장기적인 목표인 궁극적 깨달음에 도달하게 될 것이다.

과도한 희망이나 기대심리의 경계

명확한 목표를 수립하였으면 이를 향하여 수련을 시작한다. 다만 수련을 통하여 달성하고자 하는 이러한 목표는 선수를 통해서 얻을 수 있는 것이어야 하며, 과도한 기대나 무의미한 목표를 세워서는 안 된다. 선수를 처음 시작하는 수련자들이 흔히 범하기 쉬운 과오 중의 하나가, 선수를 통하여 달성할 수 있는 결과에 대한 과도한 기대 심리다. 선수를 시작하는 초보자들이 선수를 시작하면서 정신적으로 지극한 희열을 체험하거나 무소불위에 가까운 특별한 능력 등을 기대하는 것은 자연스러운 인간의 심리라고 할 수도 있겠지만, 수련의 진행이나 과정을 통하여 이와는 크게 다르다는 것을 깨닫게 될 것이다. 과도한 기대 심리는 오히려 선수의 진행에 장애가 된다.

많은 사람들이 선수를 수련할 때에 가지는 문제점들이 과연 무엇일까? 혹자는 흔들리지 않는 마음의 정력(定力)을 얻기 위해서는 아주 오랜 시간의 수련이 필요하다고 하며, 혹자는 열반에 대한 깨달음을 얻기 위해서는 보다 장구한 시간이 필요하다고 말한다. 하지만 수련 시간에 대한 이러한 생각들이 반드시 옳다고 할 수는 없다. 선수의 효과적인 수련을 위해서는 어떠한 일정한 목표가 있어야 하는 것은 사실이지만 이를 달성하기 위하여 특정한 시간표가 따로 있는 것은 아니기 때문이다.

어떤 날은 수련자가 안정적인 마음 상태와 감각으로 수련에 임할 수도 있지만, 이러한 상태가 지속적으로 이어지지는 않을 것이다. 오히려 이러한 안정적인 마음과 감각 상태는 일시적인 경우가 더 많을 것이다. 어떤 날은 각종 욕망과 고통 혹은 마음의 혼란 등으로 선수의 수련에 장애가 올 수도 있다. 각종 번뇌 등으로 마음이 혼란스러울 때는 일단 선수의 수련을 멈추고 먼저 이러한 정서를 다스리는 것이 필요하다. 선수의 수련 과정에서 이러한 일들은 수없이 반복될 것이며, 일부의 사람들은 선수의 수련을 포기하는 경우도 있을 것이다. 그러므로 선수를 시작하면서 과도한 기대나 지나치게 희망적인 생각만을 갖는 것은 피하는 것이 좋다. 하지만 수련자가 선수를 진정으로 좋아하고 즐기게 된다면 이러한 경험들은 오히려 수련자의 마음과 감각을 단련시키게 될 것이며, 수련자는 이러한 어려움 속에서 오히려 선수가 주는 즐거움을 느끼고 더욱 깊이 있게 몰두하는 체험을 하게 될 것이다.

성급함에 대한 경계

선수는 등산이나 계단을 오르는 것에 비하여 그 소요 시간이 길지 않을 뿐만 아니라 정력과 인내심 등을 배양하는 데 매우 효과적이라고 할 수 있다. 하지만 선수의 목표를 향하여 점진적으로 매진하는 과정에서 결코 서둘러서는 안 된다. 수련자가 조급함을 느끼게 될수록 주의력이 분산되어 수련에 집중하기가 어렵게 되며, 이것은 오히려 수련의 진행에 방해가 된다.

수련자는 선수의 과정에서 종종 다음과 같은 문제가 생길 수도 있다. 즉, 자신의 호흡에 주의력을 집중하기 위하여 노력하다 보면 자신의 호흡이 부지불식간에 凸형태로 될 수가 있다. 이것은 자연적이고 안정적인 동작의 호흡에서 이루어지는 것이 아니라 강제적으로 이루어지는 호흡의 결과라고 할 수 있다. 이러한 상태는 선수의 수련과 진행에 장애가 된다.

선수의 목표를 수립하고 수련을 개시하면서 목표의 실현에 지나치게 연연해서는 안 되며, 평정한 마음 상태를 유지하도록 노력하여야 한다. 예를 들면, 관호흡(觀呼吸)을 할 때에도 자신의 호흡의 규칙과 리듬을 지나치게 억제하고자 할 필요가 없다. 호흡을 완벽히 통제하고자 하는 충동을 버리고 자연스럽게 유지되도록 하면서 조금씩 발전해 나간다면 안정적이고 평정한 호흡을 느낄 수 있으며, 그 속에서 지극한 희열을 맛보게 될 것이다.

선수의 목표의 수립

선수의 궁극적 목표는 자신과 타인을 제도하는 것이다. 수련자는 이러한 궁극적 목표에 맞추어 일련의 단기적 목표를 계획할 수 있지만 이러한 단기적 목표는 일시적이거나 임의적이어서는 안 되며, 다음과 같은 몇 개의 측면에 주의하여야 한다.

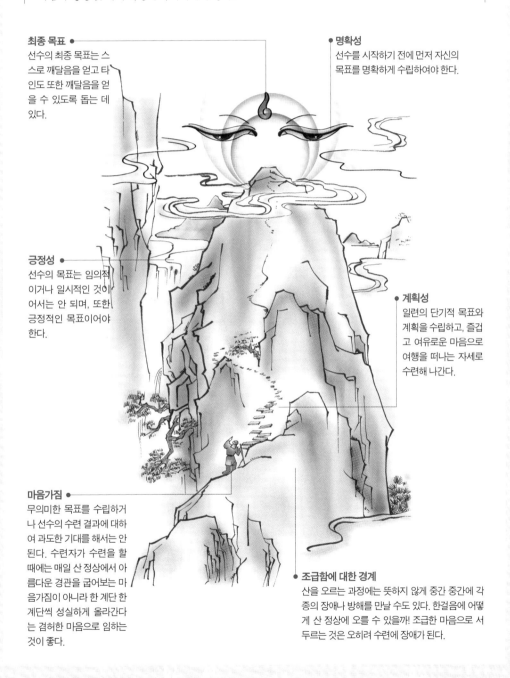

최종 목표
선수의 최종 목표는 스스로 깨달음을 얻고 타인도 또한 깨달음을 얻을 수 있도록 돕는 데 있다.

명확성
선수를 시작하기 전에 먼저 자신의 목표를 명확하게 수립하여야 한다.

긍정성
선수의 목표는 임의적이거나 일시적인 것이어서는 안 되며, 또한 긍정적인 목표이어야 한다.

계획성
일련의 단기적 목표와 계획을 수립하고, 즐겁고 여유로운 마음으로 여행을 떠나는 자세로 수련해 나간다.

마음가짐
무의미한 목표를 수립하거나 선수의 수련 결과에 대하여 과도한 기대를 해서는 안 된다. 수련자가 수련을 할 때에는 매일 산 정상에서 아름다운 경관을 굽어보는 마음가짐이 아니라 한 계단 한 계단씩 성실하게 올라간다는 겸허한 마음으로 임하는 것이 좋다.

조급함에 대한 경계
산을 오르는 과정에는 뜻하지 않게 중간 중간에 각종의 장애나 방해를 만날 수도 있다. 한걸음에 어떻게 산 정상에 오를 수 있을까! 조급한 마음으로 서두르는 것은 오히려 수련에 장애가 된다.

02 | 선수의 장소
장소의 선택

>>>> 선수의 수련은 어느 때, 어느 장소에서도 이루어질 수 있지만, 초보자는 소란스럽지 않은 조용한 장소를 택하여 수련에 임하는 것이 좋다.

조용한 장소의 선택

선수에 방해를 받지 않기 위해서는 가급적 조용하고 한적한 곳을 선택하는 것이 일반적이다. 유명한 대사들의 고사에 보면, 그들은 사람이 잘 다니지 않는 청산녹수의 장소에서 수련하거나 거처를 정하고 있는 경우가 대부분이다. 이에 반해 삼림이 우거지거나 파도가 몰아치는 해변 등의 장소는 오히려 수련에 지장을 준다. 그러나 도시에 터전을 정하고 있는 현대인들에게 이러한 장소를 요구하는 것은 꿈같은 일일 뿐이다. 다만 가급적이면 자신의 주변에서 방해받지 않을 가장 조용하고 한적한 장소를 선택한다.

장소를 선택하여 수련을 시작할 때에 가장 유의할 점은 누구에게도 방해받지 않을 조용한 공간을 확보하여 선수를 수련하는 것이다. 집에서 가장 조용한 장소나 조금 떨어진 곳에서 수련을 해야만 가족이나 친구 등의 뜻하지 않은 방해를 줄일 수 있을 뿐만 아니라 수련에 집중하여 마음의 평정을 유지할 수 있는 환경을 만들 수 있다. 선수의 장소는 반드시 외부와 완전히 격리된 장소일 필요는 없지만 소음이나 음악 혹은 다른 사람들의 대화가 차단된 곳이 적합하다.

선수의 장소에는 침상이나 방석 혹은 척추를 기댈 수 있는 의자 등을 설치해도 좋으며, 앞쪽에는 선수에 관한 책이나 자료 등을 진열할 수 있는 탁자를 구비해도 좋다. 이외에도 방안에 불단을 설치하여 향이나 촛불, 꽃이나 과일 등을 준

수련 장소의 선택

적합한 수련 장소를 선택하는 것은 초보자에게는 매우 중요한 문제다. 보다 효과적인 장소를 선택하고 수련을 진행하는 데에 있어 다음과 같은 점에 주의해야 한다.

적합한 수련 장소

안정되고 차단된 장소

선수의 장소는 마음의 평정을 유지하기에 적합하여야 한다. 이를 위해서는 어떠한 소음이나 소란으로부터 방해를 받지 않아야 하며, 신경을 분산시킬 수 있는 요소가 적어야 한다.

독립된 공간

가족은 물론 친구 등의 방해를 받지 않을 수 있는 독립된 공간이 적합하다. 가족이나 친구 등의 언행이 모두 수련에 일정한 영향을 미치기 때문이다.

간단한 설비

방은 너무 호화롭거나 요란스럽지 않게 간단한 장식이나 물품을 설치할 수 있다. 너무 복잡하거나 호화로우면 수련자의 집중력을 분산시킬 수 있다.

고정된 장소

고정된 장소에서 수련을 진행하는 것이 가장 효과적이다. 매번 일정한 장소에서 수련을 진행하는 것이 보다 쉽고 빠르게 선정 상태에 진입하는 데에 도움이 된다.

보조 설비

방석

방안에 방석이나 침상 혹은 등받이 의자 등을 설치할 수 있다. 이러한 물품은 수련자의 심신을 편안하게 유지하는 데 도움이 될 수 있다.

탁자

방안에 선수에 관한 책이나 자료 등을 올려놓는 탁자를 설치해도 좋다. 탁자 앞에 앉아 수련을 할 때에 이러한 책이나 자료를 보면서 수련을 진행할 수 있다.

불단(佛壇)

방안에 하나의 불단을 설치해도 좋다. 불단에는 불상이나 향, 초, 과일이나 꽃 등을 놓아둔다. 이러한 물품은 선수와 직접적인 관계는 없지만 선수의 수련에 도움이 될 수 있다.

비해도 좋다. 다만, 이러한 것들은 선수의 수련에 도움을 주기 위한 것이며, 반드시 구비해야 하는 것은 아니다.

동일한 장소에서의 개인적 수련

될 수 있으면 매번 동일한 장소에서 수련하는 것이 보다 효과적이다. 대부분의 수련자들의 경험에 의하면, 동일한 장소에서 선수를 수련하는 것이 보다 효과적이라고 한다. 수련을 할 때에 수련자의 평정심과 수련의 장소가 일정한 관계가 있기 때문에, 수련의 장소를 일정한 곳으로 고정한다면 수련자가 보다 쉽고 빠르게 선정 상태에 진입할 수가 있다. 그러므로 선수의 장소를 선택할 때에는 여러 장소에서 수련을 시도하면서 자신의 마음과 신체가 가장 편안하게 느끼는 장소를 찾도록 노력해야 한다.

일반적으로 초보자들은 조용한 곳에서 혼자 수련을 진행하는 것이 가장 좋다. 일정한 경지에 올라 어떤 상황이나 환경에도 구애받지 않고 자신의 역량을 충분히 발휘할 수 있다면, 선수의 장소에 얽매일 필요가 없게 된다. 사람이 많은 시장이나 아주 소란스러운 자연 환경 가운데서도 스스로 평정을 유지하며 깨달음을 구할 수 있게 된다. 이러한 경지에 이르면 장소의 선택은 그다지 중요한 문제가 아니기 때문에 이에 대해 따로 마음 쓸 필요가 없게 된다.

03 선수의 시간 안배

선수의 시간

>>>> 어떠한 시간에 수련을 해도 상관없지만, 초보자는 상대적으로 안정된 시간을 선택하여 수련하는 것이 효과적이다. 예를 들면, 새벽이나 잠들기 전의 시간이 보다 효과적이다.

선수에 효과적인 시간대

새벽은 선수를 수련하는 데 가장 좋은 시간대라고 할 수 있다. 이 시간에는 공기가 매우 맑고 신선하며 머리도 비교적 맑은 상태이기 때문이다. 새벽의 선수를 통하여 내면의 안정을 찾고 최적의 심신 상태로 새로운 하루를 시작하는 습관을 들인다면 자신의 일상에 큰 활력이 될 것이다.

잠자기 전의 밤 시간대 역시 선수의 수련에 효과적인 시간대라고 할 수 있다. 선수를 통하여 하루의 각종 스트레스를 해소하고 마음을 안정되고 고요하게 다스린다면 충분한 휴식과 수면을 취할 수 있을 것이다.

여기서 분명하게 짚고 넘어가야 할 점은, 수련 중에 졸거나 혼미한 상태로 앉아 있어서는 안 된다는 사실이다. 선수는 지극히 청정한 상태에서 진행되어야 한다. 새벽에 아직 완전히 정신을 차리기 전이나 밤 시간대에 아주 졸리거나 혼미한 상태에서 수련을 진행하는 것은 결코 이롭지 않다는 것을 명심하여야 한다.

규칙적인 수련

선수의 수련은 반드시 굳은 의지를 가지고 규칙적으로 진행하는 것이 좋다. 또한 중요한 업무를 처리하듯이 집중력을 가지고 자신의 모든 역량을 다하여야 한다. 그렇지 않으면 효과를 보기가 쉽지 않다. 자신의 일정에 따라 매일 최소한

한 번 또는 매주 몇 차례 정도의 선수를 규칙적으로 진행하는 것이 좋다. 몇 주나 몇 개월에 걸쳐 선수의 수련을 등한시한 경우에는 이전의 수련의 효과 역시 의미가 없어지기 때문에, 이러한 경우에는 새로운 마음으로 다시 일정을 정하여 규칙적으로 수련을 재개하도록 한다. 어떠한 상황에서도 수련에 대한 의지와 신념을 잃지 않는다면 아주 잠시의 수련이라 할지라도 의외의 성과를 이루기도 한다.

시간의 안배

선수의 수련에서 수련 시간의 길이가 그렇게 중요한 의미를 가지지는 않는다. 수련자는 자신의 상황에 따라 수 분 혹은 수십 분 혹은 그 이상의 시간을 선택할 수 있다. 장시간의 수련을 할 경우에는 중간에 일정 시간 휴식을 가져도 좋다. 초보자는 처음부터 너무 오랜 시간을 수련하려는 욕심을 버리고 수련의 진행에 맞추어 시간을 늘려 가는 것이 좋을 것이다. 대부분의 초보자들은 대개 20분 혹은 30분 정도의 시간을 할애한다.

초보자가 조급한 마음을 가지고 오랜 시간의 수련에 욕심을 내면 오히려 역효과가 생길 수도 있으며, 또한 수련 시간을 너무 많이 할애하면 자신의 일상 생활에 큰 지장을 초래할 수도 있다. 이러한 결과가 생기지 않도록 자신의 상황과 일과에 맞추어 적당하고 효율적인 수련 시간을 안배하여야 한다.

수련은 꾸준하고 지속적으로 이루어져야 하며, 내키지 않는 마음으로 마치 고행을 하는 것처럼 이루어져서는 안 된다. 즐거운 마음으로 수련에 임하면서 점차 수련 시간을 늘려가다 보면 자연스럽게 좋은 결과를 얻을 수 있게 될 것이다. 그러므로 처음 수련을 시작할 때에는 자신이 상쾌하고 즐거운 상태를 유지할 수 있을 정도로 짧은 시간을 할애하다가 점차로 수련 시간을 늘려가는 것이 효과적이다. 수련의 성과에 지나치게 집착하며 무리하게 수련 시간을 할애하면 심신에 무리를 가져오고, 오히려 선수에 대하여 흥미를 잃게 되는 결과를 초래할 수 있다. 선수는 마땅히 즐거운 마음으로 이루어져야 한다.

선수에 적합한 시간대

선수에 가장 적합한 시간대는 수련자가 가장 용이하게 선수의 상태에 진입할 수 있는 시간대라고 할 수 있다. 일반적으로는 새벽이나 잠자기 전의 시간이 마음을 다스리는 데 가장 적당한 시간대라고 할 수 있다.

새벽의 선수 수련을 통하여 수련자의 내면을 청정하게 다스리는 것은 하루를 새롭고 활기차게 보내는 데 큰 도움이 된다.

잠자기 전의 수련은 하루 동안의 심적 부담과 피로를 풀고 마음을 다시 평정하게 가라앉히는 작용을 한다.

수련 시간의 조절

초보자는 절대로 조급한 마음을 가져서는 안 되며, 처음에는 자신이 편안하게 견딜 수 있는 시간을 정하여 시작하는 것이 좋다. 익숙하지 않은 상태에서 욕심을 가지고 수련 시간을 길게 가져가면 다음과 같은 부작용이 생길 수 있다.

1. 좌선에 익숙하지 않은 상태라면 신체의 집중력이 저하되는 현상이 쉽게 발생한다.

2. 선수에 너무 많은 시간을 할애하면 일상 생활에 지장을 초래할 수 있다.

3. 지나친 수련은 오히려 선수에 대한 흥미와 의욕을 저하시킬 수도 있다.

초보자는 일반적으로 20분에서 30분 정도 수련을 시작하는 것이 좋다. 이렇게 시작하는 것이 다음과 같은 점에서 유익하다.

1. 체력을 소모하지 않고 심신의 활력을 유지하도록 하여 일상 생활에 부담을 주지 않는다.

2. 잠시의 수련이라도 선수는 심신의 피로를 풀고 쾌적함을 찾을 수 있기 때문에 심신의 건강에 유익하다.

3. 선수에 대한 흥미와 의욕을 잃지 않기 때문에 지속적으로 수련해 나간다면 점차 장시간의 수련도 견딜 수 있게 될 것이다.

수련 시간의 연장

선수의 수련 시간이 특정되어 있는 것은 아니다. 일정한 시간을 정하여 생활화하는 것이 매우 중요한 일이지만 수련자의 하루의 사정과 상황에 따라 융통성 있게 운용할 수 있다. 자신의 업무나 사정이 매우 급하거나 시간을 내기 힘들 때에는 수련 시간이나 시간대를 조절할 수 있다. 다만 그날의 수련을 완전히 빼먹지 않도록 노력하여야 한다. 아주 잠시의 시간일지라도 매일 규칙적으로 수련하는 것은 매우 중요한 일이다.

수련이 생활화되어 선수의 방법과 리듬에 익숙해지면 점차로 수련 시간을 연장해 나간다. 자신이 편안하게 견디고 즐길 수 있는 시간을 연장해 나가는데, 5분 정도씩 연장해 나가는 것이 일반적이다. 이러한 방법으로 조금씩 수련 시간을 연장해 나간다면 크게 무리 없이 적응할 수 있게 될 것이다.

명심해야 될 점은 수련자의 일시적인 흥취나 기분에 따라 수련 시간을 연장해서는 안 된다는 점이다. 이러한 무원칙한 방법은 선수의 효과를 달성하기 어려울 뿐만 아니라 오히려 선수에 대한 의욕과 흥미를 잃게 하는 결과를 초래할 수도 있기 때문이다. 먼저 일정한 수련 시간을 생활화하여 자신의 몸에 익숙해진 뒤에 수련자가 즐겁게 견딜 수 있는 시간만큼 조금씩 늘여나가는 것이 좋다.

선수와 수련 시간에 관한 문제

수련에 임해서는 수련 시간의 길고 짧음에 대하여 너무 의식하지 않는 것이 좋다. 수련 시간의 길이에 대하여 너무 의식하다 보면 오히려 수련에 대한 집중력이 떨어지게 되기 때문이다. 일부의 사람들은 시간 측정기를 옆에 두고 시간을 체크하면서 수련을 하는데 이것은 진정한 수련과는 거리가 있다. 선수는 근본적으로 평정한 내면의 상태에 진입하고자 하는 것이므로 이러한 방법은 오히려 내면의 몰입에 방해가 되기 때문이다. 시간을 너무 의식하다 보면 수련의 집중력이 떨어지고 내면으로의 몰입에 지장을 초래하므로 선수의 근본적인 목적과 원칙에 어긋나게 된다.

학교에서 공부하는 학생을 예로 들어보자. 학생이 시간이 빨리 지나가기를

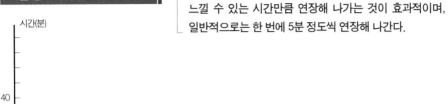

5분 정도의 수련 시간의 연장

수련 시간은 점진적으로 연장해 나간다. 자신이 편안하게 느낄 수 있는 시간만큼 연장해 나가는 것이 효과적이며, 일반적으로는 한 번에 5분 정도씩 연장해 나간다.

동일 시간대의 수련

선수는 규칙적으로 수련해 나가야 하며, 가장 효과적인 것은 매일 동일 시간대에 수련하는 것이 좋다. 예를 들면, 매일 아침 7시 혹은 매일 오후 7시에 20분 정도 진행하는 것이 효과적이다.

수련 시간의 길이

선수를 수련할 때에 수련 시간의 길이에 대하여 너무 의식하지 않는 것이 좋다. 시간을 의식하지 않고 수련하는 것이 집중력을 높이는 데 도움이 된다.

바라면서 시간만 흘낏거리다 보면 선생님의 강의 내용을 등한시하게 될 것이다. 이와 같이 수련 도중에 자꾸 수련 시간에만 신경을 쓴다면 수련의 근본 목적에 어긋나는 일이 된다. 만약에 시간을 보려 한다면 수련 도중에 확인하려 하지 말고 수련을 모두 마친 후에 확인하는 것이 옳다. 좌선 때의 시간 역시 특정한 계획과 제한이 있는 것이 아니다. 업무가 바쁘거나 마음에 신경 쓰이는 일이 있다면 그에 맞추어 유연하게 시간을 조절하는 것이 필요하다.

수련 시간에 대한 이러한 여러 가지 문제들 역시 하나의 경험이며 공부라고 할 수 있다. 자신의 상황과 일과에 맞추어 유연하고 융통성 있게 운용하되 빼먹지 않고 꾸준히 할 수 있도록 생활화 하는 것이 중요하며, 이러한 과정을 효율적으로 이루어 내는 것 또한 선수에 있어서 하나의 수련 단계라고 할 수 있다.

04 선수 방법의 선택
관호흡

≫≫ 초보자라면 자신에게 적합한 수련 방법을 찾는 것이 무엇보다도 중요하다고 할 수 있다. 관호흡의 방법은 특히 초보자에게 매우 적합한 수련 방법이라고 할 수 있다.

왜 관호흡(觀呼吸)을 선택하는가?

일반적으로 관호흡(觀呼吸)은 선수에 있어서 가장 기초적이고 중요한 수련 방법으로 잘 알려져 있다. 관호흡은 마음을 안정시키는 데 큰 효과가 있을 뿐만 아니라 사고력과 통찰력을 배양하는 데 뛰어난 작용을 하기 때문에, 특히 마음의 평정과 창조적인 통찰력을 목적으로 하는 수련자는 반드시 거쳐야 할 수련이라고 할 수 있다.

초보 단계의 수련자라도 하나의 대상에 집중하는 것, 특히 자신의 호흡에 집중하는 관호흡의 수련은 비교적 어렵지 않게 실천할 수 있다. 또한 이러한 관호흡의 방법은 수련하기가 비교적 용이할 뿐만 아니라 탐(貪)·진(嗔)·치(痴)에 의하여 발생되는 마음의 흔들림을 다스리기가 비교적 쉽다는 장점이 있다. 호흡은 누구나 하는 보편적인 활동이지만, 관호흡의 수련은 선수의 수련시에 수련자가 자신의 코끝 혹은 입술의 윗부분에 주의력을 집중하고 호흡을 세심하게 느끼면서 수를 세어나가는 방법이다. 누구나 쉽게 실천할 수 있는 방법으로 긴장을 풀고 심신을 편안하게 이완한 상태에서 주의력을 집중하여 자신의 호흡의 감각을 세밀히 느끼는 것으로 특별한 기술이나 방법이 요구되는 것이 아니다.

호흡은 특별한 사고가 따르지 않는 일련의 비개념적인 과정으로 직접적인 체험의 영역이며, 규칙적인 순환 동작이라고 할 수 있다. 이러한 생리적 활동의 호흡이 본래 미묘한 것이지만 관호흡은 이것을 관상의 대상으로 삼아 매우 세심하게 관찰하는 것이다. 호흡이야말로 매우 이상적인 선수의 대상이라고 할 수 있다.

호흡과 수련

누구나 자연스럽게 하는 호흡을 수련한다는 것은 어떠한 의미를 지니는 것일까? 일반적 사고의 측면에서 보면 호흡은 특별할 것이 없는 자연스런 생리적 현상이다. 그러나 선수의 수련자에게 호흡은 숨을 들이마실 때와 내쉴 때의 미묘한 변화를 체득하고 느껴야 하는 매우 복잡하고 오묘한 체계라고 할 수 있다. 긴 호흡과 짧은 호흡, 깊은 호흡과 얕은 호흡, 순조로운 호흡과 거친 호흡 등이 미묘하게 변화하고 교차하는 것을 끊임없이 관찰하고 체득하여야 한다.

전술한 바와 같이 선수의 수련에 임해서는 자신의 호흡을 억지로 통제하려고 하지 말고 자연스러운 호흡의 상태에서 그 미묘한 변화에 집중하여야 한다. 이러한 미묘한 변화를 감지하는 것은 결코 쉽지 않은 일이다. 자신의 호흡의 미묘한 변화를 놓치지 않도록 모든 주의력을 자신의 호흡에 집중하여야 하며, 조금이라도 주의력이 흐트러진다면 순간적인 변화를 놓치게 될 것이다.

가장 주의해야 할 점은 자신의 감각을 코끝 혹은 입술 위에 집중하고, 수련을 마칠 때까지 이러한 감각과 주의력을 잃지 않도록 하는 것이다. 만약 수련 시간 동안 이러한 동일한 감각을 유지하지 못하고 자신의 호흡에만 신경을 쓴다면 좋은 결과를 얻기 어렵다.

호흡은 일반적으로 다음과 같은 네 가지 상태로 구분할 수 있다. 이른바 풍風, 천喘, 기氣, 식息의 상태가 그것이다. 앞의 세 가지 종류의 호흡은 모두 불안정한 호흡의 상태이며, 마지막의 식息의 상태의 호흡 만이 안정적이고 조화로운 호흡이라고 할 수 있다. 그러므로 이러한 네 가지 상태의 호흡을 조정하 는 단계 역시 네 가지 단계로 나눌 수 있다.

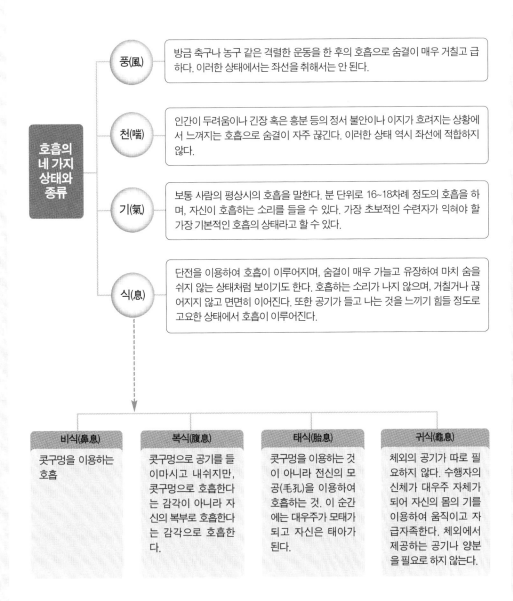

호흡의 네 가지 상태와 종류

풍(風)
방금 축구나 농구 같은 격렬한 운동을 한 후의 호흡으로 숨결이 매우 거칠고 급하다. 이러한 상태에서는 좌선을 취해서는 안 된다.

천(喘)
인간이 두려움이나 긴장 혹은 흥분 등의 정서 불안이나 이지가 흐려지는 상황에서 느껴지는 호흡으로 숨결이 자주 끊긴다. 이러한 상태 역시 좌선에 적합하지 않다.

기(氣)
보통 사람의 평상시의 호흡을 말한다. 분 단위로 16~18차례 정도의 호흡을 하며, 자신이 호흡하는 소리를 들을 수 있다. 가장 초보적인 수련자가 익혀야 할 가장 기본적인 호흡의 상태라고 할 수 있다.

식(息)
단전을 이용하여 호흡이 이루어지며, 숨결이 매우 가늘고 유장하여 마치 숨을 쉬지 않는 상태처럼 보이기도 한다. 호흡하는 소리가 나지 않으며, 거칠거나 끊어지지 않고 면면히 이어진다. 또한 공기가 들고 나는 것을 느끼기 힘들 정도로 고요한 상태에서 호흡이 이루어진다.

비식(鼻息)
콧구멍을 이용하는 호흡

복식(腹息)
콧구멍으로 공기를 들이마시고 내쉬지만, 콧구멍으로 호흡한다는 감각이 아니라 자신의 복부로 호흡한다는 감각으로 호흡한다.

태식(胎息)
콧구멍을 이용하는 것이 아니라 전신의 모공(毛孔)을 이용하여 호흡하는 것. 이 순간에는 대우주가 모태가 되고 자신은 태아가 된다.

귀식(龜息)
체외의 공기가 따로 필요하지 않다. 수행자의 신체가 대우주 자체가 되어 자신의 몸의 기를 이용하여 움직이고 자급자족한다. 체외에서 제공하는 공기나 양분을 필요로 하지 않는다.

05 영적 능력의 계발
수행의 동기와 태도

≫≫≫ 선수는 적극적인 관찰이 필요한 수련이다. 수련자는 어떤 과정을 거쳐 무엇을 볼지를 모두 자신이 결정하고 적극적으로 관찰하여야 한다. 선수의 수련에서 수련자가 보는 것은 바로 자기 자신의 다양한 모습이며, 이러한 자신의 모습을 고요한 자세로 세밀하고 적극적으로 관찰하여야 한다.

지나친 기대

수련의 성과는 수련자의 내면의 상태에서 결정된다고 할 수 있다. 그러므로 수련을 할 때는 정확한 동기와 태도를 가지는 것이 중요하며, 선수의 성과에 대하여 지나친 기대를 가지는 것은 피하는 것이 좋다. 지나친 기대는 집중력을 분산시키며, 또한 다른 욕심을 낳게 되어 결국 수련자가 보아야 할 정확한 실상을 보지 못하게 한다.

수련을 할 때에 지나친 기대로 인하여 미리 자신의 입장을 정하는 우를 범해서는 안 된다. 좌선 중에는 어떠한 의견이나 인상 혹은 해석을 피해야 하며, 그렇지 않으면 결코 이러한 것들의 속박으로부터 벗어날 수 없다.

과도한 긴장

수련을 할 때는 과도하게 긴장하거나 자신에게 무리한 요구를 해서는 안 된다. 이러한 자세로 장시간을 수련한다면 심신의 상태에 오히려 악영향을 끼치게 된다. 수련은 되도록 마음의 부담을 없애고 가벼운 태도로 임하는 것이 효과적이며, 자신에 대한 지나친 요구나 과도한 긴장 혹은 자신에게 부적합한 격렬한 수련은 피하는 것이 좋다.

선수를 수련할 때에 무엇보다 중요한 것은 수련자의 올바른 마음가짐이라고 할 수 있다. 확실한 목표와 의지를 가지고 차분한 마음으로 부담 없이 편안하게 수련에 임한다면 일정한 성과를 얻을 수 있게 될 것이다. 자신의 마음속에서 탐貪, 진嗔, 치痴 등의 잡념을 지워 버리고 이상적인 영적 공간을 계발하고 창조하게 될 것이다.

무엇인가에 대한 갈구

탐(貪)

이미 발생한 일에 대한 거부

진(嗔)

치(痴)   어떤 사실에 대한 이해의 부재

조급증

조급한 마음을 가지고 서둘러서는 안 되며, 평상심으로 천천히 수련해 나가는 것이 좋다. 평정심을 유지하며 마치 잠을 자거나 휴식을 취하는 듯한 모습으로 좌선을 진행한다. 선수의 시간에 얽매여서는 안 되며, 또한 이를 억지로 통제하려고 하는 것도 좋지 않다. 자신이 평정심을 잃지 않고 편안한 상태를 유지할 수 있을 정도의 적합한 시간을 수련하는 것이 효과적이다.

집착

어떠한 일이나 현상에 집착하거나 배척하는 태도에서 벗어나야 한다. 수련 중에 어떠한 상황이나 현상이 발생하든 그것은 모두 자연스러운 현상이다. 좋은 현상이 발생하든 나쁜 현상이 발생하든 모두 수련의 한 과정일 뿐이라는 것을 이해하고, 어떠한 일이 발생하더라도 그것에 대항하려 하지 말고 자연스럽게 받아들이며 자신의 평상심을 유지할 수 있어야 한다.

수련자가 가장 희망하지 않는 일이나 현상 혹은 수련자가 가장 싫어하는 경험 등이 모두 수련자의 모습의 하나라는 것을 자연스럽게 받아들여야 한다. 인간이 가지고 있는 단점이나 결함 혹은 실수나 오해 등과 그로 인한 심리적 과정이 모두 자연스러운 현상이라는 것을 이해하고, 수련자가 경험하는 모든 것들을 존중하는 마음으로 개방적으로 받아들여야 한다.

인간은 모두 불완전한 존재이며, 사회 속에서의 역할과 그 입장이 다르다. 누군가의 남편이나 아내 혹은 누군가의 부모나 자녀 혹은 친구 등의 서로 다른 역할과 입장을 가지고 있지만, 개개인이 모두 그 존엄성과 가치를 존중받아야 한다. 자신에 대한 지나친 요구와 질책에서 벗어나 자신이 맡은 역할과 입장을 받아들이고 만족할 때에, 비로소 진정으로 원하는 목표에 한 걸음 더 다가서게 될 것이다. 이를 위해서는 먼저 현재의 자신의 모습을 있는 그대로 보고 받아들이는 것이 무엇보다 중요하다.

다섯 종류의 출리

우리가 선수를 수련하는 목적은 행복한 인생을 위한 것이며, 마음의 평화와 평정을 유지하고 실체 없는 과거와 미래에 대한 근심에서 벗어나 현재에 충실하기 위한 것이다. 이것이 바로 불교에서 말하는 출리심出離心이다.

출리심은 아래와 같이 다섯 종류로 구분되며, 각각 다섯 종류의 서로 다른 수행의 단계를 대표한다.

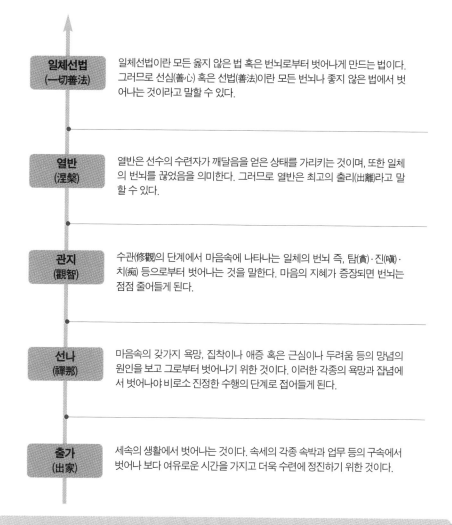

일체선법
(一切善法)

일체선법이란 모든 옳지 않은 법 혹은 번뇌로부터 벗어나게 만드는 법이다. 그러므로 선심(善心) 혹은 선법(善法)이란 모든 번뇌나 좋지 않은 법에서 벗어나는 것이라고 말할 수 있다.

열반
(涅槃)

열반은 선수의 수련자가 깨달음을 얻은 상태를 가리키는 것이며, 또한 일체의 번뇌를 끊었음을 의미한다. 그러므로 열반은 최고의 출리(出離)라고 말할 수 있다.

관지
(觀智)

수관(修觀)의 단계에서 마음속에 나타나는 일체의 번뇌 즉, 탐(貪)·진(嗔)·치(痴) 등으로부터 벗어나는 것을 말한다. 마음의 지혜가 증장되면 번뇌는 점점 줄어들게 된다.

선나
(禪那)

마음속의 갖가지 욕망, 집착이나 애증 혹은 근심이나 두려움 등의 망념의 원인을 보고 그로부터 벗어나기 위한 것이다. 이러한 각종의 욕망과 잡념에서 벗어나야 비로소 진정한 수행의 단계로 접어들게 된다.

출가
(出家)

세속의 생활에서 벗어나는 것이다. 속세의 각종 속박과 업무 등의 구속에서 벗어나 보다 여유로운 시간을 가지고 더욱 수련에 정진하기 위한 것이다.

선수의 수련자에게 출리(出離)는 대단히 중요한 것이다. 이러한 출리의 마음이 없다면, 선수를 통한 수련은 그 의미가 반감되기 때문이다. 그러나 이러한 각종의 출리는 다만 형식적인 외형을 가리키는 것이 아니라 수련자의 마음이 진실로 일체의 번뇌로부터 벗어나 진정한 행복을 느낄 때 비로소 의미가 있다는 것을 잊어서는 안 된다. 즉 머리를 삭발하고 가사를 입고 있다 하더라도 여전히 마음속에 각종의 집착이 남아 있다면 이것은 진정한 출리라고 할 수 없다.

선수에 대한 불신이나 회의

모든 일에 대하여 회의를 품는 것은 결코 이성적인 자세가 아니다. 자연의 법칙이나 성인이 말씀하신 것에 믿음을 가지는 태도가 중요하다. 수련에서 가장 중요한 기준은 자기 자신이 되어야 한다. 세인들의 각종 불신이나 비판에 현혹되어서는 안 되며, 모든 것을 자신의 체험과 경험을 기준으로 결정하는 것이 좋다. 자신의 직접적인 체험을 통하여 쌓여진 성과와 결과가 자신을 진리의 세계로 인도하게 된다.

선수에 대한 각종 도전이나 혹은 수련 도중에 발생하는 모든 문제를 학습과 성장의 계기가 삼는 자세를 가져야 한다. 결코 회피하거나 자책하거나 실망해서는 안 된다. 수련 과정에 직면하는 일체의 문제에 대하여 낙관적인 태도를 가지고 성실히 수련한다면, 오히려 수행의 단계를 높일 수 있는 좋은 계기가 될 것이다.

타성적인 사고

수련 도중에 예기치 못한 상황에 처하게 되는 경우가 생기더라도 습관적이고 타성적인 사고 방식으로 문제를 풀려고 해서는 안 된다. 타성적이고 습관적인 방식으로 문제를 해결할 방법을 찾고자 하는 것은 헛된 노력일 뿐이며, 결코 문제의 해결에 도움이 되지 않는다. 선수를 수련할 때에 수련자의 마음은 집중력이 흔들리지 않도록 깨끗이 정화되어 있어야 한다. 수련 중에 처하게 되는 곤경에서 벗어나기 위해서는 타성적이고 습관적인 사고 방식이 필요한 것이 아니라, 고요하고 냉정하게 그러한 문제의 본질이 무엇인지, 혹은 어떠한 인과 관계 속에서 문제가 나타나는지를 정면으로 응시하는 자세가 필요하다. 이러한 경우에 일반적인 개념이나 이성적인 추리는 오히려 문제의 해결에 장애가 되는 경우가 많다.

분별심

개개인들 사이에서 쉽게 찾아볼 수 있는 여러 가지 차이점을 절대적인 차이점이라고 생각하는 자세는 매우 위험한 것이다. 이러한 분별심은 자아 중심의 가치관을 형성하게 만드는 중요한 원인이 되며, 이로 인하여 질투심이나 교만 혹은 호승심 등의 부정적인 정서가 생기게 된다. 어떤 사람을 만났을 때 먼저 그와 자신을 비교하고 상대가 자신보다 우월하다면 시기심이나 원한을 갖게 되며, 자신이 상대보다 우월하다면 교만한 태도를 갖게 되는 원인이 되는 것이다. 이러한 비교하는 태도가 습관이나 타성으로 굳어진다면, 자신의 마음속에는 자연스럽게 탐욕이나 질투 혹은 원한이나 증오 등의 부정적인 정서가 자라게 될 것이다. 이러한 정서나 태도는 선수의 수련에 매우 큰 장애가 된다.

수련의 성과와 과시욕

일반적인 사람은 아주 신기하고 이상한 현상을 발견하게 되면 가까운 주변 사람들에게 알리고 싶어한다. 그러나 선수에 대하여 진지하게 토론하고 성심으로 수련하게 되면, 수행의 과정에서 발생할 수 있는 여러 가지 현상들이 그렇게 이상한 일이 아니라는 것을 알게 될 것이다. 진정으로 선수를 이해하고 즐기는 사람은 자신이 수련을 통해서 경험하는 것들에 대하여 침묵하는 것이 가장 좋다는 것을 알고 있다. 다만 수련의 진행과 상황 등에 관해서는 스승이나 가장 가까운 도반과 상의하는 것이 좋다.

영혼의 정화와 계발

많은 사람들이 사회 생활이나 과중한 업무 등으로 자신의 마음이 너무 복잡하여 수련에 집중하기가 쉽지 않다고 말한다. 간혹 마음이 여유로워도 쉬이 잡념이 생긴다는 것이다. 그러나 우리가 수련을 하는 목적은 우리의 영혼을 정화하고 영적 능력을 계발하기 위한 것이다. 일단 수련에 임하게 되면 처리해야 할 업무나 생활상의 각종 복잡한 문제를 모두 잊고 자신의 모든 역량과 에너지를 집중하여 수련의 주제에 집중하여야 한다.

06 선수의 자세

>>>> 자세를 선택할 때에 가장 중요한 기준이 되어야 하는 것은 다른 사람의 설명이나 태도가 아니라 자기 자신에게 가장 적합한 자세여야 한다는 것이다. 자신에게 가장 적합한 자세를 선택하고 수련하는 것이 선수 수련의 가장 기본적인 출발점이라는 것을 명심하여야 한다.

양쪽 다리

선수의 자세는 대단히 다양하다. 하지만 그 기본적인 목적은 근육을 이완시키고 신체 상의 경락의 흐름을 원활하게 하며, 마음의 평정을 유지하는 데에 있다. 가장 일반적으로 이용되는 선수의 자세는 좌세(坐勢)라고 할 수 있다. 좌세에도 매우 많은 형태가 있지만, 가장 많이 알려진 자세로는 전련좌(全蓮坐)를 꼽을 수 있다. 전련좌는 발바닥을 위로 향하고 양쪽 무릎을 지면에 밀착시킨 채 왼쪽 다리는 오른쪽 대퇴부 위에 오른쪽 다리는 왼쪽 대퇴부 위에 올려놓는 것이다. 전련좌의 자세는 신체를 지지하는 데에 있어서 가장 이상적인 자세이기 때문에 장시간의 수련에도 흔들리지 않는다는 장점이 있다. 그러나 일반 사람들이 전련좌의 자세를 취하기란 그리 쉬운 것이 아니다. 요가의 수련이나 신체의 유연성을 단련한 사람들이 주로 이용할 수 있는 자세이며, 자신의 신체가 유연하지 않다면 군이 이 자세를 권하고 싶지는 않다.

반련좌(半蓮坐)의 자세는 양쪽 넓적다리를 지면에 붙이고 한쪽 넓적다리로 다른 쪽 다리의 소퇴부 부분 위에 놓는 형태의 자세. 이러한 기본적인 두 가지 자세가 자신에게 적합하지 않다면 다음과 같은 형태의 다른 자세를 선택할 수도 있다. 두 발을 교차시켜 다른 쪽 넓적다리 아래에 두거나 양쪽 넓적다리를 지면과 수평으로 유지한 형태로 의자에 앉아 수련할 수도 있다. 의자에 앉아서 수련을 할 때는 등을 의자에 기대지 않도록 하여야 하며, 대퇴부가 의자에 꼭 붙지 않고 허공에 뜬 듯한 자세가 될 수 있도록 유지하여야 한다.

결론적으로 선수의 수련 자세를 선택할 때 가장 중요한 원칙은 자신에게 얼마나 편안하고 적합한 자세인가 하는 것이다.

양쪽 팔

양손의 손바닥을 쌓듯이 교차시켜 배꼽의 아래쪽 5푼쯤 되는 위치에 놓는다. 오른손을 왼손 위에 놓고 손바닥을 위로 향하게 하며, 손은 평행으로 둔다. 양손을 살짝 구부리고 엄지손가락 끝을 서로 붙여 삼각형 형태가 되도록 만든다. 어깨와 양쪽 팔의 힘을 빼고 편안하게 늘어뜨린다. 양쪽 팔이 몸에 밀착되지 않고 팔과 몸통 사이에 일정한 공간이 있어야 공기의 순환에 도움이 된다. 이와 같은 자세를 취한다면 수련 중에 졸음이 오는 것을 막을 수 있다.

등

등의 자세는 매우 중요하다. 빳빳한 지폐를 쌓아 놓은 것처럼 단정하고 곧게 펴져야 한다. 이제 막 수련을 시작한 초보자는 느끼기 어려운 감각일 수도 있지만 수련을 진행하다 보면 자연스럽게 이러한 자세의 장점에 대하여 느끼는 바가 있을 것이다. 이러한 자세는 신체 에너지의 활성화와 순환에 도움이 되기 때문에 수련자가 비교적 편안하게 적응할 수 있다. 수련 시간은 수련의 정도에 따라 점차 조금씩 늘려나간다.

머리

목을 살짝 앞으로 구부려서 시선을 자연스럽게 밑으로 향하게 하여 전방의 지면을 응시한다. 머리는 약간 들어 심신이 어지러워지지 않도록 한다. 머리를 숙이게 되면 자신도 모르게 졸음이 오는 경우가 있다. 초보자들은 일반적으로 두 눈을 살짝 감는 것이 정신 집중에 도움이 된다. 두 눈을 미세하게 확장하여 빛이 통과되는 듯한 감각을 가지고 시선을 아래로 향하는 것이 가장 이상적인 자세라 수련을 할 때에는 자신에게 가장 적합한 자세를 선택하는 것이 매우 중요하다. 가장 일반적으로 볼 수 있는 선수의 자세에는 다음과 같은 형태가 있다.

전련좌(全蓮坐)
(쌍가부좌雙跏趺坐라고 부르기도 한다)

부동금강좌(不動金剛坐)
먼저 왼발을 오른쪽 넓적다리 위에 올린 다음, 오른발을 왼쪽 넓적다리 위에 올려놓는다.

여의길상좌(如意吉祥坐)
먼저 오른발을 왼쪽 넓적다리 위에 올린 다음, 왼발을 오른쪽 넓적다리 위에 올려놓는다.

반련좌(半蓮坐)
(단가부좌單跏趺坐라고 부르기도 한다)

금강좌(金剛坐)
오른발을 왼쪽 넓적다리 위에 올려놓는다. 왼발을 오른쪽 넓적다리에 올리지 않아도 된다.

여의좌(如意坐)
왼발을 오른쪽 넓적다리 위에 올려놓는다. 오른발을 왼쪽 넓적다리 위에 올리지 않아도 된다.

교차가좌(交叉架坐)
양쪽 발을 몸의 안쪽 그리고
몸의 뒤쪽으로 향하게 나란히
놓는다. 결국 발바닥이 위로
향하게 되고 양쪽 소퇴부나 대
퇴부 아래에 위치하게 된다.

천신좌(天神坐)
왼쪽 발을 반가좌의 형태로 몸
의 안쪽을 향하여 구부려서 몸
의 앞쪽에 놓는다. 오른발을
바깥으로 구부려 몸의 뒤쪽에
둔다.

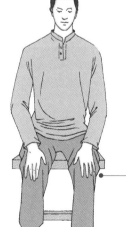

과학좌(跨鶴坐)
일본좌(日本坐)라고 부르기도
한다. 양쪽 무릎을 꿇고 양쪽
발의 엄지발가락을 상하로 교
차시킨다. 양쪽 엉덩이가 양
쪽 발 위에 닿도록 하여 꿇어
앉는다.

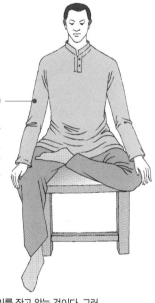

여의자재좌(如意自在坐)
왼쪽 발을 반가좌 형태로 몸의
안쪽으로 구부려서 생식기 앞
에 놓는다. 오른발을 세우고
무릎을 굽혀서 오른쪽 앞에 놓
는다. 양쪽의 손은 양쪽의 무
릎을 각각 덮는다.

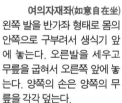

정금위좌(正襟危坐)
전술한 대부분의 자세는 지면에 자리를 잡고 앉는 것이다. 그러
나 이 자세는 무릎과 같은 높이의 의자나 보조 도구에 앉아서 하
는 형태다. 양쪽 발은 나란히 땅에 놓고 양쪽 소퇴부를 수직이
되게 세운다. 양쪽 무릎 사이는 주먹 하나가 들어갈 만큼 거리를
두고, 등은 어떠한 물건에도 기대서는 안 된다. 엉덩이와 대퇴부
를 의자에 살짝 걸쳐서 소퇴부와 직각이 되게 한다.

고대의 전설에 의하면, 어떤 수행자가 무수한 수련에도 깨달음을 얻지 못하다가 나중에 히말라야 산맥의 심처에서 좌선의 자세를 취하고 있는 한 무리의 원숭이들을 보았다고 한다. 이를 보고 느낀 바가 있었던 수련자는 원숭이의 자세를 흉내 내어 다시 수련에 전념하였으며, 이후에 큰 깨달음을 얻게 되었다고 한다. 이러한 형태의 좌법坐法이 바로 칠지좌법으로, 선수의 수련에 가장 일반적으로 이용되는 자세라고 할 수 있다.

칠지七支의 의미는 좌선坐禪을 행할 때의 신체의 일곱 개의 요점을 뜻한다.

비로자나불의 칠지좌법
칠지좌법은 비로자나불, 즉 대일여래(大日如來)의 기본적 자세로
서 마음을 은일하고 평정하게 하여 수행을 돕는 이로움이 있다.

일곱 개의 요점

① 양쪽 발은 가부좌 형태를 취한다 : 양쪽 넓적다리를 구부리고 양쪽 발을 그 위에 올려놓는다. 발바닥이 위로 향하게 한다.

② 척추를 곧게 세운다 : 허리를 쭉 펴고 머리는 수직으로 세우되 아래턱을 살짝 당겨서 목에 닿게 한다.

③ 손은 법계정인(法界定印)의 자세를 취한다 : 양손을 둥글게 하여 오른손은 아래에, 왼손은 위에 둔다. 엄지손가락을 서로 붙여 원의 형태를 만든다.

④ 양쪽 어깨에 힘을 뺀다 : 양쪽 어깨 근육에 힘을 빼고 마치 어깨와 팔이 없는 듯한 감각이 들게 한다.

⑤ 혀끝을 입천장에 닿게 한다 : 혀끝을 가볍게 입천장에 닿게 하고 침이 천천히 복부로 흘러내려 가는 듯한 감각을 느낀다.

⑥ 입을 다문다 : 어떠한 경우에도 코로만 숨을 쉬고 입을 열지 않도록 한다. 다만 코에 이상이나 병이 있을 경우에는 입을 사용해도 된다.

⑦ 양쪽 눈을 가늘게 확장한다 : 시선을 몸의 앞쪽 3척 지점의 한 곳에 두지만 굳이 무엇인가를 응시할 필요는 없다.

고 할 수 있다. 두 눈을 완전히 감아 버리면 수면이나 잡념 등으로 심신이 혼미해지는 경우가 있는데, 이러한 것들은 모두 선수의 수련에 방해가 되는 요소이기 때문에 특히 주의하여야 한다.

아래턱에 힘을 빼고 이는 살짝 벌린다. 뺨에도 역시 힘을 빼야 하지만 두 입술은 살짝 닫고 혀의 끝은 입천장에 닿아야 한다. 이러한 자세는 타액의 분비를 감소시키고 집중력을 높이는 효과가 있다.

07 수행을 할 때 심신의 상태

>>>> 선수를 수련할 때에는 심신이 방송되어 편안한 감각을 느껴야 한다. 일체의 잡념이나 업무 등을 잊고 자신의 내면에 몰입하여야 한다.

신체의 방송(放松)

수련을 할 때에는 생활상의 일체의 스트레스를 잊고 최대한 몸의 근육을 이완시켜야 한다. 이렇게 신체를 방송하는 것은 다음과 같은 효과가 있다. 첫째, 스스로 신체를 부드럽게 방송해 놓아야만 수련 도중에 근육의 긴장 혹은 신체 부위의 통증이나 피로 때문에 집중력이 흩어지는 것을 막을 수 있다. 둘째, 신체를 부드럽게 방송하게 되면 평온한 분위기가 조성되면서 마음이 안정되게 된다. 마지막으로 신체가 유연하게 방송되어 있으면 수련에서 오는 피로나 통증 등의 영향이 적고 보다 더 오래 견딜 수 있게 된다.

선수(禪修)를 할 때의 신체의 방송 : 수련자의 근육의 어떤 부위가 긴장되어 있는지 집중하여 살펴보고, 그러한 부분을 천천히 부드럽게 방송한다. 좌선을 할 때는 등을 곧게 세우고 머리와 척추를 일직선으로 유지한다. 다만 이러한 자세를 유지할 때에 자신도 모르게 근육이 긴장하지 않도록 세심히 살펴서 부드럽게 방송한다.

관호흡(觀呼吸)과 같은 효과 : 자연스럽고 부드럽게 호흡하면서 수련자의 주의력을 호흡에 집중하면 잡념 때문에 마음이 분산되는 것을 막을 수 있으며, 심신의 안정과 평온을 얻을 수 있다. 이 외에도 요가 혹은 태극권이나 스트레칭 등 신체를 유연하게 만드는 다른 방법을 통해서도 역시 비슷한 효과를 얻을 수 있다.

선수를 보다 효과적으로 수련하기 위해서는 신체를 부드럽게 방송하여 보다 편안한 상태를 유지하여야 한다. 이른바 '기운이 조화로운 후에야 마음이 평온하다'는 것은 이러한 도리를 뜻하는 것이다. 일반적인 조신調身 방법으로 앉은 자세를 조정하는 것 이외에도 걷는 것, 서는 것, 눕는 것 등을 조정하는 방법이 있다. 앉기 전이나 후에 적당한 운동이나 안마를 하는 것이 효과적이다.

머리 움직이기

좌선을 마칠 때에는 먼저 양손을 좌우의 양쪽 무릎에 나란히 놓고, 몸에 힘을 뺀 채 신체를 바로 한 후에 앉은 그대로의 상태에서 다음과 같은 순서로 머리를 움직인다.

① 머리를 숙였다가 이어서 다시 뒤쪽으로 젖힌다.
② 머리를 오른쪽으로 기울였다가 다시 왼쪽으로 기울인다.
③ 머리를 오른쪽 뒤로 돌렸다가 다시 왼쪽 뒤로 돌린다.
④ 머리를 시계 방향으로 돌렸다가 다시 시계 반대 방향으로 돌린다.

주의할 점　이러한 동작은 천천히 부드럽게 진행되어야 한다. 눈을 뜨고 호흡은 자연스럽게 한다.

전신 안마

① 양손을 비비고, 엄지손가락으로 가볍게 두 눈을 문질러준다.
② 얼굴부터 차례로 몸 전체를 안마해 나간다.

주의할 점　안마를 할 때엔 반드시 손바닥이나 손가락 끝에 주의력을 집중하여야 한다.

걷는 방법

① 빠르게 걷기 : 시계 방향을 따라서 어깨를 흔들며 조금씩 빠르게 걷는다. 마음에 잡념이 있어선 안 된다.
② 느리게 걷기 : 앞 발바닥에 신경을 집중하면서 천천히 걷는다. 오른손은 주먹 형태를 만들고 왼손으로 오른손 주먹을 감싸서 손가락 하나 정도의 거리를 두고 복부 앞에 둔다.

서는 방법

상반신을 부드럽게 이완시키고, 양 발바닥의 앞쪽에 무게 중심을 두고 선다.

눕는 방법

① 오른쪽으로 눕는 것이 보다 더 효과적이며, 이를 길상와(吉祥臥)라 부른다.
② 잠시 휴식을 취할 때는 바로 누워서 전신의 근육을 부드럽게 방송한다. 조금의 힘도 남아 있지 않도록 천천히 긴장을 푼다.

주의할 점　일상 생활의 모든 면이 조신(調身)의 대상이 된다. 어떤 동작이든 유연하고 급하지 않게, 그리고 안정적이고 안전하게 이루어져야 한다는 원칙을 잊어서는 안 된다.

선수를 마치고 일상 생활로 돌아갈 때도, 역시 신체의 방송을 유지한 채 몸을 천천히 일으키면서 마음을 일상의 활동으로 돌리는 것이 좋다.

경각심의 유지

심신 방송의 기본적 목적은 편안한 환경을 조성하면서 평온하고 고요한 상태에 도달하여 자신에게 가장 적합한 좌선의 자세를 취하고자 하는 것이다. 초보자는 이러한 신체의 방송이나 좌선의 자세 등이 낯설고 기괴하게 느껴질 수도 있지만, 꾸준한 수련을 통하여 이러한 자세에 적응하고 습관화 하여야 한다. 특히 척추를 곧게 세우고 유지하는 것은 선수에 있어서 대단히 중요한 일이다. 생리학적으로 볼 때도, 이러한 자세는 마음의 경각심을 높여주는 효과가 있다.

만약에 척추를 곧게 유지하지 못하고 흐트러진다면, 마음이 산만해지거나 몽롱한 상태에 빠지기 쉽다. 이러한 경우에는 필요에 따라서 휴식을 취하여 의식을 새롭게 각성시켜야 한다. 선수의 수련은 반드시 적당한 경각심과 평정하고 명석한 심적 상태에서 이루어져야만 효과가 있다는 점을 잊어서는 안 된다.

그러므로 자신에게 적합한 자세와 적당한 보조물을 선택하는 것은 매우 중요한 일이라고 할 수 있다. 자신에게 적합한 수련의 자세를 선택하는 일이나 수련에 필요한 의자나 방석 등을 선택하는 데에 있어서 매우 신중해야 한다. 너무 부드러운 물건은 수련자를 쉽게 졸리게 만들고, 너무 딱딱한 물건은 수련자가 통증이나 피로를 쉽게 느낄 수 있다.

08 선수의 시작
선수의 과정

>>> 좋은 시간과 장소, 좋은 방법과 자세를 택하고 아울러 마음 상태도 좋게 조정하는 등 수련을 위한 일체의 준비가 끝났으면 정식으로 선수를 시작한다.

좌선 전의 준비

자신이 선택한 수련 자세를 잡고 편안히 앉은 후에 먼저 일정 시간 마음을 다스리는 시간을 가지는 것이 좋다. 수련 시간이나 수련의 방법 등에 대한 것은 이미 모두 구상이 되어 있어야 한다. 자신이 계획한 수련 시간 동안은 자신의 모든 역량을 수련에 집중하여야 한다. 본격적인 선수의 수련에 앞서 전통적으로 삼배를 하는 의식이 있다. 이러한 예배는 외물에 대한 숭배나 복종의 표시가 아니라 자신의 마음을 가다듬고 수련에 집중하기 위한 목적으로 행하여진다.

선수의 진행

정식으로 선수가 시작되면 먼저 수련자의 주의력을 선수의 대상에 집중하여야 한다. 수련의 처음부터 마지막까지 이러한 집중력이 흔들리는 일이 있어서는 안 된다. 만약에 수련자가 지선(止禪)의 방법, 그 가운데서도 관호흡(觀呼吸)의 방법으로 수련한다면, 수련자는 자신의 호흡에 대한 주의력과 관찰력을 끝까지 유지하고 집중력을 잃지 않도록 하여야 한다. 만약에 수련자가 관선(觀禪)의 방법을 선택하여 수련한다면, 핵심 주제에 모든 역량을 집중하고 자신의 내면에서 떠오르는 모든 것들을 하나도 놓치지 않고 감지할 수 있어야 한다. 이후에 이러한 통찰을 바탕으로 다시 지선의 방식으로 자신이 관찰한 것을 점검해 나갈 수 있어야 수련을 통하여 얻은 성과들이 궁극적으로 자신의 실제적 경험이 될 수 있다. 또한 이러한 과정 속에서 자신이 전체적 통찰의 감각을 잃고 부분에 치우치게 되면, 다시 관선의 수련에 집중하는 것이 좋다.

선수를 시작하기 전에 선수에 관한 전문 서적을 읽고 수련 중에 이를 응용해 보는 것도 효과적인 방법이 될 수 있다. 수련을 마친 후에는 수련 중의 일체의 경험과 통찰에 대하여 진지하게 고민하여야 한다. 수련 도중에 책을 참고하는 것은 결코 이상적인 방법은 아니지만, 부분적으로 책의 내용을 기억하지 못하는 경우 등의 불가피한 사정이 있는 경우라면 잠시 눈을 뜨고 필요한 부분을 찾아보아도 된다. 이러한 행동은 전문적인 서적뿐만이 아니라 CD나 MP3 등을 이용하거나 도반의 도움이 필요한 경우에도 허용될 수 있다.

회향(回向)

선수를 마칠 때에는 경건한 마음을 가지고 선수에서 얻은 일체의 공덕이나 감각 등(마음의 안정, 자비심의 증대, 번뇌의 감소 등)을 진지하게 가다듬는 자세가 필요하다. 또한 이를 통하여 자신뿐만이 아니라 번뇌에 시달리는 모든 생명이 해탈하기를 바라는 대승의 자세를 가진다면 매우 이상적이라고 할 수 있다. 모든 수련자가 이러한 이상적인 태도를 가질 수는 없겠지만 수련자들이 마음속의 원한이나 분노 등의 부정적인 감정이 감소되었다면 그것만으로도 성과가 있다고 할 수 있다.

선수를 할 때마다 긍정적인 정서나 인생에 대한 통찰력 등이 깊어지는 성과를 체득할 수 있을 것이다. 수련에 대한 믿음과 군건한 의지를 가지고 꾸준히 정진해 나간다면 몇 분 정도의 수련만으로도 일정한 효과를 보게 된다. 수련을 마치고 일상 생활로 돌아와서도 수련을 통하여 획득한 통찰력 등의 긍정적인 영향을 느낄 수 있다. 그러나 불쾌한 기분이나 창졸간에 수련을 마치게 된다면 오히려 일상 생활에 지장을 줄 수 있기 때문에 이러한 경우에도 반드시 마음을 가다듬는 자세가 필요하다.

자세를 풀고 일어나기 전에 몇 분 정도 선수의 목적과 동기 등을 되돌아보고 회回는 회전을, 향向은 취향趣向을 의미한다. 이른바 회향이란 중생을 구도하겠다는 대승의 자비심을 일으키는 것으로, 불교의 특수하고 독특한 법문 가운데 하나다.

회향의 원리는 하나의 촛불로 다른 촛불을 켜는 것과 같다고 할 수 있다. 불씨를 다른 촛불로 옮겼어도 원래의 촛불의 빛은 늘지도 줄지도 않으며, 또한 다른 촛불의 빛과 함께 주변을 더욱 환하게 밝힌다. 이처럼 회향이란 자신의 공덕이 줄지 않으면서 더욱 많은 중생을 이롭게 하는 것으로 매우 특수한 공덕이라고 할 수 있다.

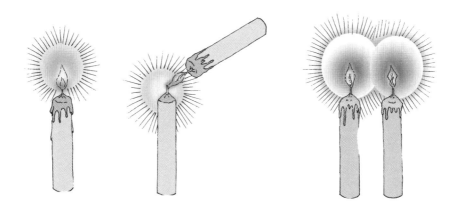

세 종류의 회향

어떤 학자들은 회향을 진여실제(眞如實際), 불과보리(佛果菩提), 법계중생(法界衆生)의 세 종류로 분류하기도 한다.

진여실제(眞如實際)는
깨달음을 얻는 것이다.

불과보리(佛果菩提)는
무상보리를 얻는 것이다.

법계중생(法界衆生)은
일체중생을 제도하는 것이다.

수련 중에 얻은 성과가 이러한 목표에 부합하는지를 살펴보고 반성하는 시간을 갖는 것이 좋다. 회향의 의미를 분명히 이해하고 진지하게 이행한다면, 수련의 목표와 성과도 배가될 것이고 마음의 안정도 얻게 될 것이다.

또한 수련을 통하여 얻은 이러한 성과들을 일상 생활에서도 점검하는 것을 잊어서는 안 된다. 문제의 해결에 있어서 예전의 충동적 행동이나 타성적인 사고 습관에서 벗어나, 보다 통찰력 있는 눈으로 세심하고 이성적으로 자신을 살피면서 합리적으로 문제를 해결할 수 있는 능력을 생활화하도록 하여야 한다.

09 수련을 할 때의 여러가지 장애 (1)
선수 과정에 나타나는 각종의 문제들

>>> 선수 과정에서 수많은 문제가 발생할 수 있다. 이러한 장애에 정확한 방법을 찾아 처리하는 것이 매우 중요하다. 명심해야 할 것은 이러한 각종 장애도 수련의 일부분이라는 점이다.

신체의 각종 통증

심신을 부드럽게 방송하고 순조롭게 수련을 진행하다가도 종종 뜻하지 않은 원인으로 몸에 이상을 느낄 경우가 있다. 초보자가 신체의 불편함이나 어떤 통증을 느끼는 경우는 앉는 자세와 관련이 있는 경우가 많다. 평소에 앉아서 수련하는 것이 익숙하지 않기 때문이다. 이러한 자세에 익숙해지기 위해서는 일정한 시간이 필요하며, 또한 초보자에게 있어서 이러한 통증이나 거북함 등은 적응을 위한 과정이라고 할 수 있다. 그러나 신체의 통증이 이러한 원인에서 비롯된 것이 아니라면, 통증의 원인과 이를 극복할 방법을 따로 찾아야 한다.

먼저 신체의 통증이나 불편함이 일련의 보조 시설, 즉 의복이나 방석 등에서 비롯된 것이라면 이러한 보조 시설을 자신에게 편안한 것으로 바꾸는 것이 필요하다.

그러나 통증의 원인이 이러한 보조 시설 때문이 아니라면, 달리 선수에 적합한 치료 방법을 사용하여야 한다. 천천히 심호흡을 하면서 신체의 통증이 자신의 내뱉는 숨결을 따라 몸 밖으로 사라지는 상상을 한다. 그래도 효과가 없다면 보다 복잡한 방법을 사용하여야 한다. 먼저 자신의 신체를 비우는 상상을 한다. 가슴부터 시작해서 신체 내부의 여러 부위를 한 부분씩 비워간다. 이어서 머리, 두 팔, 두 다리를 점차 지워간다.

이러한 과정을 진행하다 보면 수련자는 통증 부분을 구체적으로 감지할 수 있게 된다. 이때에 성급히 몸을 움직이거나 통증에 반격하려고 하지 말고 천천히 통증 부위에 주의력을 집중한 후에 통증의 중심으로 들어가 통증의 원인과 형태를 고요히 응시한다. 이 방법은 고도의 집중력과 통찰력을 필요로 하며, 수련자의 신체적 감각과 반응 능력 그리고 신체 장악 능력을 배양하는 데 큰 도움을 준다.

또 하나의 방법으로 중생이 받는 고통을 관상하는 방법이 있다. 자비심을 가지고 중생이 받는 근본적 고통을 관상한 후에, 자신이 그러한 중생의 고통을 함께 느끼고 함께 그 고통으로부터 벗어나는 모습을 상상하는 것이다. 이러한 관상을 지속하다 보면 그 가운데서 지극한 희열을 느끼게 되며, 점점 더 그러한 시간이 길어지게 될 것이다.

이 외에도 수련 과정에서 그 단계가 높아지면서 점진적으로 고통을 극복해 나가는 방법이 있다. 처음 수련을 시작할 때에는 작은 통증도 참기 어렵지만, 수련을 계속해 나가면서 수련이 습관화되고 일상화되면 자연스럽게 큰 통증도 극복해 나갈 수 있게 된다. 이러한 수련은 모두 자신에 대한 학대가 아닌 자신의 내면의 각성을 위한 것이다. 그러므로 이러한 수련은 자기 자신에게 상처를 주기 위해서 진행되어서는 안 된다.

두 다리의 마비

초보자의 경우는 선수 도중에 다리가 마비되는 경우를 많이 볼 수 있다. 이것은 수련의 자세, 특히 가부좌의 자세에 익숙하지 않기 때문에 생기는 너무도 자연스러운 현상이다. 일부의 사람들은 이런 현상에 대하여 과도한 걱정을 하거나 매우 예민하게 반응하기도 한다. 그들은 이러한 단순한 마비 현상을 다리에 장애가 오는 것은 아닌가 하고 심히 두려워하기도 한다. 그러나 이러한 마비 현상은 그렇게 심각한 문제가 아니라 단순히 장시간 다리의 신경압박으로 인하여 혈액순환이 원활히 이루어지지 않았기 때문에 생기는 일시적 현상일 뿐이다. 수련자가 점차로 자세에 익숙해지게 되면 이러한 현상은 저절로 없어지게 되며, 이러한 문제 때문에 다리근육의 손상이나 신경조직의 이상을 걱정하는 것은 기우에 불

수련 과정의 통제

선수 과정에서 여러 가지 문제가 발생할 수 있다.
외부적 원인이나 내부적 요인으로 발생하는 이러한 여러 가지
곤혹스런 상황들은 수행에 장애가 되기도 한다. 이러한 문제들
은 소나 말에 재갈을 물려서 수레를 모는 것에 비유할 수 있다.
우리가 길을 정확히 알고 잘 인도하지 못한다면 마차를 끄는 소
나 말은 길을 잃고 잘못된 길을 갈 것이다.

수레의 올바른 인도

그러나 수행 도중에 만나는 이러한 문제들을 지혜롭게 이용한
다면 이러한 장애들은 오히려 즐거운 체험의 하나가 될 수 있다.
이러한 문제들은 수련자를 곤혹스런 상황에 처하게도 하지만
이를 잘 조율하고 슬기롭게 통제한다면 일정한 성취를 얻는 데
오히려 도움이 될 수도 있다.

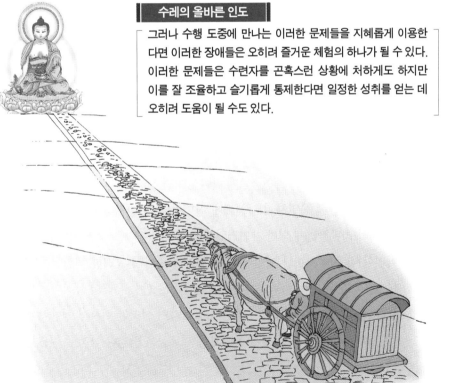

과하다.

수련 중에 다리에 마비가 오더라도 전혀 두려워할 필요가 없다. 다만 그러한 현상을 세심히 관찰하는 것이 좋다. 선수가 일정 단계에 이르게 되면 이러한 마비감은 점차 사라진다. 신체가 매일매일의 수련에 점차 적응하기 때문이다. 마침내 오랫동안 앉아 있어도 다시는 다리가 마비되지 않는다.

기이한 감각

수련자들은 선수 도중에 마음속에 뜻밖의 환상이 나타나는 등의 다양한 체험을 하기도 한다. 어떤 사람들은 간지러운 느낌이나 찌르는 듯한 통증을 느끼기도 하며, 어떤 사람들은 몸이 확대되거나 축소되는 느낌을 받기도 하고, 어떤 사람들은 몸이 가벼워지는 느낌을 받으며, 어떤 사람들은 공중에 뜨는 느낌을 경험하기도 한다.

이러한 현상에 대하여 결코 동요하거나 당황할 필요가 없다. 이러한 현상이야말로 수련이 정상적으로 진행되고 있다는 반증이며, 신체와 마음이 선수에 정상적으로 적응해 나가고 있다는 것을 보여 주는 증거이기 때문이다. 심신을 편안하게 방송하고 수련에 들어가면 수련자의 신경 계통이 매우 효율적이고 민감하게 반응하게 되며, 이전에는 결코 알아차릴 수 없었던 미묘한 감각이 깨어나게 되면서 각종의 독특한 반응이 일어나게 된다. 이러한 감각과 현상에 대하여 특별한 의미를 부여하지 말고 자연스럽게 받아들이면 된다. 또한 이러한 현상이나 예민한 감각은 내면에 몰입하여 자신에게 어떠한 환상이나 감각이 일어나고 있는지를 응시하고 관찰하게 되면 자연스럽게 소멸하게 된다.

이러한 각종의 기이한 체험에 너무 집착하여 다시 그러한 체험을 시도하려고 하는 것은 옳은 일이 아니다. 이러한 현상들은 선수 본래의 목적과는 거리가 있기 때문이다. 이러한 현상들이 빈번히 일어나며 이러한 현상의 영향력에서 벗어나지 못하는 경우에는, 스승이나 선배의 가르침을 받거나 잠시 수련을 중단하는 것도 도움이 된다.

기이한 감각
① 동요할 필요도 없고 과도하게 우려할 필요도 없다.
② 마음속에서 일어나는 감각이나 환상을 차분히 응시한다.
③ 이러한 종류의 기이한 체험이나 감각에 너무 집착해서는 안 된다.
④ 필요하다면 스승이나 도반에게 의논할 수도 있다.
⑤ 이러한 기이한 감각이나 경험 등은 자연스럽게 소멸하게 된다.

각종의 소음
① 수련자의 마음의 평정을 깨는 것은 모두 소음이라고 할 수 있다.
② 소음의 존재를 차분히 관찰한다.
③ 소음에 대하여 과민하게 반응해서도 안 되며 현혹되어서도 안 된다.
　 또한 이러한 소음에 대하여 분석하거나 억지로 대항하려 해서도 안
　 된다.
④ 자신을 방해한 소음을 차분히 응시하며 각찰한다.
⑤ 마음을 다스리고 다시 새롭게 본래 선수의 주제에 몰입한다.

신체의 통증
① 통증의 원인을 찾는다.
② 탁자나 의자 또는 방석 등의 상태를 확인하고 개선한다.
③ 관호흡(觀呼吸) 등의 방법을 이용하여 통증을 치료한다.
④ 중생이 받는 고통을 차분히 관상해 본다.
⑤ 통증을 치유하고 편안해진다.

양다리의 마비
① 당황하거나 근심하지 않아도 된다.
② 마비 상태의 감각을 차분히 살펴 본다.
③ 매일 자신의 상태에 적당한 정도로 수련을 진행한다.
④ 꾸준히 수련을 진행해 나가면 마비의 감각에서 벗어나
　 게 된다.

여기서 욕欲이 가리키는 것은 특정한 대상을 갈망하는 정신 상태를 말하며, 오욕五欲이란 재財, 색色, 명名, 식食, 수睡 등의 다섯 가지의 욕망을 뜻한다. 욕구의 목적에 따라 선법욕善法欲과 악법욕惡法欲으로 나눌 수 있다.

정념正念으로 오욕을 추구하는 것이 곧 선법욕으로 구도의 출발점이자 에너지가 되는 것이며, 사념邪念으로 오욕을 추구하는 것이 바로 악법욕으로 타락의 원인이 되는 것이라고 할 수 있다.

재(財) •
세간의 모든 금전과 재화를 가리킨다.

• **색(色)**
세간의 모든 청(靑), 황(黃), 적(赤), 백(白) 등으로 이루어진 각종 물건과 남녀 등을 가리킨다.

명(名)
세간의 명성을 의미한다.

수(睡) •
수면과 휴식을 의미한다.

식(食)
세간의 음식과 그 다양한 맛을 의미한다.

우리의 생활은 이러한 오욕의 연속으로 이루어진다고 할 수 있다. 오욕의 실상을 정확히 알지 못하고 그 굴레에 사로잡히게 되면 일정한 성취를 얻는 것이 점점 힘들어진다. 하지만 오욕의 실상을 정확히 알고 지혜롭게 조율하면 속진에 물들지 않고 더욱 귀하게 될 수 있다. 오욕의 마장을 초월하여 수행에 정진하여야 한다.

육진六塵은 색色, 성聲, 향香, 미味, 촉觸, 법法의 여섯 가지 종류의 경계를 말하며, 인간의 감각 기관과 심령 감각 혹은 사유의 대상에 작용한다. 이 때문에 육진은 인간의 의식과 마음을 복잡하게 물들이는 요인이 된다. 깨끗한 창공을 더럽히는 티끌이나 먼지 같은 작용을 하기 때문에 이른바 '육진六塵'이라고 말하는 것이다.

이러한 육진은 인간의 마음속에 선악善惡이나 미추美醜 혹은 귀천貴賤 등의 각종 분별적 망상을 일으킨다. 이런 이유로 육진六塵을 달리 '육망六妄'이라고도 한다. 또한 육진은 각종 집착과 번뇌를 일으키며 인간의 선심善心을 약화시키기 때문에 '육쇠六衰'라고 부르기도 하며, 일체선법一切善法을 위협하는 작용을 하기 때문에 '육적六賊'이라고도 한다.

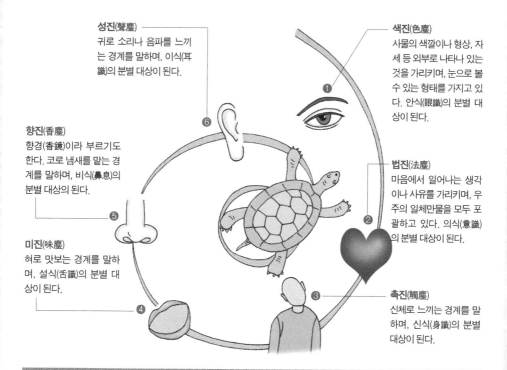

성진(聲塵)
귀로 소리나 음파를 느끼는 경계를 말하며, 이식(耳識)의 분별 대상이 된다.

색진(色塵)
사물의 색깔이나 형상, 자세 등 외부로 나타나 있는 것을 가리키며, 눈으로 볼 수 있는 형태를 가지고 있다. 안식(眼識)의 분별 대상이 된다.

향진(香塵)
향경(香鏡)이라 부르기도 한다. 코로 냄새를 맡는 경계를 말하며, 비식(鼻息)의 분별 대상이 된다.

법진(法塵)
마음에서 일어나는 생각이나 사유를 가리키며, 우주의 일체만물을 모두 포괄하고 있다. 의식(意識)의 분별 대상이 된다.

미진(味塵)
혀로 맛보는 경계를 말하며, 설식(舌識)의 분별 대상이 된다.

촉진(觸塵)
신체로 느끼는 경계를 말하며, 신식(身識)의 분별 대상이 된다.

장육여구(藏六如龜), 방의여성(防意如城)
(육진六塵을 감추기를 거북이처럼 감추고, 마음을 보호하는 것을 성城을 지키는 것처럼 하라.)

육진(六塵)이 비록 우리의 마음을 미혹시키지만 반드시 육근(六根)을 통하여 외부의 경계에 집착하는 것이다.

부처님은 제자들에게 일찍이 "육진을 감추기를 거북이처럼 감추고 마음을 보호하기를 성을 단단히 수비하는 것처럼 하라"고 말씀하신 바가 있는데, 육근(六根) 혹은 육식(六識)의 문을 걸어 잠글 때는 거북이가 껍질 속에 자신의 온몸을 감추고 어떠한 파도도 두려워하지 않는 것처럼 그렇게 감추어야 한다는 것이다.

수행은 외부의 각종 인연과 단절하는 것이 아니라 외부의 각종 인연에 미혹되지 않는 것이다. 또한 권세나 명예나 풍족한 재물을 추구하는 것도 아니다. 외부의 이러한 각종 형태나 소리 등에 미혹되지 않는 생활을 한다면 육근(六根)이 육진(六塵)에 얽매이지 않게 되고, 외부의 마장은 자연히 침입하지 못하게 된다.

여러가지의 소음

이미 기술한 바와 같이 수련의 장소는 안정되고 독립된 공간이 효과적이지만 여의치 않을 때는 자신의 상황에 따라 보다 조용하고 격리된 장소를 찾아야 한다. 도시엔 자동차 등 교통 기관의 소음 혹은 각종 전파 매체를 통한 음악이나 사람들이 떠드는 소리 등이 있고, 시골이라 하더라도 각종 조류의 울음소리나 혹은 계곡의 물소리 등이 있기 때문에 완벽하게 소음이 차단된 수련 장소를 찾는다는 것은 불가능한 일이다. 그러므로 이러한 각종 소음의 방해를 어떻게 효과적으로 처리할 수 있는가 하는 문제가 수련자에게 대단히 중요한 일이 된다.

주의해야 할 점은, 여기에서 말하는 소음이란 수련자의 평정심을 방해하는 각종의 소음만을 뜻하는 것이 아니라 인간의 심신을 위무하는 편안한 음악 등도 선수의 집중력을 방해하는 소음이 될 수 있다는 점이다. 또한 각종의 이러한 소음에 대하여 과민한 반응을 보이거나 그 소리에 대한 분석 등을 할 필요는 없고, 이러한 소리 때문에 자신의 마음속에서 어떠한 변화가 생기며 그 소리의 존재가 무엇인지 등을 깨달아 빠르게 대처하는 것이 요구된다.

10 | 수련을 할 때의 여러가지 장애 (2)
내면의 마장 극복

>>>> 특히 초보자들은 수련에 대한 과도한 긴장과 부담 등으로 인하여 내면의 평정을 유지하지 못하는 경우가 많다. 자신의 마음이 이렇게 흔들렸을 경우에는 먼저 이러한 내면의 부정적 정서를 다스리는 것이 필요하다.

혼미한 상태

선수를 할 때에는 우리의 심신이 평상시에 비하여 매우 안정적이고 이완되어 있기 때문에 어느 정도 나른해지는 현상이 생기기 쉽다. 두 눈을 감고 전신을 편안하게 방송한 상태이기 때문에 때로는 졸음이 오기도 한다. 이러한 형태로 혼미해지는 것을 느끼는 경우에는 먼저 자신이 등을 단정하게 펴고 있는지, 자신의 머리가 자기도 모르게 지나치게 앞으로 숙이고 있는지, 두 눈을 감지 않고 반개한 상태에서 시선을 앞바닥에 두고 있는지 등을 확인하고 점검한다. 수련하는 장소의 실내 온도나 등의 밝기 등도 또한 수련자의 정신 집중에 영향을 미치는 원인이 될 수 있기 때문에 꼼꼼히 확인하는 자세가 필요하다.

정신이 혼미해지는 경우에 이를 극복하는 보다 고급적인 방법은 자신의 단전 부위에 아주 작은 씨앗을 만들어 자신의 마음을 이 작은 씨앗에 가두고 관상하는 것이다. 이후에 이 씨앗이 신체의 중맥을 따라서 자신의 정수리까지 올라가 이 씨앗이 터지면서 이 씨앗에 갇혀있는 자신의 마음이 거대한 허공에 퍼져나가는 모습을 상상한다. 잠시지간 이러한 상상 속에 전주하여 혼미한 정신과 의식을 새롭게 각성한 후에 다시 선수의 상태로 본래의 주제에 집중한다면 보다 더 큰 효과를 볼 수 있다.

초보자의 경우에 정신을 맑게 유지하고 혼미해지는 것을 피하기 위해선 수련 전에는 될 수 있으면 과식이나 포식을 피하는 것이 좋다. 어쩔 수 없는 사정으로 연회 등에 참석했을 경우에는 수련 시간을 어느 정도 늦추어 수련을 시작하는 것이 좋다. 식후에 바로 수련을 시작한다면 졸음이 오거나 혼미한 상태에 빠지기 쉽기 때문에 수련의 효과를 보기 힘들다. 또한 업무나 운동 등으로 심신이 지쳐 있거나 그 전날 잠을 자지 못하여 피곤이 쌓여 있는 경우에도 자신의 신체적 상황에 맞추어 수련 시간을 조정하는 유연한 자세가 필요하다.

불안감

선수를 할 때에 심신이 불안정해지거나 집중력이 떨어지면서 수련을 지속하는 것이 무의미한 경우가 있다. 이러한 불안의 원인은 소음 등의 외부적 방해 요인일 수도 있고 각종 잡념 등의 내부적 요인일 수도 있다. 소음 등의 외부적 원인은 대처하기가 어렵지 않지만, 마음속에서 일어나는 이러한 각종 잡념은 통상적으로는 집착이나 분노, 두려움이나 의심, 혹은 질투 등의 이해하기 힘든 정서적 반응이나 감정이 수반되는 경우가 있기 때문에 대처하기 곤란할 때가 있다.

인간의 사고는 통제할 수 없이 자유롭게 펼쳐지기 때문에 이러한 생각들을 억지로 통제하고자 하는 것은 칼로 흐르는 물을 자르려고 하는 것과 다를 바 없다. 오히려 이렇게 억지로 물의 흐름을 끊으면 순간적으로 그 흐름이 더욱 거세어지는 것처럼 사람의 잡념의 흐름도 그 원인을 알지 못하고 억지로 통제하려 들면 오히려 더욱 더 잡념에 휩싸이게 된다. 인간은 자신의 정서나 감정을 누르거나 숨기고 억지로 통제하려는 경향이나 습관을 가지고 있는데, 이러한 태도는 결국 스트레스를 심화시키거나 헛수고로 끝나는 경우가 많다. 칼로 흐르는 물을 막지 못하는 것처럼 자신의 내면에서 일어나는 각종의 상념을 일시적으로 통제하고자 하는 것은 궁극적인 해결책이 될 수 없으며, 오히려 스트레스를 심화시켜 심신 불안의 원인이 될 뿐이다.

자신의 사고관이나 경향을 근본적으로 개혁하는 것은 결코 쉬운 일이 아니다. 선수 도중에 이러한 상황에 처하게 되는 경우에 이러한 상념들을 제어하지 못한다 하여 불안해하거나 수련을 멈출 필요는 없다. 이러한 상념들을 억지로 통

'삼독오개三毒五蓋'는 내심의 의식意識이 만들어내는 마장魔障이다. 일체의 마장이 모두 이로부터 생겨난다. 불교에서는 탐貪, 진嗔, 치痴 등의 번뇌로부터 각종의 업業이 생겨나서 그 업보業報를 받으며 끊임없이 생사윤회를 계속하는 것이라고 설명하고 있다.

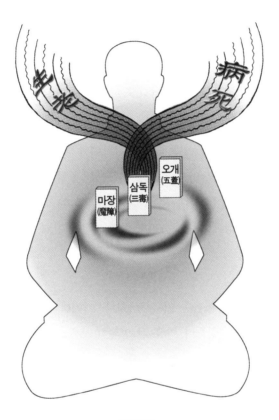

다른 사람이 자신이 좋아하지 않는 말이나 행동을 하게 되면 화가 치미는데 이것이 바로 진이다.

탐은 어떠한 사물을 선호하고 갈구하는 것이다. 각종 번뇌 중에서도 이러한 탐심은 비교적 극복하기가 힘들다.

무명(無明)의 어리석음을 가리키는 것으로 사물의 실상을 객관적으로 인식하지 못하는 것을 말한다.

불교에서는 비둘기, 뱀, 돼지를 이용하여 각각 탐, 진, 치에 비유하고 있다.

제하려고 시도하거나 대항하려고 하지 말고 오히려 그러한 상념들의 출현과 흐름을 차분히 관찰하려고 노력한다면, 결국 수련을 통하여 이러한 난관들을 극복할 수 있게 될 것이다.

불안감을 치료하는 가장 효과적이고 기본적인 방법은 관호흡(觀呼吸)이라고 할 수 있다. 마음을 흔들림 없이 자신의 호흡 상에 집중하고 마음을 평정하게 가라앉히면서 호흡이 자연스럽게 이루어질 수 있도록 노력하면 심적 불안이 사라지게 된다. 수련 도중에 심신이 불안한 상태가 되면, 먼저 자신의 호흡에 주의력을 집중한 다음 자신의 내면에서 일어나는 어떠한 감각이나 머릿속에서 일어나는 상념을 차분히 관찰한다. 결코 그러한 감각이나 상념에 대항하거나 억지로 제어하려고 해서는 안 된다. 이러한 것들이 모두 마음에서 일어날 수 있는 자연스러운 현상이기 때문에, 몇 차례 관호흡의 수련을 하다 보면 어느새 극복하고 다시 선수의 주제나 대상에 몰두하는 자신을 발견할 수 있게 될 것이다.

지루함

일반적으로 인간의 마음은 변화무상하다. 어떠한 사물에 대한 흥미나 관심이 영원한 경우는 보기 힘들다. 새로 산 의복이나 새로 배우는 취미 등도 며칠이 지나면 시들해진다. 권태를 느끼기 시작하면 자연스럽게 지루해지고 지겨워지기까지 한다. 외양적으로 보면 선수의 수련은 짧게는 몇 분에서 길게는 몇 시간까지 가만히 앉아서 수련을 진행하는 것이기 때문에 상당히 지루함을 느낄 소지가 많다. 이러한 느낌이 드는 경우에는 어떻게 극복을 해야 할까?

결론적으로 말하면 수행자에게는 이러한 지루함조차도 수행의 기회가 된다. 마음에 권태나 지루함을 느끼게 되는 경우에 자신의 주의력을 집중하여 지루함이 무엇인지? 지루함의 원인이 무엇인지? 지루함이 어떠한 작용을 하는지? 등을 관찰하고 그 변화를 살펴보는 태도를 가져야 한다. 이러한 관찰을 통하여 지루함의 원인과 작용 등을 이해하게 되면 수련 중에 만날 수 있는 여러가지의 지루함이나 권태 등을 극복하고 수련에 집중하고 있는 자신을 느끼게 될 것이다.

오개五蓋는 다섯 종류의 번뇌 혹은 정신적 장애를 의미한다. 개蓋는 덮는다는 뜻을 가지고 있다. 그러므로 오개는 중생의 심성心性을 가리고 덮어서 미혹하게 만들고 선법善法을 감소시키며 악법惡法을 증장시키는 다섯 종류의 번뇌를 말하는 것이다. 오개는 탐욕개貪欲蓋, 진에개嗔恚蓋, 혼면개惛眠蓋, 도거개掉擧蓋와 의개疑蓋로 나누어진다. 선수를 그르치게 만드는 첫 번째 마장이 바로 오개라고 할 수 있다. 오개는 마치 다섯 명의 친구와 같이 그림자처럼 우리를 따라다니고 있는데, 이것을 효과적으로 통제하고 대처하지 못한다면 우리의 마음은 점점 더 혼미해져 갈 것이다.

탐욕개(貪欲蓋)	탐욕으로 오욕의 경계를 더럽히고 물들인다. 결코 만족을 모른다.
진에개(嗔恚蓋)	순리를 따르지 않고 어긋나게 한다. 마음에 화를 품으면 냉정하게 일을 처리할 수가 없다.
혼면개(惛眠蓋)	인간의 의식을 둔감하게 만든다. 객관적이고 정확한 판단을 할 수 없다.
도거개(掉擧蓋)	갑자기 우울해 하거나 갑자기 크게 기뻐하는 등 안정을 찾기 힘들다.
의개(疑蓋)	부처님이나 스승 혹은 정법(正法)에 대하여 불신하고, 심지어 자신에 대해서도 의심하게 된다.

두려움

선수 도중에 때로는 표현하기도 힘든 형태로 각종의 두려움이 나타나기도 하는데, 이러한 현상은 한 가지 원인으로 설명하기가 어렵다. 이전에 경험했던 어떠한 사건이 내면 깊숙이 잠재되어 있다가 불현듯 밖으로 드러나기도 하고, 제어하기 힘든 심적인 동요나 충격으로 인해서 나타나기도 하며, 신체 부위의 상처나 불편함이 원인이 되어 생기기도 한다.

불쑥 두려움이 생기더라도 동요하지 말고 정력을 유지한 채 그 변화 과정을 차분히 관찰해 나간다면, 두려움이 더 이상 확대되지는 않을 것이다. 집착하는 마음 없이 자신에게 나타난 두려움 그대로를 관찰하면 두려움이 어떻게 생겨나고 어떻게 변화하는지를 느낄 수 있게 된다. 이러한 관찰을 통해서 수련자는 자신의 마음속에 두려움이 생기고 변화하며 소멸되는 그 과정과 느낌을 명확하게 알 수 있게 된다. 이렇게 두려움에 대하여 명확하게 이해하게 되면 다시는 자신의 마음이 두려움에 의하여 동요하지 않게 되며, 나아가서는 다시는 두려움이라는 감정에 휩싸이지 않게 될 수도 있다.

긴장감

높은 성취를 이룬 선 수련자들은 보통 낙관적인 성격을 가지고 있는 경우가 많다. 긍정적이고 낙관적인 성격과 태도를 가진 사람은 귀중한 보물을 가지고 있는 것과 같다고 할 수 있다. 어떤 일이 잘못되어 실패를 겪어야 하는 경우에도 그들은 웃으며 지낸다. 불행한 일이나 풍파를 만나도 동요하지 않고 웃으며 넘긴다. 초보자들은 일반적으로 자신의 수련 성과에 일희일비하는 경우가 많다. 수련 성과에 너무 예민하게 반응하거나 지나친 의욕은 오히려 수련에 방해가 된다. 선수를 할 때는 그 어떤 것에도 구속받지 않는 낙천적인 태도가 대단히 중요하다.

선수에 임하게 되면 가급적 긴장을 풀고 수련 과정에서 발생하는 모든 일들을 객관적으로 관찰하기 위하여 집중하여야 한다. 수련 도중에 일어나는 어떠한 현상에 대하여 긴장을 하거나 마음으로 그것에 저항을 하거나 지나치게 엄숙한 태도를 견지하는 것은 오히려 상황을 악화시킬 수 있다. 또한 수련 결과에 대한 지나친 기대로 심신이 경직되어서도 안 된다. 선수는 섣부른 예단이나 예측으로 알 수 있는 것이 아니라 직접적이고 실제적인 수련 경험을 통해서만 알 수 있는 것이다. 긴장을 풀고 낙천적인 자세로 수련에 집중하다 보면 선수가 무엇인지 스스로에게서 답을 찾을 수 있게 될 것이다.

저상(沮喪)

일부의 사람들은 일정한 기간의 수련 후에 자신이 원하던 결과가 나오지 않으면 자기의 시간과 노력이 헛되이 되었다는 생각에 좌절감에 빠지기도 한다. 이러한 좌절감이나 상실감의 주요 원인은 수련자의 지나친 기대 때문이다. 처음에 기대를 높게 하면 일정한 성과를 얻는다 해도 그에 만족하지 못하고 실망감을 느끼게 된다.

저상감이 느껴지면 마음을 추스르고 자신의 심리 상태를 진지하게 관찰하여야 한다. 지나친 도전 의식으로 흥분하는 것도 수련에 좋지 않지만 지나치게 실망하는 것도 결코 수련에 도움이 되지 않는다. 좌절감도 역시 하나의 무상(無常)한 정서에 불과하다. 지나치게 실망하거나 좌절하게 되면 그러한 정서가 기생충처럼 점점 더 우리의 심신을 갉아먹게 될 뿐이다. 그러한 상황을 명철하게 이해하게 된다면 이러한 좌절감 역시 극복할 수 있다.

기본적으로 선수에 실패는 없다. 다만 부분적인 퇴보나 곤란한 상황이 생길 수는 있지만, 스스로 완전히 포기하지 않는다면 이것은 결코 실패가 아니다. 수년간을 수련했지만 얻는 바가 하나도 없다고 여기고 아주 포기해 버린다면, 아마도 실패라고 할 수 있을 것이다. 그러나 지속적으로 꾸준히 수련을 진행해 나가면, 이러한 부정적인 정서적 반응을 극복하고 바른 길을 찾아갈 수 있을 것이다.

낙담

실망과 유사한 감정이 바로 낙담이다. 일정한 기간 선수를 하여도 결과가 여의치 않으면 자신에게 수련이 맞지 않는다는 생각이 들면서 낙담하게 된다. 이러한 감정 역시 실망과 같이 단시간 내에 너무 높은 결과를 기대했기 때문에 생기는 것이다.

　대부분의 사람들은 일평생 자신의 마음이나 생각을 명확히 이해하지 못하고 산다. 허상에 사로잡혀 있는 이러한 타성적인 습관을 타파한다는 것은 결코 쉬운 일이 아니다. 하루도 빠지지 않고 매일 꾸준히 몇 년을 수련에 정진하여도 뚜렷한 성과가 없는 경우가 있을 수 있다. 그러나 이러한 상황에 대하여 크게 낙담할 필요는 없다. 변화는 예고 없이 돌연 찾아오기도 하기 때문이다. 다소 답보 상태에 머물러 있다 하여도 낙담하지 말고 꾸준히 수련해 나가는 것이 중요하다. 망망대해에 물 한 방울 던지는 것과 같은 미약한 성취라 하더라도 한 걸음 한 걸음 나아가는 인내심이 필요하다. 타성적인 습관과 인식을 명확히 이해하고 바로 잡고자 노력하는 이러한 수련의 과정 자체가 모두 선수에 포함되는 것이기 때문이다. 이러한 과정을 통해서 자신과 다른 사람을 모두 이해하고 아끼는 마음이 생겼다면 마음을 놓아도 된다. 그것은 우리의 노력과 시간이 결코 헛되지 않고 가치 있는 것이었음을 증명하는 것이기 때문이다.

항거(抗拒)

　일부의 수행자들은 일정 시간 선수를 진행한 후에 반항하는 마음이 일어, 수행에 대하여 거부하는 마음이 생기기도 한다. 이러한 마음 역시 마음의 번뇌이며, 선수에 방해요소가 된다. 이러한 거부감 때문에 선수를 한번 그르치는 것은 그리 큰 문제가 아니지만, 이러한 현상이 두 번 세 번 반복이 되면 선수를 진행하기가 힘들어진다.

　선수에 대한 거부감이 일어날 때에는 당황하며 갑자기 수련을 중단하지 말고, 계속 좌선한 자세로 이러한 감정에 대하여 냉정하게 관찰하여야 한다. 대부분의 경우에 이러한 거부감은 일시적인 기분에 불과하여 잠시 지나면 사라진다. 그러나 일정한 시간이 지나도록 선수에 대한 거부감이나 반항심이 사라지지 않으면, 20분 혹은 30분 정도의 시간 동안 이 감정에 대하여 관상을 하는 방법으로 문제를 해결하여야 한다. 이러한 감정이 수련 과정에서 겪는 일련의 곤란한 문제 때문에 생기는 것이라면, 먼저 수련자를 곤란하게 만드는 문제가 무엇인지를 찾

선수 과정에서 우리의 마음은 종종 각종의 마장에 미혹되어 수련의 정진을 저해한다. 이럴 때에는 그것에 효과적으로 대응하는 방법이 필요하다. 이것이 바로 조심調心이다. 선수에서 이러한 조심의 중요성은 아무리 강조해도 부족하다.

① 우리의 마음은 사방을 뛰어다니는 작은 개와 같다. 산만하며 예측이 힘들다.

② 우리가 가장 많이 사용하는 방법은 밧줄을 이용하여 이 작은 개를 말뚝에 묶어 놓는 것이다. 작은 개는 초조하게 말뚝 주위를 맴돌 것이다.

③ 말뚝에 묶인 작은 개가 때로는 밧줄을 끊고 뛰어가는 모습이 마치 우리의 마음과 같다. 우리의 마음도 한순간 고요하다가 다시 온갖 잡념으로 산만하다.

④ 이 작은 개를 다시 끌고 와서 말뚝에 묶는 과정을 되풀이 하게 되면 작은 개는 결국 순종하여 말뚝 아래에 얌전히 눕게 된다.

우리의 마음은 늘 두 종류의 극단적 상태에 처해 있다. 첫 번째 상황은 정력이 충만할 때다. 생각이 많아서 불안정하고 쉽게 냉정을 찾지 못한다. 한 순간 아무 일도 일어나지 않으면 오히려 무료함을 느낀다.

아 그 문제를 해결하면 수련에 대한 반항심이나 거부감 역시 자연스럽게 소멸될 것이다. 그러나 이러한 거부의 감정이 지속적으로 나타난다면, 자신의 선수에 대한 기본적 태도와 인식을 재성찰하여 무엇이 문제인지를 찾아야 한다.

우리의 마음은 또한 정력이 감퇴하거나 피로할 때는 자신도 모르게 어지러움이나 수면 상태에 빠지기도 한다. 이러한 현상 역시 선수를 저해하는 요소가 된다.

자신의 마음을 하나의 작은 씨앗에 가두고 관상한다. 이 씨앗은 배꼽 높이의 중맥(中脈)에 위치해 있다.

이 씨앗이 중맥에서 정수리로 올라가는 모습을 상상한다.

이 씨앗이 터지면서 우리의 마음이 광대한 우주 공간으로 들어가는 모습을 상상한다.

잠시 이러한 과정에 전주하고 다시 원래의 선수 과정으로 돌아온다.

작은 제안

① 선수 전에는 과식이나 포식을 해서는 안 된다. 연회 등에 참석하여 부득이 과식을 한 경우에는 약 한 시간 정도의 여유를 두고 수련을 진행한다.
② 위의 방법이 실패로 돌아가는 경우에는 차라리 잠을 자는 것이 좋다. 다만 잠들기 전에 피곤이 해소되면 즉각 선수를 진행한다는 결심을 하는 것이 좋다.

3장 관심觀心

마음이야말로 모든 쾌락의 근원이다. 쾌락은 자신의 내면에서 나오는 것이지 결코 외부의 사물에 좌우되는 것이 아니라는 것을 깨달아야 한다.

신체의 단련이 신체를 더욱 튼튼하게 하고 건강을 유지하기 위한 것이라면 마음의 훈련은 지혜智慧와 오성悟性을 계발하고 배양하기 위한 것이다. 내면의 수련을 통하여 자신의 기질이나 인생관 혹은 생활태도 등을 올바르게 변화시키면 일체의 고통으로부터 벗어나 진정한 행복감을 느낄 수 있을 것이다.

3장의 일러스트 목록

당하當下의 호흡에 대한 관찰 · 105 | 관호흡의 육묘법문 (1) · 107 | 관호흡의 육묘법문 (2) · 109 |
수식 · 115 | 마음의 명성 · 117 | 마음의 밝은 본성을 관찰하는 방법 · 119 | 연속성 · 123 | 마음의
연속성을 관상하는 방법 · 125

가장 상용되는 선수의 방법
관호흡

>>> 앞에서 이미 기술한 것처럼 모든 선수 방법 가운데 가장 효과적이고 가장 안전한 방법이 바로 자신의 호흡을 관찰하는 수련이다. 또한 이러한 관호흡觀呼吸은 초보자에게 매우 적합한 수행 방법의 하나다.

관호흡(觀呼吸)이란 무엇인가?

관호흡은 석가모니 부처님께서 승려들에게 해탈을 위해 가르친 중요한 법문 가운데 하나로, 통상 열반을 향한 '이감로문(二甘露門)'으로 인식되고 있다. 관호흡의 방법은 불교에서 관출입식(觀出入息)이라고 부르는 법문이 후대로 전해지면서 '수식관(數息觀)'으로 발전되고 나아가 '육묘법문(六妙法門)'을 이루게 된다.

주의해야 할 점은, 많은 사람들이 관호흡과 수식(數息)을 혼동하여 이야기하고 있다는 사실이다. 엄밀히 말하면 출입식관(出入息觀)을 잘못 이해한 것이 수식관(數息觀)이다. 사실상, 수식관은 비교적 간단하여 상대적으로 수행하기가 쉬운 수련 방법으로, 관호흡과는 차이가 나는 수호흡(數呼吸)이다. 통상적으로 잡념이나 망상이 많은 사람들이 이러한 수식의 방법을 자신의 마음을 다스리는 방법으로 이용하여 왔다.

관호흡은 가장 일반적으로 상용되는 수련 방법이다. 우리가 늘 '안관비(眼觀鼻), 비관심(鼻觀心)'이라고 설명하거나 달리 '관비첨백(觀鼻尖白)'이라고 부르는 것이 바로 관호흡을 말하는 것이다. 코끝을 보면서 호흡에 집중하라고 설명하는 것은 이로부터 마음을 관찰하는 관호흡으로 나아가기 위한 것이다. 코끝이 하얗다는 것은 수련을 진행하다 보면 코끝에서 빛이 보이기 때문이다.

호흡(呼吸)이란 무엇인가?

선수 입문의 수행 방법 가운데, 관호흡은 가장 효과적이고 가장 안전한 수련 방법이다. 일반적으로 호흡은 숨을 내쉬고(呼), 멈추고(住), 들이마시는(吸) 세 단계로 구분할 수 있다.

공기를 깊고 충실하게 들이마신다. 들이마신 공기가 콧구멍을 통해 배꼽 아래까지 깊숙이 들어가 아랫배가 천천히 팽창하여야 한다.

입식(入息)

호흡(呼吸)

주식(住息)

입식과 출식 사이에 몇 초 정도 숨을 멈추는 것을 주식이라고 한다. 명심해야 할 것은 이러한 주식은 결코 숨을 억지로 참는 것이 아니라는 점이다.

출식(出息)

복부에 가득 차 있던 공기를 천천히 회수한다. 배가 안쪽으로 凹 형태로 들어가야 한다. 회수한 공기를 서서히 콧구멍을 통하여 밖으로 내보낸다. 이후에 내장을 편안하게 방송한다.

당하(當下)란 무엇인가?

관호흡의 목적은 마음의 전주력(專注力)을 배양하는 것이다. 수련자가 마음을 호흡과 유동적으로 결합하게 되면, 자연스럽게 마음을 당하(當下)에 집중할 수 있게 된다. 무엇 때문에 '당하(當下 : 지금 여기)'를 강조하는 것일까? 이것에 대해선 다음과 같은 고사로 설명을 대신한다.

가을이 되면 낙엽을 쓰는 일 때문에 골머리를 앓는 한 소화상(小和尙)이 있었다.
이 문제로 골치 아파하던 어느 날,
이 소화상은 한 가지 방법을 생각하게 되었다.
"먼저 나무를 흔들어서 낙엽을 미리 모두 떨어뜨리자.
그런 후에 청소를 하면 깨끗하게 해결되는 것이 아닌가!"
그러나 희희낙락하던 이 소화상은 다음날이 되자 그만
울상이 되었다. 다시 절 안이 온통 낙엽으로 가득했기 때문이다.
우리의 마음은 끊임없이 변화하는 것이며,
한 번의 청소로 깨끗하게 만들 수 있는 것이 아니다.
이것이 바로 '당하(當下)'를 강조하는 이유다.

전주력(專注力)의 배양

앞에서 설명한 지선(止禪)에 관한 내용에서 알 수 있듯이 지(止)는 마음을 어떠한 대상에 집중하여 산만하지 않게 하는 것이다. 관호흡은 이러한 마음의 집중력을 키우는 데 매우 좋은 방법이라고 할 수 있다. 언제 어디서든 자신의 호흡을 통하여 진행할 수 있기 때문에 따로 수련의 주제를 찾고 정해야 하는 수고를 덜어준다. 뿐만 아니라 호흡은 당하(當下)에서 일어나는 일이기 때문에 호흡에 전주하는 것은 수련자의 마음이 과거에 대한 회상이나 미래에 대한 막연한 동경 등으로 헛된 심력을 소모하지 않고 당하에 집중하는 데 큰 도움이 된다. 또한 자신의 호흡에 주의력을 집중하는 것은 마음을 자연스럽게 위무하는 효과도 있다. 호흡에 집중하다 보면 평소의 산만한 마음이 차분히 가라앉는 걸 느낄 수 있을 것이다.

자신의 마음이 매우 격렬하게 요동을 칠 때는 몇 차례의 빠른 심호흡으로 마음을 가라앉히는 효과를 볼 수 있다. 힘껏 숨을 들이마시고 다시 힘껏 숨을 내쉬는 동작을 두어 번 하다 보면 마음이 진정되는 것을 느낄 것이다. 심호흡을 하고 나면 콧속의 감각이 조금 더 예민해지기 때문에 수련에 집중하기가 훨씬 더 용이하다. 또한 심호흡은 정신을 맑게 하고 주의력을 높여줄 뿐만 아니라 정력을 증강시켜 주는 효과가 있기 때문에 수련자가 다시 호흡에 전념할 수 있는 활기찬 에너지를 제공해 준다.

고도의 집중력을 가지기 위해서는 다음과 같은 특질이 있어야 한다. 첫 번째 특질은 전연전주(全然專注) 또는 회상력(回想力)이라고 부르는 것이다. 이것은 우리가 익숙한 사물을 기억하여 잊지 않게 만들고 다른 사물과 연관시키는 힘을 말한다. 두 번째 특질은 판단의 기초가 되는 경각심이다. 이것은 어떠한 상황에 대하여 준비를 하고 경계를 서는 호위병과 같다고 할 수 있다. 우리의 주의를 돌려서 수련 대상에 전주할 수 없게 만드는 상황이 발생하지 않을까 시시각각 경계를 서는 것이다. 이 때문에 전주력을 배양한다는 것은 마음속에 부정적인 요소가 출현했을 때 그러한 상황에 대하여 명철하게 인식하고 판단할 수 있는 능력과 이러한 부정적인 요소의 영향이 확대되기 전에 그것에 대한 효과적인 대처 방법을 찾는 능력을 모두 갖춘다는 것을 의미한다.

관호흡은 자신의 호흡에 모든 주의력을 집중하여 관찰하는 것으로, 대부분의 초보자들이 가장 먼저 행하는 수행 방식이다. 자신의 호흡에 대한 이러한 수련을 통하여 우리는 사물에 대한 집중력과 주위 환경에 대한 예민한 감각을 키울 수 있을 뿐만 아니라 불안감이나 초조감 등의 부정적인 정서를 제어하고 심신을 보다 편하게 방송할 수 있다.

아래에 소개하는 것은 관호흡의 육묘법문六妙法門으로 여섯 종류의 수련 방법을 말한다.

수식(數息)

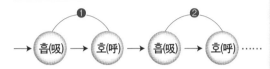

일흡(一吸)과 일호(一呼)가 일식(一息)이다. 수식(數息)은 이러한 호흡의 횟수를 세는 것을 말한다. 먼저 단정하게 앉은 후에 자신의 호흡에 모든 주의력을 집중하고 이어서 호흡의 횟수를 세기 시작한다. 이러한 수식의 도중에 피로가 느껴지면 잠시 숫자를 세는 것을 멈추고 적당한 휴식을 취한다. 수식은 호흡의 횟수가 명확해야 하기 때문에 횟수를 세어 나가는 과정에 착오가 생기면 처음부터 다시 시작하여야 한다.

수식(隨息)

수식(隨息)은 육안으로 볼 수 없는 영식(靈息)이다. 즉, 자신이 호흡하는 공기가 어느 곳에서 들어오고 어느 곳으로 나가는지 관상하는 것이다.

공기가 자신의 코끝 앞 0.4~2 미터 되는 곳으로부터 콧구멍을 통하여 신체 내로 들어와서 전신으로 퍼져 나간다.

흡입되는 공기는 청결하고 맑다.

흡(吸)   호(呼)

배꼽 부위에서 콧구멍에 도달한 공기가 코끝 앞 0.4~2 미터 정도 되는 곳까지 퍼져 나간다.

내쉬는 공기는 혼탁하고 불순하다.

지식(止息)

지식(止息)은 호흡하는 공기가 신체의 어느 곳에 머무는지 관상하는 것이다.

조관(粗觀)
들이마신 공기가 배꼽에 머문다. 이후에 공기를 다시 내뱉는다.

세관(細觀)
들이마신 공기가 배꼽에 머물다 전신으로 퍼져 간다. 이후에 내뱉는다.

관호흡은 그 자체로 주요한 수행 방법일 뿐만 아니라 다른 선수 방법의 단초가 되는 중요한 수련 방법이다. 의지를 갖고 규칙적으로 관호흡을 수련해 나간다면 수련자가 자신의 내면의 세계를 명확히 성찰하여 점진적으로 자신의 마음을 효과적으로 제어할 수 있는 역량을 키워주고, 궁극적으로 심신의 건강을 증진시켜 행복한 인생을 살 수 있는 기반을 다지는 데 큰 도움이 될 것이다.

호흡의 방법

앞에서 이미 설명한 것처럼 호흡의 방법은 기본적으로 흉부(胸部) 호흡과 복부(腹部) 호흡으로 나눌 수 있다. 이 중에서 흉부 호흡은 길게 호흡을 할 수가 없기 때문에 호흡의 미묘한 흐름과 변화를 만들어 내기가 힘들다. 이 때문에 관호흡의 수련에서는 복부 호흡을 사용한다. 장시간의 선수를 하려고 한다면 더욱 복부 호흡을 하는 것이 필요하다. 복부 호흡은 공기를 들이마실 때는 복부가 자연스럽게 바깥으로 팽창되고, 공기를 내쉴 때는 복부가 자연스럽게 凹 형태로 안쪽으로 들어가게 되는 호흡을 말한다. 여기서 다시 강조해 두고 싶은 것은, 이러한 복부 호흡을 할 때에는 조금이라도 호흡의 리듬과 흐름을 수련자의 의념(意念)으로 통제하려고 해서는 안 된다는 점이다. 가장 좋은 복부 호흡의 방법은 공기를 들이마신 다음 다시 호흡하기 전에 아랫배에 음식을 먹은 것 같은 감각을 느끼는 것이다. 이러한 감각을 느낄 수 있는 작은 요령을 소개하면 다음과 같다. 허리띠를 조금 느슨하게 풀고 바지를 배꼽에서 아래쪽으로 손가락 네 개 정도의 넓이만큼의 부위로 당기면 이러한 감각을 느낄 수 있을 것이다.

수련자가 가장 적합하다고 느끼는 자세를 취하여 좌정한다. 먼저 세 차례의 심호흡을 행한 다음에 정상적인 호흡으로 돌아와 콧구멍 가장자리에 주의력을 집중한다. 단순히 호흡이 들고나는 감각에만 주의를 집중한다. 공기를 들이마신 후에 잠시 숨을 멈추었다가 공기를 밖으로 천천히 내뱉는다. 완전히 내뱉고 나면 다시 들이마시기 전에 잠시 숨을 멈춘다. 이렇게 두 번 숨을 멈추는 시간은 매우 짧아야 하며, 숨을 멈춘다는 감각을 느끼지 못할 만큼 미미하여야 한다. 호흡을 할 때는 어떤 개념 또는 연상 등의 일체의 생각에서 벗어나 자연스럽게 호흡이

관식(觀息)

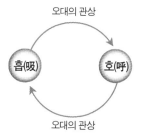

관식(觀息)은 전신의 각 부위의 기식(氣息)의 증감을 관상하는 것이다.
불교에서는 인체와 기식은 지(地), 수(水), 화(火), 풍(風), 공(空)의 오대(五大)로 구성되어 있다고 인식하고 있는데, 관식은 호흡을 통하여 이러한 오대를 관찰하고 그 증감을 관찰하는 것이다.

환식(環息)

환식은 호흡의 기운을 '옴' '훔' '아'의 진언(眞言) 세 글자로 차례로 바꾸어 관상하는 것이다.

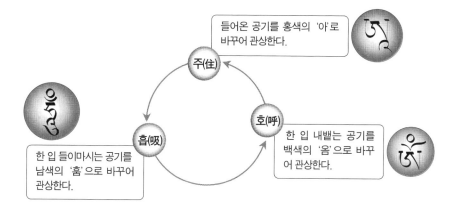

들어온 공기를 홍색의 '아'로 바꾸어 관상한다.

한 입 내뱉는 공기를 백색의 '옴'으로 바꾸어 관상한다.

한 입 들이마시는 공기를 남색의 '훔'으로 바꾸어 관상한다.

정식(淨息)

마음이 점점 적정(寂靜)에 든다.

호흡이 점점 완만해지다가 마침내 호흡을 하지 않는 듯한 상태가 된다.

호흡의 수련이 깊어지면 호흡이 점점 완만해지면서 적정에 들게 된다. 이러한 적정 상태에서는 마치 호흡이 멈춘 것처럼 보이는데 이것이 정식(淨息)이다.

이루어져야 한다. '숨을 들이마신다' 혹은 '숨을 내쉰다'라는 생각도 해서는 안 된다.

처음 수련을 시작하게 되면 숨을 들이마시고 숨을 내쉬는 시간이 모두 매우 짧은 것이 일반적이다. 이것은 우리의 심신이 완전히 방송되어 있지 않기 때문이다. 지속적으로 호흡의 감각을 느끼면서 수련을 진행해 나가면 심신이 자연스럽게 평정을 찾고, 호흡이 점점 가늘고 길게 변화하게 될 것이다. 가늘고 길게 호흡을 하는 감각이 느껴질 때도 오직 그러한 호흡에만 집중하고 다른 생각이나 소리 또는 향기 등에 주의를 빼앗겨서는 안 된다. 이렇게 호흡에만 집중하는 사이에 수련자의 몸과 마음이 이전보다 더욱 안정적으로 변화해 나간다.

호흡의 관찰

수련이 어느 정도 진행되면 수련자의 신체와 마음이 매우 가볍고 부드럽게 느껴진다. 공기나 수면을 타고 날아오르는 듯한 감각을 느끼는 경우도 있으며, 심지어는 수련자의 신체가 공중에 뜨는 것처럼 느끼는 경우도 있다. 수련이 진행되면서 거칠고 무거운 호흡이 매우 미세한 호흡으로 자연스럽게 바뀌어간다. 이러한 미세한 호흡이 바로 수련자의 마음이 전주해야 할 대상이다. 수련자의 마음이 콧구멍의 가장자리에 완전히 전주하게 되면, 기타의 대상이 점점 더 명확해지면서 호흡은 점점 더 미세해져 종국에는 자신이 호흡하는 것을 느끼지 못하는 정도가 된다. 이러한 수련 도중에 어떠한 징후도 발생하지 않는다고 실망하거나 놀라서 호흡을 중단해서는 안 되며, 지속적으로 자기 호흡의 감각을 콧구멍의 가장자리에 전주하여야 한다. 이렇게 흔들리지 않고 수련을 진행해 나가다 보면 일종의 희열감이 찾아온다. 이러한 희열감은 수련자의 상태에 따라 제각기 다르게 나타난다. 수련자에 따라 별, 달, 태양 또는 보석이나 꽃병 등의 다양한 상징 모양으로 나타난다.

이때에 수련자는 이러한 현상을 선수의 대상으로 삼아 자신의 모든 주의력을 이것에 집중한다. 자신의 마음과 당하(當下 : 지금 여기)의 현상을 결합하여 수련자의 마음이 매순간마다 이것의 변화를 놓치지 않고 관찰하는 것이다. 마음이 당하의 시각과 결합하는 것을 '찰나정(刹那定)'이라고 한다. 이른바 찰나정이란 정력(定力)과 내관(內觀)으로 심신의 생멸의 찰나를 명백하게 이해하는 것을 가리킨다. 이것은 선정의 상태에서 매순간 변화하는 당하의 상황을 한 순간도 놓치지 않고 관찰하는 것을 의미한다.

이 외에도 주의해야 할 점이 있다면 콧구멍 내부의 호흡의 감각을 관찰하는 것이 아니라 콧구멍의 외부에서 느껴지는 감각을 관찰해야 한다는 점이다. 인중(人中)의 위치가 이에 해당한다. 우리가 호흡을 할 때에 공기가 인중을 거치는 것을 느낄 수 있을 것이다. 이 때문에 출입식(出入息)을 관찰할 때는 콧구멍의 외부를 관찰하라고 하는 것이다. 콧구멍의 외부의 호흡은 비교적 가늘고 미세하기 때문에 예민하지 않은 사람은 느낄 수가 없다. 이러한 이유로 어떤 사람의 코끝의 호흡을 관찰해 보면 평소에 그 사람의 성격이 세심한지 세심하지 않은지를 알 수가 있다. 그 사람의 인중에 바람이 부는 것 같은 느낌이 들면 그 사람은 비교적 섬세하고 예민한 마음을 지니고 있다고 할 수 있다.

준비

이제 본격적으로 첫 번째 수련을 시작할 준비를 한다. 우선 자신에게 가장 적합한 자세를 취하고 편안히 앉아 전신의 근육을 방송하면서 등을 단정히 편다. 신체의 어떤 부위가 긴장되어 있는 것이 느껴지면 먼저 그 원인을 찾고 앞에서 설명한 방법을 따라 이러한 긴장을 풀어주어야 한다.

선수 시간을 결정한다. 초보자는 10분에서 30분 정도의 시간이 적당하다. 수련의 진행 과정을 보면서 점진적으로 늘려나가면 될 것이다. 이 수련의 목표를 되새기면서 서서히 자신의 호흡에 주의력을 집중한다.

수련의 동기는 되도록 긍정적이고 바른 것이 좋다. 선수를 통해서 자신의 마음속에 있는 모든 부정적인 요소를 없애고 적극적이고 긍정적인 요소를 배양하며, 수련의 성과를 다른 사람에게 회향할 수 있는 마음이 그 바탕이 되면 좋다.

수련의 시작

수련자의 전주력을 호흡에 집중한다. 콧구멍이나 입술 윗부분에 주의력을 집중하여 공기가 들어오고 나갈 때의 미세한 감각을 느껴야 하며, 매번 일어나는 호흡을 따라 수련자의 복부 또한 팽창과 수축을 거듭해야 한다. 어떠한 부위를 선정하고 매번의 흡기(吸氣)와 호기(呼氣)에 수련자의 주의력을 이 부위에 집중하는 것도 하나의 방법이다. 수련 도중에 마음을 분산시키는 상황이 발생하면 앞에서 소개한 방법에 따라 문제를 해결한 다음에 수련자의 주의력을 다시 이 부분에 집중하도록 한다.

먼저 수식(數息)의 수련 방법을 따라 수련한다. 수식은 가장 전형적이고 전통적인 수련 방법이다. 대단히 많은 사람들이 이 수련을 통하여 자신의 건강과 정력 증진의 효과를 보고 있다. 수식의 수련에도 매우 다양한 방법이 있지만 자신의 호흡에 전주해야 한다는 점에서는 모두 공통적이다. 수식을 수련해 나가다보면 수련자의 호흡이 고르고 가늘어지는 등의 변화를 느낄 수 있을 것이다.

자신의 호흡을 억지로 통제하려고 해서는 안 되며, 흐르는 물처럼 자연스럽게 천천히 호흡하는 것이 중요하다. 선수의 과정에서 주의력을 분산시키는 잡념이 일어났을 때는 이러한 상황의 원인이 무엇인지를 파악하고, 그에 따라 문제를 해결한 후에 다시 호흡에 주의력을 집중해야 한다. 이러한 잡념이나 망념을 해결할 때는 중립적 태도로 관찰하고 그 치유 방법을 찾는 것이 좋다. 그러한 문제에 심각하게 몰입하거나 억지로 외면하려고 해서는 안 된다. 또한 마음을 분산시키는 영상이나 감각 혹은 생각 때문에 혐오감이나 걱정 혹은 흥분 등의 정서적 반응을 보여서도 안 되며, 그러한 것들이 마음에 떠오르고 있다는 사실 자체에만 주의하면서 자신의 호흡에 집중해야 한다. 1분 정도의 수련 동안에 이러한 현상이 많게는 50회 정도가 일어나기도 하지만 이것 때문에 걱정하거나 포기할 필요는 없다. 인내심을 가지고 굳은 의지로 자신의 호흡에 전념하다 보면 이러한 잡념들은 어느새 소멸하게 된다.

당하에 모든 신경이 집중되었을 때 마음속에 어떠한 사물이 떠오르더라도 있는 그대로 받아들이고 그것에 대하여 어떠한 형태의 분석이나 평가도 해서는 안 된다. 또한 그것에 대하여 어떠한 기대나 집착 혹은 그것과 연관된 사실이나 장소 등을 연상해서도 안 된다. 자신의 그 순간의 상태를 있는 그대로 받아들이는 것이 좋다.

마음의 분산을 처리하는 두 종류의 방법

수련이 진행되면서 관호흡의 기교가 숙련되면 마음의 분산을 피할 수 있는 능력이 향상되며, 나아가 이러한 상황에 대한 경각심이 높아지게 된다. 선수 대상에 대한 집중력을 저해하는 어떠한 상황이 발생하면, 동요하지 말고 차분하게 그러한 상황이 어떠한 요인으로 인한 것인지를 살피는 것이 중요하다. 수련 도중에 느닷없이 어떠한 일에 대한 생각이나 기억 등의 잡념이 일거나 혹은 좌절감이나 무료함 등의 부정적 정서가 생기거나 혹은 소음 등으로 주의력이 흩어지게 되는 경우가 있다. 이러한 상황이 발생하면 자신의 마음을 분산시킨 요소를 있는 그대로 차분히 관찰한 후에 잠시 주의력을 이러한 요소에 집중하여 그러한 요소를 선수의 대상으로 삼아 관상해 본다. 이러한 요소들은 본래 무상한 것이어서 한 순간의 호흡의 집중만으로도 이것의 본질을 충분히 파악할 수 있게 된다.

이러한 분산된 마음을 관찰하는 수련을 하여 그에 구속되지 않을 수 있다면 문제는 매우 간단해진다. 어떠한 상황이 발생해도 지혜롭게 극복하고 다시 자신의 호흡에 집중할 수 있게 되기 때문이다. 물론 수련을 하다 보면 같은 상황이 조금 후에 다시 찾아올 수도 있으며, 이러한 문제는 아마도 한평생 지속될 것이다. 그러나 낙담하고 용기를 잃어서는 안 된다. 이러한 상황이 발생하는 것은 너무도 자연스러운 일이며, 문제가 되는 것은 수련자가 그러한 상황을 슬기롭게 극복할 수 있는 방법을 알고 이에 대처할 수 있느냐 하는 것이다. 전술한 방법처럼 그러한 상황에 억지로 저항하려고 하지 말고 차분하게 관찰한 다음, 잠시 그러한 상황을 수련의 주제로 삼아 관상하면서 문제를 해결하면 다시 자신의 호흡에 집중할 수 있게 된다. 수련이 깊어지면 관찰의 시간이나 처리 능력이 효율적으로 변하게 되면서 이러한 마음의 분산 상황은 더 이상 수련을 방해하는 장애 요소가 되지 못한다.

또 다른 방법은 마음이 분산되는 상황이 발생했을 때 그러한 잡념에 주의력을 집중하지 말고, 수련자의 특정한 신체 부위에 집중하는 것이다. 즉 한편으론 경계심을 가지고 그러한 상황을 면밀히 주시하고, 다른 한편으론 자신의 어느 특정 부위에 주의력을 집중하는 것이다. 위에서 기술한 방법이 마음을 분산시키는 상황에 대한 정면적인 해결 방법이라면 이러한 방법은 우회적인 해결 방법이라고 할 수 있다. 수련자는 이와 같이 오히려 신경을 다른 곳으로 돌리는 방법으로 마음이 분산되는 상황을 해결할 수 있다. 하지만 자신의 신체상의 특정 부위에 주의력을 돌릴 때는 전력을 다하여야 한다. 이러한 상황이 재차 발생하면, 다시 이러한 과정을 밟아 문제를 해결한다. 마음이 분산되는 상황이 지나가면, 다시 자신의 호흡에 주의력을 집중한다.

회향(回向)

선수를 마친 후에는 수련 과정에 대한 분석이나 수련 성과에 연연하지 말고, 이번 수련 과정을 모두 끝냈다는 사실에 즐거워하는 마음을 가지는 것이 좋다. 의지와 믿음을 가지고 수련에 노력하고 있다는 사실 자체가 대단히 의미 있는 일이기 때문이다. 이러한 긍정적인 마음으로 자신이 수련에서 얻은 성과가 자신뿐만 아니라 모든 중생에게 돌아가 그들 역시 충만한 희열과 안락한 삶을 누릴 수 있기를 발원한다.

수식數息은 전통적이고 전형적인 호흡 방법이다. 수식은 대단히 중요한 수행 방법일 뿐만 아니라 마음의 분산을 막고 대상에 대한 집중력을 높이는 매우 효과적인 수행 방법이다. 수식에는 매우 다양한 방식이 있는데, 그 가운데서 가장 많이 이용되고 있는 몇 가지 방식을 아래에 소개한다.

❶ 숨을 들이마실 때에 "1, 1, 1 ……"라고 수를 세면서 폐부 깊숙이 신선한 공기를 받아들이고 숨을 내쉴 때에 "2, 2, 2 ……"라고 수를 세면서 공기를 남김없이 내쉰다. 이어서 다시 숨을 들이마시며 "3, 3, 3, ……"이라고 세며, 폐부 깊숙이 신선한 공기를 받아들이고 …… 같은 과정을 10이 될 때까지 반복한다.
이후에 다시 1부터 시작하여 다시 이러한 과정을 반복한다.

❷ 빠르게 "1, 2, 3, 4, 5, 6, 7, 8, 9, 10"의 수를 세며 숨을 들이마시고, 이어서 빠르게 "1, 2, 3, 4, 5, 6, 7, 8, 9, 10"의 수를 세며 숨을 내쉰다. 즉 한번 숨을 들이마실 때에 1부터 10까지 세고, 한번 숨을 내쉴 때에 1부터 10까지 센다. 이 과정을 반복한다.

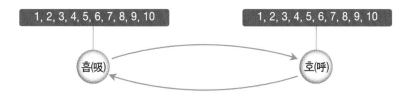

❸ 10까지 누적하는 방식으로 수를 센다. 숨을 들이마실 때에 "1, 2, 3, 4, 5"까지 세고, 이어서 숨을 내쉬면서 "1, 2, 3, 4, 5, 6"까지 센다. 다시 숨을 들이마시며 "1, 2, 3, 4, 5, 6, 7"까지 세고, 숨을 내쉴 때는 8까지 세고, 다시 숨을 들이마시고 숨을 내쉴 때 하나씩 더 많은 수를 센다. 이러한 과정을 반복한다.

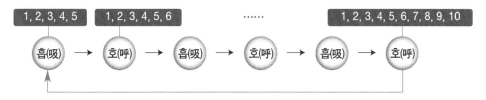

❹ 긴 호흡을 이용한다. 폐부 깊숙이 숨을 들이마시며 '1'을 세고 숨을 내쉬며 '2'를 센다. 숫자를 높이며 계속 진행한다.

❺ 한번 숨을 들이마시고 한번 숨을 내쉬는 것을 일식(一息)으로 하고, 일식마다 숫자를 높여 나간다.

02 여러가지 미혹에 물든 마음의 정화
마음의 명성

>>> 우리의 마음이 무명無明으로 인하여 온갖 번뇌에 시달리게 되는 것을 이른바 염오심染汚心이라고 하며, 이것은 때 물은 거울에 비유할 수 있다. 마음에서 무명이 제거되어 그 밝은 본성이 드러나는 것을 '불염심不染心'이라고 하며, 이것은 모든 때를 깨끗이 닦아낸 후에 거울의 본래 광택이 드러나는 것에 비유할 수 있다.

마음의 밝은 본성(明性명성)

우리의 마음은 실체적인 것은 아니지만 고요한 호수를 비추는 밝은 달과 같다. 우리가 일체의 사물을 관찰하는 것은 모두 마음에서 창조된 것이다. 마음의 밝은 본성이 의미하는 바는 우리가 일체 사물의 본성을 명백히 깨달을 수 있다는 것을 가리킨다. 우리의 마음은 일정한 형상이 없고 그 깊이와 넓이를 잴 수도 없지만, 일체의 현상과 그 본질을 명백히 드러내는 능력이 있어서 사물의 온갖 색(色), 성(聲), 향(香), 미(味), 촉(觸), 법(法) 등을 인지하는 힘이 있다. 개개인이 모두 어떠한 대상의 본질을 명확히 인지할 수 있는 이러한 힘을 가지고 있으며, 이른바 이것을 마음의 밝은 본성이라고 한다.

다만, 우리의 자아는 늘 외부의 사물에 현혹되어 본래의 그 밝은 성질을 잃고 있다. 기존의 일정한 개념에 집착하거나 자신의 선호나 자기 중심의 주관적인 관점에 의하여 왜곡된 가치관을 가지고 어떠한 판단을 한다. 이러한 주관적인 관점으로 상대방보다 자신이 옳다는 생각에 사로잡히거나 자신의 공적을 가장 특별하게 여기거나 자신이 좋아하는 사람들과만 어울리려고 하며, 다른 사람이나 사물에 대하여 객관적이고 냉정한 판단을 하지 못하는 경우가 많다. 눈에 보이는 현상이나 모습이 어떠한 사물이나 사람의 실체라고 판단하고 자신의 기억 속에 담은 후에, 이러한 판단에 어떠한 회의도 갖지 않고 이에 근거하여 행동하는 것

명성(明性)이란 무엇인가?

"물불자물 인심고물(物不自物 因心故物 : 사물은 스스로 존재하는 것이 아니라, 마음으로 인하여 존재한다)." 이 구절이 뜻하는 바는 우리가 인식하는 세간의 모든 만물이 우리의 마음으로부터 생기는 환상이며, 우리의 마음은 사물을 명확히 드러나게 하는 능력이 있다는 것이다. 이러한 형태의 능력이 바로 '명성(明性)'이며, 어떤 의미에 있어서는 명성과 지혜는 동의어라고 할 수 있다.

마음의 오염

우리의 마음은 어떠한 실체가 있는 것은 아니다. 그것은 다만 육진(六塵)에 투영된 그림자일 뿐이며, 이것은 마치 녹이 슬어 본래의 광택을 잃어 버린 청동거울에 비유할 수 있다. 우리의 마음은 각종 망념과 잘못된 인식에 좌우되고 있으며, 그곳에 비친 각종 사물의 영상은 본질적인 것이 아니다. 이 때문에 우리는 거울의 녹을 닦아내는 것처럼 우리 마음의 밝은 본성을 가리고 있는 온갖 망념을 털어내고 그 본성을 되찾아야 한다.

오염의 제거

우리가 선수를 하는 것은 마음의 밝은 본성을 가리고 있는 일체의 망념을 제거하고 본래의 진실한 성질을 되찾기 위해서다. 이것은 거울에 묻은 온갖 먼지와 녹을 제거하고 본래의 광택을 되찾아 이로부터 사물의 본질을 명확히 비출 수 있는 것과 같다.

이다. 사실상 이러한 우리의 기억은 우리 자신의 주관적 개념과 선호 등에 기초한 것이며, 객관적 사물의 본질과는 거리가 있다.

마음의 밝은 본성을 선수하는 것은, 거울에 묻은 모든 녹을 깨끗이 청소하여 본래의 밝은 광택을 드러내듯이 자기의 마음을 물들인 온갖 오염을 제거하여 본래의 성질을 찾는 일이다. 때로는 무명(無明)에 가리어 사물에 대한 그릇된 판단과 분별을 하기도 하지만, 이러한 각종의 분별과 판단들이 호수에 일어나는 물결과 같다는 것을 깨닫고 마음을 평정하게 다스리면, 자신이 보는 사물의 이러한 모습이 결코 본질적이 아니라는 것을 알게 될 것이다.

청명한 본성으로의 회귀

마음의 밝은 본성을 선수하는 것은 자아에 대한 각종의 편견과 집착을 떨쳐버리고 자신의 의식 속에서 호수 위의 물결과 같은 모든 부정적 요소들을 제거하는 것이다. 성격이 조급한 사람은 이러한 수행을 통하여 생활 속에서 만나는 각종 문제들을 냉정하고 침착하게 처리할 수 있게 될 것이며, 지난 일에 대한 과오로 자기 비하가 있는 사람이라면 조금 더 자신감을 가지게 될 것이다. 분노나 질투나 상실감 등의 부정적 정서 역시 수련을 통하여 모두 해소할 수 있다. 이러한 부정적인 정서들은 모두 마음이 무명(無明)에 가리어져서 생겨난 것이기 때문에, 호수 위에 일어나는 파문처럼 일시적이며 비본질적이다. 그러한 것들이 실체가 없으며 진실한 것이 아니라는 것을 알게 되면, 다시는 그러한 것들로 인하여 번뇌하는 일이 없게 된다.

일반적으로 선수를 수련하는 수련자들은 성격이 온화하고 겸손하게 변하기 때문에, 사람이나 사물을 대하는 자세가 많이 달라진다. 그러나 일부의 사람은 다음과 같은 의문을 갖기도 한다. 선수를 깊이 수련하면 가까운 사람에 대한 감정 역시 냉랭하게 변하는 것은 아닐까? 이러한 의문은 완전히 선수에 대한 오해에서 비롯된 것이다. 선수를 깊이 수련하는 사람일수록 노인에 대한 공경심이나 아이들에 대한 보호와 배려가 많아지지만, 자신의 감정을 절제하는 데 익숙하고 표현에 있어서 비교적 담백하기 때문에 그러한 오해가 생기는 것이다.

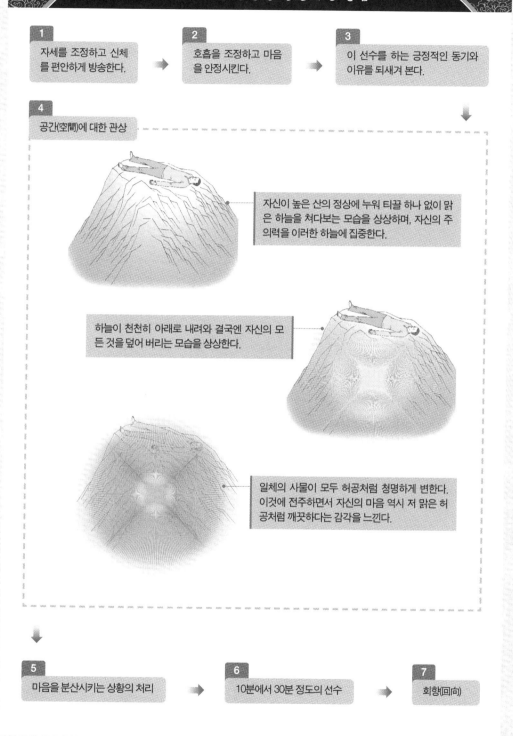

1
자세를 조정하고 신체를 편안하게 방송한다.

2
호흡을 조정하고 마음을 안정시킨다.

3
이 선수를 하는 긍정적인 동기와 이유를 되새겨 본다.

4
공간(空間)에 대한 관상

자신이 높은 산의 정상에 누워 티끌 하나 없이 맑은 하늘을 쳐다보는 모습을 상상하며, 자신의 주의력을 이러한 하늘에 집중한다.

하늘이 천천히 아래로 내려와 결국엔 자신의 모든 것을 덮어 버리는 모습을 상상한다.

일체의 사물이 모두 허공처럼 청명하게 변한다. 이것에 전주하면서 자신의 마음 역시 저 맑은 허공처럼 깨끗하다는 감각을 느낀다.

5
마음을 분산시키는 상황의 처리

6
10분에서 30분 정도의 선수

7
회향(回向)

우리는 우리의 마음이 본래 청정무구하다는 것을 알아야 한다. 선수의 과정은 바로 온갖 오염으로 더럽혀진 마음의 때를 벗기고 본래의 밝은 본성을 찾는 과정이라고 할 수 있다. 간단히 말하면, 우리의 심성은 본래 청정하며, 선수는 그 청정함을 덮고 있는 모든 더러움을 제거하는 과정이라고 할 수 있다.

수련의 시작

자신이 가장 선호하는 자세를 취하여 앉아서 두 차례 정도 심호흡을 한다. 공기가 코를 통하여 폐를 거쳐 복부에 이르도록 깊숙이 들이마신 후 잠시 그 상태에서 숨을 멈추었다가 천천히 숨을 내쉰다. 이러한 심호흡이 끝나면 자연스러운 호흡으로 돌아간다. 이 단계에서는 호흡에 대하여 어떠한 분석이나 판단을 하려고 하지 말고 자신의 감각을 예민하게 끌어올린 후 수련자의 의식이 맑아질 때까지 주의력을 집중한다.

우리의 의식 혹은 마음은 본질적으로 맑고 정순한 것이기 때문에 당하의 모든 것을 그대로 비출 수 있다. 그러나 이러한 순일한 마음 혹은 마음의 밝은 본성에 의식을 전주하는 것이 그렇게 쉬운 일이 아니다. 이 때문에 마음의 본성을 대표하는 특정한 이미지나 대상을 찾아 수련을 진행한다. 가장 효과적인 방법은 공간(空間)을 관상(觀想)하는 것이다. 자신이 높은 산의 정상에 드러누워 티끌 하나 없는 청명한 하늘을 쳐다보는 모습을 상상한다. 끝없이 광활하게 펼쳐진 허공에 수련자의 주의력을 집중한다. 이어서 이러한 공간이 서서히 아래로 내려와 수련자와 수련자 주변의 일체의 사물을 모두 덮어 버리면서 수련자 내부의 모든 것이 티끌 하나 없는 허공과 같이 정순하고 청명하게 변하는 모습을 상상한다. 이러한 과정에 전주하면서 자신의 마음의 본성 역시 저 청명한 허공과 같이 청정무구하다는 것을 깨달아야 한다.

이러한 선수 과정에서 수련자의 마음을 분산시키는 어떠한 상황이 발생하면 관호흡(觀呼吸)을 수련할 때와 마찬가지로, 이러한 상황에 정서적 반응을 보이거나 억지로 배척하려고 해서는 안 된다. 이러한 것들은 모두 본질적으로 허무하고 순간적인 것이기 때문에, 그것들의 본질과 변화를 확실히 이해하고 있으면 자연스럽게 소멸되고 만다. 이후에 다시 수련자의 주의력을 마음의 밝은 본성을 깨닫는 데 집중하도록 한다.

선수를 할 때는 어떠한 분석이나 추측 등의 사고를 하려고 하지 말고, 저 맑은 허공처럼 깨끗한 자신의 마음의 본성을 관찰하는 데 집중하여야 한다. 이러한 선수는 매우 간단하고 자연스러운 것이며, 결코 특별한 것이 아니다. 이러한 수련을 통한 마음의 정화 과정은 암흑을 몰아내고 빛을 되찾는 것과 같다. 자신의 내면의 빛을 되찾으면 일체 사물의 본질을 명백히 비출 수 있기 때문에, 다시는 사물의 외양에 현혹되는 일이 없게 되며, 자신이나 사물에 대한 집착이나 편견으로부터 벗어날 수 있게 된다.

우선 10분에서 30분 정도의 짧은 시간을 선택하여 선수를 시작하는 것이 좋다. 수련이 진행되면서 집중력이 높아지면 점차 수련 시간을 늘려 나간다. 한 시간 이상을 집중할 수 있거나 고도의 집중력을 가지고 있는 수련자인 경우에는 이보다 오랜 시간을 수련하는 것도 무방하다. 선수가 순리대로 이루어지면 가벼운 희열을 느낄 수 있다.

선수를 마친 후에는 선수를 통하여 얻은 긍정적인 성과를 모든 중생에게 회향(回向)하며, 그들 모두가 안락하고 행복한 삶을 살 수 있기를 발원(發願)한다.

03 과거와 미래에 대한 탐구
마음의 연속성

>>> 인간의 의식은 어느 곳으로부터 오는 걸까? 시작이 없이 흘러가는 것은 없으며, 우리의 현재의 마음은 과거의 마음의 연속선상에 있다. 이 때문에 현재의 마음 혹은 현재의 의식의 근원을 찾고자 한다면 반드시 과거에 대한 탐구가 필요하다.

마음의 연속성

앞에서 이미 이야기한 것처럼 마음은 흐르는 물과 같고, 마음속에 일어나는 여러가지 생각은 물 위에 일어나는 파도와 같아서 생각과 생각이 서로 이어지면서 한 순간도 끊이질 않는다. 계곡을 흐르는 물줄기에서 끊임없이 포말이 일어났다 사라지며 흐르는 것처럼 우리의 마음이라는 강물에는 온갖 상념과 잡념들이 밤낮으로 이어지며 흐르고 있는 것이다. 우리의 마음은 육신과는 다르게 수태와 탄생, 그리고 성장한 후에 사망으로 소멸하는 그러한 과정을 겪지 않는다. 그것은 시작도 없고 끝도 없다. 이것이 바로 마음의 연속성이다.

우리의 마음이 앞으로 흘러가는 과정은 물결이 서로 이어지고 서로 제약하며 연속적으로 흐르는 모습과 같다. 우리의 현재의 개성이나 경력이 과거의 영향을 받아 이루어진 것처럼 현재 우리가 하고 있는 일들은 미래에 영향을 미친다. 이 때문에 우리가 미래에 어떤 상태에 도달하고자 할 때에는 지금부터 자신의 모든 에너지를 그 목표를 향해 쏟아야 하는 것이다. 미래의 상태는 바로 현재 우리가 어떠한 일을 하고 있느냐에 달려 있다. 마음의 연속성은 불교의 윤회설에서 제기되었다. 즉 이생(異生)은 과거세(過去世)의 미래이며, 과거세의 업(業)이 금생(今生)의 상태에 영향을 미친다는 것이다. 이생은 또한 다음 생의 전생(前生)이기 때문에 이생에서 이루어진 업은 또한 다음 생에 영향을 미친다.

연속성

하나의 씨앗이 자라서 새싹을 틔우고, 이 새싹이 자라서 하늘을 뚫는 거대한 나무가 된다. 이 씨앗과 나무 사이에는 본질적으로 큰 차이가 있는 것이 아니다. 작은 씨앗이 큰 나무가 되는 이러한 시간의 흐름과 변화는 연속적인 성질을 가지고 있다. 즉 씨앗이 발아하여 어린 새싹으로 자라나고 이 어린 새싹이 커다란 나무로 자라는 것은 연속성連續性이 있는 것이다.

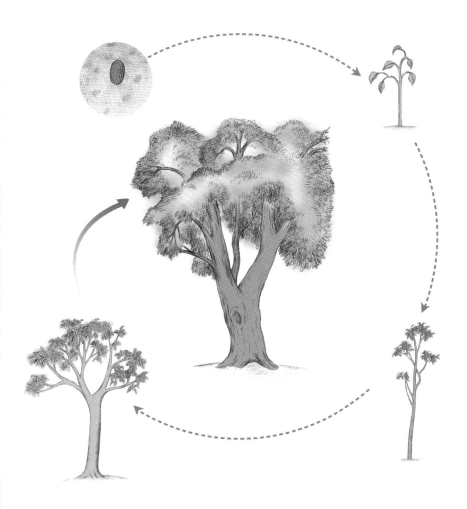

연속성의 연속 작용은 본래 어떠한 변화와 차이를 내포하고 있는 것이다. 연속성이 의미하는 것은 어떠한 사물이 어떻게 다른 사물로 변화되고 다시 이후에 또 다른 사물로 변화되어 가는지를 탐구하는 것이다. 이를 통하여 우리는 사물 사이의 연관을 알 수 있게 된다.

우리의 마음은 무상하며 수시로 변하고 순간적으로 나타났다 사라진다. 이러한 순간적인 의식은 도대체 어느 곳으로부터 오는 것일까? 원인과 결과가 모두 같은 뿌리에서 나오는 것이라면, 비실체적 현상인 마음의 흐름은 실체적 현상인 육신의 흐름과는 다를 수밖에 없다. 마음이 시간의 흐름을 따라 끊임없이 이어진다면, 지금의 마음은 바로 앞의 마음의 영향을 받은 것이다. 결국 어떠한 순간의 마음의 상태는 바로 그 앞의 마음의 상태가 원인이 되어 나오는 필연적 결과라고 할 수 있다.

일부의 사람들은 다음과 같은 오해를 하기도 한다. 즉 그들은 마음은 곧 두뇌 또는 두뇌의 활동이라고 말한다. 그러나 마음은 경험을 통하여 알 수 있는 것이지 실체적으로 존재하는 사물이 아니다. 인간의 생각이나 감각은 실체적 형식으로 존재하는 것이 아니다. 만약 그들의 설명이 옳다면 뇌 전문가는 인간의 상념이나 감각을 실체적 형상으로 볼 수가 있어야 하지만, 실상은 그렇지가 않다. 의학 전문가나 과학자라 할지라도 어떠한 사람이 생각을 하고 있다는 것은 알 수 있을지 몰라도 그 생각의 내용은 결코 알 수가 없는 것이다.

확실히 마음이 두뇌나 신경 계통과 연관이 있는 것은 사실이지만, 마음은 결코 두뇌가 아니다. 또한 한 사람의 마음은 다른 사람의 마음으로부터 오는 것도 아니다. 우리의 신체는 부모로부터 물려받지만 우리의 마음은 이와는 다르다. 모종의 마음을 분리하여 새로운 마음을 만드는 것은 불가능한 일이다. 우리의 마음이 부모의 마음으로부터 왔다면 우리는 부모와 같은 생각과 같은 감각을 가지고 있어야 한다. 그러나 실제는 결코 그렇지 않다는 것을 우리의 현실은 너무나 명백히 보여준다. 우리가 현재 가지고 있는 개성이나 지식이나 경험 등은 자신의 과거 경험과 행위로부터 나온 결과다. 이로부터 우리의 마음은 바로 이전의 마음과 연속적으로 존재하는 것이라는 것을 알 수 있다.

마음의 연속성을 관상하는 방법

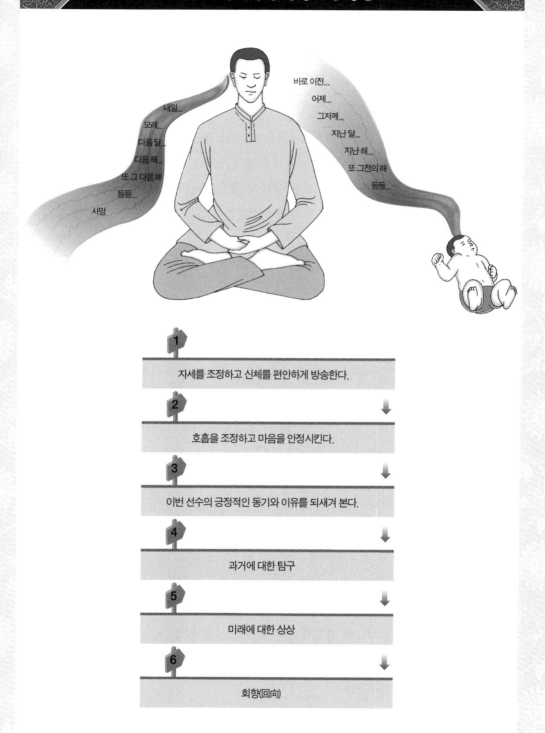

내일...
모레...
다음 달...
다음 해...
또 그 다음 해
등등...
사망

바로 이전...
어제...
그저께...
지난 달...
지난 해...
또 그전의 해
등등...

1 자세를 조정하고 신체를 편안하게 방송한다.

2 호흡을 조정하고 마음을 안정시킨다.

3 이번 선수의 긍정적인 동기와 이유를 되새겨 본다.

4 과거에 대한 탐구

5 미래에 대한 상상

6 회향(回向)

수련의 시작

수련자에게 가장 적합한 자세를 취하고 앉아 신체를 편안히 방송한다. 잠시 자신의 호흡에 전주하며 마음을 평정하게 가라앉힌다. 먼저 자신의 마음 상태를 살펴보고 지금 바로 이 순간의 생각과 감각을 관찰한다. 주의할 것은 그 속에 너무 몰두하거나 어떠한 집착이나 거부감을 가져서는 안 된다는 점이다.

과거에 대한 회상을 시작한다. 먼저 아침에 깨어난 후에 지금까지 겪은 일들을 돌아보면서 자문해 본다. 이러한 일들이 정말로 마음의 연속성의 일부분일까? 깨어나기 전에는 아마도 꿈을 꾸고 있었을 것이다. 지난밤의 꿈속으로 돌아가려는 노력을 하면서 자문해 본다. 이러한 꿈도 마음의 연속성의 일부분일까? 계속해서 어제, 그저께, 지난 달, 지난 해, 수년 전 등등을 차례로 회상해 보면서 그러한 경험들이 마음의 연속성과 관련이 있는지 스스로 자문해 본다.

과거의 탐구

과거를 회상하는 과정에서 수련자가 그러한 회상의 상황에 빠지는 일이 없도록 경각심을 가져야 한다. 이 수련의 목적은 과거의 좋았던 순간들을 회상하거나 과거의 실패나 성공에 대하여 반성하고자 하는 것이 아니기 때문에, 과거에 대한 기억에 빠져 버린다면 수행의 목적에서 벗어나게 된다. 우리가 과거에 대한 회상을 하는 것은 이 수련의 목적인 마음의 연속성을 깨닫기 위한 것이기 때문이다.

그러나 과거에 대한 회상을 하는 과정에 자신도 모르게 수련의 목적을 잊고 그러한 기억에 빠져 버린다면 앞에서 기술한 방법으로 마음이 분산되는 문제를 해결하고, 새롭게 수련의 주제에 주의력을 집중해야 한다. 어떠한 기억이 수련자의 희로애락을 자극하더라도 일체의 감정적 반응을 배제하고 과거에 대한 회상의 여정을 계속한다. 응애응애 하면서 출생하던 때로부터 천진난만하던 어린 시절, 그리고 현재의 상태에 이르기까지 차분하게 회상해 본다. 이 때에 수련자는 심신을 가볍게 방송하고 마음을 활짝 열어 이러한 과거의 기억이 자유롭게 오고 갈 수 있도록 하여야 한다.

어떤 사람은 다음과 같은 의문을 가질 수 있다. 이 수련의 목적이 마음의 연속성을 찾는 일일 경우 회상의 과정에 과거의 일부가 기억나지 않거나 모호하면 어떻게 되는가? 이러한 상황에 대하여 조금도 걱정할 필요가 없다. 현재의 우리의 마음이 우리가 겪은 과거의 마음과 연속성이 있을 경우 어떠한 부분이 기억나지 않는다 하여도 그 부분 역시 그 전의 마음과 연속성을 가지고 있기 때문에 그 이전의 기억을 회상하면 된다.

미래에 대한 상상

과거에 대한 회상을 마치면 서서히 당하로 수련자의 주의력을 되돌려 바로 지금 이 순간의 생각과 감각에 집중한다. 자신의 의식의 흐름과 그 지속성을 느낄 수 있으면 된다. 무수히 파문을 만들며 흘러가는 강물처럼 자신의 생각이 끊임없이 이어지는 흐름의 연속성을 이해할 수 있을 것이다. 마지막으로 오늘 이후에 해야 할 일에 대하여 생각해 본다. 우리의 마음이 오늘의 나머지 시간에 어떻게 흘러갈 것인지 생각해 보고 이어서 내일, 이번 달, 몇 개월 후, 내년, 내년 이후 그리고 죽음에 이르기까지 어떻게 흘러갈 것인지를 계속해서 생각해 본다.

미래에 대하여 상상해 보고 각종 가능성을 생각하며 자문해 본다. 마음이라는 강의 흐름이 미래의 어느 날에 돌연 소실되는 것은 아닐까? 혹은 그것은 다른 형태로 바뀌는 것이 아닐까? 그것이 지속된다면 새롭게 만나는 것은 무엇일까? 여러 가지 가능성과 그 이유에 대하여 보다 구체적이고 세밀하게 상상해 본다. 비록 어떠한 결론도 얻지 못한다 하더라도 회의를 가질 필요는 없다. 이러한 수련을 통하여 수련자는 일련의 상황을 보다 냉철하고 개방적인 마음으로 주시하고 관찰하는 자세를 갖게 된다는 것이 중요한 것이다.

마지막으로 이러한 수련을 통하여 자신이 마음으로 얻은 성과를 일체 중생에게 회향한다.

4장 사고식 선수

      무엇 때문에 우리는 고통을 느끼는 것일까? 우리가 자신의 내면과 외부의 세계를 보는 관점에 문제가 있는 것일까? 사고식思考式 선수禪修는 고요하고 냉철한 마음으로 이러한 문제들에 대하여 분석을 하는 것이다. 우리의 마음을 선수의 주제에 집중하여 자신의 가치관이나 문제 또는 자신의 마음에 각인되어 있는 어떠한 영상 등을 탐구하고, 이에 대한 사색을 통하여 명확한 이해를 얻고자 하는 것이다.

4장의 일러스트 목록

공성이란 무엇인가? · 131 │ 아집 · 133 │ 공성을 선수하는 방법 · 137 │ 십원만 · 139 │ 팔유가 · 143 │ 인신난득 · 145 │ 세계무상世界無常 · 149 │ 무상을 관상하는 수련 · 151 │ 사망에 대한 불교의 관점 · 155 │ 생명무상生命無常 · 157 │ 해탈생사解脫生死 · 161 │ 사망에 대한 선수 방법 · 163 │ 업 · 167 │ 육도윤회 · 169 │ 십선업과 십악업 · 173 │ 십법계 · 175 │ 업력에 대한 선수 방법 · 177 │ 업장이란 무엇인가? · 181 │ 네 종류의 치유력 · 183 │ 업장을 정화하는 방법 · 187 │ 사제 · 191 │ 고통의 원인 · 195 │ 오온과 팔고 · 197 │ 삼고 · 199 │ 고苦에 대한 선수 방법 · 201 │ 분별심과 평등심 · 205 │ 대승과 소승의 구별 · 209 │ 심평기화를 선수하는 방법 · 211 │ 분별심을 제거하는 수행 방법의 하나 · 215 │ 자애를 선수하는 방법 · 219 │ 자비심과 시수법 · 223 │ 자비를 선수하는 방법 · 229 │ 부정적인 정서의 근원 · 233 │ 부정적인 정서에 대한 정확한 대응 · 237 │ 허공을 날아가는 새의 비유 · 241 │ 집착이란 무엇인가? · 243 │ 집착을 처리하는 방법 · 247 │ 분노에 대한 분석 · 251 │ 저상에 대한 분석 · 259 │ 두려움을 제거하는 방법 · 263

01 만물개공萬物皆空
공성에 대한 선수

>>>> 일반적으로 우리는 모든 법의 공성空性을 명확히 이해하지 못하고 있다. 오온五蘊 등의 법이 인연으로 인하여 생겨나고 변화하지만 그러한 법이 실재한다고 굳게 믿고 있다. 모든 인식의 오류가 이로 인하여 생겨난다.

공성(空性)이란 무엇인가?

공성(空性)은 세간의 만물이 모두 인연의 화합으로 생겨나고 인연의 변화를 따라 생멸하는 것을 가리킨다. 이 때문에 어떠한 사물도 이른바 '절대본질'이라는 것을 가질 수 없다고 보는 것이다. 이러한 성질을 '성공(性空)' 혹은 '공(空)'이라고 한다. 모든 존재의 일체의 현상은 인연의 화합으로 생겨나기 때문에 스스로 이루어지거나 독립적으로 존재하는 사물은 있을 수 없다.

어떤 사람을 만나거나 어떠한 일을 겪으면 그 사람이나 그 사건에 대한 인상이 형성되고 자신의 마음속에 그러한 인상의 특질을 기억하게 된다. 이후에 그 사람이나 그 사건을 생각하게 되면 자신의 마음속에 간직하고 있던 그러한 인상의 특질을 떠올리게 된다. 경극의 가면을 생각하면 이해가 빠를 것이다. 삼국지를 주제로 한 경극에서 관운장은 붉은 얼굴의 분장을 하고 조조는 흰색의 분장을 하고 있다. 이러한 가면을 보고 우리가 떠올리는 것은 관운장은 충절의 의인이고, 조조는 간신배라는 이미지다. 더욱 간단히 설명하면 우리가 하나의 탁자를 보게 되면 곧 탁자에 대한 여러 가지 생각이 떠오르게 된다. 탁자는 기본적으로 네모의 형태이고 보통은 나무로 제작되며, 네 개의 다리를 가지고 있고 일반적으로는 식탁으로 사용된다는 등의 생각이 떠오르는 것이다.

이와 같이 우리는 어떠한 사람 혹은 어떠한 사물 혹은 어떠한 상황에 대하여

공성이란 무엇인가?

상호의존성(相互依存性)

이른바 공성(空性)이라는 것은 일체의 현상이 모두 존재하지 않는다는 의미가 아니라 일체 사물의 본질이 모두 헛되거나(空) 허무하다는 것을 가리킨다. 공성(空性)은 일체의 사물이 모두 상호의존성을 가지고 있기 때문에 어떠한 것도 이러한 형태의 관계로부터 벗어나 독립적으로 존재할 수 없다는 의미를 내포하고 있다.

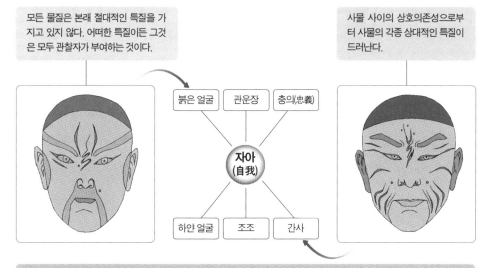

모든 물질은 본래 절대적인 특질을 가지고 있지 않다. 어떠한 특질이든 그것은 모두 관찰자가 부여하는 것이다.

사물 사이의 상호의존성으로부터 사물의 각종 상대적인 특질이 드러난다.

붉은 얼굴 | 관운장 | 충의(忠義)

자아(自我)

하얀 얼굴 | 조조 | 간사

우리는 '자아(自我)'의 관념을 널리 사물에 확대하여 사물에 일정한 특질을 부여하려고 한다. 하지만 '자아'의 본질 역시 실질적으로는 공성(空性)이라는 것을 알아야 한다. 실체를 갖춘 '자아'는 어디에서도 찾을 수가 없는 것이다.

팔불관공(八不觀空)

"불생역불멸 불상역부단 불일역불이 불래역불출(不生亦不滅 不常亦不斷 不一亦不異 不來亦不出 : 나지도 않고 멸하지도 않으며, 영원하지도 않고 끊어짐도 없으며, 하나가 아니며 다르지도 않으며, 오지도 않고 나가지도 않는다)."
인도의 유명한 불교학자인 용수(龍樹)의 『중론(中論)』에 나오는 유명한 이 구절은 '연기성공(緣起性空)'의 이치를 설명하고 있는데, 일체 만물은 모두 인연화합에 의존하여 생기고 존재하는 것으로 진실한 자성(自性)이나 독립적인 실체를 가지고 있지 않다는 것을 의미한다.

불생(不生)	태양과 수분이 없다면 씨앗은 발아되지 않을 것이다.	불상(不常)	발아되면 원래 씨앗의 형태는 파괴된다.
불멸(不滅)	씨앗이 발아된 후에 끊임없이 성장한다.	부단(不斷)	원래 씨앗의 형태는 파괴되었지만 발아되어 계속 성장한다.
불일(不一)	원래의 씨앗과 발아된 싹은 같지 않다.	불래(不來)	씨앗으로부터 발아된 싹은 자생적이며 외부로부터 온 것이 아니다.
불이(不異)	원래의 씨앗과 발아된 싹은 형태는 다르지만 동일한 실상을 가지고 있다.	불출(不出)	인연의 화합이 없다면 씨앗은 발아되지 않을 것이다.

우리가 기억하고 있는 특질들이 그 사람이나 사물이 본래 가지고 있는 고유한 특질이라고 자연스럽게 생각한다. 그러나 조금 더 철저하게 성찰하게 되면 이러한 특질이 모두 공(空)한 것이라는 것을 알게 된다. 사물 사이에 연관이 없고 인연의 화합이 없다면 이러한 특질은 모두 허무한 것이 되어 버리고 만다.

우리가 어떠한 사물에 대하여 묘사하는 이미지들은 모두 우리의 경험에서 나오는 것들이다. 어떤 사람의 얼굴색을 말할 때는 자신의 눈으로 보고 말하는 것이고, 어떤 꽃의 향기를 말할 때는 자신의 코로 냄새를 맡고 말하는 것이며, 어떤 음식의 맛을 말할 때는 자신의 혀로 맛보고 말하는 것이고, 어떤 소리에 대하여 말할 때는 자신의 귀로 듣고 말하는 것이다. 그러나 우리가 이렇게 경험하고 묘사하는 사물의 특질은 어떠한 사람 혹은 어떠한 사건의 실상이 아니라 우리의 마음에 투영되어 포장된 하나의 형상일 뿐이다.

아집(我執)

우리는 이렇게 포장되어 형성된 이미지로 사물을 정의하려고 하지만, 이것은 모두 허상에 불과하다. 껍데기에 불과한 자신의 신체를 나라고 믿고 이것에 집착하는 것이 바로 아집(我執)이며 무명(無明)이다. 사실상 '자아(自我)'는 허상에 불과하며 실질적 내용이 없다. 그러나 대부분의 사람은 무명으로 인하여 자신이 가진 모든 것에 '아(我 : 나)'라는 그릇된 관념을 부여하며 나아가 그것에 집착한다. 실질적으로 우리가 '자아'라고 믿고 집착하는 것은 우리 자신이 설정한 허상이며, 비실재적인 것이다.

우리는 생활 속에서 다른 많은 것들과 영향을 주고받지만 우리가 가진 모든 번뇌는 바로 이러한 아집에서 비롯되는 것이라고 할 수 있다. 자신의 용모 때문에 고민을 하거나 지위를 높이기 위해 과로를 하거나 자신이 좋아하는 물건을 수중에 넣기 위하여 애를 쓰거나 좋아하는 사람과 사귀고 싶어 맘을 졸이거나 하는 등의 일들이 모두 이러한 아집으로부터 나오는 것이다. 또한 자신을 위협하는 사물에 대하여 혐오감이나 두려운 마음이 생기는 것도, 자신이 가진 것을 잃었을 때 느끼는 상실감도, 얼마간의 명예나 재화를 얻게 되었을 때 느끼는 흥분도 모두 이

'자아自我'는 하나의 환상일 뿐이지만 우리는 이것을 정확한 견해라고 생각하고 있다. 우리는 이러한 환상에 집착하며 자신이 진정으로 존재한다고 느끼고 있다. 이것이 바로 아집我執이다.

아집(我執)은 우리를, 코끼리를 더듬는 눈 먼 맹인처럼 만들어 버린다. '자아(自我)'를 통하여 사물을 이해하도록 만들기 때문에 사물의 진정한 본질을 이해할 수 없게 된다.

아집(我執)
네 가지 근본번뇌

아치(我痴)	아견(我見)	아만(我慢)	아애(我愛)
치(痴)는 무명(無明)이며, 지혜가 결핍된 인식이다.	아집에 근거하여 세계를 인식한다. 철저히 자아 중심적이 된다.	아집 때문에 자신이 다른 사람보다 우월하다고 생각한다.	자신과 유사한 것을 좋아하고 갈구하는 마음을 말한다.

러한 아집에서 비롯되는 것이다. 일체의 분노, 질투, 실망 등등이 모두 이로 인하여 생기는 것이며, 우리의 수련에 방해가 되는 요인이 된다.

이러한 문제를 해결하기 위해서는 먼저 그 원인이 되는 무명(無明)에서 벗어나야 한다. 우리가 경험하는 모든 사물이 허상에 불과하며, 그러한 허상에 의하여 자신의 마음에 각인된 각종의 특질들이 실질적으로 존재하는 것이 아니라는 것을 깨달아야 한다. 이와 같이 무명을 제거하고 그로 인한 아집에서 벗어나 자신의 마음을 철저하게 변화시켜야 한다. 이것이 바로 우리가 공성(空性)을 선수하는 목적이다. 만약에 일체 만물의 공성을 깨달아 모든 문제를 해결할 수 있다면 그야말로 가장 종합적이고 가장 효과적인 치유책이 될 것이다.

수련의 시작

먼저 관호흡(觀呼吸)을 통하여 심신을 편안하게 방송하고 마음을 평정하게 가라앉힌다. 모든 중생이 깨달음을 얻을 수 있도록 더욱 정진한다는 자세를 가지고 이 선수에 대한 결의를 다진다. 이어서 자신의 감각을 예민하게 만든 후에 서서히 수련을 시작한다. '나[我]'에 대하여 다음과 같은 자문을 하며 세밀하게 성찰하기 시작한다.

지금 생각하며 느끼고 선수를 진행하는 것은 누구인가? 혹은 무엇인가?

'나[我]'는 어떤 형태인가? 어떠한 특질을 가지고 있는가?

'나[我]'는 자신의 마음이 창조한 것인가?

아니면 독립적으로 존재하는 실체인가?

본래 각종의 특질을 가지고 있는가?

'나[我]'에 대한 탐구

이제 본격적으로 '나'에 대한 탐구를 시작한다. '나'는 도대체 어디에 있는 것일까? 우리의 머리 혹은 가슴 혹은 배 혹은 팔 혹은 다리에 있는 것일까? 이와 같은 물음을 던지면서 모든 내장 기관과 혈관 그리고 신경 계통을 비롯한 자신의 신체의 각 부위를 세밀히 관찰하고 '나'를 찾아본다. 이러한 신체 부위에서 찾지 못한다면 다시 자신의 신경 세포나 원자 등을 비롯한 소립자 부분까지 면밀히 조사하면서 '나'를 찾아본다. 만약 '내'가 신체의 어느 부위에 있다면 그러한 신체 부위를 사고나 질병 등의 원인에 의하여 잃게 되었을 때 '나'는 어떻게 되는 것일까? 우리가 죽음에 이르면 육체는 다시는 활동을 하지 못하는데 '나'는 어디로 가는 것일까?

자신의 신체 부위에 있는 것이 아니라면, '나'는 혹시 우리의 마음에 있는 것일까? 우리의 마음은 흐르는 물처럼 온갖 상념들이 쉬지 않고 이어지면서 시시각각 다른 모습을 보인다. 만약 '내'가 우리의 마음이라면, 끊임없이 일어나는 각종 상념과 감각들이 '나'의 일종일까? 기쁨이나 혐오, 분노나 슬픔, 위로와 실망 등이 모두 '나'의 일종일까? 만약에 '내'가 그 가운데 하나라면 그러한 감정들이 사라지게 되면 '나'는 어디로 가는 것일까? 만약에 '내'가 환희의 감정에 있는 것이라면 우리가 실망을 할 때 '나'는 소멸되는 것일까? 설마 수많은 형태의 '내'가 존재하는 것일까?

인간은 육신과 마음으로 이루어져 있는데, '내'가 신체에도 마음에도 없다면 도대체 '나'는 어디에 있는 것일까? 인간의 신체와 마음을 제외한 다른 곳에 있는 것일까? 우리의 신체와 마음이 결합된 다른 그 무엇이 존재하는 것일까? 그렇다면 그것은 무엇일까? 도대체 어떤 모양을 가지고 있는 것일까? 이와 같이 일체의 현상에 대하여 질문하면서 최선을 다하여 면밀히 검토해 본다.

공성(空性)의 존재

이와 같이 다양한 각도에서 세밀히 검토한 후에 자신에게 그 어떤 미세한 변화가 일어나지 않았는지 살펴본다. 이어서 마음속에서 자신의 신체를 원자 단위로 분해하는 상상을 한다. 자신이 수십억 개의 소립자로 분해되어 공간에 분산되어 있는 모습을 상상한다. 다음엔 자신의 마음 혹은 의식을 이와 같이 분해해 본다. 자신의 생각이나 감각 혹은 개념을 하나하나 가장 작은 단위로 분해한다. 이후에 이러한 것들을 대상으로 세밀히 검토하면서 자문해 본다. 이 속에서도 찾을 수 없다면 '나(我)'는 도대체 어디에 있는 것일까? 혹은 '나'는 도대체 무엇일까?

우리의 신체는 결코 '내'가 아니며, 우리의 마음 역시 '내'가 아니다. 그렇다면 '나'는 존재하지 않는다는 말인가? 결론부터 말하면 결코 그렇지 않다. 비록 우리가 이와 같은 훈련을 통하여 우리의 신체와 마음에서 명확히 '나'라고 할 만한 것을 찾지는 못했지만 이 때문에 '내'가 존재하지 않는다는 결론을 내릴 수는 없다. 독립적이고 고유한 사물의 형태로 존재하는 것은 아니지만 '나'는 분명히 존재한다. 자아는 신체와 마음의 조화로 이루어져 있으며, 현재 수행의 주체로서 분명히 존재한다.

길거리에 구르는 돌이나 이름 모를 들꽃, 각종 곤충이나 하늘을 나는 새, 하다못해 우리가 밟고 서 있는 흙까지 세계의 모든 사물은 상호 의존적이다. 만물의 이러한 상호 의존성을 이해하여야만 비로소 사물의 본성과 공성(空性)에 대하여 깨달을 수 있다. 일체 사물이 상호 의존성을 가지고 있다는 것은 스스로 이루어진 독립적이고 고유한 존재는 없다는 의미이며, 본질적으로 모두 공성(空性)을 가지고 있다는 것을 가리킨다.

이 점을 분명히 이해하고 다시 자아에 대한 탐구를 계속한다. 우리가 이른바 신체라고 부르는 것은 무엇에 의지하여 존재하는 것일까? 신체는 피부와 근육, 혈액과 뼈, 그리고 각종 내장 기관 등에 의지하여 존재한다. 이와 마찬가지로 다시 이러한 것들은 미세한 소립자나 원자 등에 의지하여 존재하고 있다. 최선을 다하여 이와 같이 세밀히 탐색한 후에 계속해서 자신의 마음은 어떠한 가치관이나 감각 등에 의지하여 존재하고 있는지 역시 전력을 다해 성찰한다.

'아(我)'에 대한 이해

이어서 '자아(自我)' 혹은 '아(我 : 나)'에 대한 일정한 느낌을 가지고 우리는 어떻게 존재하는지 분석해 본다. 우리는 신체와 마음이라고 부르는 것에 의지하여 존재하고 있으며, 이러한 것들은 자아의 구성 부분이라고 할 수 있다. 독립적으로 고유하게 존재하는 '나'는 있을 수 없으며, 이것이 바로 자아의 공성이다.

수련을 마치기 전에 자아의 존재 형태에 대한 자기 나름의 결론을 내린다. 마지막으로 자신이 이번 수련을 통하여 얻은 통찰력과 깨달음을 모든 중생에게 회향하며, 그들 역시 깨달음이 있기를 발원한다.

1 자세를 조정하고 신체를 편안하게 방송한다. → **2** 호흡을 조정하고 마음을 안정시킨다. → **3** 이번 선수의 목적과 동기를 되새겨 본다.

4 '나[我]'에 대한 각찰

다음과 같은 문제에 대하여 생각해 본다.

A 이 선수를 진행하고 있는 사람은 누구인가? 혹은 무엇인가?
B '나'는 어떠한 형태를 가지고 있는가? 혹은 어떠한 특질을 가지고 있는가?
C '나'는 자신의 마음이 창조한 것인가? 아니면 독립적으로 존재하는 실체인가?
D '나'는 본래부터 각양각색의 선악(善惡), 미추(美醜) 등의 특질을 가지고 있는가?

5 '나[我]'에 대한 탐색

'나'에 대하여 다양한 생각을 하면서 '나'를 찾아본다.

A 신체 가운데서 '나'를 찾아보기
'내'가 자신의 머리, 가슴, 어깨, 다리에 있는가?
각 기관과 혈관, 신경을 검사해 본다. '나'는 어디에 있는가?
신체의 미세한 세포, 원자 등의 소립자를 검사해 본다. '내'가 있는가?
신체의 각 기관에서 찾을 수 없다면 '나'는 어떻게 생겼을까?
우리가 죽으면 '나'는 어디로 가는 걸까?

B 마음 가운데서 '나'를 찾아보기
우리의 생각은 쉬지 않고 이어진다. 그러한 상념 가운데 하나가 '내'가 아닐까?
만약에 '내'가 기쁨 혹은 슬픔 등의 감정에 존재한다면, 이러한 감정이 없어지면 '나'는 어디로 가는 것일까?
설마 수많은 다른 모습의 '내'가 존재하는 것일까?

C 신체와 마음을 분해하여 '나'를 찾아보기
자신의 신체를 수많은 원자로 분해하고 자신의 마음을 수많은 상념과 감정으로 분해한 후에 다시 검사해 본다.
'나'는 과연 어디에 있는 것일까? '나'는 도대체 무엇일까?

6 공성(空性)에 대한 성찰

세상 만물이 모두 상호 의존하면서 존재하는 것이다. 스스로 이루어진 것은 없으며, 고유하고 독립적인 특질을 가지고 있지도 않다. 만물은 모두 공성(空性)의 존재다.

7 자아의 공성(空性)에 대한 성찰

앞에서의 검사를 다시 생각해 본다. '나'는 우리의 신체나 마음에 있는 것이 아니며, 실체를 가진 것이 아니라 일종의 환상이다. 고유한 의미에서의 '나'는 존재하지 않으며, 이것은 자아 역시 공성이라는 것을 의미한다.

→ **8** 회향(回向)

02 인신난득
사람으로 태어나는 소중함에 대한 선구

>>> 불교에서는 "사람의 몸으로 태어나는 것은 손톱 위의 흙처럼 드물고 귀한 것이며, 그러한 사람 몸을 잃는 것은 저 대지 위의 흙처럼 흔하고 부질없이 되는 것이다. 사람의 몸으로 태어나는 것은 수많은 인연이 갖추어져야 이루어질 수 있는 것임을 알아야 한다. 이를 귀히 여길 줄 모르고 그르치면 다시 어느 세월에 사람 몸을 얻어 태어날 수 있을까!"라고 설명하며, 사람으로 태어나는 것에 대한 소중함을 강조하고 있다.

인신난득(人身難得)

불교에서는 '인신난득 불법난문(人身難得 佛法難聞)'이라 하여 사람으로 태어나는 것이 얼마나 어려운지, 설사 사람으로 태어났다 하더라도 불법과 인연이 닿는 것이 얼마나 어려운지를 강조하고 있다. 이것에 관하여 『법화경(法華經)』에서는 다음과 같은 비유를 사용하여 설명하고 있다. "광활한 바다에 눈먼 거북이가 있었는데 그 거북이는 백 년에 한 번 바다 위로 솟아오르곤 하였다. 망망대해에는 구멍이 난 한 척의 뗏목이 흘러 다니고 있었다. 이 눈먼 거북이가 백 년에 한 번 솟아올라 망망대해를 떠돌아 다니는 이 뗏목의 구멍에 머리를 들이밀 확률이 얼마나 될 것인가? 사람으로 태어나는 것이 이와 같다." 사람으로 태어나는 것이 이와 같이 귀하고 어려운 것이니, 우리는 마땅히 스스로를 아끼고 소중히 여길 줄 알아야 한다. 이것은 비단 금생의 축복일 뿐만 아니라 미래의 생에까지 영향을 미치는 것이다. 어찌 귀하고 소중하지 않겠는가?

인간의 몸은 이처럼 존귀한 것이지만 우리는 보통 그 소중함을 못 느끼는 경우가 많다. 귀한 인연이 쌓여 인간으로 태어난 이상 그 소중함을 깨닫고 자신이 가진 무궁한 잠재능력과 지혜를 계발하여 모든 중생에게 공헌하는 삶을 살아야 한다. 하지만 우리는 생활과 현실의 미망에 사로잡혀 귀중한 인생을 헛되이 보내고 있는 것이다. 대부분의 사람들은 자신도 모르게 자신의 성격적 결함이나 사업

십원만

인간으로 태어나는 것은 다른 중생이 가지지 못한 열 종류의 복보福報가 있다. 이것이 바로 십원만+圓滿 혹은 인신십복人身+福이다. 십원만은 개인의 오복과 타인에게서 받는 오복을 포괄한다.

십원만(十圓滿)

오자원만(五自圓滿) | **오타원만(五他圓滿)**

득도인신(得到人身)

인간의 몸으로 태어나는 것은 불법을 수행하고 이해하는 데 매우 중요한 조건이다.

부처님이 세간에 내려오심

석가모니 부처님이 이미 세상에 오셔서 이 세상에 불법이 있다.

생재중토(生在中土)

광의적으로 말하면 불법이 성행하는 곳인 중토(中土)에서 태어나는 것을 말한다. 이러한 곳에 태어나야 불법을 전해 듣기가 수월하기 때문이다.

부처님이 이미 정법을 펴심

부처님이 이미 심오하고 넓은 불법을 보여주셨다. 부처님이 이 세상에 오셨어도 가르침이 없었다면 우리는 그러한 도움을 받지 못했을 것이다.

오근구전(五根俱全)

안(眼), 이(耳), 비(鼻), 설(舌), 신(身)의 오근(五根)에 문제가 없어야 수행하는 데도 역시 기본적 장애가 없다.

불법주세(佛法住世)

우리가 불법이 널리 흥성하고 있는 시대에 살고 있다는 것은 대단한 행운이다.

업제무도(業際無倒)

불법(佛法)의 문에 들어 외도(外道)와 조금도 관련을 맺지 않는 것을 말한다.

불법을 공부하는 사람들의 증가

불법을 공부하는 사람이나 단체가 대단히 많아서 불법의 전승이 지속되고 있다.

정법생신심(正法生信心)

삼보(三寶 : 불·법·승)에 대한 깊은 믿음과 불법(佛法)에 대한 신심을 가져야 한다.

타인의 자비로운 도움

여러 스승이 정법을 전하며 우리의 수행을 돕고 있다. 스승의 이러한 자비로운 가르침이 없다면 우리는 수행에 큰 어려움을 겪게 될 것이다.

에서의 좌절 혹은 타인에게서 받은 상처나 불공평한 평가 등의 문제에 천착하며 귀중한 시간을 낭비하고 있다. 이러한 것들에 사로잡히게 되면 점점 더 자신을 갉아먹다가 종내는 자신의 몸과 마음이 모두 황폐하게 된다. 이러한 문제를 어떻게 해결하면 좋을까?

사실상 사고식(思考式) 선수의 공능은 우리의 잘못된 각종 관념과 태도에 대하여 깊이 성찰하고 이로부터 벗어날 수 있는 길을 모색한다는 데에 있다. 인생은 끊임없이 다양한 사물과 상황에 대한 올바른 인식과 감각을 요구한다. 각종 사물과 상황의 실상을 정확하고 냉철하게 볼 수 없다면 대인 관계를 비롯한 사회 생활에 큰 지장을 초래할 수밖에 없다. 사고식 선수는 우리의 가치관과 인생관을 차분히 되살펴 보면서 그 가운데서 잘못된 관념과 태도를 찾아 적합한 방법으로 이를 치유하고 올바른 인생의 길을 찾고자 하는 것이다.

진정한 행복의 발견

진정한 행복을 느끼고 즐기기 위해서는 먼저 자신의 내면에 있는 마음의 지혜를 계발하는 과정이 선행되어야 하며, 이후에 이러한 마음의 지혜로써 신(身), 구(口), 의(意)로 대표되는 자신의 행동과 의식을 올바르게 통제하여야 한다. 이렇게 하기 위해서는 우선 각종 사물과 현실상황에 대한 정확한 자아인식이 확립되어 있어야 하며, 이러한 자아인식은 자신의 장점과 결점을 모두 포괄하는 전면적인 것이어야 한다. 자신의 결점도 역시 자아의 일부분이라는 것을 냉정히 인식한다면 이 때문에 괴로워하며 시간을 낭비하는 일은 없을 것이다. 그러한 전면적인 자아 인식을 통하여 자신의 장점을 극대화하고 자신의 결점을 변화시켜 나가는 의지와 노력이 필요한 것이다. 인간으로 태어나는 것이 얼마나 큰 행운인지를 깨닫는다면 어찌 자신과 현재의 삶을 소중히 여기지 않을 수 있겠는가? 사고식 선수를 통하여 자신에 대한 세밀하고 깊은 성찰이 이루어지면 자신을 괴롭히고 있는 일상의 문제들이 그리 대단한 것이 아니라는 것을 알게 된다. 이러한 일상의 문제들에 마음을 빼앗기고 이것이 그릇된 관념이나 가치관과 결합하게 되면 점점 더 확대되어 종내는 자신의 몸과 마음을 모두 갉아먹게 된다. 인간으로 태어난 그 소중한 인연과 기회를 깨닫지 못하고 이러한 문제들에 속박되어 인생을 고통과 절망 속에서 헛되이 보낸다면 우리 모두가 추구하는 진정한 행복은 그 그림자도 볼 수 없게 될 것이다.

인간의 소중함에 대한 선수는 자신이 인간의 몸을 얻어 태어난 것이 얼마나 큰 행운인지를 깨닫고 자신의 삶에서 각종 부정적인 요소를 직시하고 교정함으로써 더 이상 고통과 절망으로 인생을 낭비하지 않고 진정한 행복을 느낄 수 있도록 인도하기 위한 것이다. 자신의 각종 관념과 가치관을 깊이 성찰하고 마음의 지혜를 계발하여 세계와 자아에 대한 정확한 인식을 바탕으로 살아간다면 모두가 인생의 진정한 행복과 희열을 느낄 수 있게 될 것이다.

수련의 시작

자신에게 가장 적합한 자세를 취하여 앉는다. 신체를 편안하게 방송하며 긴장을 풀어준다. 몇 분 정도 관호흡을 하면서 마음을 안정시킨다.

마음이 안정되면 잠시 이번 선수의 목적과 동기를 되새겨본다. "이번 선수를 통하여 얻는 성과를 중생에게 회향하여 모든 사람들이 평화롭게 지내기를 원한다." 혹은 "이번 수련을 통하여 깨달음의 경지에 더욱 접근하고 일체 중생들의 깨달음을 돕는 데 일조하겠다"와 같은 긍정적인 내용이 담겨 있으면 좋을 것이다.

먼저 한없이 청정무구한 마음의 본성과 원만한 불과(佛果)를 이룰 수 있는 인간의 잠재 능력에 대해 깊이 사색해 본다. 일체 중생의 본성은 티끌 하나 없는 광활한 하늘처럼 맑고 깨끗하지만 무명(無明)으로 인하여 순간적이고 찰나적인 각종 번뇌에 사로잡혀 있다는 것을 알아야 한다. 이러한 번뇌는 각종 그릇된 관념과 가치관과 결합하며, 인간을 고통으로 몰아넣는다. 자신의 내면을 성찰하며 이러한 잘못된 관념과 가치관, 그리고 일체의 부정적인 요소를 제거할 수 있다면 본래의 청정무구한 본성을 되찾을 수 있을 것이다.

이와 같은 사색을 통해서도 세계와 자아에 관하여 투철하게 깨닫지 못한다면 방법을 바꾸어야 한다. 모든 사람의 내면에 잠재되어 있는 긍정적인 특질을 일깨우고 발전시켜 나가는 방법이 그것이다. 사람의 내면에 잠재되어 있는 지혜와 용기, 자비와 사랑 등의 선량한 특질을 계발하고 더욱 발전시켜 자신의 인생과 다른 사람들의 행복을 위하여 노력한다면 이 또한 매우 의미 있는 일이 될 것이다. 잠시 자신의 내면에 잠재되어 있는 긍정적인 능력의 계발과 이를 통하여 얻을 수 있는 희열과 행복에 대하여 성찰해 본다.

중생 사이의 차별성

일체 중생이 모두 깨달음의 능력을 잠재하고 있지만 그 처한 상황은 각기 다를 수밖에 없다. 모든 중생이 이러한 잠재 능력을 계발하여 깨달음을 얻을 수 있는 것은 아니다. 동물을 비롯한 다른 생물들은 지적 능력의 한계로 인하여 스스로에게 잠재된 능력을 계발하는 일이 거의 불가능하며, 인간의 상태야말로 가장 이상적이라 할 수 있다. 이 점을 생각한다면 자신이 인간으로 태어난 것이 얼마나 큰 행운이며 소중한 것인지를 깨닫는 바가 있을 것이다. 더욱 수련에 정진하여 자신에게 잠재된 능력을 계발하고 진정한 깨달음을 얻기 위해 노력하여야 한다.

사람으로 태어났어도 누구나 깨달음을 얻는 것은 아니다. 대부분의 사람들은 의식주를 비롯한 생활의 각종 문제를 해결하느라 자신의 내면에 잠재된 불성을 계발하지 못하고 있으며, 또한 일부의 사람들은 전쟁이나 질병 혹은 자연재해 등으로 말미암아 생존의 문제를 해결하느라 정신적 수련을 할 여유가 없고, 또 일부의 사람들은 성격 장애나 정신 지체로 말미암아 세계와 자신을 객관적으로 변별하고 이해할 능력이 결여되어 있다. 또 어떤 사람들은 정법과 그 가르침을 접할 기회를 가지지 못하고 한평생 산간벽지나 오지에서 살다가 죽는 경우도 있다. 이러한 정황을 생각해 보면 정법을 접하고 그 가르침을 받을 인연이 있었고, 그 가르침에 대하여 고민하고 수련할 시간이 있는 사람은 자신이 얼마나 행복한 사람인지를 알아야 한다.

그러나 대부분의 사람들은 심신이 건강하고 여러 가지 조건이 양호한데도 귀중한 자신의 인생을 헛된 꿈을 좇아다니며 낭비하고 있다. 부귀를 쌓고 자신의

팔유가

'인신난득人身難得'의 인신은 비단 인간의 외적인 모습만을 가리키는 것이 아니다. 중요한 것은 인신의 '가만暇滿'이다. '만滿'이 가리키는 것은 앞에서 설명한 십원만十圓滿이며, '가暇'가 가리키는 것이 바로 팔유가八有暇다. 팔유가는 여덟 종류의 역경에 대한 인신의 자유로움을 말하며, 불법을 수행하는 순조로운 여덟 종류의 인연을 말한다. 이곳에서 설명하는 여덟 종류의 역경은 수행에 장애가 되는 여덟 가지를 말하며, 팔유가八有暇는 팔난八難 혹은 팔역경八逆境이라 부르기도 한다.

지옥(地獄)
지옥의 중생은 계속해서 끊임없이 폭염과 혹한 등의 고통을 받아야 한다. 불법을 들을 수도 수행을 할 수도 없다.

아귀(餓鬼)
아귀도의 중생은 장시간 배고픔과 갈증의 상태에 처하게 된다. 근본적으로 불법을 수행할 수가 없다.

축생(畜生)
축생은 어리석고 미혹하다. 이해력과 지능이 떨어지기 때문에 불법을 수행하는 것이 불가능하다.

변지(邊地)
불법이 존재하지 않는 장소를 변지라고 한다. 그곳에서는 불법을 들을 수 없다.

장수천(長壽天)
장수천의 중생들은 수명이 비정상적으로 길다. 어떠한 상념도 하지 않으며, 어떠한 수행도 없이 지내다 죽는다.

사견(邪見)
사견을 지니고 있는 사람은 사견에 물든 후에는 불법에 대한 경건한 마음을 가지지 못하기 때문에 불법에 대한 믿음을 가질 기회가 그리 크지 않다.

부처님의 부재
부처님이 이 세상에 내려와 인간으로 살지 않았다면 우리는 삼보(三寶)에 대하여 결코 알지 못했을 것이다.

음아(瘖瘂)
인식 능력을 완전히 갖추지 못하거나 사유 능력이 떨어지는 사람은 불법을 듣거나 수행하기가 힘들다.

공명을 드날리는 일이나 온갖 향락을 추구하는 일에 몰두하여 자신도 모르게 금생의 이 소중한 기회를 허비하고 있는 것이다. 그러한 것들은 우리가 죽을 때에 모두 이 세상에 놓고 가야 하는 것들이다. 그러한 허망한 것에 사로잡혀 깨달음을 얻을 수 있는 귀중한 시간들을 헛되어 보내 버려서는 안 된다.

수행의 행복

이러한 관점에서 볼 때 인간으로 태어나 정법을 접하고 깨달음에 대한 가르침을 받아 수행을 할 기회를 가질 수 있다는 것은 얼마나 행복한 일인가! 인간의 몸을 얻어 태어난 것을 소중히 생각해야 된다는 말의 진정한 의미는 바로 여기에 있다. 이제 자신이 가진 긍정적인 것들에 대하여 생각해 보자. 건강한 육체나 우수한 두뇌, 화목한 가정이나 무난한 직장, 원만한 성격이나 친구, 아름다운 애인 등에 대해 생각해 본다. 우리는 이러한 긍정적인 장점들을 소유하고 있으며, 이것은 우리가 깨달음을 위한 수련을 할 수 있는 정신적 조건이나 육체적 조건을 원만히 갖추고 있다는 뜻이다. 비록 시간적 문제에 있어서는 여러 가지 생활상의 문제로 인하여 우리의 기대에는 못 미친다 하더라도 자신을 돌아볼 수 있는 다소간의 여유는 가지고 있다. 매일매일 각종 현실적인 문제와 새로운 도전에 직면한다 하여도, 의지만 있다면 자신이 어떠한 곳에서 어떠한 상황에 처해 있든 자신을 돌아보고 수련을 할 기회를 가질 수 있다.

우리는 이러한 기회를 소중하게 생각하고 더욱 수련에 대한 의지를 가져야 한다. 지적인 능력이나 생활상의 한계가 있거나 수련에 흥미를 가지지 못하는 사람들을 생각하면서 자신의 소중한 시간을 선용할 수 있어야 한다. 깨달음을 향한 기회의 문 앞에서 서성대지 말고 의지를 가지고 힘껏 그 기회의 문을 열어야 한다. 인간으로 태어나 가장 의미 있는 일이 바로 자신의 내면의 지혜를 일깨우고 계발하여 궁극적인 깨달음을 얻는 일이다.

이 세계에 충만한 모든 사물은 무상하고 공한 것이다. 명성이나 재물 혹은 지위나 욕망 등에 탐닉하여 궁극적인 깨달음을 얻을 기회를 헛되이 낭비해서는 안된다. 이러한 인식을 바탕으로 다시 수련에 대한 결의를 다지고 정진하여야 한

맹구입액(盲龜入軛)의 비유

『잡아함경(雜阿含經)』 중에는 "사람의 몸을 얻어 태어나는 것은 눈먼 거북이가 표류하는 뗏목의 구멍에 머리를 들이미는 것과 같다" 라는 구절이 있다. 사람으로 태어나는 것은 해저에 사는 눈먼 거북이가 넓은 바다에서 파도에 이리저리 표류하는 뗏목의 구멍에 머리를 들이미는 것처럼 어렵다는 이야기다.

넓은 바다에 구멍 난 뗏목이 하나 있다. 파도에 휩쓸리며 사방으로 옮겨 다니는데 한 순간도 멈추지 않는다.

파도가 솟구치는 바다는 전체 우주를 대표한다.

이 우화에서 눈먼 거북이가 뗏목의 구멍에 머리를 들이밀 확률보다 가만(暇滿)의 인간으로 태어나는 것이 더 어렵다는 것을 알아야 한다.

해저에 한 마리 눈먼 거북이가 있다. 백년마다 해면으로 상승하는데, 이 눈먼 거북이가 뗏목의 구멍으로 머리를 들이밀 확률은 거의 없다.

인신(人身)의 소중함에 대한 선수 방법

① 자세를 조정하고 신체를 편안하게 방송한다. → ② 호흡을 조정하고 마음을 안정시킨다. → ③ 이번 선수의 긍정적인 목적과 동기를 생각해 본다. → ④ 우리가 지금 가지고 있는 긍정적인 특질을 생각해 본다.

 ⑧ 회향(回向) ← ⑦ 우리가 인간으로 태어나고 수행할 기회를 가질 수 있다는 것이 얼마나 큰 행운인지를 생각한다. 이 점을 분명히 인식하고 선수를 진행한다. ← ⑥ 인간으로 태어났으면서도 불법을 수행할 기회가 없는 사람들을 생각해 본다. ← ⑤ 사람으로 태어나지 못하여 불법을 수행할 수 없는 중생에 관하여 생각해 본다.

다. 수련을 통하여 마음의 지혜를 계발하고 중생에 대한 자비심과 사랑을 배양하며 최종적으로 불과(佛果)를 이루겠다는 자세로 최대한 노력하여야 한다.

마지막으로 이번 선수를 통하여 얻은 통찰력과 성과를 모든 중생에게 회향하고, 그들 역시 궁극적인 깨달음을 맛볼 수 있기를 발원한다.

03 변화에 대한 성찰
무상을 관찰하는 선수

>>> 세간의 일체만물은 잠시도 멈추지 않고 천변만화하며, 생멸生滅의 변화를 거친다. 이 세계의 모든 사물 가운데 영구불변인 것은 결코 없으며, 모든 것이 무상으로 귀결된다.

무상(無常)이란 무엇인가?

이 세계의 모든 사물이나 현상은 모두 순간적으로 존재하는 것이다. 정신과 물질 모두 찰나적으로 생멸의 변화를 거치며, 이러한 변화는 끝없이 계속되며 결코 멈추지 않는다. 이러한 연유로 무상(無常)이 곧 이 세계의 실상이며 영원한 진리라고 말하는 것이다. 이러한 변화 속에서 어제 아름다웠던 것들이 오늘은 추한 것이 되기도 하며, 오늘 추했던 것들이 내일은 아름답게 변하기도 한다. 사람들이 공을 들이는 부귀나 권세가 그러하며, 기쁨이나 슬픔 등의 우리의 각종 감정이 역시 그러하다. 우리의 눈에 단단하게 비치는 사물들도 찬찬히 살펴보면 조금씩 변화하고 있다는 것을 알 수 있다. 굳게 얼었던 얼음도 봄바람에 서서히 녹아 흐르고 단단한 바위도 서서히 분화의 과정을 거치고 있다. 결코 변할 것 같지 않은 큰 바다도 매일매일 조금씩의 증감이 있는데, 하물며 인간의 육신은 말해서 무엇 하겠는가!

모든 중생은 생(生), 노(老), 병(病), 사(死)의 과정을 겪으면서 변화하고, 산하(山河)나 대지는 성(成), 주(住), 괴(壞), 공(空)의 과정을 겪으며 변화한다. 인간의 마음은 생(生), 주(住), 이(異), 멸(滅)의 과정을 겪으며 변화하고, 자연계의 질서는 춘(春), 하(夏), 추(秋), 동(冬)의 계절이나 혹은 냉(冷), 온(溫), 한(寒), 서(暑)의 기후로 변화한다. 이 우주 사이에 존재하는 모든 만물이 이와 같은 변화에서 벗어날 수 없으며,

결코 영원불변한 것은 없다. 모든 사물들 가운데 그 변화의 속도가 가장 빠른 것이 바로 우리의 생각이다. 우리의 생각은 한순간 번갯불처럼 일어났다 사라지며 또한 흐르는 물처럼 쉬지 않고 끊임없이 이어지며, 결코 멈추는 법이 없다.

우리의 마음이나 의식은 끊임없이 움직이며 변화한다. 금방 흥분했다가도 잠시 뒤엔 실의에 빠져 있기도 하며, 어제 충만했던 사랑의 감정이 오늘은 시들어 옛정이 되어 버리기도 한다. 앞에서는 그 공덕을 칭송하며 찬양하지만 돌아서면 후회하며 흉을 보기도 한다. 사람이나 사물을 보는 관점이 시시각각 변하며, 마음속에 수없이 많은 상념들이 일어났다 사라지기를 반복한다. 앞에 있는 한 사람에게 사랑을 말하다가도 돌아서면 다른 사람과 사랑을 속삭인다. 우리의 의식의 무상함이 이와 같다.

무상함에 대한 성찰과 극복

일체의 사물이 시종 변화 과정을 겪고 있으며, 이것이 바로 사물의 실상이다. 우리는 이러한 이치를 머리로 알고는 있지만 평소에는 그것을 자각하지 못하고 행동한다. 모든 것이 찰나적이고 순간적일 뿐 결국 변하고 만다는 것을 잘 알고 있음에도 아름다운 것을 찾아 즐기며 흉한 것을 멀리하려 한다. 미인과의 이별이나 향기로운 꽃이 지는 것을 보면서 상심에 젖기도 한다. 현재의 사정이 어떠하든 회의적인 자세로 변화에 대한 준비를 하여야 하지만 지금의 상황이 지속되기만을 바란다. 친구와의 이별이나 직장에서의 해고 등의 상황이 발생하면 결코 담담할 수가 없다. 모든 것이 무상하여 변화를 피할 수 없다는 것을 잘 알면서도 가족이나 친구 등이 늙어가거나 죽는 것을 원하지 않는다.

사물의 무상한 본질을 잘 알고 있다 하여도 그러한 실상을 있는 그대로 받아들이려 하지 않기 때문에 분노나 좌절, 쓸쓸함이나 상심, 절망이나 고통 등의 정서에 사로잡히게 되는 것이다. 무상(無常)에 대하여 관상하는 수련은 우리에게 친숙한 사물이나 사람의 무상한 본질과 변화의 과정을 관찰하여 다시는 이 때문에 부정적인 정서에 사로잡히는 일이 없도록 하기 위해서다. 사물의 무상한 본질을 철저히 이해하고 그 변화를 고요히 직시할 수 있다면 다시는 부정적인 정서에 자불교의 우주관에서는 하나의 세계는 성립과 지속 그리고 괴멸의 과정을 거치며 다른 세계로 변화하고, 다시 성립, 지속, 괴멸, 공무空無의 과정을 거친다. 그 과정을 성成, 주住, 괴壞, 공空의 네 가지의 시기로 나눌 수 있으며, 이것을 '사겁四劫'이라고 한다.

무시(無始)로부터

성겁(成劫)
세계의 성립 시기. 산하, 대지 등의 세계의 기본적 틀과 일체 유정 중생의 형성기라고 할 수 있다.

**사겁
(四劫)**

주겁(住劫)
세계의 존속 시기. 세계의 기본적 틀과 중생의 삶이 안온하게 지속되는 시기

괴겁(壞劫)
지(地), 수(水), 풍(風)의 세 가지 재난으로 세계가 붕괴되는 시기. 유정 중생을 포함하여 세계의 기본적 틀이 괴멸되는 시기.

공겁(空劫)
세계의 공허(空虛) 시기. 세계가 괴멸되지만 색계(色界)의 사선천(四禪天 : 네 가지 선정을 닦는 사람이 태어나는 색계의 네 하늘. 초선천, 이선천, 삼선천, 사선천이 있다)은 여전히 상존한다. 다른 모든 것은 오랫동안 공허에 들어간다.

미래(未來)가 다할 때까지

신을 맡기는 일이 없게 될 것이다.

수련의 시작

자신에게 가장 적합한 자세를 취하여 앉아 신체를 편안히 방송한다. 잠시 호흡에 주의력을 집중하며 마음을 안정시킨다. 마음이 평정하게 가라앉으면 이번 선수의 목적과 동기를 차분하게 되새겨본다. "이번 선수를 성공적으로 마쳐서 일체의 중생이 더욱 행복하고 안락한 삶을 영위하는 데 일조를 하겠다." 혹은 "이번 선수를 성공적으로 마치고 일체 중생이 고통에서 벗어나 해탈할 수 있도록 일조하겠다" 등의 긍정적인 내용이면 더욱 좋다.

이후에 자신의 감각을 예민하게 하여 신체의 각 부분을 관상한다. 머리, 어깨, 팔, 넓적다리, 피부, 혈액, 골격, 신경 등을 빠짐없이 차분하게 관상한다. 이러한 것들의 본질은 무엇인지, 무엇으로 구성되어 있는지, 형상이나 크기나 성분은 어떠한지 등을 면밀하게 관찰한다. 신체의 각 부위가 어떻게 움직이고 있는지, 시시각각 어떠한 변화 과정을 거치고 있는지 등을 세심하게 살펴본다. 심장의 박동, 혈액의 운행 그리고 신경계통의 활동 등을 최대한 면밀하게 느낄 수 있도록 노력하여야 한다.

더 나아가 미세한 세포의 구성까지 세밀하게 관상한다. 세포의 탄생과 분해 그리고 신체의 신진대사 등 미세한 세포의 활동을 세심하게 관상한다. 더 깊게 들어가 신체의 모든 부분을 분자나 원자 단위까지 분해하고 이러한 것들이 어떠한 변화의 과정을 거치는지를 세밀히 관상한다. 자신의 신체에서 시시각각 일어나는 변화를 빠짐없이 느낄 수 있도록 최대한 노력하여야 한다.

마음에 주의력을 집중하여 생각, 관념, 감각, 기억, 영상 등 마음속의 여러 부분을 관찰한다. 이처럼 마음이 흐르는 물이나 굴러가는 바퀴처럼 변화하고 움직이는 것을 단지 바라보기만 한다. 이때 예민한 감각을 유지하면서도 마음속에서 일어나는 일들에 연연해하거나 집착할 필요는 없다. 다만 이러한 변화가 어떻게 되어가는지를 관찰한다. 그리고서 마음의 무상한 본질을 살피고 느껴본다.

자신의 신체와 마음의 무상한 본질을 차분히 생각한 후에 관상의 범위를 다

1
자세를 조정하고 신체를 편안하게 방송한다.

2
호흡을 조정하고 마음을 안정시킨다.

3
이번 선수의 긍정적인 목적과 동기를 되새긴다.

4
신체에 대한 관상
신체의 각 부분을 관상한다. 그것들의 본질이 무엇인지를 관찰한다. 신체에서
발생하는 시시각각의 변화를 빠짐없이 느낄 수 있도록 노력한다.

5
우리의 마음에 대한 관상
마음속의 각 부분을 관상한다. 마음의 무상한 본질에 대하여 깨달을 수 있도록
노력한다.

6
기타 사물에 대한 사고
각찰의 범위를 다시 기타의 사물로 확장한다. 그것들은 때로는 건실하고 정지해
있는 듯 보이지만 실제적으로는 순식간에 변화하고 있다.

7
다음과 유사한 결론을 맺을 수 있도록 생각을 정리한다.
사물은 보이는 것처럼 영원히 불변하는 존재가 아니라 끊임없이 변화하는 것
이다. 이러한 무상한 사물을 통해서는 결코 진정한 행복을 찾을 수 없다.

8
회향(回向)

른 사물로까지 확대해 본다. 자신이 지금 선수하는 공간의 익숙한 사물은 물론이고 아주 멀리 있는 곳의 다른 사물까지 관상의 범위를 최대한 확대한다. 자신이 과거에 경험하였던 것은 물론 장래에 여행 등의 계획으로 만나고자 했던 것들까지 모두 포함시킨다. 수련 장소에 있는 찻잔이나 신문, 바다에서 유유히 헤엄치고 있는 물고기나 하늘을 날아오르는 새들, 미래의 도시 등을 모두 포함하여 관상한다. 이러한 사물들이 지금은 변하지 않을 것처럼 생생하고 견실한 형상을 하고 있지만, 실제적으로 모두 변화의 과정을 겪고 있으며 한순간의 환상이라는 것을 고요히 관상한다. 일정한 시간 동안 이러한 관상의 수련을 지속한다.

선수 과정의 어느 순간 사물의 변화와 무상한 본질이 강렬하고 명백하게 이해되는 감각이 느껴지면 이러한 감각이 되도록 오래갈 수 있도록 자신의 주의력을 더욱 집중하고, 결코 마음을 분산시켜서는 안 된다. 수련자의 감각이나 주의력이 이러한 느낌에서 벗어나게 되면 다시 호흡을 가다듬고 자신의 신체나 마음, 자신에게 익숙한 사물의 무상한 본질을 분석하는 과정을 밟는다.

선수를 마칠 때에는 수련 과정을 통하여 얻은 성찰의 내용을 정리해 본다. 어떠한 사물도 영구불변한 것은 없으며, 속도의 차이는 있지만 모두 쉬지 않고 변화하고 있다. 우리의 눈에 아름답게 보이는 사물도 변화의 과정을 겪으며 결국 소멸되고 만다. 그러므로 이러한 사물에서 영원한 즐거움을 찾는다는 것은 허망한 일이다. 마찬가지로 우리들이 싫어하는 사물이나 상황도 역시 영원히 그 상태로 존재하는 것은 아니며, 서서히 변화의 과정을 거쳐 우리에게 유익한 방향으로 바뀔 수도 있다. 그러므로 지금의 추한 모습이나 어려운 상황을 극단적으로 배척하거나 거부할 필요는 없다.

마지막으로 이번 수련을 통하여 얻은 통찰력과 긍정적인 에너지를 일체 중생에게 회향하며, 그들 역시 행복하기를 발원한다.

04 | 피할 수 없는 고통
사망에 대한 선수

>>> 세간의 모든 사물이 쉬지 않고 변화하는 것처럼 일체의 중생도 역시 생로병사의 윤회를 겪는다. 이 세계에 영원한 존재는 결코 없으며, 우리 모두가 죽음을 향하여 한 걸음씩 다가가고 있다.

사망(死亡)도 변화 과정의 일부분이다

앞 장에서 설명한 바 있는 무상(無常)에 대하여 이해한다면 모든 중생에게 죽음은 결코 피할 수 없는 필연적인 과정이라는 것을 납득하게 된다. 하지만 죽음을 대하는 사람들의 태도는 매우 다양하다. 친우의 죽음을 꽃이 피고 지는 것처럼 자연스럽게 받아들이는 사람은 아주 소수에 불과하며, 대부분의 사람들은 친우의 죽음을 대하면 비통함과 함께 자신의 죽음에 대한 두려움에 사로잡히게 된다. 모든 사람이 생로병사의 과정을 겪을 수밖에 없다는 것을 알면서도 막상 죽음을 대하면 슬픔이나 비통함, 두려움이나 절망감 등의 정서에 사로잡히는 것이다.

불교에서는 죽음을 육신과 마음이 분리되는 과정이라고 보고 있다. 사망 이후에 육체는 서서히 분해되고 마음은 금생을 떠나 내세로 간다. 이른바 우리가 자아라고 불렀던 것이 소멸되고 새로운 자아가 다음 생에 나타나는 것이다. 이러한 불교의 관점에서 볼 때 사망은 영원한 종말이 아니라 무상한 변화 과정의 일부분일 뿐이다. 인간만이 아니라 이 세계의 모든 사물이 이러한 과정 속에서 끊임없이 변화한다. 죽음은 사물의 무상한 변화 과정의 일부분이며, 반드시 거쳐야 하는 필연적 과정일 뿐이다.

사망에 대한 선수의 필요성

우리가 죽음에 대하여 불안을 느끼거나 죽음에 대하여 똑바로 직시하려 하지 않는 것은 모두 무명(無明) 때문이다. 무명에 미혹되어 자아의 형상을 소중하게 생각하며 영원히 존재하기를 바라는 것이다. 어떠한 개념이나 사상으로 표현하기는 힘들지만 우리는 자아의 존재에 대한 확신을 가지고 있으며, 이러한 자아가 영구불변하기를 바란다. 생명의 위협을 느끼거나 위험한 상황에 처하게 되면 자신을 지키기 위하여 저항하거나 방어적 행동을 하는 것이 이 점을 잘 설명해 준다.

죽음에 대하여 선수를 하는 것에 대하여 일부의 사람들은 다음과 같은 질문을 던지기도 한다. 인생에 있어서 즐거운 일들을 선수의 주제로 삼지 않고 왜 하필 모두가 꺼려하는 죽음을 주제로 삼아 수련을 하는가? 사실 이러한 질문 속에는 죽음의 실상에 대한 오해가 숨어 있다. 죽음을 주제로 삼는 것은 생명의 소중함이나 삶의 열정과 의지를 폄하하려는 것이 아니라 죽음 역시 무상한 변화 과정의 일부라는 것을 명백히 알아야 하기 때문이다. 죽음에 대한 선수를 통하여 이 점을 분명히 인식한다면 다시는 죽음으로 인하여 두려움이나 비통한 정서에 사로잡히지 않을 것이다.

공성(空性)에 대한 선수를 통하여 우리가 독립적이고 고유한 실체를 가진 항구 불변의 자아는 결코 존재하지 않는다는 것을 깨닫고 자아에 대한 집착에서 벗어난 것처럼 죽음에 대한 선수는 죽음에 대한 각종 오해와 두려움에서 벗어나 완전한 자유를 획득하기 위한 것이다. 비록 이러한 경지에 도달하진 못하더라도 무상(無常)과 사망(死亡)에 대하여 조금의 깨달음을 얻을 수 있다면, 그 또한 대단히 의미있는 일이 될 것이다.

사망에 대한 선수의 장점

사망에 대한 선수의 장점은 죽음에 대한 다양한 관상을 통하여 인생의 소중함을 깨닫고, 현재의 시점에서 우리가 진정으로 해야 할 일이 무엇인지를 진지하게 생각해 볼 수 있다는 것이다. 인생의 가장 특별한 의미를 말한다면, 앞에서 이 인생무상人生無常은 생로병사를 통하여 드러나며, 이것은 또한 인생의 사겁四劫에 해당한다고 할 수 있다. 생로병사는 인생에서 반드시 겪어야 하는 필연적 고통이며, 달리 사고四苦 혹은 사상四相이라고 부르기도 한다.

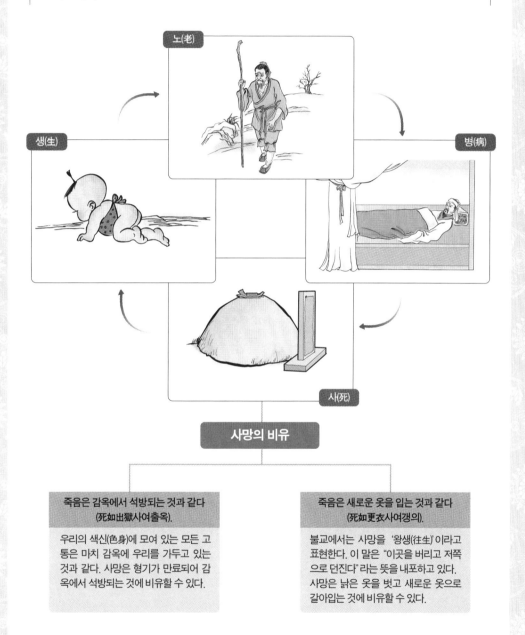

사망의 비유

죽음은 감옥에서 석방되는 것과 같다
(死如出獄사여출옥).

우리의 색신(色身)에 모여 있는 모든 고통은 마치 감옥에 우리를 가두고 있는 것과 같다. 사망은 형기가 만료되어 감옥에서 석방되는 것에 비유할 수 있다.

죽음은 새로운 옷을 입는 것과 같다
(死如更衣사여갱의).

불교에서는 사망을 '왕생(往生)'이라고 표현한다. 이 말은 "이곳을 버리고 저쪽으로 던진다"라는 뜻을 내포하고 있다. 사망은 낡은 옷을 벗고 새로운 옷으로 갈아입는 것에 비유할 수 있다.

미 이야기한 것처럼 자신의 내면에 잠재된 지혜를 계발하여 세계와 자아의 실상을 있는 그대로 이해하고 자비나 사랑 등의 덕성을 배양하여 일체 중생을 이롭게 하며, 최종적으로는 진정한 깨달음을 얻어 열반의 경지에 들어가는 것이다.

생명은 찰나적이고 순간적이며, 죽음은 늘 우리 주변을 맴돌고 있다. 죽음이 우리에게 다가와 손을 잡을 때 헛되이 시간을 낭비하며 자신과 중생을 위한 대승적인 삶을 살지 못하고 있었다면 이 얼마나 애석한 일이 되겠는가! 현재의 삶은 순식간에 과거로 변한다. 세간의 명리나 권세 등을 추구하는 것은 한 줄기 바람을 쫓는 것처럼 허망한 것이다. 이러한 내용을 명백히 이해한다면 세속적인 욕망을 추구하면서 헛되이 시간을 낭비하지 않고 자신의 소중한 시간을 합리적으로 선용할 수 있게 될 것이다. 신외지물(身外之物 : 명예·지위·재산 등을 말하며, 별로 중요하지 않다는 의미를 담고 있음)에 불과한 재물이나 일시적 쾌락을 쫓는 대신에 자신의 내면에 숨어 있는 모든 부정적 요소들을 제거하고 긍정적인 요소들을 계발하는 데 노력하여 미래의 진정한 행복을 위한 업인(業因)들을 만들어 나가야 한다.

앞에서 이미 설명한 것처럼 우리의 현재의 행위는 반드시 죽음의 방식에 영향을 미친다. 죽음에 대한 수련을 통하여 무상한 변화 과정의 일부라는 것을 이해하고 이를 자연스럽게 받아들이고 있다면 죽음이 다가와도 평화롭게 죽음을 맞이할 수 있지만 죽음에 대한 그 어떠한 성찰도 없고, 그에 대한 준비 역시 하고 있지 않다면 죽음이 다가올 때 두려움과 후회에 사로잡히게 될 것이다. 이렇게 죽음에 대한 고통은 예고 없이 찾아오는 것이다.

사망에 대하여 선수하는 방식은 대단히 다양하지만 다음과 같은 몇 개의 요점이 있다. 사망은 필연적으로 발생한다는 것, 사망의 시기는 누구도 알 수 없다는 것, 사망에 대한 마음의 깨달음이 우리를 충분히 도울 수 있다는 것 등이 바로 그것이다. 처음 선수를 할 때는 이 가운데서 몇 개의 주제를 중심으로 수련을 시작하고, 진척 상황에 따라 점차로 수련 주제를 다양하게 늘려 갈 수 있다.

사망의 필연성

생명은 무상하며, 이 세계에 그 누구도 죽음을 피할 수는 없다. 사람들의 입에 회자되는 영웅과 미인, 제왕과 장상, 성현과 철학자, 그 누구를 막론하고 모두 이미 한줌의 흙으로 돌아갔다. 인간은 모두 죽음을 옆에 두고 살고 있다고 할 수 있다.

누구도 알 수 없는 사망의 시간

살아 있는 것은 언젠가 반드시 죽게 되어 있다. 질병이나 재앙 등이 모두 우리의 생명을 빼앗아 간다. 하지만 그 누구도 죽는 시간과 죽음의 방식을 알 수는 없다.

선수의 시작

자신에게 가장 적합한 자세를 취하고 앉아 신체를 편안하게 방송한다. 잠시 자신의 호흡에 전주하며 마음을 안정시킨다. 마음이 안정되면 이번 선수의 주제에 대한 결의를 다진 후, 이번 선수의 목적과 동기를 되새겨본다. "이번 선수를 통하여 반드시 성과를 얻고, 일체의 중생이 더욱 평화롭고 행복한 삶을 살기를 발원하겠다"거나 "이번 선수에서 깨달음을 얻어 모든 중생 역시 고통에서 벗어나 깨달음을 얻을 수 있도록 일조하겠다" 등의 긍정적인 내용이면 족하다.

이어서 자신의 심신을 편안히 방송하면서 주의력을 집중한다. 아래에 기술된 요점을 중심으로 사색을 진행하면서 각 주제의 숨은 의미 등을 명백히 이해할 수 있도록 최대한 노력한다. 명심해야 할 것은 선수 과정에서 어떠한 주제에 대하여 강렬하게 이해되는 감각이 느껴지게 되더라도 결코 당황하거나 놀라지 말고 이러한 감각을 되도록 오래 유지할 수 있도록 노력해야 한다는 점이다.

사망의 필연성

이제 사망의 필연성이라는 주제를 가지고 본격적인 수련을 시작한다. 먼저 죽어간 여러 고인들에 대하여 생각해 본다. 유명한 제왕, 영웅, 시인, 가인, 성인, 철학자 등을 떠올려 본다. 비록 우리와 생활 시기나 환경에는 많은 차이가 있지만 이들 역시 일찍이 이 세상에 태어나 우리와 비슷한 일을 하고 비슷한 생각을 하면서 주변 사람들과 사랑과 은원을 맺으며 생활을 했다. 하지만 결국 그들 역시 죽음을 맞이할 수밖에 없었다.

그가 제왕으로 군림하던 사람이든 평민으로 살던 사람이든, 한 시대의 영웅이든 절세가인이든, 엄청난 재물을 쌓아올린 사람이든 하급관료로 살던 사람이든, 빈부귀천을 막론하고 그 누구도 죽음을 피할 수 없었다. 현재 과학과 의학이 눈부신 발전을 거듭하고 있기는 하지만 이 세계의 그 어떤 사람도 죽음을 피할 수 없으며, 장생불사는 백일몽에 불과한 꿈에 불과할 뿐이다.

계속해서 자신이 알고 있던 사람 가운데 먼저 죽음을 맞이한 주변의 사람들을 생각해 본다. 노인, 아이, 남자, 여자 등 연령과 성별을 불문하고 그들은 어느 날 갑자기 죽음을 맞이했으며, 자신에게도 이와 같은 일이 일어나 죽음을 맞는 모습을 상상해 본다. 1초 1분 끊임없이 흐르는 시간을 따라 자신이 죽음에 가까워지고 있는 모습을 상상해 본다. 모래시계에서 천천히 모래가 빠져나가듯 자신의 생명의 기운이 서서히 빠져나가는 과정과 흐름을 차분히 관상한다. 자신의 생명이 빠져나가는 과정과 그 흐름을 생생하게 느낄 수 있도록 깊이 몰두한다.

이어서 모든 사람이 죽음을 피할 수 없다면 죽음이 우리에게 다가오기 전에 자신에게 남은 시간들을 어떻게 활용하는 것이 가장 의미 있는 일인지를 생각해 본다. 먼저 현재의 생활 가운데 잠을 자는 시간이 얼마나 되는지, 업무를 보는 시간이 얼마나 되는지, 식사와 사교와 취미 생활에 보내는 시간이 얼마나 되는지를 점검한다. 계속해서 우리가 슬픔이나 기쁨 혹은 흥분이나 좌절 등의 감정에 빠져서 보내는 시간이 얼마나 되는지를 점검한다. 자신에게 어느 정도의 여유 시간이 있는지를 살펴보고, 의미 없이 보냈던 시간과 여유 시간을 활용하여 자신과 타인을 위하여 가장 유익하게 시간을 보낼 수 있는 방법이 무엇인지를 심사숙고한다. 우리의 마음은 사후에도 지속적으로 존재하며 금생의 행동은 내세에도 영향을 미친다는 점을 분명히 고려하여야 한다.

불시(不時)에 찾아오는 사망

한 사람의 수명이 어떠한지에 대해서는 그 누구도 알 수 없다. 어떤 사람은 백 년이 넘도록 장수하기도 하며, 어떤 사람은 젊어서 요절하기도 한다. 생명의 장단(長短)에 대해서는 그 어떤 확신도 할 수 없다. 개개인에 대해서 그렇게 멀지 않았다고 막연하게 말할 수는 있지만 죽음이 다가오는 시간을 누가 정확하게 알 수 있겠는가! 죽음을 대하는 자세도 개인에 따라 차이가 있다. 어떤 사람은 호호백발이 되어도 막상 죽음이 다가오면 두려움과 공포에 사로잡힌다. 이것은 평소에 죽음에 대한 성찰이나 준비를 전혀 하지 않았다는 반증이기도 하다. 대부분의 사람들은 주변의 죽음을 접하면서도 남의 일이라 여기거나 일부러 그러한 사실을 회피하고 죽음에 대하여 진지하게 성찰을 하려 하지 않는다.

죽음은 부지불식간에 찾아온다. 금방 태어난 아이는 물론 유년기나 청년기,

성년기나 중년기 혹은 노년기를 불문하고 죽음은 갑자기 다가와 손을 잡는 것이다. 이제 우리에게 가까웠던 사람이나 주변의 누군가에게 들었던 사람의 죽을 때의 나이에 대해 생각을 해 본다. 신체가 건강하고 활력이 넘친다고 하여 더 오래 사는 것이 아니다. 죽음은 노인이나 청년을 불문하고 찾아오는 것이며, 건강한 사람이 병약한 사람보다 일찍 세상을 떠나는 경우도 너무나 흔하다. 비록 우리가 현재 살아 있다고는 하지만 아무도 삶을 보증하거나 죽음을 예견할 수는 없다. 심지어 바로 지금 이 순간 죽음이 서서히 다가오고 있는지도 모른다. 이러한 상념을 이어가는 수련 도중에 언제 찾아올지 모르는 죽음에 대한 강렬한 감각이 느껴지면 이러한 감각을 최대한 오래 지속하도록 노력한다.

개개인의 사망의 방식에도 역시 차이가 있다. 어떤 사람은 노년까지 편안하게 살다가 침상에 누워서 평화롭게 임종을 맞는가 하면 어떤 사람은 어린 나이에 횡액을 당하기도 한다. 일부의 사람들은 지진이나 홍수, 산불 등의 천재지변으로 죽음을 맞기도 하며, 일부의 사람들은 교통 사고를 당하거나 물에 빠져서 죽기도 한다. 어떤 사람들은 타인의 손에 살해당하기도 하며, 또 독버섯이나 병균 등에 의하여 죽기도 한다. 더러는 스스로 자살을 하는 경우도 있다.

죽음의 원인은 매우 다양하다. 우리의 생명을 가장 많이 빼앗아 가는 것은 질병이지만 병이 없는 건강한 사람이 잠을 자다가, 혹은 여행길에서 돌연 죽음을 맞이 하기도 한다. 식물은 우리에게 많은 것을 제공하지만, 어떠한 사람들은 식물에 들어 있는 독이나 알레르기 때문에 죽기도 한다. 약품은 생명을 연장시키는 고마운 물건이지만 어떠한 사람들은 약물의 과다 복용이나 처방 실수 때문에 죽기도 한다. 이제 자신에게 가까운 사람이나 들어서 알고 있는 사람이 죽은 원인에 대하여 회상해 보고, 그러한 일들이 자신에게 일어나는 모습을 상상해 본다.

인간의 신체는 대단히 위약하여 상처나 질병에 취약하다. 태산을 옮길 것 같이 힘이 넘치던 사람이 단 몇 분 사이에 기식이 엄엄하게 되는 경우도 있다. 비록 지금은 자신의 신체나 정신이 더없이 건강하고 맑다고 하더라도, 가는 머리카락이나 나뭇가지 하나에 의해서도 한순간 죽음을 맞이할 수도 있다. 이제 자신이 타인에게 입혔던 상처나 타인에 의하여 받았던 상처들을 생각하면서 그 불교의 사망관死亡觀에서 최고의 경지는 해탈을 얻어 열반에 드는 것이다. 이로부터 고통을 떠나 쾌락을 얻고 진정한 자유를 획득할 수 있다. 열반은 죽음이 아니라 생사의 '공空'한 본성을 깨닫고 불생불멸의 상태에 들어가는 것이다.

죽음을 직면할 때에 일반적인 사람은 회피하려 하거나 두려움을 느낀다. 이것은 모두 무명(無明)으로 인하여 생긴 '자아(自我)'에 대한 집착 때문이다. 죽음이 찾아오면 외부의 그 어떤 사물이나 사람, 심지어는 자신의 신체도 결코 도움을 줄 수 없다는 것을 알아야 한다.

러한 일들이 다시 일어난다면 죽음에 이를 수도 있다는 반성을 한다. 이렇게 돌연히 죽는 경우가 아니더라도 인간은 모두 서서히 늙어가다 결국 죽음을 맞게 될 것이다.

사망에 대한 성찰과 영혼의 깨달음

재물과 권력을 비롯하여 화목한 가정이나 친구 등 우리가 지금 가지고 있는 것들은 모두 신외지물(身外之物)에 불과하다. 죽음이 찾아오면 이러한 것들은 계속 소유할 수 없는 것들이다. 민간에서 "생불대래 사불대주(生不帶來 死不帶走 : 살아서 함께 하기 힘들고, 죽어서 함께 하지 못한다)"라는 속담은 바로 이것을 가리키는 것이다. 죽음이 찾아오면 그 어떤 사람도 그 어떤 물건도 함께 쫓아갈 수 없으며, 오직 죽음에 대한 영혼의 깨달음만이 자신에게 도움이 될 수 있다.

우리는 곤란한 상황이나 문제에 직면하게 되면 부모나 애인 혹은 친구 등 자신과 가장 가까운 사람을 생각하게 된다. 그러나 아무리 아끼고 사랑하는 사람이라도 자신에게 찾아온 죽음을 바꾸거나 저지할 수 없으며, 그 길을 함께 갈 수도 없다. 서로 사랑하는 마음이 깊을수록 오히려 죽음의 이별 앞에서 슬픔이나 원망의 감정만 더해질 뿐이다. 분명히 명심해야 할 것은 사랑하는 사람의 임종을 지키고 내세의 안식과 평온을 기원할 수는 있지만 죽음에 대해서는 어떠한 도움도 줄 수 없다는 사실이다. 또한 망자에 대한 그들의 슬픔과 비통함 역시 이미 죽어버린 사람에게는 어떠한 영향도 미칠 수 없으며, 오히려 남아 있는 사람들에게 영향을 미칠 수 있다는 점을 분명히 이해하여야 한다.

대부분의 사람들은 인생의 대부분을 어떠한 공적을 세우기 위해서 동분서주한다. 직장에서 지위를 높이기 위하여 고심하거나 권력과 재물을 잡기 위해 노심초사하며, 새로운 사업을 창업하기 위하여 고민한다. 그러나 이러한 것들의 성공 속에서 어느 정도의 행복과 만족감을 느낄 수는 있겠지만, 이러한 것들 역시 우리의 죽음과 함께할 수는 없다. 쌓아둔 재물로 효과적인 의학 치료를 받을 수도 있고, 사회적 명성 때문에 일시적인 관심을 받을 수는 있겠지만 결코 죽음을 되돌릴 수는 없으며, 죽음과 함께 가져갈 수도 없다. 이러한 것들은 모두 죽음과 동

1 자세를 조정하고 신체를 편안하게 방송한다.

2 호흡을 조정하고 마음을 안정시킨다.

3 이번 선수의 긍정적인 목표나 동기를 되새겨 본다.

4 사고(思考) : 사망의 필연성

① 옛날의 유명했던 사람도 모두 이미 고인이 되었다.
② 우리 주변에 잘 알고 있던 사람 역시 세상을 떠난다.
③ 세계에서 매일 수많은 사람들이 죽어가고 있다.
④ 우리의 생명이 빠져나가는 모습을 각찰한다.

5 사고(思考) : 누구도 알 수 없는 죽음의 시간

① 어느 누구도 정확히 자기의 수명을 알 수 없다.
② 어느 누구도 사망이 언제 일어날지 정확히 알지 못한다.
③ 어느 누구도 사망이 어떤 방식으로 찾아올지 알 수 없다.
④ 생명은 쉽게 소실된다. 가벼운 질병에 의해서도 쉽게 죽을 수 있다.

6 사고(思考) : 사망과 영혼의 깨달음

① 우리가 가지고 있는 어떠한 사물도 "죽을 때 함께 가져갈 수 없다."
② 아무리 친한 사람이라도 죽음 앞에서는 도움이 될 수 없다.
③ 우리의 육신은 장차 분해된다.
④ 죽고 나면 영혼만이 계속된다.

7 사망에 대하여 생각할 때에 솟아나는 각종 감정을 극복하고, 사망에 대한 두려움 등에서 벗어난다.

8 선수를 통하여 얻은 공덕을 일체 중생에게 회향한다.

시에 버려야 하는 것들이며, 때로는 어떻게 분배할 것인가의 문제로 고민하는 원인이 될 뿐이다.

수많은 선업(善業)과 인연(因緣)이 화합하여 얻은 인간의 소중한 육신도 역시 자신의 죽음에 그 어떤 영향을 미칠 수 없다. 우리의 마음이 육체와 분리되면, 육체는 그 어느 이름 모를 곳에서 분해되고 썩어갈 것이다. 죽음이 다가오면 오히려 신체를 떠나는 두려움과 고통만 더해질 뿐이다.

이상과 같은 관상을 통하여 다음과 같은 점을 분명히 이해하여야 한다. 죽음에 직면하여 우리가 해야 할 일은 우리가 일생을 통하여 쌓은 각종의 신외지물 속에서 도움을 찾을 것이 아니라 어떻게 여하히 그것들을 놓아 버릴 수 있는지를 배워야 한다는 점이다. 또한 자신의 마음을 돌아보는 것이 가장 중요하다. 오직 마음만이 죽음 이후에도 지속되는 것이다.

사망에 대한 부정적인 정서의 치유

죽음을 대하면 우리는 통상 애써 고개를 돌리려 하거나 두려움을 느끼게 된다. 선수의 수련 중에도 죽음에 대한 상념을 하다 보면 자연스럽게 두려움이 일어나기도 한다. 이러한 감정이 죽음을 대하는 우리의 솔직한 태도일 것이다. 하지만 죽음에 대한 수련을 통하여 죽음의 실상을 통찰하고 스스로의 마음에 대하여 공부하게 되면 두려움이나 슬픔, 회피나 비통함 같은 부정적인 정서를 초월하고 고요하게 죽음에 대한 준비를 할 수 있게 된다. 인생의 다른 현상과 마찬가지로 긍정적이고 개방적인 태도로 죽음을 대하여야 한다. 죽음은 그 누구도 피할 수 없는 필연적 과정이다. 이러한 사실을 자연스럽게 받아들인다면 죽음에 대한 우리의 부정적인 정서 역시 자연스럽게 없어지게 될 것이다.

선수를 마칠 때에는 자신에게 아직 인생을 변화시킬 많은 기회가 있다는 낙관적인 생각과 함께 죽음에 대해서도 긍정적인 생각을 한다. 이번 수련을 시작할 때 가졌던 목표를 되돌아보고 동시에 이번 수련을 통해서 얻은 공덕을 일체의 중생에게 회향한다.

05 전인前因과 후과後果
업력에 대한 선수

>>> 마음은 선업善業과 악업惡業의 주도자라고 할 수 있다. 우리의 말과 행동 그리고 의식은 모두 마음의 선악에 그 바탕을 두고 있다. 수레바퀴가 말 발자국을 쫓아가듯, 그림자가 형체를 따라가 듯 우리의 일체의 의식과 행동은 그렇게 우리의 마음을 따라 표출된다.

업(業)이란 무엇인가?

업(業)의 범문은 카르마(Karma)이며, 행위나 행동 또는 조작의 의미를 가지고 있다. 그러므로 업력(業力)은 업의 조작으로부터 나오는 업의 힘 혹은 업의 작용을 가리킨다. 우리가 평상시에 "선(善)에는 선보(善報)가 따르고 악(惡)에는 악보(惡報)가 따른다. 하루라도 업보를 받지 않고 지나가는 날은 없다"라는 말은 업력에 대한 가장 직접적이고 간단한 진술이라고 할 수 있다. 업은 불교의 인과법칙의 개념을 담고 있는 용어다. 선인(善因)의 씨를 뿌리면 선과(善果)를 얻게 되고, 악인(惡因)의 씨를 뿌리면 악과(惡果)를 얻게 된다. 우리가 행하는 일체의 의식과 행동이 모두 이러한 인과법칙의 지배를 받는다.

전생에 자신이 어떤 원인의 씨를 뿌렸는지 알고 싶으면 금생의 모습을 보면 된다. 내세에 자신이 어떠한 과보를 받을지 알고 싶으면, 금생에서 자신이 어떠한 행위를 하면서 살고 있는지를 살펴보면 된다. 우리의 현재의 모습은 모두 우리가 과거세에 지은 것에 대한 과보이며, 우리가 다음 생에 얻을 과보는 모두 현생에서 뿌린 각종 원인에 의하여 영향을 받는 것이다. 우리의 과거, 현재, 미래는 서로 영향을 미친다. 현재는 과거와 완전히 같지 않고, 미래 또한 현재와 완전히 같을 수는 없지만 과거와 현재, 현재와 미래는 서로 영향을 미치며 변화하고 흘러가는 것이다.

이러한 인과의 법칙은 어떠한 사람이 창조한 법칙이 아니라 일종의 자연적 법칙이다. 또한 업(業)은 실체적 형식으로 존재하는 것이 아니며, 일종의 행위로서 어떠한 역량이나 능력을 가리킨다. 일부의 사람들은 업력(業力)을 일종의 행위 영향력으로 해석하고 있다. 우리가 경험하는 일체의 고락(苦樂)은 모두 '자신이 짓고 자신이 받는 것'으로 자신의 말이나 행동 혹은 의식 활동에 따르는 결과라고 할 수 있다.

업력(業力)에 영향을 미치는 중요한 요인

개인의 출신 환경은 업력(業力)의 실현을 발전시키거나 저해하는 중요한 요인 가운데 하나다. 고귀하고 부유한 가정에서 태어난 사람은 풍부한 재물과 함께 많은 존중을 받으며 성장한다. 이러한 환경은 선업을 쌓을 수 있는 기회를 다양하게 제공해 준다. 이 사람이 다른 환경에서 태어났다면 그의 인생은 이와는 또 다르게 펼쳐질 것이다. 그러나 이러한 좋은 환경은 선업을 쌓을 수 있는 기회가 많다는 것을 의미할 뿐이지 그 자체로 선업이 되는 것은 아니며, 때로는 악업에 휩싸이는 원인이 되기도 한다. 어떠한 사람이 황실에서 황위의 계승자로 태어났다 하여도 신체의 결함이 있고 품행이 바르지 못하다면 그는 왕좌의 자리를 계승하기 힘들 뿐만 아니라 설사 계승자가 되었다 하더라도 각종 암투에 말려 권좌를 오래 유지하기 힘들 것이다.

개인의 외모도 역시 업력에 영향을 미치는 요인 가운데 하나다. 뛰어난 외모 역시 하나의 자산이라고 할 수 있으며, 영준하고 아름다운 외모는 사회 생활에 큰 힘이 된다. 설사 빈궁한 가정에서 태어났다 하더라도 외모가 뛰어난 사람은 사교 관계에서 현저한 영향력을 미칠 수 있다. 요즘처럼 방송 매체가 발달된 시대에는 빈한한 가정에서 태어났어도 아름다운 외모로 사회적 명성과 대중의 환호를 받는 연예인이 다수 배출되기도 한다.

시대적 환경 또한 업력에 영향을 미치는 중요한 요인 가운데 하나다. 전쟁과 기근의 시대에는 모든 사람이 수난을 겪을 수밖에 없다. 무엇보다 생존이 문제가 되는 이러한 척박한 시대적 환경은 각종 악업을 조장하게 된다. 반대로 평화롭게

업(業)이란 무엇인가?

업(業)은 조작이란 뜻을 가지고 있다. 우리는 마음으로 외부의 경계에 대하여 각종 상념을 하며 번뇌를 일으킨다. 각양각색의 마음이 각양각색의 행위로 나타난다. 이러한 일련의 행위를 조작이라 말하기도 하는데 이것이 바로 업이다.

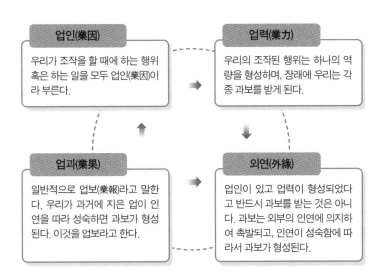

업인(業因)
우리가 조작을 할 때에 하는 행위 혹은 하는 일을 모두 업인(業因)이라 부른다.

업력(業力)
우리의 조작된 행위는 하나의 역량을 형성하며, 장래에 우리는 각종 과보를 받게 된다.

업과(業果)
일반적으로 업보(業報)라고 말한다. 우리가 과거에 지은 업이 인연을 따라 성숙하면 과보가 형성된다. 이것을 업보라고 한다.

외연(外緣)
업인이 있고 업력이 형성되었다고 반드시 과보를 받는 것은 아니다. 과보는 외부의 인연에 의지하여 촉발되고, 인연이 성숙함에 따라서 과보가 형성된다.

업(業)의 분류

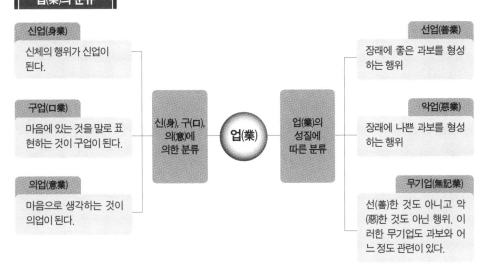

신업(身業)
신체의 행위가 신업이 된다.

구업(口業)
마음에 있는 것을 말로 표현하는 것이 구업이 된다.

의업(意業)
마음으로 생각하는 것이 의업이 된다.

신(身), 구(口), 의(意)에 의한 분류

업(業)

업(業)의 성질에 따른 분류

선업(善業)
장래에 좋은 과보를 형성하는 행위

악업(惡業)
장래에 나쁜 과보를 형성하는 행위

무기업(無記業)
선(善)한 것도 아니고 악(惡)한 것도 아닌 행위. 이러한 무기업도 과보와 어느 정도 관련이 있다.

발전하는 시대에는 각종 악업이 줄어들게 된다.

개인의 노력과 재주는 업력에 영향을 미치는 가장 중요한 요소라고 할 수 있다. 질병이나 곤란한 문제에 처해 있는 사람이 이러한 문제를 해결하기 위해 최선을 다해 노력하지 않는다면 결코 좋은 과보를 받을 수 없을 것이다. 그러나 이러한 질병이나 곤란을 해결하기 위해 성심을 다해 최선의 노력을 한다면 선업이 그를 도울 것이다.

누구도 피할 수 없는 업력(業力)의 법칙

일부의 사람들은 업(業)은 어떤 특정한 종교를 믿는 사람들이나 업을 믿는 사람들에게만 작용하고, 불교를 믿지 않거나 업을 믿지 않는 사람들에겐 작용하지 않는 것이라고 말을 한다. 이러한 생각은 업에 대한 잘못된 인식에서 나온 것이다. 업은 특정한 종교나 업력에 대한 믿음과는 상관없이 작용하며, 전적으로 자신의 말과 행동 그리고 의식에 따르는 결과다. 물리학상의 만유인력의 법칙처럼 한 개인의 믿음의 유무와는 상관없이 자연계 전체에 작용하는 법칙이라는 것을 분명히 인식하여야 한다. 어떠한 행위에는 그에 대한 결과가 따르는 법이며, 모든 행위에는 업보(業報)가 있기 마련이다. 어떠한 사람도 이러한 법칙에서 벗어날 수 없으며, 결코 개인의 신앙에 따라 달라지는 것이 아니다.

업(業)의 작동 방식은 다음과 같다. 우리가 몸(身)이나 말(語)이나 뜻(意)으로 어떤 행위를 하면 영혼에 세밀하게 각인된다. 이것은 영화를 찍으면 필름에 기록되는 것에 비유할 수 있다. 이러한 필름을 영사기에 걸면 영화가 나오듯이 우리의 영혼에 기억되었던 것들이 나중에 적당한 원인과 조건 등과 결합하면 마음속에 나타나게 된다. 어떤 사람들은 업의 개념에 대해서 이해하며, 한평생 업에 대한 직관적 깨달음을 얻기를 원한다. 그러나 일부의 사람들은 업이 확실히 존재한다고 믿을 만한 확실한 증거가 없으며, 업은 심리적 측면에서 전개되는 비실체적인 개념이라는 이유로 업에 대하여 회의적이고 비판적인 태도를 가지고 있다.

이 외에도 주의해야 할 점이 있다면 인생의 모든 상황이 업에 의하여 결정되는 것이 아니라 다른 자연 법칙의 작용과 상호 관련성 속에서 이루어진다는 것이 일체의 사물이 모두 인과법칙의 지배를 받는다. 업인이 있으면 업과가 형성된다. 그 업보에 따라 한 마리 벌레가 한 나무의 가지 끝에서 다른 나무의 가지 끝으로 이동하면서 결코 두 나무의 중간에 떨어지지 않는 것처럼 이 세상에서 죽어서 다른 세상에서 태어난다. 이러한 윤회輪回가 끝없이 이어진다.

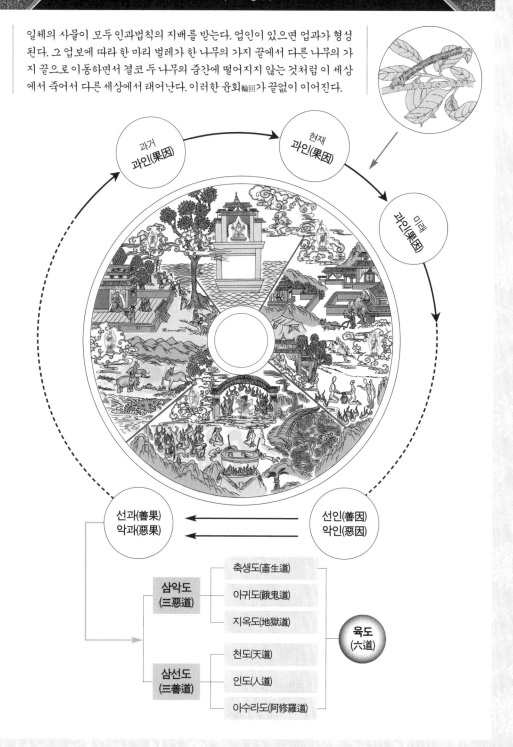

다. 즉 계절의 순환과 변화 혹은 수태와 탄생이라는 생물학적 법칙 등과 상호 연관되어 작용하는 것이다.

업(業)의 주체

우리는 업의 작용을 은행 계좌에 비유할 수 있다. 은행에 저금을 하면 잔고가 증가하는 것처럼 우리가 덕행을 하거나 인의나 자비의 마음을 품고 있으면 선업(善業)이 증가한다. 이후에 계좌의 돈으로 필요한 물건을 구입할 수 있듯이 이러한 업인(業因)도 나중에 좋은 과보로 작용을 한다. 우리가 은행을 계속 이용하면 계좌는 유효하게 지속되지만, 채무나 파산 등으로 더 이상 이용할 수 없다면 계좌는 폐쇄될 것이다. 개개인의 채무나 파산은 전적으로 자신이 져야 할 책임이지 결코 은행을 원망하거나 은행의 책임으로 돌릴 수는 없으며, 이것은 개인의 업력의 작용에 있어서도 마찬가지다.

은행에 저금을 자주 하면 계좌의 잔고가 풍부해진다. 우리는 모두 행복과 성공을 원하며 곤란한 문제에 부딪히는 것을 원하지 않는다. 그러나 자신이 원하는 삶을 살기 위해서는, 은행 계좌의 잔고를 높이듯이 행복과 성공의 업인(業因)을 쌓아야 한다. 즉 성실하고 겸손한 태도나 관용적인 자세로 사람을 대하고, 다른 사람을 속이거나 기만하는 행위 등을 해서는 안 된다. 업의 측면에서 보면, 불행한 삶과 행복한 삶의 문제는 전적으로 자기 자신에게 달려 있다. 개개인이 모두 자신의 업의 주재자이며, 자신의 업은 다른 그 누구도 아닌 바로 자기 자신이 결정하고 책임져야 한다.

분명히 기억해야 할 것은, 현재 자신이 양호한 상태에 있다면 이것은 모두 과거에 지은 수많은 선업의 결과라는 사실이다. 즉 인간으로 태어난 일과 건강한 신체, 타인의 애정과 관심, 불법을 접하고 배울 수 있는 기회 등의 일들이 모두 과거의 선업으로 인한 것이라는 것을 명백히 이해하고, 금생에서도 계속 선업을 쌓는 노력을 게을리해서는 안 된다.

우리가 업력(業力)에 대하여 선수를 진행하는 목적은 업의 개념과 그 작용 원리를 확실히 이해하고, 바로 자기 자신이 업의 주체이며 자신의 업에 대한 책임을 져야 한다는 사실을 명백히 인식하기 위해서다. 또한 이런 인식의 바탕 위에서 고통과 곤경을 가져오는 업인과 행복과 쾌락을 가져오는 업인을 분별하여 행동함으로써 다음 생에서 좋은 과보를 얻기 위한 것이다.

수련의 시작

자신에게 가장 적합한 자세를 취하고 앉아 신체를 편안하게 방송한다. 잠시 호흡에 전주하며 마음을 안정시킨다. 마음이 안정되면 이번 선수의 주제인 업력(業力)에 대하여 반드시 깨달음을 얻겠다는 결의를 다지며, 이번 수련의 목적과 동기 등을 되새겨 본다. 업(業)에 대한 더욱 깊고 명확한 깨달음을 얻어, 자신과 타인이 모두 고통에서 벗어나 더욱 안락한 삶을 영위할 수 있도록 힘쓰겠다는 내용이 담겨 있으면 더욱 좋다.

업(業)에는 네 가지의 원칙이 있다. 시간이 풍부하다면 이번 수련에 이 네 가지의 원칙을 모두 성찰하고 시간이 부족하다면 네 번의 수련으로 나누어 한 가지씩 성찰한다. 이러한 네 가지 원칙을 관상할 때는 생활상의 예나 자신이 들었던 고사들을 떠올리며 업에 대하여 생생한 느낌을 가질 수 있도록 노력한다. 최종적으로는 건설적이고 긍정적인 결론을 이끌어 내는 것이 중요하다.

업(業)의 명확성

"모든 법은 마음에서 비롯되는 것이니, 마음을 바로 하는 데 힘써야 한다. 뜻과 말과 행동의 삼업(三業)을 잘못하면 마치 바퀴가 말의 발자국을 따르듯이 고통이 따른다. 뜻과 말과 행동의 삼업이 청정하면 그림자가 형체를 따르듯이 즐거움이 따른다." 마음이 모든 사물을 주재하는 것이며, 일체가 모두 마음으로부터 나온다. 삼업을 잘못하면 반드시 고통이 따르는데, 이것은 마치 마차 바퀴가 마차를 끄는 말의 발자국을 따라가는 것과 같다. 삼업이 청정하면 반드시 즐거움이 따르는데, 이것은 마치 그림자가 그 형체를 따르는 것과 같다. 콩 심은 데 콩 나고 팥 심은 데 팥 나는 것처럼 업의 작용 역시 그 업인(業因)에 따라 명백히 서로 다른 결과를 가져오는 것이다.

바른 행위는 청정한 마음에서 비롯된다. 비민(悲憫)이나 자애(慈愛), 무집(無執)이나 지혜 등이 그러하다. 또한 부정적 행위에 따르는 고통을 원하지 않는다면 반드시 고통의 업인이 되는 행위를 피하여야 한다. 명확한 인식과 관념을 가지고 살생이나 도둑질 등의 바르지 못한 행위를 피하여야 한다. 이렇게 긍정적인 정서를 배양하고 부정적인 행위를 의식적으로 멀리하는 행위가 모두 바른 행위에 속한다. 이외에도 곤란한 사람을 돕는 행위, 도덕에 합당한 행위, 인내심, 수행에 대한 긍정적인 태도 등이 모두 바른 행위에 포함된다.

부정적인 행위는 오염된 마음에서 비롯된다. 분노나 질투, 무명(無明) 등이 이에 해당하며, 고통을 가져오는 일체의 행위가 여기에 속한다. 살생이나 폭력, 허세나 기만, 말로 다른 사람에게 상처를 주는 일, 탐욕, 부정확한 관점(업이나 깨달음에 대하여 부정하는 관점) 등이 모두 이러한 부정한 행위에 포함된다.

이제 앞에서 말한 부정적인 행위 가운데 자신의 일생에서 저질렀던 부정적인 행위를 회상해 본다. 연후에 그러한 것들이 어떠한 과보를 가져올지 상상해 본다. 그러한 행위를 하면서 잠시지간 즐거움을 느꼈을지도 모르지만 결국 그것이 가져올 과보가 어떠한지를 구체적으로 상상해 본다. 만약에 폭력이나 기만 등의 부정적인 행위를 했다면 고통의 씨앗을 뿌렸다는 것을 명확히 인식하여야 한다. 이번엔 과거에 자신이 행했던 올바른 행위에 대하여 회상하고 그것이 가져올 즐거운 과보에 대하여 상상해 본다. 올바른 행위는 진정한 행복의 원인이 된다. 자신이 약하고 병든 사람을 도왔거나 정직하게 살려고 노력했다면 내세의 행복의 씨앗을 뿌린 것이다.

업(業)의 누적

앞에서 설명한 은행의 계좌와 같이 업(業)도 누적될 수 있다. 은행 계좌에 1만 원을 저금하고 10원 혹은 100원이라도 지속적으로 저금을 하면 계좌에 그 내용이 누적된다. 우리가 허황된 농담 같은 아주 사소한 행위라도 부정적인 행위를 하고 난 후에 그러한 행위에 대해 참회 등의 치유책을 쓰지 않는다면 업 역시 지속적으로 누적되어 좋지 않은 결과를 가져올 것이다. 정원에 생긴 잡초를 뽑지

십선업과 십악업

중생의 윤회는 자신이 행한 십선업+善業과 십악업+惡業으로 결정된다. 무기업無記業이 비록 과보가 없다고 하지만 중생의 누적된 선업善業을 낭비하면 이것이 모두 윤회의 업이 된다. 이외에 해탈을 얻기 위해서는 선업을 많이 행하여야 할 뿐만 아니라 윤회에서 벗어나겠다는 굳건한 결심과 꾸준한 수행이 필요하다.

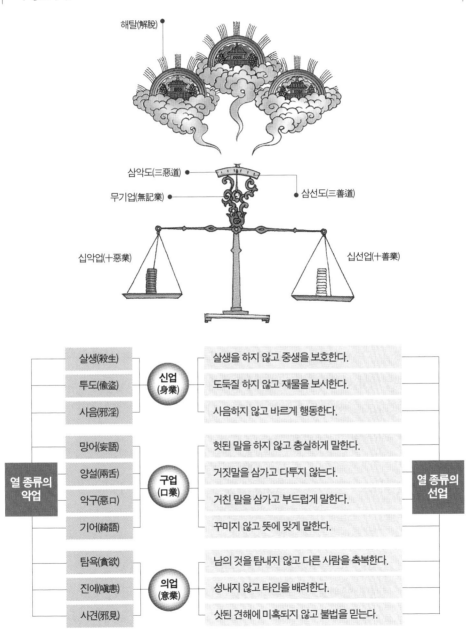

열 종류의 악업				열 종류의 선업
살생(殺生)	신업(身業)	살생을 하지 않고 중생을 보호한다.		
투도(偸盜)		도둑질 하지 않고 재물을 보시한다.		
사음(邪淫)		사음하지 않고 바르게 행동한다.		
망어(妄語)	구업(口業)	헛된 말을 하지 않고 충실하게 말한다.		
양설(兩舌)		거짓말을 삼가고 다투지 않는다.		
악구(惡口)		거친 말을 삼가고 부드럽게 말한다.		
기어(綺語)		꾸미지 않고 뜻에 맞게 말한다.		
탐욕(貪欲)	의업(意業)	남의 것을 탐내지 않고 다른 사람을 축복한다.		
진에(嗔恚)		성내지 않고 타인을 배려한다.		
사견(邪見)		삿된 견해에 미혹되지 않고 불법을 믿는다.		

않고 그냥 두면 종내는 무성하게 자라 정원을 덮어 버리는 것과 같다고 할 수 있다. 이에 반해 청정한 마음을 지키고 올바른 행위를 한다면 선업의 씨앗이 뿌려져 좋은 결실을 맺을 수 있게 될 것이다.

우리가 과거에 지은 업은 각종 인연과 화합하여 과보를 형성하게 되는데, 이것이 바로 우리가 말하는 업보(業報) 혹은 업과(業果)다. 업인이 있으면 업력이 형성되지만 바로 그 과보가 있게 되는 것이 아니다. 업인이 과보로 형성되기 위해서는 다른 외재적인 인연과 화합하여야 한다. 바꾸어 말하면 업력은 많은 다른 인연과 화합하여 과보를 형성하는 것이다. 또한 업인이 당장 과보를 형성하지 않는다고 하여 그 업인이 없어지는 것은 아니다. 천겁만겁 지속되다가 적당한 인연과 화합하여 성숙하면 반드시 그에 따른 과보를 받게 된다.

우리는 업과를 대체로 네 종류로 나눌 수 있다. 완전히 성숙된 결과, 경험상 원인과 유사한 결과, 행위상 원인과 유사한 결과, 환경상의 결과가 그것이다. 예를 들어 설명하면 살생과 같은 부정적 행위는 완전히 성숙된 업보를 받게 되는데 불행한 출신으로 태어나 끊임없이 고통을 받게 된다. 경험상 원인과 유사한 업보는 후생에서 아주 불쾌한 일이 자주 발생하게 된다. 후생에서 요절하거나 신체를 다치게 되거나 사업에서 실패하는 것 등이 그러하다. 행위상 원인과 유사한 업보는 후생에서 본능적으로 살생이나 폭력 등에 경도되는 경우를 말한다. 환경상의 업보는 후생에서 전쟁이나 폭동 등의 환경에서 태어나거나 생활하게 되는 것을 말한다. 그러므로 자신이 살생이나 폭력 등의 부정적 행위를 의식적으로 피하고 멀리하게 되면 이와는 상반된 과보를 얻게 된다. 즉 좋은 환경에서 태어나 건강하게 장수할 수 있으며, 사업이나 생활에서도 성공적인 행복한 삶을 살 수 있게 되며, 자연적으로 다른 생명을 아끼고 보호하는 태도를 가지게 된다.

앞의 네 가지 과보 가운데 행위상 원인과 유사한 과보가 가장 나쁜 결과라고 할 수 있다. 이러한 과보는 중복적으로 악업을 조장하여 끊임없이 나쁜 과보를 받게 만들기 때문이다. 어떠한 행위를 오랫동안 자주 행하게 되면 일종의 습관이나 조건반사적인 행위로 굳어지게 된다. "물이악소이위지 물이선소이불위(勿以惡小而爲之 勿以善小而不爲 : 악한 것은 그것이 아무리 사소한 것이라도 행해서는 안 되며, 선한

『화엄경華嚴經』에는 "법계의 본성을 성찰해 보면(應觀法界性응관법계성), 모든 것이 마음에서 비롯된다(一切唯心造일체유심조)."는 구절이 있다. 십법계十法界 는 중생의 망상과 분별로부터 생긴 환상의 경계다. 개개인이 짓는 업이 서로 다르며, 개개인이 받는 업과 역시 서로 다르다. 십법계는 서로 다른 차이가 있어서 미혹의 정도와 깊이에 따라 서로 다른 열 종류의 중생이 있다.

사성법계(四聖法界)

연각법계(緣覺法界) 십이인연(因緣) 등의 인연을 깨닫기 위하여 수행한다.

불법계(佛法界) 진정한 자비와 평등을 수행한다.

보살법계(菩薩法界) 육도만행(六度萬行)을 수행한다.

성문법계(聲聞法界) 고집멸도(苦集滅道)의 사제(四諦)를 수행한다.

아수라법계(阿修羅法界) 오계(五戒)와 십선(十善)을 수행하지만 그 과보는 수라로 변할 뿐이다.

천법계(天法界) 천법계는 십선(十善)과 사선팔정(四禪八定), 사무량심(四無量心)의 수행이 필요하다.

아귀법계(餓鬼法界) 욕심이 업인(業因)이다. 탐욕이 아귀로 변한다.

지옥법계(地獄法界) 성냄이 업인(業因)이다. 성내는 마음이 무거운 사람은 자연히 지옥 경계에 들게 된다.

축생법계(畜生法界) 어리석음이 업인(業因)이다. 진망(眞妄)과 사정(邪正)을 변별할 능력이 없다.

인법계(人法界) 업인(業因)을 법칙처럼 따라야 한다. 불교에서 말하는 '오계(五戒)'를 지키고 인신(人身)을 소중히 하여야 한다.

육범법계(六凡法界)

것은 그것이 아무리 작은 것이라도 실천해야 한다)"는 이치를 명백히 이해하여야 한다.

무인(無因)과 무과(無果)

불교에서는 어떠한 원인이 있으면 반드시 그에 따르는 결과가 있으며, 원인이 없으면 결과도 없다고 설명하고 있다. 우리가 어떠한 행위를 하지 않는다면 그에 따른 업보가 생길 수 없다. 그러므로 일체의 부정적인 행위를 피하고 멀리한다면 후생에서 나쁜 과보를 받는 일도 없을 것이다. 여러 사람이 같은 상황을 겪어도 서로 다른 결과가 오는 것은 서로의 업인이 다르기 때문이다. 동일한 장소에서 동일한 교통사고를 겪어도 어떤 사람은 죽고 어떤 사람은 다치고 어떤 사람은 무사한 것은 모두 서로의 업인이 다르기 때문에 생기는 결과다. 또한 같은 자본과 비슷한 능력으로 사업을 벌여도 어떤 사람은 성공하고 어떤 사람은 실패하는 것도 이러한 이치 때문에 생기는 결과라고 할 수 있다.

이와 마찬가지로 바른 행위를 피하고 멀리한다면 좋은 과보를 기대할 수가 없다. 선인(善因)의 씨앗을 뿌리지 않고 행복의 과보를 얻고자 하는 것은 씨를 뿌리지 않고 과실을 얻으려 하거나 저금을 하지 않으면서 계좌가 늘어나기를 바라는 것처럼 불가능한 일이다.

우리가 현재 곤란한 문제를 겪거나 불쾌한 상황에 처하게 되는 것은 모두 과거에 지은 부정적인 행위에 대한 업보라고 할 수 있다. 이 점을 분명히 이해하고 받아들인다면, 어떠한 문제나 곤란을 겪더라도 다른 사람을 원망하지 않고 자신의 행위를 돌아보고 반성하는 자세를 가질 수 있게 될 것이다. 자신의 일생에 좋은 점이 많았다면, 이것은 과거에 지은 올바른 행위에 대한 과보라고 할 수 있다. 이러한 생활에 자만하지 않고 감사하게 생각하며, 금생에도 더욱 청정한 마음을 품고 바른 행위를 할 수 있도록 노력하는 것이 지혜로운 태도일 것이다.

다음 생에서 행복한 인생을 원한다면 지금 청정한 마음을 가지고 올바른 삶을 살기 위하여 노력하여야 하며, 다음 생에서 곤란한 상황이나 문제를 겪지 않으려면 일체의 부정적인 행위를 피하고 멀리하겠다는 결심과 실천의 의지를 가져야 한다.

1

자세를 조정하고 신체를 편안하게 방송한다.

→

2

호흡을 조정하고 마음을 안정시킨다.

→

3

이번 선수의 목적과 동기를 되새겨 본다.

↓

4

사고(思考) : 업(業)의 명확성

콩 심은 데 콩 나고, 팥 심은 데 팥 난다. 업(業)은 긍정적 측면뿐만 아니라 부정적 측면에서도 대단히 명확하다.

자신의 일생에 행했던 각종 부정적 행위와 그 과보에 대하여 생각해 본다. 자신이 과거에 행했던 각종 긍정적 행위와 그것이 진정한 행복의 원인이 될 것이라는 생각을 해 본다.

↓

5

사고(思考) : 업(業)의 누적

정원에 있는 잡초를 제거하지 않으면 끝내는 정원을 무성하게 덮어 버리듯 우리의 업(業)도 역시 누적되어 최종적으로는 좋지 않은 결과를 초래할 수 있다.

업력(業力)은 수많은 인연과 화합하여야 비로소 그 과보가 형성된다.

우리는 때로 습관적으로 악업을 반복할 수 있다.

↓

6

사고(思考) : 무인(無因)과 무과(無果)

우리가 어떠한 행위도 하지 않으면 업보 역시 형성되지 않는다.

서로 다른 사람이 같은 행동을 하는 경우에 같은 과보를 얻을 수도 있다.

우리가 현재 겪고 있는 각종 쾌락이나 불만족은 모두 우리가 과거에 지은 업의 소산이라고 할 수 있다.

↓

7

사고(思考) : 업(業)의 비소멸성

업(業)은 그것이 아무리 작아도 결코 소실되지 않는다.

8

사고(思考) : 업(業)의 변화적 성질

업은 고정적이고 불변하는 것이 아니며 변화시킬 수 있다.

↓

9

굳건한 의지를 가지고 과거와 현재의 자신의 악업을 정화하는 수련을 꾸준히 하겠다는 결심과 함께 자신이 지은 모든 선업(善業)을 일체 중생에게 회향하고 그들 모두 깨달음을 얻기를 발원한다. 이로써 선업이 보호될 것이다.

↓

10

선수의 긍정적인 성과를 일체 중생에게 회향한다.

결코 소실되지 않는 업(業)

아무리 사소한 것이라 할지라도 신(身), 구(口), 의(意)의 삼업으로 부정한 행위를 하고 참회 등의 치유를 하지 않는다면 그 업인의 씨앗이 뿌려지게 된다. 이러한 업인은 우리의 영혼에 각인되어 천만 년이 흘러도 결코 소실되지 않고 있다가 적당한 인연과 화합하여 성숙하면 반드시 그 과보를 받게 된다.

올바른 행위는 생활에 활기를 주고 잘못된 관념을 교정하여 이지적인 가치관으로 자신의 밝은 본성을 일깨우고 보호하는 것을 도와준다. 그러나 부정적인 행위와 그 업보에서 완전히 벗어나는 것은 그렇게 용이한 일이 아니다. 지속적으로 바른 업인의 씨앗을 뿌리도록 노력하고 그로부터 얻어지는 성과를 일체의 중생들에게 회향하며, 그들 모두가 궁극적인 깨달음을 얻을 수 있도록 발원하는 자세를 가진다면 정업(正業)을 보전할 수 있을 것이다.

업(業)의 변화

업력에 대하여 처음 수련할 때는 마음이 무거워지거나 두려운 감정에 사로잡힐 수 있다. 이때에 분명히 기억해야 할 것은 업은 운명과 다르다는 점이다. 업은 고정적이고 불변적인 것이 아니라 자신이 변화시킬 수 있으며, 나아가 나쁜 업을 없애는 것이 불가능하지 않다는 것을 명심해야 한다. 우리가 현세나 과거세에 뿌린 나쁜 업인은 모두 교정이나 소멸이 가능하며, 이를 통하여 우리의 영혼을 지속적으로 깨끗하게 정화시킬 수 있다. 이것은 병든 사람으로 태어났지만 그에 상응하는 치료를 받으면 건강을 회복할 수 있는 것과 같다.

이제 수련을 통하여 과거세나 현세에 자신이 지은 악업(惡業)을 반드시 정화하겠다고 결심하고 자신이 지은 선업(善業)을 일체의 중생에게 회향하며, 자신과 중생이 함께 궁극적인 깨달음을 얻기를 발원한다면 이로써 선업이 보호될 것이다.

선수를 마칠 때에는 낙관적이고 긍정적인 생각을 가지고 이번 선수를 통하여 얻은 성과를 일체 중생에게 회향한다. 자신과 모든 사람이 고통과 고통의 업인에서 벗어나고 모든 악의 과보가 정화되기를 발원한다.

06 악업으로 인한 장애의 극복
업장의 정화

>>>> 과거세에 부정한 행위를 하면 현세와 미래에 악과(惡果)를 받게 된다. 이러한 문제를 어떻게 해결해야 할까? 방법이 있다면 그것은 무엇일까?

업장(業障)이란 무엇인가?

업장(業障)은 무시이래로 우리가 지은 업인이 우리의 일체의 행동을 방해하여 역경을 만들어 내는 것을 말한다. 업장은 악업으로 인하여 생기는 것이며, 우리의 청정무구한 자성(自性)을 끊임없이 방해한다. 간단히 말하면 업장은 '악업의 장애 혹은 바른 깨달음을 방해하는 악업'이라고 설명할 수 있다.

업장이 유지되는 시간은 악업의 정도와 직접적인 관계가 있다. 업장이 깊고 무거우면 오래 지속되며, 업장이 가벼우면 비교적 짧게 지속된다. 그 무겁고 가벼운 정도에 따라 정해지며, 이에 따라 조금도 위배됨이 없이 그 과보가 이루어진다. 하지만 업장을 제거하는 것이 불가능한 것은 아니다. 업장은 고정적이거나 불변적인 것이 아니며, 또한 결코 피할 수 없는 것도 아니다. 부정적인 행위에 따르는 업력을 정화할 수 있으면 그에 따른 과보도 피할 수 있게 된다. 업장을 정화하는 수행을 통하여 부정적인 에너지를 모두 깨끗이 제거하게 되면 본래의 청정무구한 심성에 영향을 미치지 못한다. 이렇게 업장을 정화하는 것이 이번 수련의 목적이다.

이번 수련을 할 때는 다음과 같은 네 종류의 치유력에 대하여 성찰하여야 한다. 즉 후회(後悔), 의고(依靠), 보구(補救), 결심(決心)이 그것이다. 가장 좋은 것은 매일 업장을 정화하는 수련을 행하면서 수련을 마칠 때마다 그날 그날 지은 업장과 과거로부터 누적된 부정적인 요소들을 모두 깨끗이 제거하는 것이다.

후회(後悔)

후회는 어떤 옳지 못한 행위를 했을 때 생기는 감정이다. 일반적으로 이러한 행위는 자신이나 타인에게 상처를 입히고 각종 문제를 발생시킨다. 우선 이러한 후회의 감정과 죄책감은 다르다는 것을 분명히 이해하여야 한다.

죄책감은 사물이나 상황의 실상에 대한 정확한 이해 없이 생기는 감정이지만 후회는 사물이나 상황에 대한 정확한 이해를 바탕으로 생기는 감정이다. 죄책감이 비이성적인 판단을 기초로 한 감정이라면 후회는 이성적 판단을 바탕으로 나오는 감정이다. 죄책감은 수련에 조금도 도움이 되지 않으며, 결코 긍정적인 결과를 기대할 수 없다. 오히려 슬픔이나 우울함 등의 정서에 사로잡히게 되어 우리의 밝은 심성을 계발하는 데 장애가 된다.

후회는 자신의 행위에 대한 이성적이고 건설적인 반응이며, 업에 대한 명확한 이해를 바탕으로 생기는 것이다. 우리가 자신이나 타인에게 어떠한 옳지 못한 행위를 하고도 자신의 마음을 단속하지 않는다면 이러한 일은 되풀이해서 일어나게 된다. 또한 그러한 행위에 대한 업보가 도래하면 더욱 많은 문제와 고통을 겪게 될 것이다. 우리가 현재 겪는 수많은 곤경과 고통은 모두 과거세에 지은 부정적인 행위에 대한 업보라는 것을 분명히 이해하여야 한다. 다음 생에 불행한 삶을 살기를 원하는 사람은 아마 없을 것이다. 업에 대하여 명확히 이해하고 있는 사람이라면 자신이 지금 옳지 못한 행위를 하였을 때 더욱 더 후회의 감정이 들어야 한다. 자신의 그러한 행위가 어떠한 업보를 가져올지 알고 있기 때문에 후회를 하고 자신의 악업을 정화할 수 있는 방법을 찾아야 한다.

후회는 자신의 과오가 무엇인지, 이러한 과오가 어떠한 업장을 형성할지를 명백히 이해하고 생기는 감정이다. 질병의 원인과 이치를 분명히 알고 있어야 효과적인 치료를 행할 수 있는 것과 같다.

업장이란 무엇인가?

업장業障은 "악업으로 인한 장애를 말하며, 우리의 깨달음을 방해하는 것"이다. 끊임없이 육도윤회하며 행한 신身, 구口, 의意의 각종 악업이 누적된 결과라고 할 수 있다.

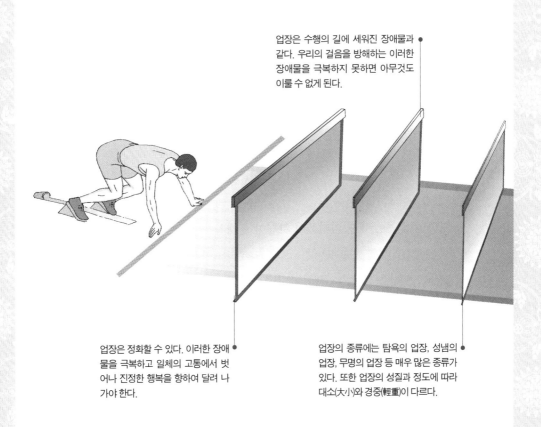

업장은 수행의 길에 세워진 장애물과 같다. 우리의 걸음을 방해하는 이러한 장애물을 극복하지 못하면 아무것도 이룰 수 없게 된다.

업장은 정화할 수 있다. 이러한 장애물을 극복하고 일체의 고통에서 벗어나 진정한 행복을 향하여 달려 나가야 한다.

업장의 종류에는 탐욕의 업장, 성냄의 업장, 무명의 업장 등 매우 많은 종류가 있다. 또한 업장의 성질과 정도에 따라 대소(大小)와 경중(輕重)이 다르다.

의고(依靠)

질병을 치료하기 위해서는 먼저 병의 원인과 병리에 대하여 알고 고명한 의사에게 그에 맞는 처방과 치료를 받아야 한다. 업장을 정화하는 방법도 이와 같다. 업장의 원인과 그 원리를 이해하고 깨달음을 얻은 사람에게 그 치료 방법을 얻어야 한다. 우리가 저지르는 대부분의 부정적 행위는 부처님이나 영혼의 스승보다는 보통 일체의 유정 중생과 관련이 있다. 그러나 업장을 완전히 정화하기 위해서는 이 양자에게 머리를 조아리고 그들에게 의지하여야 한다.

우선, 병자가 고명한 의사의 의술과 처방을 믿고 따르듯 부처님에게 의지하여 부처님의 가르침에 따라서 행동해야 한다. 이것은 우리가 부처님의 관용을 청하는 것을 말하는 것이 아니라 진심으로 부처님에게 귀의하는 것을 말한다. 부처님에게 진심으로 귀의하여 그 가르침을 믿고 이에 따라 행동한다면 우리의 생활과 행위가 올바른 방향으로 교정되며, 업장을 정화시키는 효과를 가져올 것이다. 이 때문에 불교도가 아닌 사람에게 있어 이러한 방법은 불교에 대한 신앙을 갖게 되는 첫걸음이 되기도 한다.

또한 다른 중생에게 의지하여 자신이 현재와 과거에 그들에게 입혔던 상처에 대하여 그들의 관용과 자비를 구하여야 한다. 이와 동시에 자신과 그들이 모두 고통과 번뇌에서 벗어나 행복과 평화를 누릴 수 있기를 희망한다. 이어서 앞으로는 다른 중생에게 상처를 입히는 일이 없도록 하고 최선을 다해서 그들을 돕겠다는 결심을 한다.

보구(補救)

소를 잃고 외양간을 고쳐도 결코 늦은 것이 아니다. 자신의 옳지 못한 행위를 인식한 후에는 업장을 정화하는 방법을 찾아 보구하도록 하여야 한다. 선수(禪修) 등의 긍정적인 행위 역시 업장을 정화하는 데 큰 도움이 된다. 초보자들은 일반적으로 관호흡의 방법을 통하여 자신의 악업을 보구하는 것이 좋다. 이외에도 악업의 보구 방법으로 자애심을 배양하는 선수, 자비심을 배양하는 선수, 공성(空性)에 대한 선수 등을 들 수 있다. 이러한 방법 가운데 보다 특별한 보구 방법으로는 불교의 어떤 종파를 막론하고 업장의 참회는 결코 빼놓을 수 없는 대단히 중요한 수행으로, 수행자의 하루 일과에서 필수적인 과제 가운데 하나다. 네 종류의 치유력에 의지하여 수행을 진행하면 무거운 업장은 경감되고, 가벼운 업장은 완전히 소멸시킬 수도 있다.

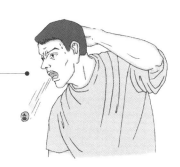

후회(後悔)의 역량
달리는 파악력(破惡力) 혹은 염환대치력(厭患對治力)이라고 부르기도 한다.
잘못하여 독약을 먹은 사람이 독약을 토해 내려고 하는 것과 같다.

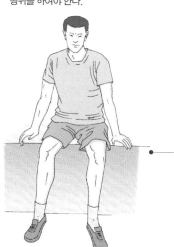

의고(依靠 : 의지하여 기댐)의 역량
달리 의지력(依止力)이라고도 한다. 잘못하여 독약을 삼킨 후 의사의 치료를 청하는 것과 같다.

보구(補救)의 역량
달리 대치현행력(對治現行力)이라고 부르기도 한다. 잘못하여 독약을 삼킨 사람이 독을 치료하기 위하여 그에 맞는 약을 먹는 것과 같다. 업장을 정화하기 위해서는 이와 같이 보구의 행위를 하여야 한다.

결심(決心)의 역량
달리 회복력(恢復力)이라고도 한다. 잘못하여 독약을 삼킨 사람이 다시는 독을 삼키지 않겠다고 맹서하고 독약으로 입은 상처를 철저히 해소하는 것과 같다.

나중에 소개할 석가모니불에 대한 관상, 금강살타에 대한 관상, 삼십오불참(三十五佛懺)과 그들의 명호와 주문을 염송하는 방법을 들 수 있다.

이러한 방법 가운데 자신의 상황에 맞는 하나의 방법을 선택하여 수련하는 것은 물론이고 생활에 있어 청정심을 가지고 올바른 행위를 하려고 노력하여야 한다. 어려운 사람을 돕거나 자선활동을 하거나 주인을 잃고 돌아다니는 동물을 보살피는 행위 등을 일상화하는 것이 좋다. 또한 할 수만 있다면 자신이 상처를 입힌 사람에게 사과를 하고 용서를 구하는 것도 대단히 좋은 보구 방법이 된다.

결심(決心)

다시는 부정적 행위를 하지 않겠다고 결심하고 실천하는 것이 업장의 정화에 대단히 중요한 관건이 된다. 그렇지 않으면 부정적 행위를 하는 나쁜 습관을 고치는 것이 불가능하다. 또한 업장을 완전히 정화하기 위해서는 의식적으로 행하는 부정적 행위뿐만 아니라 무의식적으로 행할 수 있는 일체의 부정적 행위도 조심하고 삼가는 태도가 필요하다.

살생이나 도둑질 같은 행위는 다시는 그러한 행위를 저지르지 않겠다는 결심을 비교적 쉽게 실천할 수 있다. 하지만 가벼운 농담이나 욕설 같은 것이 이미 고질화된 경우에는 다시는 하지 않겠다는 자신의 결심을 실천하기가 그리 쉽지 않을 것이다. 이러한 경우에는 단계적인 계획이 필요하다. 1장에서 이미 소개한 것처럼 단기적으로 몇 시간 혹은 반나절 등의 시간을 정해놓고 그 시간 동안 자신의 결심을 실천할 수 있도록 노력하고, 이후 점진적으로 시간을 늘려 나간다.

마지막으로 언급하고 싶은 것은, 자신에게는 나쁜 습관을 고칠 의지와 능력이 충분하다는 믿음이 있어야 한다는 점이다.

수련의 시작

자신에게 가장 적합한 자세를 취하고 앉아 신체를 편안하게 방송한다. 잠시 자신의 호흡에 전주하며 마음을 안정시킨다. 이번 선수의 주제인 업장의 정화에 대하여 반드시 깨달음을 얻겠다는 결심을 하면서 이러한 선수를 하는 목적과 동기를 되새긴다. "이번 선수를 통하여 얻은 성과를 모든 중생과 나누고, 다시는 그들에게 상처를 입히는 일이 없도록 노력하며 최선을 다해서 그들을 돕겠다"와 같은 대승적이고 긍정적인 내용이 담겨 있으면 좋다.

이제 적당한 시간 동안 다음과 같은 네 개의 항목을 구분하여 수련을 시작한다. 각 항목에 대한 분석과 사색을 할 때는 자신의 몸과 마음에 그 항목에 맞는 감정 상태가 생생히 느껴질 수 있도록 최선을 다하여야 한다.

후회(後悔)의 역량

자신이 하루에 행한 일들을 회상해 본다. 새벽의 선수 수련부터 어떠한 부정적인 행위를 하지는 않았는지 세심하게 회상한다. 먼저 신체적 행위에서 살생이나 폭력 등의 행위를 하지는 않았는지, 다른 사람의 물건에 손을 댄 적은 없는지, 표를 사지 않고 차에 올라탄 적은 없는지 등의 부정한 행위에 대하여 면밀히 살펴본다.

이번엔 언어상의 행위에서 부정적인 행위를 하지 않았는지 세밀하게 회상해 본다. 욕설을 하거나 과장되게 꾸며서 말한 적은 없는지, 다른 사람을 속인 적은 없는지, 농담이나 희롱하는 말을 한 적은 없는지, 말로 다른 사람에게 상처를 입힌 적은 없는지, 다른 사람을 화나게 하는 말을 한 적은 없는지 등등을 꼼꼼하게 살펴본다.

다음엔 부정적인 생각에 빠진 적은 없는지를 세심하게 회상해 본다. 다른 사람이 상처를 받기를 원하며 저주스런 생각을 하지는 않았는지, 다른 사람이 재앙이나 불행을 만났으면 하고 바라지는 않았는지, 다른 사람을 조소하고 경멸하는 생각을 하지는 않았는지, 자신이 가진 것에 만족하지 못하고 다른 사람의 물건에 욕심을 품지는 않았는지 등등을 자세하게 회상한다. 원한, 분노, 탐욕, 시기, 자만, 사욕 등등과 관련된 의식 상태는 모두 이러한 검사의 범위에 포함된다.

이제 다시 과거의 며칠, 몇 개월, 몇 년 동안의 부정적인 행위에 대하여 최선을 다하여 회상해 본다. 그러한 행위가 가져올 후생의 업보를 생각하며 진심으로 후회하는 마음을 가져야 한다. 분명히 이해해야 할 점은 이러한 부정적인 행위는 우리의 영혼에 각인되어 다음 생에 각종 곤경과 문제를 가져온다는 사실이다. 자신의 수행에 장애가 되며, 오랜 동안 원만하지 못하고 불운한 삶을 살게 된다는 점을 명백히 이해해야 한다.

이 후회에 대한 성찰의 수련은 자신이 저지른 과오를 분명히 인식하고 진심으로 후회하며 그 업장을 정화하기 위한 첫걸음이 된다.

의고(依靠)의 역량

만약에 사심이 전혀 없는 자애와 비민 그리고 지혜를 두루 갖춘 부처님이나 영혼의 스승이 있다면 그들에게 끝없는 존경심과 믿음을 품게 될 것이다. 이번 선수는 그들을 상상하면서 자신이 저지른 각종의 과오와 부정적인 태도로 인하여 겪어야 하는 곤경을 그들에게 고하고 그들의 도움과 인도를 청하여, 다시는 그러한 부정적 행위를 하지 않도록 자신을 변화시키기 위한 것이다. 이를 위해서는 그들에게 진심으로 귀의하여 다시는 도덕 원칙에 어긋나는 그릇된 행위를 하지 않고, 그들의 가르침과 인도를 받아 도덕 원칙을 준수하겠다는 진실한 마음을 가져야 한다.

자신이 다른 사람에게 받은 상처를 처리하기 위해서는 자신에게 자애와 비민의 마음이 있어야 한다. 다른 사람도 역시 나와 같은 생각을 하고 있는 모습을 구체적으로 상상해 본다. 그들 역시 나와 같이 각종 고통을 피하고 행복하게 살기를 원할 것이다. 그들이 자신에게 상처를 입혔을 때 그들이 그 과보로 역경과 불행을 만나게 되겠지만 그러한 고통스런 과보에서 벗어나게 도와주는 일이 얼마나 아름다운 일인지를 구체적으로 느껴 본다. 이어서 이러한 이타적인 마음을 가지고 자신의 마음속에 있는 분노와 원한, 탐욕 등의 부정적인 요소를 정화하고 앞으로는 다른 사람도 역시 상처 받는 일이 없도록 도와주는 모습을 관상해 본다.

보구(補救)의 역량

다음과 같은 일련의 수련은 우리가 저지른 부정적인 행위를 치유하는 힘이 있다. 먼저, 여래불(如來佛)이나 금강살타를 자신의 정수리 위에서 관상하면서 그

1 자세를 조정하고 신체를 편안하게 방송한다.

2 호흡을 조정하면서 마음을 안정시킨다.

3 이번 선수의 목적과 동기를 되새겨 본다.

4 후회(後悔)의 역량

① 하루의 일을 회상하면서 악업을 지은 적이 있는지를 생각해 본다.
② 하루 동안 자신이 한 말을 회상하면서 악업을 짓는 말을 했는지를 생각해 본다.
③ 하루 동안 자신이 했던 생각들을 회상하면서 부정적인 생각을 했는지를 생각해 본다.
④ 주의력을 과거로 돌려서 과거의 며칠, 과거의 몇 개월, 과거의 몇 년 동안 신(身), 구(口), 의(意)의 세 방면에서 악업을 지은 적이 있는지를 생각해 본다.
⑤ 자신이 범한 과오를 진심으로 후회하면서 모두 보구되기를 소망한다.

5 의고(依靠)의 역량

① 어떠한 사심도 없는 자비와 지혜의 부처님이나 그러한 힘을 관상한다.
② 다른 사람도 역시 고통을 겪고 있으며 행복을 원하고 있다는 것을 상상해 본다.
③ 자신의 마음속에 이타(利他)의 마음이 일어난다.

6 보구(補救)의 역량

① 성실하고 겸손한 태도로 선행을 한다.
② 업장을 정화하는 선수 방법을 선택하여 수련을 진행한다.

7 결심(決心)의 역량

업장을 제거하고 다시는 부정적인 행위를 하지 않을 구체적인 계획을 수립하고 이를 실천할 결심을 한다.

8 이번 수련에서 얻은 깨달음과 성과를 일체 중생에게 회향한다.

에 적합한 주문을 염송하고 한줄기 빛이 여래불이나 금강살타로부터 흘러나와 우리의 전신을 가득 채우는 모습을 상상하는 수련은 우리가 가진 업장을 정화하는 효과가 있다.

만약에 종교적인 이유 등으로 위와 같은 수련이 자신에게 적합하지 않다고 느낀다면, 빛으로 이루어진 하나의 공이 자신의 정수리 위에 있는 모습을 관상한다. 빛으로 이루어진 이 공은 깨달음을 얻은 후의 특징과 덕성을 대표하는 것이다. 그 공에서 빛이 흘러나와 자신의 전신을 가득 채우는 모습을 관상한다. 바라는 바가 있다면 이러한 관상과 동시에 금강살타의 육자심주(六字心呪) "옴 벤자 사트바" 혹은 관음심주(觀音心呪) "옴 마니 반메 훔"을 염송하는 것이 그 공능이 더 크다는 사실이다.

이 외에도 자신의 상황에 따라 앞에서 이미 기술한 선수의 방법을 선택하여 수행할 수도 있다. 또한 일상 생활에서 청정한 마음을 가지고 올바르게 행동하기 위하여 노력하는 것도 업장의 보수에 도움이 된다.

결심(決心)의 역량

업장을 정화하고 다시는 부정적인 행위를 하지 않겠다는 결심을 하고 계획을 수립한다. 일시에 완전히 자신의 습관을 바꾸기 힘든 것은 합리적으로 단계적인 계획을 세우고 그 시간 동안은 그러한 행위를 하지 않도록 최선을 다하여 노력한다. 이어서 자신의 정서상의 부정적인 요소들을 변화시킬 결심을 한다. 분노나 질투심, 실의나 좌절, 집착 등의 정서가 그러한 것들이다. 자신에게 자신을 변화시킬 수 있는 능력과 의지가 있다는 것을 믿는 것이 중요하다. 그러나 막연한 믿음이나 불확실한 기대를 가져서는 안 된다.

선수를 마칠 때는 업장을 정화하는 이번 수련을 통하여 얻은 성과와 긍정적인 에너지를 모든 중생에게 회향하고, 그들 모두가 고통의 인과에서 벗어날 수 있도록 발원한다.

07 중생개고衆生皆苦
고苦에 대한 선수

>>>> 일체의 유정 중생이 생로병사의 과정을 거친다. 어떠한 사람도 이러한 네 종류의 불가피한 고통을 피할 수 없다.

사제(四諦)

불교의 사제(四諦)는 고(苦)에 대한 학설이라고 할 수 있다. 제(諦)는 진실한 이치를 나타내는 것으로 다툴 수 없는 사실을 의미한다. 사제는 고집멸도(苦集滅道)의 네 종류를 말한다. 즉 고통, 고통의 원인, 고통의 소멸, 고통을 소멸하는 방법이 그것이다. 이것은 부처님께서 깨달음을 얻으신 후에 세인들에게 인생의 진실한 상황과 이로부터 벗어날 수 있는 방법에 대하여 처음 가르쳐 주신 진리다.

고제(苦諦)가 말하는 것은 우리의 인생은 고해(苦海)에서 표류하는 작은 배와 같기 때문에 존재의 본질은 괴로움이라는 것이다. 각종 육체적 고통과 정신적 고통을 포함하여 인간의 일생은 고통으로 점철되어 있다. 결코 만족할 줄 모르는 인간의 욕망은 필연적으로 좌절을 맛볼 수밖에 없으며, 생존에 대한 두려움은 한 순간도 우리를 떠나지 않는다. 불교에서는 우리의 인생을 다음과 같은 총 여덟 종류의 괴로움으로 설명하고 있다. 생(生), 노(老), 병(病), 사(死), 원증회고(怨憎會苦), 애별리고(愛別離苦), 구득불고(求得不苦), 오취온고(五取蘊苦)가 그것이다. 생로병사의 괴로움이 불가피한 것이라면 원증회고, 애별리고, 구득불고의 괴로움은 인간과 인간 사이의 관계에서 조성되는 것이다. 원증회고는 함께 하기를 원하지 않지만 반드시 함께 있게 되는 그러한 괴로움을 가리킨다. 애별리고는 함께 하기를 원하지만 반드시 헤어져야 하는 그러한 괴로움을 말한다. 구득불고는 어떠한 것을 간절히 원하지만 그것을 가질 수 없는 괴로움을 의미한다. 이 괴로움은 세간의 모든 고통의 근원으로 인식되고 있으며, 또한 오취온에서 비롯되는 것으로 보고 있다. 불교에서는 인간은 색(色 : 물질), 수(受 : 감정), 상(想 : 이성적 활동), 행(行 : 의지 활동), 식(識 : 앞의 네 가지 성분의 통일된 의식)의 다섯 가지 성분으로 구성되어 있다고 설명하고 있다. 취(取)는 인간의 욕망의 일종으로 오온(五蘊)과 취(取)가 함께 결합하면 각종 탐욕이 형성된다. 인간은 오온으로 구성되어 있기 때문에 필연적으로 각종 고통에서 자유로울 수가 없는 것이다.

집제(集諦)는 달리 습제(習諦)라고도 하며, 고통이 어디서 오는지에 대한 설명이다. 즉 고통을 조성하는 각종 원인 혹은 고통의 근원에 대한 이론이다. 불교에서는 고통의 근원으로 각종의 업(業)과 미혹을 들고 있다. 이러한 고통의 주요 원인들이 인간의 신(身), 구(口), 의(意)의 세 방면으로 작용하며 고통을 발생시키고, 인간의 마음을 분노나 집착 또는 무명 등의 부정적인 방향으로 이끌어간다고 보고 있다.

멸제(滅諦)는 세간의 모든 고통을 소멸시키는 것에 대한 설명이다. 인간은 모두 원만하고 청명한 본성을 잠재하고 있지만 각종 무명과 업장으로 인하여 그러한 본성이 가려져 있다. 이러한 자신의 본성을 회복할 수만 있으면 다시는 각종 고통의 원인과 부정적인 요소에 미혹되지 않고 고통에서 벗어날 수 있다.

도제(道諦)는 고통을 소멸시키는 방법에 대한 설명이다. 단계적으로 자신의 마음에서 분노나 사욕 혹은 집착 등 고통의 원인을 제어해 나가면서 인내와 자비, 관용 등 긍정적인 덕성을 키워 나간다. 최종적으로는 모든 사물의 실상을 여실히 통찰하고 고통의 근본 원인을 모두 소멸시킨다. 이 방법은 우리의 영혼이 영원히 고통으로부터 벗어날 수 있는 유일한 방법이라고 할 수 있다.

인생관의 변화

우리의 인생은 한 글자 고(苦)로 설명될 수 있다. 그러면 세간의 이러한 고통을 그대로 받아들이며 한평생을 참으며 살아야 하는 것일까? 불교에서는 인생의 괴로움은 생래적인 것이며, 이러한 괴로움이 자신의 영혼을 더욱 힘들게 하지만

초전법륜(初轉法輪)

전하는 바에 의하면, 석가모니 부처님께서 보리수 아래서 성도(成道)하신 후에 녹야원(鹿野苑)에서 다섯 명의 비구에게 처음 보여 주신 가르침이 바로 '사제(四諦)' 다.

초전법륜 : 삼설(三說)과 사제(四諦)

제1설 이것이 고(苦)다. 이것이 집(集)이다. 이것이 멸(滅)이다. 이것이 도(道)다. 이것은 사제(四諦)와 사상(四相)에 관한 가르침이다.

제2설 고(苦)를 이해하고, 집(集)을 멸해야 하며, 멸(滅)을 깨닫고, 도(道)를 수행하여야 한다. 이것은 사제(四諦)의 수행에 대한 가르침이다.

제3설 고(苦)에 대하여 이미 이해하였으며, 집(集)을 이미 모두 멸하였다. 멸(滅)에 대해 이미 깨달았으며, 도(道)를 이미 수행하였다. 이것은 부처님의 사제(四諦)에 관한 자신의 깨달음을 보이신 것이다.

사제인과(四諦因果)

사제는 두 종류의 중요한 인과가 있다. 고(苦)는 과(果)이며, 집(集)은 인(因)이다. 고집(苦集)의 이제(二諦)는 세간의 생사의 인과가 된다. 멸(滅)은 과(果)이며, 도(道)는 인(因)이다. 멸도(滅道)의 이제(二諦)는 출세간의 인과라고 할 수 있다.

사제(四諦)는 불교의 기본적인 교의이며, 대·소승의 각 종파가 모두 반드시 수행하는 가르침이다. 부처님이 말씀하신 이러한 사제의 진리를 이해하고 깨달음을 얻어 일체의 번뇌에서 벗어나 열반에 들기를 원하는 수행자가 있다. 오로지 사제(四諦)를 수행하며 열반을 구하는 사람을 일반적으로 소승(小乘)의 성문인(聲聞人)이라고 한다.

불법에 귀의하면 이러한 형태의 고통에서 벗어날 수 있다고 설명하고 있다. 고통에 대한 선수 방법은 매우 다양하지만 어느 방법을 선택하든지 수련이 성공적으로 이루어지면 자신의 인생관이 변화하는 것을 느끼게 될 것이다.

우리의 인생관은 비실제적이라고 할 수 있다. 대부분의 사람들은 재물이나 명예나 권력 등 외부의 사물에서 행복을 찾으려고 한다. 이러한 사물에 대한 집착은 오히려 각종 고통과 슬픔의 원인이 될 뿐이다. 또한 이러한 것들은 순간적이고 무상한 것이기 때문에 한순간 변화하거나 소멸해 버린다. 그러한 것들에 연연하며 손에 넣고자 집착한다면 고통만 더욱 가중될 뿐이다.

진정한 행복은 자신의 마음에서 찾아야 한다. 이러한 실상을 명확히 이해하고 있다면, 고통을 소멸하는 첫걸음을 옮길 수 있다. 다시는 다른 사람이나 사물에서 행복을 찾으려 하지 않고, 자기 자신이 주체가 되어 사물이나 사람에 대한 태도를 결정할 수 있게 된다. 이렇게 비실제적인 외부의 사물에 더 이상 집착하지 않게 되면 우리는 더 많은 즐거움과 행복을 느낄 수 있게 된다. 또한 이러한 인식을 바탕으로 일체의 중생도 역시 자신과 같은 고통 속에서 살고 있다는 것을 깨닫게 되면 타인에 대한 자애와 비민의 감정 역시 더욱 커지게 된다.

고(苦)에 대한 선수를 하는 주요한 목적은 고통의 원인과 그 본질을 이해하고 마음의 의지를 강화하여 고통에서 벗어날 수 있는 방법을 흔들림 없이 실천하기 위한 것이다. 이를 통하여 최종적으로는 모든 고통의 근원인 무명을 완전히 해소하고, 일체의 존재가 모두 공성(空性)이라는 것을 명백히 깨닫기 위한 것이다. 이러한 깨달음을 획득하는 것은 결코 쉽지 않은 일이다. 일체 사물의 본성을 여실히 통찰하기 위해서는 자신이 가지고 있는 모든 역량을 집중하여야 한다.

수련의 시작

자신에게 가장 적합한 자세를 취하고 앉아 신체를 편안하게 방송한다. 잠시 호흡에 전주하면서 마음을 안정시킨다. 마음이 안정되면 이번 선수의 긍정적인 동기와 이유를 되새겨 본다. "고통에 대하여 더욱 깊이 이해하고 그로부터 벗어날 수 있는 방법을 실천하여 모든 사람이 이러한 문제에서 벗어날 수 있도록 일조하겠다"와 같은 대승적인 내용이 담겨 있으면 더욱 좋다.

고통은 다음과 같은 세 가지 측면에서 접근할 수 있다. 각각의 단계마다 세밀하게 사색하는 것이 중요하다. 반드시 기억해야 할 점은 수련자의 직관과 감정이 완전히 몰입되어야 한다는 점이다. 각 단계의 예를 생각할 때면 자신이 지금 진정으로 그러한 고통을 느끼고 있는 것 같은 감각이 생생하게 느껴져야 한다.

고통(苦痛)의 고(苦)

고(苦)의 이러한 측면은 우리가 쉽게 보고 느낄 수 있는 우리의 신체와 마음의 고통이다. 전쟁, 공포, 재앙, 기근, 폭력, 학대, 감금, 빈곤, 불공정한 대우, 파벌주의, 상해, 질병 등의 중대한 고초와 더위, 추위, 배고픔, 목마름, 시력 불량, 체중 문제, 근육의 긴장, 피로 등의 우리가 일상 생활에서 겪는 일련의 문제를 모두 포괄한다. 자신이 겪었던 일련의 고통을 회상해 보고 그러한 고통이 다시 수련자의 신체에 찾아오는 모습을 상상해 본다.

이어서 노년이 되었을 때 자신의 육체가 겪어야 할 고통에 대하여 상상해 본다. 고희(古稀 : 나이 일흔 살이 된 때)의 나이가 되면 육체는 점점 쇠약해지고 얼굴엔 주름이 가득할 것이다. 소화 기관은 힘을 잃어가고 활력이 점점 떨어지다가 마침내 죽음에 이르게 될 것이다. 계속해서 다양한 형태의 죽음과 그러한 형태의 죽음에 따르는 육체적 고통을 생각해 보고, 자신의 육체에 집착하는 것은 '나我'에 대한 잘못된 인식에서 나온다는 것을 분명히 깨달아야 한다.

이번엔 수련자의 심리상이나 정서상의 고통에 대하여 살펴본다. 과거나 현재에 느꼈던 고독, 실의, 슬픔, 좌절, 질투, 분노, 공포, 당혹, 우울 등의 감정을 회상해 본다. 계속해서 자신의 인생을 돌아보면서 과거에 겪었던 이러한 일련의 정서적 고통을 생각해 본다. 이러한 감정에 사로잡히지 않았던 시간은 거의 찾아볼 수가 없을 것이다. 이어서 현재의 자신의 심경을 살펴보면서 지금 이 순간에도 상술한 그러한 감정에 사로잡혀 있는지 세심하게 관찰해 본다. 다음엔 자신과 친밀한 사람이 죽어서 자신 곁을 떠나는 모습과 그러한 모습을 보면서 자신이 느끼게 될 감정을 상상해 본다. 자신 역시 죽게 되면 남겨진 사람들은 수많은 복잡한 감정에 사로잡히게 될 것이다. 이러한 감정들이 모두 심리상으로 겪는 고통이라는 것을 이해하여야 한다.

이제 사고의 범위를 다른 사람에게까지 확대해 본다. 먼저 자신이 잘 알고 있는 사람의 경력을 생각해 본다. 모든 현존하는 중생은 마음의 미혹과 신체의 노화로 인하여 작게는 심리적 불쾌감에서부터 심각한 문제까지 반드시 심리적·육체적 고통을 겪게 된다. 자신의 친구, 가족, 동료 등이 병에 걸리거나 나이가 들거나 혹은 정서불안이나 외로움 등에 시달리는 모습을 상상해 본다. 이어서 자신이 잘 알지 못하는 타인들이 전쟁이나 빈곤, 실업, 지역주의, 질병, 정치적 박해 등으로 고통을 받고 있는 모습을 상상해 본다.

이번엔 인류 이외의 다른 생물들까지 사고의 범위를 넓혀 본다. 그러한 생물들도 우리와 같이 이 지구상에 존재하며, 매일 배고픔이나 질병, 한파, 더위, 생존의 두려움 등으로 고통을 받고 있다. 이러한 무수한 중생들도 역시 우리 인간처럼 동료나 가족에 대한 사랑을 느끼며, 질병이나 상처를 두려워하고 자신과 자신의 가족을 위협하는 다른 대상에 대해서 분노를 느끼며 편안하게 살기를 원하지만 인간과 같은 깨달음을 얻을 수 없기 때문에 고통으로부터 벗어날 수 없다는 것을 명백히 이해하고 자비심을 갖는다.

변화의 고(苦)

우리가 세간에서 느끼는 쾌락과 희열의 대부분은 오래 지속되지 않고 찰나적이다. 오히려 이러한 쾌락의 감정이 사라지면 그 자리에 고통이 따라온다. 우리의 욕망은 결코 만족을 모르기 때문에 이러한 순간적인 쾌락에 연연하고 집착하며, 자신의 갈증을 풀어 주길 기대하면서 끊임없이 같은 경험을 반복한다.

먼저, 자신이 경험했던 유쾌한 일들을 회상해 본다. 맛있는 음식을 먹었던 일, 감동적인 영화를 구경한 일, 여행을 떠났던 일, 즐겁게 운동했던 일 등을 떠올려 본다. 이어서 스스로에게 다음과 같은 질문을 해 본다. 이러한 것들이 지속적인 즐거움을 주었는가? 변함없이 자신을 즐겁게 하는 것이 있었는가? 잠시지간 즐거움에 사로잡히긴 했지만 그것이 끝난 후에는 오히려 실망과 유감을 느끼지

집제集諦는 고통이 어디서 오는지에 관한 설명이다. 집集은 취집의 뜻을 가지고 있으며, 집제가 의미하는 것은 고통을 조성하는 각종 원인과 근거를 가리킨다.

소승불교에서는 삼계三界 내에 모두 팔십팔사견혹八十八使見惑과 팔십일품사혹八十一品思惑이 있고, 이것이 취집되어 각종 업인을 형성하고 고통의 과보를 초래한다고 설명하고 있다.

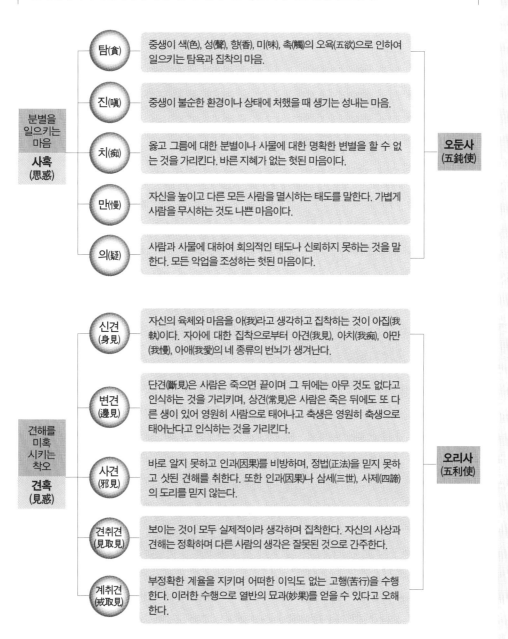

분별을
일으키는
마음
사혹
(思惑)

탐(貪)
중생이 색(色), 성(聲), 향(香), 미(味), 촉(觸)의 오욕(五欲)으로 인하여 일으키는 탐욕과 집착의 마음.

진(嗔)
중생이 불순한 환경이나 상태에 처했을 때 생기는 성내는 마음.

치(痴)
옳고 그름에 대한 분별이나 사물에 대한 명확한 변별을 할 수 없는 것을 가리킨다. 바른 지혜가 없는 헛된 마음이다.

만(慢)
자신을 높이고 다른 모든 사람을 멸시하는 태도를 말한다. 가볍게 사람을 무시하는 것도 나쁜 마음이다.

의(疑)
사람과 사물에 대하여 회의적인 태도나 신뢰하지 못하는 것을 말한다. 모든 악업을 조성하는 헛된 마음이다.

오둔사
(五鈍使)

견해를
미혹
시키는
착오
견혹
(見惑)

신견
(身見)
자신의 육체와 마음을 아(我)라고 생각하고 집착하는 것이 아집(我執)이다. 자아에 대한 집착으로부터 아견(我見), 아치(我痴), 아만(我慢), 아애(我愛)의 네 종류의 번뇌가 생겨난다.

변견
(邊見)
단견(斷見)은 사람은 죽으면 끝이며 그 뒤에는 아무 것도 없다고 인식하는 것을 가리키며, 상견(常見)은 사람은 죽은 뒤에도 또 다른 생이 있어 영원히 사람으로 태어나고 축생은 영원히 축생으로 태어난다고 인식하는 것을 가리킨다.

사견
(邪見)
바로 알지 못하고 인과(因果)를 비방하며, 정법(正法)을 믿지 못하고 삿된 견해를 취한다. 또한 인과(因果)나 삼세(三世), 사제(四諦)의 도리를 믿지 않는다.

견취견
(見取見)
보이는 것이 모두 실제적이라 생각하며 집착한다. 자신의 사상과 견해는 정확하며 다른 사람의 생각은 잘못된 것으로 간주한다.

계취견
(戒取見)
부정확한 계율을 지키며 어떠한 이익도 없는 고행(苦行)을 수행한다. 이러한 수행으로 열반의 묘과(妙果)를 얻을 수 있다고 오해한다.

오리사
(五利使)

는 않았는가? 잠시의 즐거움이라는 것을 알면서도 이러한 행위를 다시 반복할 것인가?

사실상 우리가 경험하는 순간적인 쾌락은 결코 진실한 쾌락이라고 할 수 없다. 우리가 외부의 어떠한 사물에서 구하는 쾌락은 지속될 수가 없는 것이며, 과도하게 추구하다 보면 오히려 실망과 탄식만 늘어날 뿐이다. 배가 고플 때 먹는 한 그릇의 음식은 꿀맛 같겠지만 아무리 맛있다고 계속해서 먹을 수는 없는 법이다. 배가 부르면 더 이상 즐거움을 느끼지 못하게 된다. 또한 심신이 지쳐 있을 때 하는 스트레칭은 한순간 상쾌한 기분을 느끼게 해 주겠지만 지속적으로 할 수는 없으며, 오히려 신체의 피로만 가중될 뿐이다.

다시 자신이 일찍이 겪었던 즐거운 경험에 대하여 회상하면서 자문해 본다. 이러한 경험들이 얼마나 지속되었는가? 자신이 진정 그 속에서 만족을 얻었는가? 그러한 것들이 진정한 행복이라면 무엇 때문에 지속되지 않는 것일까? 자신이나 다른 사람의 경험 속에서 과연 변하지 않고 지속적인 행복을 가져다주는 것들이 있었을까?

이번엔 사물이 변화하는 이유와 쾌락의 감정들이 왜 오랫동안 지속되지 않는지, 그리고 오히려 불만이나 번뇌, 권태나 고독 등의 감정이 뒤따라오는지에 대하여 깊이 생각해 본다. 위의 항목인 '고통(苦痛)의 고(苦)'와 비교할 때 '변화(變化)의 고(苦)'는 잠시라도 즐거움을 느끼게 해 준다. 그러나 해탈이나 열반, 대오각성의 깨달음이 주는 진정한 행복과 비교한다면 '변화의 고'도 역시 괴로움의 일종이라고 할 수 있다. 일체의 사물은 필연적으로 변화하며, 끝내는 그 끝이 있기 마련이다. 이것은 모든 사물의 본성이다.

가장 신뢰하는 관계도 끝이 있게 마련이다. 서로 갈등이 생겨 등을 돌리게 되거나 언젠가 죽음이 다가오면 헤어질 수밖에 없다. 한순간에 홍안은 백발이 되는 법이며, 천하를 질주하던 영웅도 늙게 마련이다. 어떠한 사람도 죽음을 피할 수는 없다. 엄청난 재산도 언젠가는 흩어지게 되어 있고, 하늘 높은 줄 모르던 권력역시 어느 사이 서산에 걸린 석양처럼 저물게 되어 있다. 천하에 끝나지 않는 잔치는 없다. 대부분의 사람들이 추구하는 세속의 쾌락은 꽃을 즐기고 달을 음미하

팔고(八苦)

인간의 일생은 고통으로 점철되어 있다. 불교에서는 신체적 고통과 정신적 고통을 포함하여 모두 '팔고(八苦)'로 설명하고 있다. 팔고 가운데 앞의 네 종류는 신체가 받는 고통이며, 뒤의 세 가지는 마음으로 받는 고통이다. 마지막 한 가지는 몸과 마음을 포괄하는 것이다.

생고(生苦)

처음에 모태로부터 나올 때부터 찬바람을 맞아야 하며, 번뇌의 업력이 쌓여서 수많은 고통을 겪게 된다.

노고(老苦)

피부는 쭈글쭈글 변하고 기력은 감퇴되며, 행동거지가 모두 여의치가 않다.

병고(病苦)

사대(四大)의 부조화로 정신이 혼미해진다. 심신이 병을 얻으면 결코 편안할 수가 없다.

사고(死苦)

오온(五蘊)은 분산되고 영혼과 의식이 서로 멀어진다. 망연자실하지만 업경(業鏡)이 바로 눈앞에 있다.

애별리고(愛別離苦)

아무리 사랑하는 가족과 친구라도 반드시 헤어져야 할 때가 있다.

원증회고(怨憎會苦)

미워하는 사람이나 좋아하지 않는 물건이라도 반드시 만나야 할 때가 있어 마음이 불안하다.

구부득고(求不得苦)

권력이나 명예나 재물에 대한 욕망이 간절하지만 뜻대로 구할 수가 없다.

오취온고(五取蘊苦)

몸(色색)과 마음(受수, 想상, 行행, 識식)이 모두 무상한 것이지만, 인간의 신체는 오온으로 구성되어 있어 각종 고통이 더욱 왕성하게 일어난다.

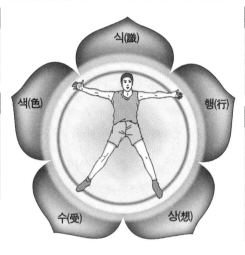

식(識) 색(色) 행(行) 수(受) 상(想)

오온(五蘊)

색온(色蘊) : 지(地), 수(水), 화(火), 풍(風)의 사대 원소를 포함하여 인체를 구성하는 물질적 원소를 가리킨다.

수온(受蘊) : 인간의 오관(五官)이 외부의 환경에 대하여 느끼는 희로애락 등을 가리킨다.

상온(想蘊) : 의식의 상상력을 가리킨다. 인간은 외부의 환경으로 인하여 희로애락을 느끼며, 각종의 상념이 생겨난다.

행온(行蘊) : 행위 혹은 조작을 가리킨다. 인간은 의념으로 인하여 행동하며, 선업과 악업을 포함하여 각종의 업을 짓게 된다.

식온(識蘊) : 감각 기관의 인식과 판단, 분별을 가리킨다.

는 것과 같다. 눈을 돌리면 꽃은 어느 사이 시들고 달은 이미 기울어 있다. 이번 항목의 수련을 마칠 때는 자신의 마음속에 반드시 다음과 같은 결론이 있어야 한다. 어떠한 모종의 사물에 연연하여 추구하는 쾌락과 행복은 순간적이며 무상한 것이기 때문에 나중엔 오히려 불만과 허탈 등의 감정만 가중될 뿐이다.

무처불유지고(無處不有之苦) : 괴로움이 없는 곳은 없다

이 측면의 괴로움은 가장 이해하기 힘든 것이다. 대부분의 사람들은 진정한 깨달음을 얻지 못하고 각종 망념과 업장의 그물에 갇혀 온갖 고통 속에서 헤매게 된다. 모든 사람이 자신의 내면에 청정무구한 본성과 불성이 잠재되어 있지만 그 것을 깨닫지 못하기 때문에 우리의 마음은 시종 무언가를 찾으며 끊임없이 변화하는 것이다. 고요히 자신을 되돌아보면 한 시간 아니 단 몇 분이라도 어떠한 망념도 없이 보냈던 시간을 결코 찾을 수 없을 것이다.

우리의 의식과 언어 그리고 행위는 모두 자신의 잘못된 가치관과 부정적인 습관의 영향을 받기 때문에 사물의 실상과 본질에 대하여 올바른 통찰을 할 수가 없다. 이러한 잘못된 가치관 속에서 과거에 자신이 지었던 각종 업인의 영향 때문에 인과의 순환 속에서 헤어나지를 못하는 것이다. 그러므로 이러한 업인을 모두 소멸시키기 전에는 우리가 어느 곳 어느 순간에 처해 있든 결코 인생의 고통으로부터 자유로울 수가 없다. 이러한 업력(業力)은 마치 그물처럼 우리의 존재를 가두고 있다. 일체의 중생이 모두 우리와 같이 이러한 인과의 그물에 갇혀 영원히 그 사이를 쉬지 않고 윤회하고 있는 것이다.

이러한 인과의 그물에서 벗어나기 위해서는 반드시 고통의 원인을 찾아야 한다. 각종 고통의 원인과 본질에 대하여 명확히 이해하지 못하면 사물의 실상에 대하여 잘못된 인식과 가치관이 형성되어 결코 인과의 그물에서 벗어날 수 없다. 사물의 실상과 본질에 대한 정확한 이해를 바탕으로 과거에 지은 업인을 참회하고 보수하려는 노력과 함께 현재와 미래를 향해서는 청정한 마음으로 올바른 행위를 실천하면서 자신의 마음에서 타성적이고 부정적인 습관들을 모두 제거해 나간다면, 자신을 가두고 있는 이 곤혹스런 상태에서 벗어날 수 있게 될 것이다.

팔고를 제외하고 불교에서는 다시 삼고三苦에 대하여 설명하고 있다. 팔고가 단순히 인간이 받는 고통을 말하는 것이라면, 삼고는 삼계三界의 중생이 모두 받는 고통이다.

삼고 (三苦)

고고(苦苦)

고통(苦痛)의 고(苦)를 말한다. 중생은 모두 생사에 묶인 몸을 가지고 있어 이미 충분히 고통을 받지만, 여기에 수많은 고통의 핍박이 더해진다.

고 위에 고가 더해진다고 하여 이른바 고고(苦苦)라고 한다.

이것은 신체에 상처를 입으면 상처의 통증으로 이미 고통을 느끼지만, 상처에서 고름 등이 나오며 고통이 더욱 더해지는 것에 비유할 수 있다.

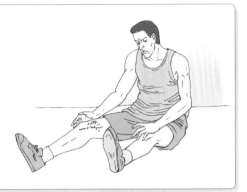

괴고(壞苦)

변화(變化)의 고(苦)를 말한다. 한순간 쾌락을 느끼다가도 이러한 쾌락이 사라지고 나면 고통을 느끼게 되는 것을 가리킨다.

이것은 신체에 상처를 입은 후에 얼음찜질이나 파스를 붙이면 고통이 일순간 사라지지만, 나중에 얼음찜질이나 파스를 제거하고 나면 다시 고통이 찾아오는 것에 비유할 수 있다.

행고(行苦)

제행은 무상하며 쉬지 않고 천변만화하며, 한순간도 고통에서 벗어날 수 없다. 우리의 생각은 끊임없이 변화하며 결코 멈추는 법이 없으며 청정을 유지하는 것이 불가능하기 때문에, 고통이 없는 곳은 그 어디에도 없다.

이것은 신체가 상처를 입은 후에 소독이나 얼음찜질과 관계없이 통증이 계속 존재하는 것에 비유할 수 있다.

또한 자신의 생명과 능력을 대승적이고 긍정적인 방향으로 발전시켜 중생에 대한 자비와 관용의 마음을 키우고 그들을 돕고자 하는 노력이 수반되어야 한다. 정확하고 올바른 의식과 가치관을 가지고 행동하며 일체의 부정적인 행위를 삼가고 멀리하여 나쁜 업인을 짓는 일이 없도록 하여야 한다. 혹여 자신도 모르게 마음에 옳지 못한 생각이 떠오르면, 그때그때 진심으로 참회하고 보수하도록 노력하여야 각종 고통의 업인으로부터 벗어날 수 있게 될 것이다.

일상 생활 속의 실천과 응용

일상 생활 속에서 우리는 매일매일 각양각색의 문제를 만나 심신을 어지럽히게 된다. 과중한 업무로 인한 신체의 피로, 스트레스로 인한 만성적 두통이나 각종 심인성 질병, 실의와 낙담 등등이 모두 일상 생활에서 우리가 겪어야 하는 괴로움들이다. 일상 생활에서도 수시로 고통에 대한 선수를 진행하여 시도 때도 없이 우리를 찾아오는 이러한 괴로움을 잠시라도 다스릴 수 있도록 노력한다. 이러한 괴로움이 느껴지면 그 고통의 원인과 실상을 냉정히 관찰하여 그것이 자신의 심신을 갉아먹지 않도록 하여야 한다. 일상 생활 속에서 자신에게 일어나는 고통에 대한 이러한 지속적인 선수는, 고통의 원인과 본질에 대한 우리의 이해를 더욱 깊고 구체적으로 만들어준다.

그러나 우리가 일상 생활의 선수를 통하여 고통의 본질에 대하여 느끼면 느낄수록, 인생은 끊임없는 긴장과 고통으로 점철되는 한 편의 비극이 아닐까 하는 의구심이 들 수도 있다. 쾌락과 고통의 본질은 같다. 모두 무상하며 순간적인 것들이다. 궁극적으로 쾌락이나 고통의 이러한 무상한 본질을 깨달아야 한다. 사업에 성공하면 일시지간 성취감이나 희열을 느끼게 되지만, 이러한 성취감이나 즐거움은 순간적으로 지나가며 결코 영원히 계속되지 않는다. 신체적으로나 정신적으로 겪는 고통도 역시 이와 같다. 고통도 역시 일시적이며 지나고 나면 과거가 되고 마는 것이다.

주변의 사람들이 고통을 받고 있다면 자비와 긍휼의 마음을 가지고 최선을 다해서 그들을 도와야 한다. 하지만 너무 그 속에 빠지는 것은 옳은 태도가 아니

고통에 대한 선수 방법

1 자세를 조정하고 신체를 방송한다.

2 호흡을 조정하고 마음을 안정시킨다.

3 이번 선수의 목적과 동기를 되새겨 본다.

---

4 사고(思考) : 고고(苦苦)

① 우리가 일찍이 겪었던 고난, 천재지변, 상처, 질병 등의 고통을 생각해 본다.
② 우리가 늙거나 죽음이 찾아왔을 때 느끼게 될 고통에 대하여 생각해 본다.
③ 우리가 일찍이 겪었던 불량한 감정과 그것에 따랐던 고통에 대하여 생각해 본다.
④ 다른 사람이나 다른 중생도 모두 우리와 마찬가지로 이러한 고통을 겪고 있다.

---

5 사고(思考) : 괴고(壞苦)

① 우리가 일찍이 경험했던 쾌락에 대하여 생각해 본다.
② 이러한 경험은 단지 일순간의 즐거움이나 만족일 뿐이라는 것에 대하여 생각해 본다.
③ 이러한 쾌락이 어느 순간 사라졌을 때 유감이나 실망 등의 감정을 느꼈었는지 생각해 본다.
④ 공명을 드높인 사람들이 그들이 가진 것을 모두 잃었을 때 어떠한 감정을 느끼게 될지를 생각해 본다.
⑤ 다음과 같은 결론을 얻을 수 있도록 한다 : 어떠한 사물에 연연하여 얻는 만족과 쾌락은 일시적이다. 그것이 사라지고 나면 오히려 더 많은 실망과 불쾌감을 느끼게 된다.

---

6 사고(思考) : 행고(行苦)

① 우리의 마음이 처한 상태를 살펴본다. 그것은 시종 쉬지 않고 변화하고 있다.
② 깨달음을 얻지 못하면 우리는 시종 무명으로 인하여 번뇌에 사로잡혀서 사물의 본성을 결코 이해하지 못하게 된다. 또한 인과로 인한 윤회를 벗어나지 못하고 계속해서 윤회하는 고통을 받게 될 것이라는 생각을 해 본다.
③ 우리 모두가 고통에서 벗어나기를 원하지만 청정한 본심을 찾지 못하고 각종의 망념에 빠져 버린다면 결코 고통으로부터 벗어날 수 없게 된다는 생각을 해 본다.

---

7 고통에 대하여 낙관적인 자세를 취하고 앞으로는 인생을 의미 있게 보내서 고통과의 싸움에서 꼭 승리하고 말겠다는 결심을 한다.

8 회향(回向)

다. 그들의 문제로 인하여 자신이 지나치게 긴장하거나 슬픔에 사로잡혀서는 안 된다. 어떠한 문제도 결국은 당사자 스스로 풀어야 할 숙제이기 때문이다. 우리가 할 수 있는 것은 그들이 자신의 문제를 해결할 때까지 사랑과 선의를 가지고 미력한 힘을 보태는 것뿐이다.

08 심평기화*의 선수

>>>> 우리는 점점 더 비실제적인 자아에 집착하며 자아의 욕구를 만족시키고자 각종 문제와 곤경의 진흙탕 속으로 자신을 몰아가고 있다.

분별심

일반적으로 우리는 모두 사물에 대한 분별심을 가지고 있다. 이러한 분별심을 바탕으로 사물을 자신이 선호하는 것과 혐오하는 것으로 나누고, 어떤 것은 자신의 곁에 두려고 애를 쓰고 어떤 것은 멸시하거나 배척하는 태도를 보이고 있다. 앞에서 이미 설명한 것처럼 이러한 분별심은 일체의 사물과 존재에 대한 우리의 잘못된 인식과 자아에 대한 집착에서 비롯된 것이다.

우리는 자아를 만족시키기 위하여 끊임없이 새로운 것을 추구하며, 또한 끊임없이 자신이 선호하는 것과 혐오하는 것을 추가해 간다. 자신을 좋아하고 환영하는 사람이 있으면 함께 있고 싶어 하고, 자신을 좋아하지 않고 적대시하는 사람이 있으면 함께 하기를 꺼린다. 이러한 과정 속에서 자아에 대한 확신은 나날이 강화되어 모든 것을 자아의 관점에서 판단하고 자아를 중심으로 처리하려고 한다.

이러한 태도는 근본적으로 자아에 대한 그릇된 인식과 오해에서 비롯된 것이다. 정확한 관점에서 자아를 분석하고 성찰해 보면 실재적이고 고정적인 자아는 결코 그 어디에서도 찾을 수 없다는 것을 알게 될 것이다. 자아는 실재적으로

* 심평기화(心平氣和 : 마음의 평정과 기의 조화).

존재하는 것이 아니라 일종의 환상이다. 우리가 느끼는 희열이나 고통, 친근함이나 혐오 등의 각종 감정은 끊임없이 이어지는 심신의 변화 과정의 하나일 뿐이다. 우리가 어떤 사람과 동고동락하는 것도 찰나적인 일이며, 언젠가 그러한 관계가 끝나게 되면 아무것도 남지 않게 된다. 세상에 영원한 것은 없기 때문이다.

그러나 우리는 이러한 비실체적 자아에 집착하며 허상일 뿐인 자아의 욕구를 만족시키기 위하여 스스로 고통과 번뇌의 진흙탕 속으로 걸어 들어가고 있다. 자아의 관점에서 사람이나 사물을 분류하게 되면 자신이 만나는 사람들을 친구와 적, 그리고 제3자로 보게 된다. 자신이 좋아하는 사람은 좋은 사람이라고 생각하고 친구로 삼고, 자신이 좋아하지 않는 사람은 나쁜 사람이라고 생각하고 적으로 여기며, 길거리에서 흔히 만나볼 수 있는 사람들은 친구도 적도 아닌 제3자로 본다. 문제는 이러한 우리의 인식이 근본적으로 잘못된 것이라는 데에 있다. 인간과 인간의 관계는 끊임없이 변화하게 되어 있다. 가장 친했던 사람도 더 이상 교류하지 않게 될 때가 있고, 이전에 멀리하던 사람도 현재는 좋은 친구가 되어 있기도 하는 것이 우리의 현실이다. 이러한 예는 일상 생활 속에서 얼마든지 찾아볼 수 있다.

인간은 변화한다. 우리의 의식과 생각도 변화하고 주변의 상황과 사정도 변화한다. 1분 전, 하루 전, 1년 전, 혹은 전생에 친구였던 사람이 바로 지금, 1분 후, 1년 후, 혹은 다음 생에 적으로 변할 수도 있다. 우리가 어떠한 사람을 친구 혹은 적, 그리고 제3자로 나누는 이유도 정확한 인식을 바탕으로 한 굳건한 믿음이 없기 때문이다.

보리심(菩提心)

대승 불교는 이타(利他)를 강조하며 널리 일체 중생을 제도하는 것을 수행의 목적으로 삼는다. 대승 불교에서는 자신이 깨달음을 얻어 원만한 경지에 도달하면 타인들도 인생의 각종 고통에서 벗어나 행복한 삶을 살 수 있도록 돕고, 궁극적으로는 일체의 중생이 모두 진정한 깨달음을 얻을 수 있도록 인도하는 것을 수행의 목적으로 삼는 것이다. 모두가 알고 있는 것처럼 이러한 마음을 내는 것을

분별심(分別心)

우리가 가지는 분별심은 모두 무명(無明)으로부터 비롯되며, 진실한 이치에 부합되지 않는 미혹된 것이다.

분별심은 우리에게 끊임없이 번뇌를 가져다준다. 이러한 무형의 사슬에서 벗어나지 못하면 수행에 큰 지장을 초래할 수밖에 없다.

평등심(平等心)

부처님께서는 모든 중생은 평등하다고 말씀하셨다. 일체 중생이 모두 부처님의 불이법문(不二法門)을 깨달을 수 있는 본성을 가지고 있다. 분별심에 대하여 깨달은 후엔 마땅히 보리심(菩提心)을 발하여야 한다.

평상심으로 분별심을 치유하고 외부의 경계에 흔들리지 않고 진여의 이치를 여실히 통찰하여 반야 지혜를 획득하여야 한다.

무상보리(無上菩提)

일단 깨달음을 얻게 되면 수행자는 자신의 본성을 여실히 볼 수 있게 될 뿐만 아니라 일체 유정 중생 역시 자신과 같은 해탈을 얻어 자재하기를 서원하며, 무한한 동정의 마음이 생기게 된다. 이것이 바로 보리심이다. 이로부터 위없는 보리에 통달하게 되는 것이다.

무상(無上)

무상은 그 이상이 있을 수 없는 불과보리(佛果菩提)의 가장 높은 형태를 나타낸다.

부처님께서 바른 지혜의 마음으로 평등의 진리를 깨달으시고 중생을 평등하게 교화하셨으며, 그 각행(覺行)이 원만(圓滿)하여 그 이상이 있을 수 없기 때문에 무상(無上)이란 표현을 쓴다.

보리(菩提)

보리(菩提)는 각오(覺悟) 혹은 지혜(智慧)의 의미를 가지고 있다.

꿈에서 깨어난 것처럼 혹은 취한 사람이 취기에서 깨어난 것처럼 세계의 실상과 인간의 본성에 대하여 여실히 깨닫는 것이다.

일체 진리를 평등하게 깨달은 위없는 지혜

이른바 '발보리심(發菩提心)'이라고 한다. 이러한 마음은 중생을 향한 개방적이고 긍정적인 마음이 바탕이 되어야 하며, 자신의 내면에 일체 중생을 향한 자애와 비민의 감정이 흘러넘쳐야 한다.

보리심이 없으면 우리의 수행은 사리사욕과 구별하기 힘들게 된다. 보리심을 품은 사람은 실제적으로 일체 중생의 고통을 경감시키고 그들 모두를 행복한 경지로 이끌기 위한 무거운 책임감을 느낀다. 마음에 보리심을 발하여 장시간 지속할 수 있으면 어떠한 업인이나 인연에도 결코 소멸되거나 퇴보하지 않고 나날이 증장하여 자신의 모든 행위의 중심이 된다. 보리심을 바탕으로 한 이러한 공덕 하나하나가 모두 무상보리(無上菩提)의 바탕이 된다. 수행을 원만하게 이룬 후에 일체의 선행을 모두 중생에게 회향하면 또한 그것이 무량한 공덕으로 변하게 된다.

일상 생활 속에서 진정한 깨달음을 향한 수련의 첫걸음은 무엇보다 먼저 선량하고 개방적인 태도로 타인을 대하며, 인내심을 가지고 그들의 요구를 관찰하고 배려하는 자세로부터 시작된다. 불편한 상황을 모면하기 위해서나 또는 마음이 내키지 않는데도 외형적으로만 우호적이고 개방적인 자세를 취해서는 안 된다. 악수를 하면서 타인을 향한 자신의 진심이 바로 느껴질 수 있어야 한다. 이러한 진실한 마음과 태도가 무엇보다 중요하다. 수련을 할 때에 마음을 집중한 상태에서 이 점을 분명히 자신에게 각인시켜야 한다.

이번 심평기화(心平氣和)의 수련을 통하여 타인에 대한 자신의 태도와 관점을 성찰하면서 잘못된 자신의 견해를 교정하고, 언제나 평정심을 유지할 수 있는 경지가 되면 다시는 타인으로 인하여 자신의 마음이 흔들리는 일이 없게 될 것이다.

수련의 시작

자신에게 가장 적합한 자세를 취하고 앉아 신체를 편안하게 방송한다. 잠시 자신의 호흡에 전주하며 마음을 안정시킨다. 마음이 평정하게 가라앉으면 잠시 이번 수련에 대한 결의를 다지고 선수를 시작한다.

친구, 적, 제3자

우리는 일반적으로 주변의 사람을 다음과 같이 세 부류로 나누어 생각한다. 즉 자신과 가까운 친구, 자신이 싫어하는 적, 호불호와 무관한 제3자가 그것이다. 선수의 전체 과정에서 자신이 관상의 대상으로 삼은 친구의 모습, 적의 모습, 제3자의 모습이 변함없이 유지될 수 있도록 하여야 한다. 먼저 친구의 모습에 주의력을 집중하고 자신이 무엇 때문에 이 사람을 좋아하는지 생각해 본다. 이 사람이 자신을 도와준 적이 있어서 좋아하는 것은 아닌지, 만약 그렇다면 그것이 서로 친구가 되는 충분한 이유가 될 수 있는지 등등을 다양한 각도에서 분석하고 고민해 본다. 이후에 주의력을 자신의 적으로 돌려서 자신이 무엇 때문에 그 사람을 미워하는지 생각해 본다. 예전에 그 사람이 자신에게 입힌 상처 때문은 아닌지, 만약 그렇다면 그것이 그 사람을 미워하는 충분한 이유가 될 수 있는지 등등에 대하여 역시 심각하게 고민해 본다. 이번엔 자신과 무관한 사람의 모습을 생각하면서 무엇 때문에 그 사람과 긴밀한 관계를 맺지 못했는지, 그 사람이 자신과는 아무런 이해관계가 없어서는 아닌지 등등을 여러 각도에서 다양하게 검토해 본다.

다음엔 이러한 세 종류의 관계가 영구불변의 관계인지에 대하여 진지하게 사색해 본다. 친구와는 계속 즐거움을 나누는 관계가 지속될지, 그리고 자신의 적과는 이후에도 서로 꺼려하는 사이가 계속될 것인지 혹은 자신과 무관한 제3자와의 거리는 계속 이렇게 평행으로 유지될 것인지에 대하여 진지하게 생각해 본다. 이어서 과거에 자신이 겪었던 관계의 변화에 대하여 회상해 본다. 친구가 적이 되어 버리거나 서로 제3자처럼 소원해진 경험이나 이와는 반대의 경험에 대하여 회상해 본다.

이어서 친구가 자신에게 상처를 입히거나 자신이 참을 수 없는 일을 저지르는 모습을 상상하면서 그러한 경우에도 친구 관계가 유지될 수 있을지에 대하여 생각해 본다. 그와 알기 전에 친구가 아니었던 것처럼 미래에는 친구 관계도 변할 수 있지 않을까에 대해서도 진지하게 고민해 본다. 또한 현재는 친구와 자신이 서로에 대하여 우호적인 마음을 가지고 있지만 이러한 생각이 과연 영원히 지속될 수 있을지, 혹은 자신이 과거에 경험했던 것처럼 이러한 마음도 이후에 변하지 않을지를 생각해 본다. 역사 속에서 오늘의 친구가 내일의 적이 되는 예를 우리는 무수히 찾아볼 수 있다.

이번엔 주의력을 자신의 적에게 돌려본다. 만약 그가 자신의 일을 도와주거나 자신을 칭찬하거나 자신이 아플 때 발 벗고 나서서 간호해 주는 등의 일이 생기면 과연 이 사람과의 적대적인 관계에 어떤 변화가 올지에 대하여 생각해 본다. 이 사람에 대한 미움이 약화되면서 새로운 시각에서 이 사람을 판단할 것인지 등에 대하여 진지하게 검토해 본다. 이러한 일들은 이전에도 있었고 이후에도 일어날 것이다. 도대체 무엇 때문에 자신이 그 사람에 대하여 적대적인 태도를 유지하고 있는지에 대하여 심각하게 고민해 본다.

이어서 자신과 제3자와의 관계 사이에 일어날 수 있는 다양한 변화의 가능성에 대하여 진지하게 생각해 본다. 먼저 자신과 제3자 사이에 교류가 이루어질만한 어떤 계기는 없었는지, 그 사람에 대한 호의를 가질 만한 일은 없었는지, 앞으로 선의나 악의를 가질 수 있는 어떠한 요소가 없는지 등에 대하여 생각해 본다.

계속해서 자신이 과거세에 존재했던 것처럼 미래세에도 존재하는 모습을 상상하면서 과거세에 이 사람들을 알았더라면 서로의 관계도 과연 현재와 같았을지를 생각해 본다. 현재의 생에서 친구인 사람이 다른 생에서는 적이나 제3자는 아니었을지 혹은 그 반대의 관계는 아니었을지 등에 대하여 자유롭게 생각해 본다. 이어서 차분한 마음으로 이러한 성찰이 자신이 이 세 종류의 사람에 대하여 느끼는 감정에 어떠한 영향을 미치지는 않았는지 살펴본다.

중생(衆生)의 평등

결론적으로 친구와 적, 그리고 서로 무관한 제3자라는 이러한 세 종류의 관계는 결코 영구불변한 것이 아니다. 어느 날 갑자기 친구나 적 혹은 서로 무관한 사이가 되는 사람은 없다. 이러한 것은 우리의 마음이 그들을 분별하고 인식하는 과정일 뿐이다. 관점을 달리하면 우리가 친구라고 생각하는 사람은 다른 많은 사람의 적일 수도 있고, 우리가 적이라고 느끼는 사람은 오히려 다른 많은 사람의 보리심菩提心은 대승大乘과 소승小乘을 구별하는 가장 중요한 기준이 된다. 대승불교에서는 자신만이 깨달음을 얻어 원만한 상태에 도달하는 것이 아니라 일체의 중생 역시 해탈할 수 있도록 인도하고 모두 함께 쾌락을 얻는 것이 진정한 원만이라고 인식하고 있다.

각행이 원만한 성자는 자성(自性)에 대하여 명백히 이해하고 있을 뿐만 아니라 일체 중생이 모두 진리에 대한 깨달음을 얻을 수 있도록 인도한다. 이것을 각타(覺他)라고 한다.

대승(大乘)은 널리 중생 제도를 수행의 목표로 삼는다.
이것은 큰 배에 타고 있는 모든 사람들이 깨달음을 얻어 진정한 쾌락의 경계에 도달하는 것을 목표로 삼는 것에 비유할 수 있다.

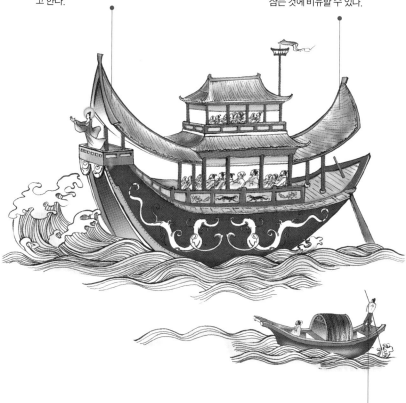

소승(小乘)은 개인의 해탈을 최고의 목표로 삼는다.
이것은 작은 배에 필요한 도구를 싣고 각타(覺他)를 추구하지 않고 오직 자신만의 깨달음을 추구하는 것에 비유할 수 있다.

친구인 경우도 있다. 이 때문에 이러한 세 종류의 관계는 결코 독립적인 것이 아니고 상대적인 것이라고 할 수 있다.

　인간은 모두 비슷한 생각을 하며 살아가고 있으며, 이러한 측면에서 본다면 모두가 평등하다고 말할 수 있다. 누구나 할 것 없이 각종 곤경과 고통을 피하고 행복한 삶을 살기를 원한다. 이 점을 분명히 인식하고 자신의 친구나 적, 혹은 제3자를 돌아보면 모두 스스로의 인생에 대하여 같은 생각을 가지고 있다는 것을 알 수 있다. 비록 각자의 삶의 가치관과 실천 방식 그리고 현재의 상황과 모습이 다르다 할지라도 모두가 어떠한 역경이나 곤란도 겪지 않고 행복하고 즐거운 인생을 살아가기를 간절히 소망하고 있는 것이다. 이 점을 자신의 가슴으로 이해하는 것이 중요하다.

　다른 측면에서 중생의 평등에 관하여 살펴보면 일체 중생이 모두 자신의 내면에 깨달음에 대한 잠재 능력을 가지고 있다는 것을 들 수 있다. 자신의 마음을 미혹시킨 모든 부정적인 요소를 제거하고, 마음의 본성에 대한 철저하고 전면적인 깨달음을 얻게 되면 본래의 청정무구한 마음이 드러나며 자비와 긍휼의 마음이 충만하게 된다. 이러한 이유로 사람은 누구나 깨달음을 얻을 수 있다고 말하는 것이다. 자신과 다른 사람 사이의 관계에 대하여 표면적인 원인이나 이유를 들어 차별적으로 분류하는 것은 모두 자아 중심의 잘못된 인식에서 비롯된 것이다. 자아의 본성이나 일체 사물의 실상에 대하여 여실히 깨닫게 되면 모든 중생이 평등하고 가치 있는 존재라는 것을 이해하고 모든 사람을 자비와 관용의 마음으로 대할 수 있게 된다.

　우리가 다른 사람에 대하여 가지는 분별심은 결코 옳은 것이 아니다. 그러나 우리는 이러한 분별심에 사로잡혀 어떤 사람은 가까이하려 하고 어떤 사람은 멀리하려고 한다. 이번 수련을 통하여 이러한 분별과 차별을 제거하고 모든 사람이 평등하다는 마음으로 공정하게 대하는 것이 중요하다. 그들이 한때 자신을 돕거나 상처를 입혔다는 사실이 기준이 되어서는 결코 안 된다. 이번 수련을 통하여 자아 중심의 그릇된 분별이나 차별을 완전히 버리고, 모든 사람에 대하여 평등하고 공정한 태도를 가져야 한다.

심평기화를 선수하는 방법

1 자세를 조정하고 신체를 편안하게 방송한다. → **2** 호흡을 조정하고 마음을 안정시킨다. → **3** 이번 선수의 목적과 동기를 되새겨 본다.

④ 사고(思考) : 분별심(分別心)

① 갑(甲), 을(乙), 병(丙)의 세 사람을 상상하고 각각 자신의 친구, 자신의 적, 제3자로 구분한다.
② 무엇 때문에 갑, 을, 병을 각각 친구, 적, 제3자로 분류했는지 생각해 본다.

③ 만약에 갑이 자신에게 혐오감을 주는 일을 하는 경우에도 과연 여전히 친구가 될 수 있는지에 대하여 생각해 본다.
④ 같은 방법으로 을과 병에 대해서도 생각해 본다.

⑤ 사고(思考) : 평등심(平等心)

① 친구, 적, 제3자의 관계는 항구불변적인 것이 아니며 시종 변화한다는 것을 생각해 본다.
② 주변의 모든 사람들이 자신과 마찬가지로 어떠한 고통도 없는 행복한 삶을 살기를 원한다는 것을 생각해 본다.
③ 모든 사람이 고통에서 벗어나 행복하게 살 권리가 있으며, 인간과 인간 사이에 차별이 없다는 것에 대하여 생각해 본다.

⑥ 회향(回向)

끝으로 일체 중생의 행복과 평화를 기원하며 자신이 이번 선수에서 얻은 긍정적인 성과를 모두 그들에게 회향한다.

09 | 중생에 대한 사랑
자애를 배양하는 선수

> ≫≫≫ 자애심을 배양하는 선수는 현재 우리를 사로잡고 있는 자아 중심의 집착과 분별에서 벗어나 우주 전체의 일체 중생에 대한 자애의 마음을 배양하는 것이다.

자애(慈愛)의 마음

자애심은 타인의 행복과 즐거움을 진심으로 기원하는 마음을 가리키는 것으로 우리 마음의 순일한 본성 가운데 하나다. 참으로 애석한 것은 대부분의 사람들은 자신과 가까운 사람들에게 국한하여 자애심을 발한다는 사실이다. 이러한 제한된 자애심은 자아 중심의 집착과 분별의 과정을 거쳐 선택된 것이다. 자애심을 배양하는 선수를 하는 주요한 목적은 자아 중심의 집착과 분별을 완전히 타파하고, 이 우주 전체의 일체 중생에 대한 자애심으로 그 범위를 넓히기 위한 것이다. 이것이 진정한 자애심이라고 할 수 있다.

이러한 자애심을 갖는다는 것은 그렇게 쉬운 일이 아니다. 우리가 길거리에서 수시로 만나게 되는 자신과 무관한 사람들에게도 과연 자애심을 가질 수 있을까? 뿐만 아니라 혐오적인 정치인이나 극악한 범죄인, 혹은 지역 분열주의자 등의 사람들에게도 과연 자애심이 생길 수 있을까? 지금은 이러한 질문에 회의적인 생각이 앞서겠지만 부단히 노력하여 이러한 자애심을 갖도록 노력하여야 한다. 그렇지 않으면 우리의 수련은 한순간의 미망에 불과하게 되어 버리기 때문이다.

진정한 자애심은 진심으로 타인을 대할 때에 자연스럽게 마음속에 나타나게 된다. 자애심을 배양하기 위해서는 먼저 자신의 마음속에서 분별심을 버려야 한다. 자신이 좋아하는 사람과 혐오하는 사람 그리고 자신과 무관한 사람으로 분류하지 말고, 누구에게나 공정한 태도로 성심껏 대해야 한다. 조금이라도 분별하는 망념이 남아 있다면 진정한 자애심이 무엇인지 영원히 느끼지 못하게 된다.

분별을 제거하는 방법

잘못된 분별심을 교정하기 위해서는 먼저 앞에서 설명한 심평기화(心平氣和)에 대한 선수를 수련하면서 집착을 치유하는 전문적인 방법을 사용하는 것이 좋다. 이곳에서 다시 소개하는 방법은 이번 수련을 시작할 때 자신의 부모님과 가족, 그리고 주변의 사랑하는 사람들을 관상하면서 자애심을 배양하는 방법이다. 이것은 티베트 불교에서 보리심을 강화하기 위하여 전통적으로 사용하는 방법으로 우리의 내면에서 중생을 향한 자애의 감정이 자연스럽게 솟아나오도록 이끌어 준다. 진심을 가지고 성심껏 수련한다면 자신의 마음이 자신과 가까운 사람은 물론이고 자신과 무관한 사람들에까지 서로 연결되는 것을 느낄 수 있으며, 진심으로 그들의 행복과 안락을 희망하게 된다.

다만 이러한 수련을 하기 위해서는 하나의 전제가 있다. 자신이 관상해야 하는 가족과의 관계가 반드시 사랑으로 충만되어 있어야 한다는 점이다. 만약 수련자와 가족과의 관계가 비우호적이거나 적대적이라면 이러한 관상은 결코 효과를 볼 수가 없으며, 오히려 역효과만 가져올 수 있다. 이러한 경우에는 억지로 이러한 사람들에 대한 관상을 하려고 하지 말고, 자신에게 친밀한 감정을 느끼는 다른 사람을 대상으로 관상하는 것이 좋다. 그러나 수련자는 자신과 가족 사이의 이러한 비우호적인 관계를 반드시 해결하는 것이 무엇보다 중요하다는 사실을 명심하여야 한다. 자신과 혈연과의 적대적인 관계를 개선하고 사랑과 우호의 감정이 형성되어야 자애심을 배양하는 수련에서도 전면적인 진전이 있게 된다.

자신에게도 스스로 이러한 관계를 개선시킬 충분한 용기와 능력이 있겠지만 심평기화(心平氣和)의 수련을 진행하거나 자비심을 배양하는 선수, 혹은 각종 부정적인 요소를 처리하는 선수를 진행하는 것도 효과적인 방법이 될 수 있다. 다만 이러한 선수를 통해서 문제를 해결하려고 하는 것은 경우에 따라 몇 년이 걸리기도 한다. 이 때문에 수련에는 인내심이 필요하다고 하는 것이다. 앞에서 이 일체 중생에게 감사하는 마음을 품는 것만으로도 자심慈心은 넓어진다. 그러나 자심을 수련하는 데에는 어느 정도의 기교가 필요한 것도 사실이다. 먼저 우리의 가족 등 자신이 좋아하는 사람부터 시작하고, 이후에 점진적으로 일정한 친분이 있는 관계의 사람을 거쳐 모호한 관계에 있는 사람까지그 범위를 넓히며, 마지막에는 자신이 미워하는 사람과 일체 유정 중생까지 그 범위를 넓혀가는 것이 효과적이다.

원수처럼 생각하는 사람

일체 유정 중생

일정한 친분이 있는 사람,
모호한 관계에 있는 사람

가족
자신이 좋아하는 사람

미 설명한 고통에 대한 선수를 통하여 고통의 감정에 깊이 몰입할 수 있다면 업(業)을 변화시키는 방법을 찾는 것도 하나의 방법이 될 수 있다.

주의해야 할 점은 수련의 목적과 동기에 알맞은 선수 방법을 선택하여야 효과가 크다는 점이다. 어떠한 대상에 대한 깊은 통찰을 목적으로 하는 경우에는 관호흡(觀呼吸)의 선수나 공성(空性)에 대한 선수를 진행하는 것이 효과적이며, 자신의 마음을 변화시키려는 목적이 있다면 자애심에 대한 선수를 진행하는 것이 보다 효과적이다. 이론상으로만 보면 자애심에 대한 선수를 진행하면 수련자의 내면이 사랑으로 가득차는 감각을 진정으로 느낄 수 있어야 한다. 그러나 이러한 체험을 하기 위해서는 어느 정도의 시간과 꾸준한 수련이 뒷받침되어야 한다. 지금 막 수련을 시작한 초보자에게 이러한 체험을 기대하는 것은 무리라고 할 수 있다. 수련을 마치고 단순히 "너희 모두의 행복을 바란다"는 것과 같은 이전보다 대승적인 생각을 하는 것만으로도 만족해야 할 것이다. 우리의 마음이 이러한 감각에 익숙해지면 사랑의 감정은 자연히 솟아나오게 된다.

수련의 시작

자신에게 가장 적합한 자세를 취하고 앉아 신체를 편안하게 방송한다. 잠시 자신의 호흡에 전주하면서 마음을 안정시킨다. 마음이 안정되면 평정한 상태에서 이번 선수의 목적과 동기에 대하여 되새겨 본다. "수련을 통하여 내 마음속에 사랑에 대한 긍정적인 정서와 에너지를 가득 채워서 타인과 이 세계에 도움이 될 수 있도록 하겠다" 등의 대승적인 내용이 담겨 있으면 더욱 좋다.

중생에 대한 관상(觀想)

우선 모든 중생이 자신의 주변을 둘러싸고 앉아 있는 모습을 상상한다. 구체적으로 어머니는 자신의 왼쪽, 아버지는 자신의 오른쪽에 앉아 있으며, 다른 가족들과 친구들은 자신의 옆쪽과 뒤쪽에 앉아 있는 모습을 상상한다. 자신의 앞쪽에는 자신이 꺼려하는 사람과 자신에게 상처를 준 적이 있는 사람들이 앉아 있다. 또한 자신과 무관한 일반 중생들이 사방을 둘러싸고 자신의 시선이 미치지 않는 곳까지 길게 앉아 있는 모습을 상상한다. 그들이 진정으로 그 자리에 있는 것 같은 느낌을 가질 수 있도록 사람들의 모습과 형태 등에 대하여 구체적이고도 생동감 있게 상상한다. 사람들은 모두 편안하게 정좌하고 있다. 모든 중생을 관상하는 것은 사실상 불가능한 일이지만 가능한 한 많은 수의 중생을 관상하는 것이 보다 효과적이다. 관상을 할 때는 어떠한 긴장이나 부담감도 느껴서는 안 되며, 편안한 상태에서 진지한 수행의 분위기가 느껴지는 게 좋다.

우리 모두가 자신뿐만이 아니라 일체 중생에 대한 사랑을 품게 되면 매우 이상적인 일이 될 것이다. 먼저 모든 사람은 자신과 마찬가지로 고통받는 것을 원하지 않고 행복한 삶을 꿈꾸며, 자신이 하는 일이 가장 아름다운 결과를 얻기를 바라고 있다는 점을 깊이 생각하면서 수련을 진행한다. 매우 흉악한 범죄자나 패륜무도한 사람도 모두 이러한 소망을 품고 있다는 점에서는 다를 바가 없다. 모든 중생이 겪어야 하는 인생의 고통과 역경, 그리고 행복한 삶을 향한 인간의 처연한 갈망 등을 생각하면 우리는 사랑하는 사람을 생각할 때처럼 자신의 마음속에서 자연스럽게 이해와 사랑의 감정이 솟아오르는 것을 느끼게 될 것이다. 자신의 이러한 사랑의 감정이 한줄기 따뜻하고 밝은 빛으로 화하는 모습을 상상한다. 이 한줄기 빛은 우리의 마음속에 잠재되어 있던 순수하고 긍정적인 에너지의 실체라고 할 수 있다.

사람은 먼저 자신에 대한 사랑의 마음이 있어야 한다. 이후에 비로소 다른 사람에 대한 진정한 사랑을 논할 수 있는 것이다. 자기를 사랑한다는 것은 자신의 현재의 결함이나 단점을 모두 포함하여 인생의 각종 곤경과 문제로부터 벗어날 수 있는 자신의 의지와 잠재 능력에 대한 확신이 있어야 한다는 의미다. 인간은 모두 행복한 삶에 대한 소망을 가지고 있다는 점을 생각하면서 자신의 내면에서 한줄기 따뜻하고 밝은 에너지가 확대되어 자신의 전신을 가득 채우는 모습을 상상한다. 만약에 여전히 자신에 대한 실망과 비판적인 생각이 남아 있고 도저히 자신의 현재의 모습을 받아들일 수 없다면 자신에 대한 사랑의 감정을 결코 느낄 수가 없다. 이러한 때에는 우선 자기를 사랑하는 마음부터 키워야 한다. 끊임없이 자신에게 "나는 행복한 삶을 원하며, 행복한 삶을 이루어 갈 의지와 능력이 충분하고, 다른 사람을 사랑하고 사랑받을 자격이 있다” 등의 긍정적인 생각을 하며, 자신을 적극적이고 자신감이 넘치는 모습으로 바꾸는 것이 선결되어야 한다. 점진적으로 이러한 긍정적인 생각이 자신의 내면에 뿌리내리게 되면 자신에 대한 사랑이 배양될 것이다. 설사 자신을 완전히 바꾸지는 못할지라도 이러한 긍정적인 생각을 자주한다는 것은 자신의 성장에 매우 중요한 일이며, 그것만으로도 가치가 있다.

이번엔 타인에 대한 사랑을 주제로 선수를 진행한다. 먼저 자신의 가족과 친구 등 평소에 자신이 사랑하는 사람을 대상으로 관상을 시작한다. 그들은 모두 자신과 가장 가까운 곳에 앉아 있다. 그들 모두가 진정한 행복과 만족을 얻기를 진심으로 기원하며, 더불어 그들 역시 다른 사람을 사랑하는 사람이 되기를 소망해 본다. 그들이 모두 올바르고 긍정적인 생각과 인식을 가지기를 소망하고, 삶에서 아름다운 일들만 일어나기를 소망해 본다. 또한 어떠한 곤경이나 곤란도 겪지 않고 순탄하게 살며 인생의 각종 고통의 사슬에서 벗어나 진정한 깨달음을 얻기를 진심을 다하여 소망해 본다. 이어서 한줄기 따뜻하고 밝은 에너지가 자신의 몸에서 흘러나와 그들의 전신을 감싸며 그들이 바라던 행복을 얻는 모습을 상상해 본다. 그들에 대한 진정한 사랑의 감정이 느껴지지 않는다고 하여 걱정할 필요는 없다. 다른 사람의 축복을 기원하는 생각을 한다는 자체가 중요한 일이며, 이것만으로도 충분히 가치 있는 시간이 될 수 있다. 수련이 순리적으로 진행되면 언젠가는 진정한 사랑의 감정이 자연스럽게 솟아나올 것이다.

다음엔 자신과 무관한 사람들에 대한 관상을 시작한다. 비록 자신과는 무관한 사이라 하지만 그들 모두가 자신과 비슷한 일을 하며 자신의 주변에 살고 있다. 또한 자신과 비슷한 인생의 이력을 가지고 있으며, 현재도 자신과 비슷한 상황을 겪으며 비슷한 인생의 고민을 하고 있을 것이라는 생각을 해 본다. 그들 역시 자신과 마찬가지로 각종 곤경과 문제에서 벗어나 행복하게 살기를 꿈꾸고 있을 것이다. 그들이 원하는 것을 모두 얻어 행복한 삶을 살게 되기를 진심으로 기원해 본다. 또한 그들 역시 모두를 사랑할 수 있는 사람이 되고, 모두 올바르고 긍정적인 생각과 인식을 가질 수 있기를 소망해 본다. 계속해서 그들의 앞으로의

자애를 선수하는 방법

1

자세를 조정하고 신체를 편안하게 방송한다.

2

호흡을 조정하고 마음을 안정시킨다.

3

이번 선수의 목적과 동기에 대하여 되새겨 본다.

4 중생에 대한 관상

① 자신의 주변을 수많은 중생들이 둘러싸고 있는 모습을 상상한다.
② 일체 중생에 대하여 사랑의 마음을 갖는 것이 얼마나 아름다운 일인지에 대하여 생각해 본다.
③ 한 명의 사랑하는 사람을 상상하면 아름다운 감정이 자연히 솟아나오게 된다.

5 자신에 대한 사랑의 배양

① 따뜻한 에너지가 자신의 온 몸과 마음을 감싸는 모습을 상상한다.
② 자신에 대한 사랑이 충만해지는 것을 느낀다.
③ 자신의 행복을 기원한다.

6 친구에 대한 사랑의 배양

① 친구 역시 행복을 소망할 것이다.
② 따뜻한 에너지가 자신의 신체에서 흘러나와 친구의 신체를 완전히 감싸는 모습을 상상한다.
③ 사랑의 감각을 느껴본다.

7 타인에 대한 사랑의 배양

친구에 대한 방법과 같은 방법으로 제3자와 자신의 적에 대해서도 상상을 진행한다.

8

간절히 소망하면서 마음을 활짝 열고 순수한 박애의 마음을 일으킨다.

9 회향(回向)

인생이 순탄하고 아름답게 펼쳐지기를 진심으로 소망해 본다. 더불어 인생의 모든 고통에서 벗어나 진정한 깨달음을 얻기를 진심으로 기원한다. 이어서 자신의 내면에서 사랑의 에너지가 솟아나와 그들의 전신을 감싸며 그들이 간절히 원하던 것을 얻고 행복해 하는 모습을 상상해 본다.

다음엔 수련자의 주의력을 자신의 앞쪽에 집중한다. 그곳에는 자신이 평소에 싫어하고 꺼려하는 사람들이 있다. 그들 역시 자신의 사랑을 원하고 있으며, 근본적으로는 자신의 사랑을 받을 가치가 있다는 생각을 해 본다. 그들도 역시 다시는 인생에서 어떠한 역경도 맞지 않고 순탄하게 살 수 있게 되기를 진심으로 기원하며, 다시는 자신의 자아를 중심으로 그들의 행위에 대한 편견을 가지지 않겠다고 결심한다. 또한 그들도 모두 그들의 마음속에서 평안과 만족을 얻고 최종적으로는 진정한 깨달음을 얻을 수 있기를 진심으로 소망해 본다. 이러한 생각을 할 때에는 수련자 스스로 자신의 진심이 느껴져야 한다. 이어서 수련자의 내면에서 흘러나온 사랑의 에너지가 그들의 전신을 감싸고 그들이 모두 행복해하는 모습을 상상해 본다.

계속해서 수련자의 마음에서 긍정적이고 따뜻한 사랑의 감정이 발산되면서 일체 중생의 심신을 온화하게 감싸는 모습을 상상한다. 이러한 자애의 마음이 마치 지하 깊은 곳에서 솟아오르는 맑은 샘물처럼 끊임없이 흘러나와 영원히 마르지 않고 일체 중생의 모든 갈증을 해결해 주는 모습을 상상한다. 완전히 개방된 수련자의 마음에서 흘러나온 사랑의 에너지가 맑은 샘물처럼 사방팔방으로 흘러가며 일체 중생에게 다가가 고독, 질병, 기아, 핍박, 실의, 두려움 등의 모든 부정적인 요소를 깨끗하게 씻어주는 모습을 상상한다. 그들 모두가 마음의 평화와 안정을 되찾고 진정한 행복을 느끼며, 다시는 각종 번뇌에 사로잡히는 일이 없는 모습을 상상한다. 동시에 그들 모두가 스스로 추구하던 것을 얻어 아름답고 행복한 인생을 살며 최종적으로는 진정한 깨달음을 얻기를 기원해 본다. 이러한 수련을 할 때 수련자의 내면에서 일어나는 사랑의 감정을 가능한 한 오랫동안 유지하는 것이 좋다.

선수를 마칠 때에는 자신의 내면에 잠재되어 있는 중생에 대한 사랑을 재차 확인한다. 자신의 친구나 적 혹은 자신과의 관계에 얽매이지 말고 일체 중생에 대한 사랑을 확인한다. 개방적인 마음으로 모든 중생의 행복을 진심으로 기원하면 자아 중심의 독선적이고 편협한 가치관과 태도에서 벗어나 마음이 저 광활한 바다처럼 넓어지는 것을 느낄 수가 있다. 자신의 내면에 일체 중생에 대한 순수한 박애의 마음이 튼튼하게 뿌리내리고 자라게 되면 자신의 행복과 만족이 배가될 뿐만 아니라 다른 사람의 행복을 위하여 진심으로 노력하게 될 것이다.

이번 선수를 통하여 얻은 긍정적인 성과를 일체 중생에게 회향하면서 마음 속으로 그들이 모두 자신이 원하는 행복을 찾고 진정한 깨달음을 얻을 수 있기를 기원한다.

10 중생에 대한 슬픔
자비를 배양하는 선수

>>>> 인간은 모두 내면에 자비慈悲의 마음을 가지고 있다. 약한 사람을 보면 자연히 동정하는 마음이 일어난다. 그러나 여기서 멈추어서는 안 되며, 한 걸음 더 나아가 일체 중생에 대한 자비의 마음을 가져야 한다.

자비(慈悲)란 무엇인가?

'여락왈자 발고왈비(與樂曰慈 拔苦曰悲 : 즐거운 일을 함께 하는 것을 자慈라고 하며, 괴로운 일을 함께 하는 것을 비悲라고 한다)'라는 말이 있다. 자심(慈心)은 중생에 대하여 사랑의 마음을 품고 그들이 모두 행복하기를 기원하는 마음을 가리키며, 이것을 이른바 자(慈)라고 한다. 비심(悲心)은 중생의 고통이나 번민을 함께 아파하며 중생이 모두 그러한 고통에서 벗어나기를 기원하는 마음을 가리키며, 이른바 이것을 비(悲)라고 한다. 이 두 마음을 합하여 자비(慈悲)라고 한다.

자애의 마음과 마찬가지로 자비심 역시 우리 마음의 순일한 특질 가운데 하나다. 우리는 다음과 같은 제한된 범위에서 우리의 자비심을 표현하곤 한다. 상처 입은 어린 동물을 보면 돌봐 주고 싶은 생각이 들고, 억울한 일을 당한 사람을 보면 그 사람을 향해 손을 내밀며, 천재지변으로 피해 받은 사람이 생기면 모금 활동을 하는 것 등등이 우리의 내면에 잠재되어 있는 자비심이 표출된 좋은 예라고 할 수 있다. 그러나 흉악한 범죄자 등의 '나쁜 사람'에게는 이러한 자비심이 생기지 않는다. 그들은 당연히 자신의 죄의 대가를 치러야 하며, 경우에 따라서는 죽어 마땅하다고 생각하기도 한다. 우리의 자비심이 일체 중생을 대상으로 하지 않고 선택적으로 표출되는 것은 아직 우리의 수련이 부족하다는 반증이다. 마음의 수련에 더욱 노력하여야 한다. 아래에 소개하는 것은 자비를 수행하는 방법

자(慈)

쾌락을 함께 하는 것

중생을 자애(慈愛)하고 즐거움을 주는 것을 자(慈)라고 한다.

비(悲)

고통을 덜어 주는 것

고통을 함께 느끼며 중생에 대하여 연민을 품고 그 고통을 제거하는 것을 비(悲)라고 한다.

자비(慈悲)의 세 개의 층면

생연자비(生緣慈悲)	일체 중생에 대하여 자비심을 일으켜 그들에게 관심을 보인다.
법연자비(法緣慈悲)	한순간에 만변하는 중생의 무상한 본질을 깨닫고 자비심이 일어나는 것이다. 중생을 도우려고 한다.
무연자비(無緣慈悲)	일체 중생이 모두 공성(空性)을 가지고 있다는 것을 명확히 이해하고 일어나는 끝없는 자비심. 한계가 없는 대자비심(大慈悲心)이다.

시(施)

주는 것

다른 사람에게 사랑과 행복, 쾌락을 준다.

수(受)

받는 것

다른 사람의 일체의 슬픔과 고통을 받는다.

쾌락　　　　고통

두 종류의 시수법(施受法)

제1종 : 자아를 포용하는 시수법
다른 사람의 이익을 위하여 자신의 문제를 해결할 책임을 어깨에 지는 방법.

제2종 : 타인을 사랑하는 시수법
다른 사람의 문제나 고통을 부담하는 방법.

의 일종이다.

시수법(施受法)

시수법(施受法)의 단순한 의미는 주고받는 것이다. 시수법은 불교의 수행 법문 가운데 하나로 자애나 자비의 마음을 계발하는 방법으로 이용되고 있다. 이것은 부정확한 인식에서 비롯된 자아 중심적 사고관이나 잘못된 가치관을 바로잡고 일체 중생에 대한 자애심이나 자비심을 배양하기 위한 것이다. 시수법은 우리가 자애와 자비에 대한 선수를 할 때 마음속으로 다른 사람이 모두 고통에서 벗어나 행복하기를 기원하고, 이후에 자신은 다른 사람의 고통을 물려받고 자신의 행복은 다른 사람에게 베푸는 모습을 상상하는 수행 방법이다.

자식이 병으로 고통받고 있을 때 그 부모의 마음에 자식의 고통을 대신하고 싶어 하는 생각이 자연스럽게 일어나는 것은 우리가 가장 많이 볼 수 있는 시수법의 좋은 예라고 할 수 있다. 실질적으로 우리가 자애와 자비를 배양하는 선수에 익숙해지면 모든 사람에 대하여 이러한 자비의 마음이 자연스럽게 형성될 것이다. 공성(空性)에 대한 선수에 익숙해지면 한결 더 도움이 된다. 공성에 대한 수련을 통하여 자신과 일체 사물의 무상한 본성을 깨닫게 되면 다시는 자아가 진실한 실체나 영구불변의 존재 혹은 독립적 존재라는 환상에 사로잡히지 않게 된다. 자아에 대한 고질적인 집착에서 벗어나면 일체 중생에 대하여 개방적인 마음과 시선을 가질 수 있게 된다.

이러한 수련들이 완전히 성공적으로 이루어지면 우리는 모든 중생의 고통과 고통의 원인(각종 망념과 업력)에 대하여 무거운 책임감을 가지게 되며, 자신이 가진 모든 행복, 재물, 선업(善業) 등을 중생에게 베푸는 모습을 관상할 수 있게 된다. 수련을 할 때는 보통 호흡에 맞추어 수련을 진행한다. 숨을 들이마실 때는 자신이 세상의 고통과 업인을 모두 들이마시어 이로써 마음속의 사심과 오류들을 해소하는 모습을 상상한다. 숨을 내쉴 때는 자신의 쾌락이나 선한 덕성 등을 내보내 다른 사람들의 요구를 만족시키는 모습을 상상한다.

수련의 시작 단계에서는 다른 사람의 고통을 대신한다는 것이 그리 쉬운 일은 아니다. 자신의 문제나 고통도 해결하지 못하여 심신이 지쳐가고 있는데, 다른 사람 혹은 모든 중생의 고통을 어떻게 물려받을 수 있을까? 먼저 자신이 고통받는 모습을 상상하면서 자신의 심신이 이러한 상황에 익숙해지면 점진적으로 다른 사람의 문제나 고통을 대신하는 상상을 해 나간다. 자신과 가까운 사람부터 시작해서 자신과 무관한 사람, 그리고 자신이 나쁘다고 생각하는 사람이나 자신의 적으로 점차 그 범위를 넓혀가며, 마지막엔 모든 중생의 고통을 그 대상으로 한다.

시수법 수련은 자신에게 초점을 두는 것이 아니라 자신이 다른 사람의 고통을 물려받고 자신의 행복을 다른 사람에게 나누어 주는 것을 초점으로 삼는 것이다. 당연히 다른 사람의 신상에 초점을 두어야 하며, 그 사람이 고통에서 벗어나 그가 원하던 평안을 얻는 감정이 그 사람의 입장에서 느껴져야 한다. 이와 동시에 이러한 체험을 통하여 자신도 역시 무한한 기쁨과 만족이 느껴져야 한다. 명심해야 할 것은 다른 사람의 고통을 물려받고 자신의 행복을 나누어주는 이러한 수련은 일종의 상상적 훈련이지 결코 실제적 상황이 아니라는 점이다. 시수법의 목적은 자신의 마음에서 자애나 자비, 보리심을 계발하고 깨달음의 씨앗을 뿌리기 위한 것이다. 일단 깨달음을 얻게 되면 실제 상황에서도 진심으로 다른 사람을 도울 수 있게 된다. 일체 중생이 모두 고해(苦海)에서 벗어나 진정한 행복을 얻을 수 있도록 최선을 다하여 인도하는 마음과 자세를 갖추게 된다.

두 종류의 시수법(施受法)

시수법의 수련은 우리의 의식과 생각을 바꾸는 효과가 있다. 그 중에 하나는 우리가 살면서 만나게 되는 각종 곤경과 문제를 대하는 우리의 정신적인 태도를 교정시켜 준다. 통상 우리는 자신이 원하지 않은 문제를 만나면 할 말을 잃고 당황하게 된다. 하지만 문제의 본질은 문제 그 자체가 아니라 그러한 문제를 바라보는 우리의 정신적 자세에 있다고 할 수 있다. 정확한 이해와 인식을 바탕으로 문제를 바라볼 수 있으면 문제를 해결할 수 있는 최선의 방법을 찾을 수가 있으며, 어떠한 문제에도 능동적으로 대처할 수 있게 된다.

이어서 다음과 같은 두 종류의 시수법에 대하여 소개한다. 첫 번째는 타인의 고통을 대신하기 힘든 경우에 자신의 구체적인 고통을 대상으로 수련을 하는 것이다. 이 방법은 타인의 고통을 대신 물려받을 충분한 준비가 되어 있지 않은 수련자들을 위한 방법이다. 특별히 수련의 초보자들을 돕기 위한 방법이다. 우리는 통상 어떠한 문제를 만나면 그 문제에 속박되어 버리고 만다. 마치 온 세상에서 오직 자신만이 이러한 문제를 겪고 있는 것처럼 느끼고, 다른 사람의 사정이나 문제에는 관심을 두려 하지 않는다. 마치 소머리에 솟아 있는 뿔처럼 독선적인 이러한 생각은 매우 잘못된 것이다. 더욱 위험하고 불행한 것은 우리들이 이러한 생각을 반복하고 있다는 사실이다. 사실 문제의 본질은 문제 자체의 심각성에 있는 것이 아니라, 그러한 문제를 바라보는 우리의 인식과 자세에 있다고 할 수 있다. 스스로 문제를 과장하고 확대하면 끝내는 극복하기 힘든 문제처럼 느껴지게 된다. 이러한 자세로 문제를 대하면 자신도 모르게 두려움이나 부담, 분노 등의 감정에 사로잡히게 된다.

우리는 타인도 역시 자신과 같은 문제에 부딪히며 때로는 자신보다 더욱 심각한 문제에 부딪히기도 한다는 사실을 돌아봐야 한다. 이러한 개방적인 자세를 가져야만 자신의 문제에 대하여 보다 유연하게 대처할 수 있게 된다. 이러한 자세로 자신의 문제를 돌아보면 방금 전까지 자신을 괴롭히던 문제가 그 자취조차 없이 소멸되어 버리기도 한다. 그러나 수련을 진행할 때에 이러한 기대를 가져서는 안 된다. 이러한 기대는 오히려 수련에 장애가 될 수 있다. 수련을 통하여 어떠한 실질적인 성과를 얻지 못한다 하더라도 실망하거나 포기해서는 안 된다. 수련을 통하여 우리는 최소한 자신의 마음이 개방되는 것을 느낄 수 있을 뿐만 아니라 다른 사람에 대한 자애와 자비의 마음이 증진되어 다른 사람을 돕고자 하는 마음이 더욱 커지는 것을 느낄 수 있다.

두 번째의 방법은 처음부터 다른 사람의 고통을 대신하는 것이다. 일반적으로 이야기하면 첫 번째의 방법에 익숙해진 다음에 다시 두 번째의 방법으로 수련하는 것이 보다 효과적이다. 또한 이 두 종류의 방법을 동시에 수련할 수도 있고,

처음부터 직접 두 번째 방법을 수련할 수도 있다. 이러한 방법 가운데 어느 것이 자신에게 가장 적합한 방법이냐가 선택의 관건이 될 것이다.

수련의 시작

자신에게 가장 적합한 자세를 취하고 앉아 신체를 편안하게 방송한다. 잠시 자신의 호흡에 전주하면서 마음을 안정시킨다. 마음이 안정되면 평정한 상태에서 이번 선수의 목적과 동기에 대하여 되새겨 본다. "이번 수련을 통하여 자애와 자비의 마음을 배양하여 다른 사람을 도울 수 있는 자세를 갖추고 내가 가진 모든 것들을 다른 사람의 행복을 위하여 쓸 수 있도록 하겠다" 등의 대승적인 내용이 담겨 있으면 족하다.

효과적인 수련을 위하여 먼저 다음과 같은 생각을 하며 마음을 정리한다. 모든 중생은 행복한 삶을 꿈꾸며 살아가고 있다. 그들도 나와 마찬가지로 의식주에 대한 문제로 고민하고 있으며, 자신의 생명에 대한 불안감을 가지고 있다. 또한 가족과 친구의 사랑을 받기를 원하며, 다른 사람들과도 우호적인 관계를 가지기를 희망한다. 자신이 좋아하는 일을 하며 만족하기를 원하고, 필요할 때 맘껏 쓸 수 있는 재물을 갖추기를 소망한다. 또한 다시는 어떠한 곤경이나 역경에 처하지 않고, 어떠한 고통도 없이 순탄하게 살기를 바란다. 이러한 측면에서 본다면 일체의 중생이 모두 같다고 할 수 있다.

차분히 자신의 내면을 관찰하면서 자신과 모든 중생의 이러한 공통된 염원을 느껴 본다. 모든 사람이 원하는 것을 하나로 정리하면, 어떠한 문제에도 휩싸이지 않고 행복하게 사는 것이다. 바로 이것이 모든 중생의 한결같은 염원이다. 지금은 이러한 생각의 옳고 그름에 대하여 고민할 필요는 없으며, 다만 모든 사람이 고통의 사슬에서 벗어나 행복하게 살기를 소망한다는 것만 기억한다.

이어서 다음과 같은 생각을 하면서 스스로에게 자문해 본다. 모든 사람이 나와 마찬가지로 어떠한 분란에도 휩싸이지 않고 순탄하고 행복한 삶을 살기를 원한다. 만약에 사람들이 모두 자신의 고통이나 행복만을 생각한다면 어떻게 될 것인가? 모든 사람이 자기를 중심으로 생각하고 행동한다면 어떠한 결과가 벌어질 것인가? 그러면 과연 자신들이 생각하는 행복을 얻을 수 있을 것인가? 이러한 상황이나 결과를 피하려면 어떻게 하여야 하는가? 이러한 상념의 과정을 거치면서 수련자의 마음에 중생에 대한 사랑과 다른 사람의 염원이 보다 구체적으로 느껴지면 수련의 초점이 자연스럽게 자신에게서 타인에게로 옮겨가게 된다.

자신의 문제를 이용하는 수련

수련을 시작할 때에 먼저 현재 자신을 괴롭히고 있는 문제에 대하여 생각해 본다. 초보자들은 아직 시수법에 익숙하지 못하기 때문에 자신의 소소한 일상의 문제를 가지고 시작하는 것이 효과적이다. 너무 심각한 문제에 대하여 생각하는 것은 오히려 수련에 지장을 초래할 수 있다. 신체 부위의 사소한 질병, 쓸쓸함이나 상실감 같은 정서상의 문제에 대하여 생각해 본다. 이러한 문제가 마음에 나타나면 그에 따르는 고통과 그러한 감정에서 벗어나고 싶은 욕구 등의 감정을 생생하고도 구체적으로 느낄 수 있도록 노력하여야 한다.

이어서 이 세상에서 자신만 그러한 문제를 겪고 있는 것이 아니라 대부분의 사람들이 유사한 형태의 곤경과 문제를 겪으면서 고통받고 있으며, 그들의 문제도 그렇게 사소한 것이 아니라는 생각을 해 본다. 예를 들면 우리가 직장에서 별로 내키지 않는 일을 하고 있을 때 다른 많은 사람이 실업 상태에 있다는 것을 생각하면 마음속에 그들에 대한 동정심이 들게 되는데, 이러한 생각을 지속적으로 하게 되면 그들의 고통이나 아픔이 생생하게 느껴지고, 자신을 돌아보게 될 것이다. 나아가 많은 사람들이 실업 등의 고난을 겪지 않게 된다면 얼마나 이상적인 사회가 될 것인지에 대해 생각해 본다.

현재 자신이 겪고 있는 문제를 긍정적으로 받아들여야겠다는 결심을 하면서 자신과 유사한 문제로 고통을 겪고 있는 많은 다른 사람들 역시 이러한 고통에서 벗어나기를 진심으로 기원한다. 자신의 문제에 집착할 때 생기는 두려움이나 실망 등의 부정적 감정이 한결 가벼워지면서 보다 부드럽고 평화로운 마음이 될 것이다. 이러한 수련에 더욱 익숙해지면 현재 자신이 겪고 있는 비교적 심각한 문제나 미래에 일어날 수 있는 어려운 역경을 주제로 수련을 진행할 수 있게 된다.

1 자세를 조정하고 신체를 편안히 방송한다. → 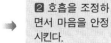 **2** 호흡을 조정하면서 마음을 안정시킨다. → **3** 이번 선수의 목적과 동기 등을 되새겨본다. → 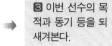 **4** 중생의 평등에 관하여 생각해 본다.

5 자신의 문제를 이용하여 진행하는 수련

① 현재 자신을 괴롭히고 있는 눈앞의 문제에 대하여 상상한다.

② 다른 사람 역시 같은 문제로 곤란을 받고 있는 모습을 상상한다.

③ 다른 사람이 같은 문제 혹은 유사한 문제로 느끼는 고통을 상상해 본다.

④ 내심에 동정심이 일어나면 생각을 계속한다. 진정으로 느껴야 한다.

⑤ 자신의 문제를 받아들이고 책임지겠다는 결심을 하면서 자비의 마음을 가지고 타인 역시 그러한 고통으로부터 벗어날 수 있기를 진심으로 기원한다.

6 타인의 문제를 이용하여 진행하는 수련

① 자신이 잘 알고 있는 사람 가운데 고통받고 있는 사람을 상상하면서 그가 받는 고통을 느껴 본다.

② 수련자의 부정적인 요소들이 자신의 내면에 하나의 돌덩이로 자리하고 있는 모습을 상상한다.

③ 그 사람의 고통이 검은 연기가 되어 그의 몸에서 흘러나와 수련자가 숨을 들이마실 때 수련자의 몸속으로 들어와 수련자의 몸속에 있는 돌덩이를 파괴하는 모습을 관상한다.

④ 수련자의 긍정적인 특질이 빛으로 변해 체외로 흘러나와 그 사람이 간절히 바라는 물건으로 변하는 모습을 상상한다.

⑤ 상상의 대상을 바꾸어 가며 이상과 같은 관상을 반복하여 진행한다.

7 회향(回向)

타인의 문제를 이용하는 수련

자신이 사랑하는 사람 혹은 자신이 알고 있는 사람 가운데 현재 어떠한 문제로 고통을 겪고 있는 사람을 생각한다. 그 사람이 지금 고통스런 모습으로 수련자 앞에 있는 모습을 구체적으로 상상해 본다. 수련자에게 그 사람의 현재의 고통과 그 고통에서 벗어나고 싶어하는 간절한 염원이 생생하게 느껴질 수 있도록 구체적으로 상상하여야 한다. 용기를 내어 그 사람이 받는 고통을 대신 물려받는 상상을 한다.

일반적으로 자아 중심의 잘못된 가치관은 자아에 대한 맹목적인 집착이나 편견, 시기나 질투 등의 부정적 정서를 형성시키며 이것이 오래 반복되면 화석처럼 굳어져 마음에 뿌리내리게 된다. 이제 그 사람의 모든 고통과 병폐가 검은 연기로 변하며, 그 사람의 신체 밖으로 흘러나오는 모습을 상상한다. 이어서 수련자가 숨을 들이마시면 그 사람의 몸에서 나온 검은 연기가 수련자의 마음 깊숙이 들어오고, 수련자의 몸속에 자리하고 있던 모든 오류와 착오의 돌덩이가 남김없이 소실되는 모습을 관상한다. 이 돌덩이와 검은 연기는 각각 자신의 집착과 그 사람의 고통을 대표한다. 이것을 완전히 소멸시키는 것이다. 이어서 이러한 과정을 거쳐 그 사람이 그의 고통에서 벗어나 즐거워하는 모습을 관상하면서 수련자 역시 희열을 느껴야 한다.

계속해서 수련자의 호흡을 따라 수련자의 긍정적인 특질이 눈부신 빛으로 변하며, 체외로 방출되는 모습을 관상한다. 이 빛이 그 사람이 간절히 원하는 물건으로 변하는 모습을 상상한다. 그것은 재물일 수도 있고 직업일 수도 있으며, 친구의 사랑이나 용기, 자애나 자비 등의 내면적 특질일 수도 있을 것이다. 그들이 원하는 것을 얻고 진정으로 행복해 하는 모습을 상상한다. 수련자 역시 그들의 염원을 실현하는 데 도움이 되었다는 사실에 깊은 희열을 느껴야 한다.

이러한 수련에 익숙하게 되면 자신과 가까운 사람뿐만이 아니라 자신과 무관한 사람, 나아가 자신의 적 등으로 그 대상의 범위를 자유롭게 확대하여 수련을 진행할 수 있게 된다.

선수를 마칠 때에는 이번 선수의 목적과 동기를 다시 확인하고, 이번 수련을 통하여 얻은 모든 긍정적인 성과를 일체 중생에게 회향하며 그들이 진정한 행복과 깨달음을 얻기를 발원한다.

11

부정적 정서의 처리

>>>> 앞에서 선수의 과정 도중에 발생하는 부정적인 정서의 처리 방법에 대하여 설명하였지만, 실제적으로 이러한 부정적인 정서는 우리의 일상 생활에서도 수시로 출현하여 우리를 곤혹스럽게 만든다.

부정적인 정서는 무엇 때문에 생기는 것일까?

우리는 일상 생활에서 여러가지 상황을 만나며, 그러한 상황에 따라 각양각색의 생각을 하게 된다. 이러한 상황과 생각들이 우리의 마음속에 수많은 정서를 발생시킨다. 쾌락, 흥분, 희열, 행복, 분노, 우울, 시기, 질투 등의 정서가 그러한 것들이다. 이러한 정서들은 때로는 아주 미미하게 일어나기도 하고, 때로는 하늘을 뒤덮는 거대한 해일처럼 밀려오기도 한다. 집중력을 키운 후에 자신의 내면을 세심하게 관찰해 보면 이러한 정서들의 변화를 점점 더 예민하게 느낄 수 있다.

이른바 분노, 초조, 질투, 실망, 욕념 등을 부정적인 정서라고 하는 것은 그러한 것들이 모두 잘못된 인식과 관련이 있기 때문이다. 이러한 정서들은 사물의 진정한 본질을 볼 수 없게 만들고, 사물의 실상과 거리가 있는 그릇된 관념과 의식을 형성시키며, 결국 각종 고통과 문제의 근원이 된다. 이러한 정서의 본질이 사악하다는 의미는 결코 아니며, 이러한 정서가 수치스러운 것이라는 뜻도 아니다. 부정적인 정서가 발생하는 근본적 원인을 찾아 그에 맞는 방법으로 효과적으로 처리할 수만 있다면 부정적인 정서 역시 긍정적인 정서와 마찬가지로 우리의 수련이 진일보할 수 있는 밑거름이 될 수 있다.

이러한 부정적인 정서는 무엇 때문에 생기는 것일까? 이미 앞에서 여러 차례 언급한 바 있는데, 부정적인 정서는 모든 사물에 대해서 가지는 허상(虛像)에서

평정하고 청정한 하늘처럼 맑은 마음에는 어떠한 망념도 있을 수 없다.
만물이 모두 공(空)한 도리를 명백히 이해하면 부정적인 정서 역시 생기지 않을 것이다.

마음에 각종 망념이 생기는 것은 사물의 본성을 명백히 이해하지 못하기 때문이다. 마음의 연못에 잡초가 무성하고 많은 고기들이 밑바닥을 헤엄치고 다니게 되면 수많은 부정적인 정서가 생기게 된다.

고사(故事) 한 가지

한 노화상이 소화상이 함께 길을 걷다가 강가에 도착했는데, 그때 한 여자가 근심 어린 모습으로 강변에 서 있는 것을 발견한다. 그 여자는 두 사람을 향해 도움을 청하였고, 이에 노화상은 흔쾌히 그녀를 등에 업고 강을 건너갔다. 뒤에 서 있던 소화상은 스승의 이런 행동에 대해 내심 의문을 갖게 되는데, 강을 건넌 노화상은 그녀를 내려 주고 길을 잡아 걷기 시작한다. 이때 소화상은 자신의 의문을 풀기 위해 이런저런 생각을 하다가 결국은 참지 못하고 스승에게 묻는다.

"스승님, 스승님께서는 평소 저에게 출가인은 여색을 가까이 하면 안 된다고 가르치셨는데, 어찌 방금 그 여자를 업고 강을 건너신 것입니까?"

노화상이 정색하며 다음과 같이 대답하였다.

"나는 이미 그녀를 내려놓고 왔는데, 너는 어찌 그녀를 계속 업고 있는 것이냐?"

비롯된다. 만물은 모두 공(空)하며, 일체 사물의 본질은 공성(空性)이다. 그러나 우리는 모든 사물이 구체적인 형상을 가지고 있는 실체라고 생각하고 있다. 이러한 잘못된 관념이 우리의 마음속에 들어와 다시 각종 상념의 허상을 만들어내면 우리는 사물을 분별하여 대하게 된다. 우리가 좋아하는 것은 가까이 두려 하거나 끊임없이 갈구하게 되고, 우리가 싫어하는 것은 적극적으로 피하려고 하며, 그 외의 사물에 대해서는 별 관심을 보이지 않는다. 또한 우리가 만나는 사람도 친구와 적, 그리고 자신과 무관한 제3자로 나누어 그에 맞게 상대하게 된다. 사물의 본성에 대한 잘못된 인식과 이에 근거한 자아 중심의 분별심이 바로 부정적인 정서를 일으키는 원인이라고 할 수 있다.

부정적인 정서 역시 다른 것과 마찬가지로 찰나적이며, 어떠한 고정적인 형상이나 실체를 갖추고 있는 것이 아니다. 긍정적인 정서인 사랑이나 희열이 그 본질은 청명하지만 실체가 없는 것처럼, 이러한 부정적인 정서 역시 어떠한 실체 없이 일시적으로 나타나는 심리적 파동이라고 할 수 있다. 그러나 우리는 때때로 마치 물에 빠진 사람처럼 이러한 정서에 깊이 빠져서 허우적대며 자신의 마음에 대하여 회의를 가지기도 한다. 이러한 문제를 어떻게 해결하여야 할까?

승인(承認)과 접수(接受)

부정적인 정서를 대면할 때 대부분의 사람들은 무조건적으로 이에 순응하거나 아니면 아주 강압적인 자세로 이를 배척하려고 한다. 이 두 종류의 방법은 모두 잘못된 것이며, 방법은 다르지만 두 종류 모두 집착의 다른 형태라고 할 수 있다. 첫 번째 태도는 부정적인 정서에 깊이 함몰되어 우리의 본성을 미혹시킨다. 이렇게 되면 이러한 부정적인 정서가 확대되어 오히려 문제가 더욱 복잡하게 되며, 심각한 결과를 가져올 수 있다. 두 번째 태도는 부정적인 정서를 대단히 위험한 물건처럼 취급하는 것으로, 문제의 소재나 본질에 대한 탐구 없이 일시적으로 가리고 넘어가려는 태도라고 할 수 있다. 이러한 자세 역시 집착의 한 형태라고 할 수 있다.

이러한 부정적인 정서를 처리하기 위해서는 먼저 그것의 존재를 인정하고 받아들이는 자세가 중요하다. 이러한 정서에 대하여 강압적인 자세로 배척하려 하거나 무조건적으로 순응하며 그 속에 깊이 함몰되어서는 안 되며, 보다 유연하고도 개방적인 자세를 가져야 한다. 마음에 이러한 정서가 일어날 때는 차분하게 살펴보면서 그러한 감정에 깊이 빠지거나 다른 쪽으로 영향을 미치는 일이 없도록 하여야 한다. 이러한 정서가 우리의 마음에 뿌리를 내리면 부정적인 태도가 심화되면서 신체에 질병을 일으키기도 한다. 또한 우리가 이러한 부정적인 정서를 인정하고 받아들여서 관찰하려 하는 것은 이로부터 형성되는 각종 고통을 제거하기 위한 것이지, 고통을 들추어내어 자신에게 상처를 입히려 하는 것이 결코 아니다. 이러한 부정적 정서를 억지로 외면하고 피하게 되면 문제만 악화되며, 상황이 결코 호전되지 않는다.

　　일반적으로 각종 고통의 근본적인 원인을 자아에 대한 집착으로 설명할 수 있지만 상황에 따라서는 특정한 원인을 찾기 위한 노력을 하여야 한다. 이러한 경우에는 우리의 마음에 나타난 부정적인 정서의 존재를 인정하는 것이 무엇보다도 중요하다. 우리의 마음에 일어난 부정적인 정서의 존재를 솔직하게 인정하고 한발 물러서서, 선수를 수련할 때의 평정한 마음으로 이러한 부정적인 정서를 차분하게 관찰하여야 한다. 의식을 집중하여 이러한 부정적인 정서의 본질을 관찰해 보면 이것은 어떠한 고정적 실체를 가진 것이 아니라 다만 마음속의 일시적 파동이며, 결코 자아를 대표하는 것이 아니라는 것을 깨닫게 된다. 그 본질을 깨닫고 자신의 마음을 개방하면 이러한 부정적인 정서가 홀연 사라지게 될 것이다. 아래 소개하는 방법은 우리가 부정적인 정서를 극복하는 데에 많은 도움이 될 것이다. 먼저 자신의 마음이 분산되지 않을 만한 적당한 장소를 찾아 좌정하고 심신을 편안하게 방송한다. 몇 차례의 심호흡을 하면서 모든 걱정이 자신이 내쉬는 숨결을 따라 해소되며 마음이 맑고 편안해지는 것을 상상한다. 마음이 안정되면 다시 한 번 심신을 편안하게 방송한다. 이후에 천천히 자신이 현재 부딪히고 있는 문제를 차분히 살펴본다. 그러한 문제를 섬세하고 예민하게 관찰하면서 그러한 문제의 존재를 승인하고 받아들인다.

평정한 대응

부정적인 정서에 직면해서는 마음을 평정하게 가지는 것이 무엇보다 중요하다. 부정적인 정서에 대하여 죄책감을 느끼고 자신에 대한 회의나 비판적인 생각을 가져서는 안 되며, 억지로 외면하려고 해서도 안 된다. 우리가 분노를 느낄 때 "내가 지금 화가 나 있다"라는 것을 있는 그대로 느끼지 못하면 그 속에서 벗어나지 못하고, 결국은 분노를 행동으로 표출하게 된다. 우리가 분명히 기억할 점은 이러한 부정적인 정서는 하늘에 떠다니는 구름처럼 결코 오래 지속되지 않는다는 것이다. 그것들은 우리 마음의 진실한 본성이 아니다. 우리 마음의 진실한 본성은 구름 한 점 없는 맑은 하늘처럼 순일하고 청정한 것이다.

우리가 초조감을 느낄 때는 아주 사소한 문제도 참기 힘들게 된다. 우리 눈앞에 맛있는 음식이 한 상 차려져 있다면 저절로 식욕이 솟구칠 것이다. 이러한 식욕에 사로잡히거나 억지로 외면하고 참으려고 하면 마음속의 식욕은 더욱 강렬하게 자신을 점령해 버린다. 그러한 욕망에 자신을 잊을 정도로 사로잡히거나 억지로 그러한 욕망을 외면하려 하지 말고, 그러한 욕망을 있는 그대로 받아들이면서 차분하게 그것의 본질을 관찰하여야 문제를 해결할 수 있다. 이 때문에 부정적인 정서에 직면하면 초조해 하지 않고 평정을 유지하는 것이 무엇보다 중요하다. 아무리 큰 고통이라도 마음의 평정을 유지할 수 있다면 한결 마음이 가벼워지고 차분해질 것이다. 그러한 마음으로 다시 자신에게 일어났던 고통의 감정을 바라보면 마치 솜털처럼 가볍게 느껴지게 된다.

감정의 폭풍에 휘말리지 않고 자신의 착오를 솔직히 인정한 후에 보다 넓은 시야에서 바라보면서 마음의 평정을 찾아야만 이성적인 판단을 내릴 수 있다. 분노나 번민, 질투나 실망 등의 감정이 강렬하게 일어날 때는 그러한 감정에 휘말려 욕설이나 격한 행동 등의 반응을 보이는 것보다 마음의 평정을 찾는 일이 가장 중요하다. 그렇지 않으면 자신의 감정을 주체하지 못하고 또 다른 그릇된 행위를 유발하여 더욱 큰 상처를 입게 될 수도 있다.

마음의 평정을 찾은 후에 무엇이 자신에게 그러한 부정적인 정서를 초래하였는지를 차분히 생각하고, 문제를 해결할 수 있는 각종 방안을 찾아 대책을 세

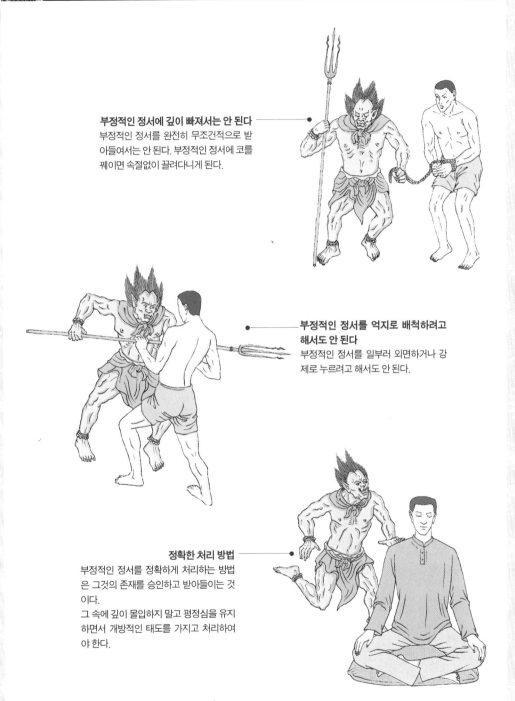

부정적인 정서에 깊이 빠져서는 안 된다
부정적인 정서를 완전히 무조건적으로 받아들여서는 안 된다. 부정적인 정서에 코를 꿰이면 속절없이 끌려다니게 된다.

부정적인 정서를 억지로 배척하려고 해서도 안 된다
부정적인 정서를 일부러 외면하거나 강제로 누르려고 해서도 안 된다.

정확한 처리 방법
부정적인 정서를 정확하게 처리하는 방법은 그것의 존재를 승인하고 받아들이는 것이다.
그 속에 깊이 몰입하지 말고 평정심을 유지하면서 개방적인 태도를 가지고 처리하여야 한다.

워야 한다. 이러한 대응이 부정적인 정서를 대하는 가장 효과적인 방법이라고 할 수 있다.

긍정적인 대응

부정적인 정서가 이미 고질화되어 있거나 비정상적으로 강렬할 때에는 우리의 전체적인 마음가짐이나 태도 등이 모두 부정적으로 변하며, 고통스런 감정에 사로잡히게 된다. 이러한 때일수록 자신에게 주어진 문제에 대하여 두려움이나 상실감 등의 감정에 휩싸여 냉정을 잃어서는 안 된다. 그렇지 않으면 두려움이나 고통이 가중되며, 사소한 문제까지 아주 크게 느껴지기 때문에 문제를 해결하기가 더욱 힘들어진다. 이것은 우리의 마음가짐이나 태도가 부정적인 경우에는 아주 사소한 부정적인 정서도 거대한 심리적 고통으로 받아들이게 된다는 것을 의미한다. 고통이든 쾌락이든, 그것의 본질을 바로 보지 못하고 그것의 허상에 사로잡히게 되면 그러한 감정이 오히려 증폭되며 순식간에 우리를 점령해 버리는 것이다. 이러한 부정적인 경험이 점차 강화되고 고질화되면 자신 앞에 무엇이 나타나든 대부분은 고통의 원인으로 받아들이게 되며, 심각한 경우에는 다시는 즐거움을 느끼지 못하게 될 수도 있다. 자신의 마음속에 형성되어 있는 오류와 착오를 깨닫지 못하고 모든 문제의 원인을 모두 외부의 환경 탓으로 돌려 버린다면 우리의 마음속은 외부 환경에 대한 원한과 증오로 가득 차게 되고, 이러한 감정은 영원히 꺼지지 않는 불꽃이 되어 나날이 불타오르게 될 것이다.

이 때문에 우리가 부정적인 정서를 상대할 때는 반드시 그것의 긍정적인 면을 찾으려고 노력하여야 한다. 우리에게 부정적인 생각이나 감정이 일어날 때에는 긍정적인 자세로 그러한 것들을 직시하는 것이 좋다. "나는 왜 이렇게 쉽게 화를 낼까?"라거나 "나는 왜 이렇게 운이 없을까?"와 같은 소극적이고도 부정적인 생각을 하거나 이러한 부정적인 정서에 자신을 내맡겨서는 안 된다. 이러한 태도는 오히려 상황을 더욱 악화시킬 수 있다. 이러한 태도가 습관화되면 부정적인 정서는 눈덩이처럼 불어나 결국에는 자신을 삼켜버리게 된다.

우리는 각종 부정적인 정서 역시 영구적인 존재가 아니고 무상(無常)한 존재라는 것을 명백히 이해하여야 한다. 우리가 이 점을 분명히 이해하고 긍정적인 태도를 가지고 바라보면 보다 편안하고, 보다 가벼운 마음으로 여러가지 부정적인 정서를 직시할 수 있게 된다. 이러한 목적을 이루기 위해서는 먼저 부정적인 정서 때문에 생길 수 있는 거친 말이나 격한 행동에 대한 반응을 자제하고 냉정을 유지하여야 한다. 또한 긍정적인 정서를 대하는 것처럼 즐거운 마음으로 상대하는 습관을 길러야 한다. 이러한 태도를 가지게 되면 우리 마음에 순간적으로 일어나는 이러한 부정적인 정서를 다시는 위험하고 유해한 물건처럼 취급하지 않게 되며, 오히려 자신이 최선을 다하여 수련해야 할 가치 있는 대상으로 보게 될 것이다. 부정적인 것이냐 긍정적인 것이냐는 전적으로 자신이 어떤 시선으로 그것을 바라보느냐에 달려 있는 것이다.

우리가 부정적인 정서의 본질과 특질을 정확히 이해하게 되면 다시는 고통의 심연에 자신을 내던지는 일은 없을 것이다. 부정적인 정서의 본질을 보지 않고 드러난 문제에만 초점을 맞추어 문제를 해결하려 할 때 오히려 문제가 더욱 불거질 수 있다. 인내심을 가지고 차분히 기다리면 문제는 자연히 소실되어 버리게 된다. 강력한 긍정적 태도는 고통을 해소하거나 저지시켜 준다. 하지만 긍정적 태도의 가장 뛰어난 효과는 단순히 고통의 발생을 저지하는 데 있는 것이 아니라 고통이 다가왔을 때 그것이 또 다른 고통으로 확대되는 것을 막아 준다는 점이다. 긍정적인 자세를 가지고 있는 사람은 자신에게 곤혹스런 감정이 일어났을 때 감정적으로 대응하지 않고 먼저 그것의 원인에 대하여 묻게 된다. 긍정적 태도를 가진 사람은 어떠한 문제가 일어났을 때 우리가 무엇을 해야 하는지를 잘 알고 있는 것이다. 우리가 각종 집착에서 벗어나 우리 자신과 자신의 욕구를 반성적으로 되돌아볼 수 있다면 문제를 보는 우리의 시각과 접근 방식을 변화시킬 수 있게 된다. 우리가 부정적인 정서를 대할 때 억지로 외면을 하거나 맹목적으로 집착을 하지 않고 긍정적 자세로 그것의 본질을 관찰할 수 있다면 각종의 부정적인 정서 역시 우리의 수행에 큰 도움이 될 것이다.

개방적인 자세에 대한 수련

또한 우리가 일련의 부정적인 정서의 그물에 갇혀 있을 때는 개방적인 자세를 가지는 것이 필요하다. 먼저 자신의 호흡을 편안하게 가다듬는다. 이러한 부정적인 정서를 억지로 밀어내려 하거나 불량품처럼 취급하려고 해서는 안 된다. 그러한 감정 역시 자연적인 것이라고 생각하면서 마음을 개방하고 평정을 유지한다. 마치 두 팔을 한껏 벌려 반가운 친구를 환영하는 것처럼 자신의 마음을 활짝 열어 부정적인 정서를 인정하고 자연스럽게 받아들인다. 이어서 모든 집착과 비판의 시선을 버리고, 부정적 정서 본래의 모습을 느낄 수 있도록 노력한다. 가능한 한 마음의 평정과 안정을 유지하면서 천천히 그러한 부정적인 정서를 세심하게 감각해 본다.

심신을 편안하게 방송한 상태에서 자신의 감각에 깊이 몰입한다. 그 속에 자신을 전면적으로 개방하여 자신이 이미 일련의 정서적 개념을 초월하였다는 것을 알게 되면 다시는 그러한 정서의 그물에 사로잡히는 일이 없게 된다. 우리와 이러한 정서의 진실한 본성은 하나로 연결되어 있기 때문이다. 또한 이러한 상태에서는 일체의 정서들이 모두 자신의 본성에 완전히 용해되어 있기 때문에 어떠한 정서도 모두 쉽게 처리할 수가 있다. 이러한 편안한 상태를 가능한 한 오래 유지할 수 있도록 노력한다.

가장 뛰어난 불교의 수행 법문은 각종 문제에 대하여 개방적인 방식이라고 할 수 있는데, 이러한 개방적인 방식에 긍정적인 태도가 더해진다면 누구나 자신의 일상 생활에 효과적으로 응용할 수 있게 될 것이다.

우리가 부정적인 정서를 처리할 때는 그것에 끌려다녀서도 안 되며, 억지로 밀어내서도 안 된다. 우리의 마음은 허공을 날아가는 새와 같다.

새는 날아가도 허공에는 어떠한 흔적도 남지 않는다. 우리가 날아가는 새의 존재를 의식하지 않아도 자연스럽게 왔다가 자연스럽게 간다. 우리는 다만 그런 일이 있었다는 것만 인식하면 된다.

12

쾌락에 대한 내면의 갈망
집착의 처리

>>>> 일체의 집착은 잘못된 가설과 인식을 바탕으로 형성된 것으로, 결코 영원한 행복과 만족을 가져다주지 못한다. 이 점을 명확히 이해하지 못하면, 각종 집착과 욕념의 길 위에서 언제까지나 헤매게 될 것이다.

집착이란 무엇인가?

사람은 모두 자신이 추구하고 갈망하는 것을 가지고 있다. 그것은 한 끼의 식사일 수도 있고, 꿈같은 휴가일 수도 있으며, 특정한 직업일 수도 있다. 또한 다른 사람의 관심이나 애정 같은 내면적 감정일 수도 있다. 그 대상이 무엇이든 간절히 갈망하며 갖기를 원하는 것을 바로 욕념(欲念) 또는 집착(執着)이라고 한다. 이러한 욕망이나 집착이 생기는 이유는 그것이 우리에게 쾌락과 만족을 가져다 줄 것이라 생각하기 때문이다. 그러나 우리가 이미 알고 있는 것처럼 이렇게 얻은 쾌락과 만족은 결코 진정한 행복이 아니며, 오래 지속되지도 않는다. 이 때문에 집착은 잘못된 가설과 인식에 바탕을 두고 형성되었다고 말하는 것이다.

이 점을 분명히 이해하지 못하고 있다면 우리는 영원히 욕념과 집착의 도로에서 길을 잃고 헤맬 수밖에 없다. 우리는 일시적으로 수많은 만족을 얻기도 하지만, 이것은 다만 환상에 불과한 것이다. 이러한 쾌락과 만족은 순간적으로 사라지는 것이며, 그 뒤에는 결코 만족할 줄 모르는 집착과 욕망만이 더욱 강렬하게 형성된다. 예를 들면 술을 좋아하는 사람이 술에 대한 욕망을 통제하지 못하고 취할 때까지 마시게 되면, 한순간은 만족을 얻을 수 있다. 하지만 술이 깬 다음에도 술에 대한 욕구를 더욱 강렬하게 느껴 계속 마시는 생활을 반복하다보면 결국에는 알콜중독자가 되어 버리고 만다. 또한 금전에 집착하는 사람 역시 처음에

집착하는 대상은 모두 환상이다
무상한 사물에 대하여 탐욕을 느끼는 것은
이러한 사물로부터 쾌락을 얻을 수 있다고
생각하기 때문이다. 이것이 바로 집착이다.

집착은 사람을 미혹시킨다
사물의 본질을 명백히 깨닫지 못하고 쾌락
을 얻기 위하여 애를 쓴다. 그러나 이러한 태
도는 오히려 집착에 사로잡혀 본성을 잃게
만든다.

집착하는 모든 것이 무상한 것이다
타인과의 관계 속에서 쾌락을 구하려고 하는
것은 어리석은 짓이다. 이러한 관계는 변화
하며, 마침내 소멸되어 버리는 것이기 때문
이다.

는 적은 돈에 기쁨과 만족을 느끼지만 점점 더 많은 돈과 많은 만족을 원하다가 마침내 돈의 노예가 되어 버리게 된다.

술이나 재물은 결코 진정한 쾌락을 가져다줄 수 없으며, 오히려 심각한 문제만 초래할 수 있다. 이 점은 우리가 쉽게 이해할 수 있을 것이다. 그러나 다음과 같은 의문을 가질 수 있다. 사람이나 사람의 감정에 집착하는 것은 왜 잘못된 것일까? 다른 사람에 대한 관심이나 친구 사이의 우정, 아름다운 사랑 등이 도대체 왜 잘못된 것일까? 사실 사랑에 대한 감정을 잘못된 집착이라고 하는 것은 이러한 감정의 초점이 자신의 요구와 쾌락에 중점을 두고 있을 때를 말하는 것이다. 진정한 사랑은 자신의 입장에서가 아니라 다른 사람의 요구와 관심에 초점을 두어야 한다. 일반적으로 우리는 진정한 사랑과 집착을 혼동하고 있다. 인간은 누구나 혼자서는 어떤 만족감이나 안정감을 느낄 수 없으며, 반드시 다른 사람과 함께할 때 원만하게 된다. 그러나 인간 사이의 관계에 집착이 끼어들면 반드시 어떠한 문제가 발생하게 된다. 우리는 친구의 관심이나 이성의 미묘한 애정을 얻게 되면 득의양양하며 매우 즐거워하게 된다. 이러한 종류의 즐거움은 인간 관계의 신뢰에서 비롯되는 것이지만 친구가 떠난다거나 애인이 떠나는 등의 변화가 생기면 참을 수 없는 고통이 따라온다.

진정한 행복은 자신의 내면에서 찾아야 한다. 다른 사람에게 의지하거나 타인과의 관계에 의지해서 행복을 찾는다면 우리는 영원히 진정한 행복이 무엇인지 발견할 수 없을 것이다. 우호적인 인간 관계에 의지하여 일시적으로 만족감을 느낄 수는 있지만, 그러한 관계가 일관되게 지속되지 않거나 서로의 요구에 미치지 못한다면 결국은 서로에 대하여 실망하거나 충돌하거나 질투하는 등의 문제가 발생하게 될 것이다. 또한 우리가 어떤 사람을 지극히 사랑한다 해도 그 사람이 끝내 반응하지 않는다면 자연히 마음의 상처를 입게 될 것이다.

집착을 극복한다는 것은 성격이 냉담하게 변한다거나 모든 사물에 대하여 무관심하게 된다는 의미가 아니라 진정한 행복은 외부의 사물에서 찾을 수 있는 것이 아니고, 자신의 내면에서 찾아야 한다는 것을 명백히 깨닫는 것을 의미한다. 자신의 마음을 장악할 수 있다면 외부의 사물에 대하여 초연해지며, 진정으로 인생을 여유 있게 즐길 수 있게 된다.

집착을 처리하는 방법

우선 집착이 무엇 때문에 나쁜 것인지에 대하여 곰곰이 생각해 본다. 자신의 집착하는 마음 상태를 관찰하면서 그것이 어떠한 형태인지를 살펴본다. 우리의 마음이 어떠한 물건에 대한 갈망으로 가득하면, 현실과 동떨어진 수많은 상념들이 일어나게 된다. 사물의 실상에 대한 깊은 통찰이 없으면, 우리가 갈망하는 것이 단지 우리의 마음에 비친 환상에 불과하다는 것을 깨닫지 못하고 각종 집착과 망념이 일어나게 된다. 사물 본연의 모습을 여실히 꿰뚫어 보지 못하기 때문에 이성적인 판단을 할 수가 없게 되는 것이다. 집착은 우리에게 만족이나 평안을 가져다주는 것이 아니라 실망이나 분노 등의 부정적인 감정을 일으키거나 더욱 심한 집착을 가져올 뿐이다. 우리가 갈망하던 물건을 얻게 되면 잠시 즐거움을 느낄 수는 있겠지만, 결국에는 그것을 유지하는 부담감과 그것을 잃었을 때의 고통만 남게 된다. 집착은 영원한 만족을 주지 못하며 끝내는 고통의 사슬에 묶이게 된다. 또한 집착은 평화롭고 청정한 심적 상태에서 나오는 것도 아니며, 오히려 불만과 불쾌감을 초래한다는 것을 명확히 깨달아야 한다. 집착이 고질화되면 이로 인해 더욱 더 많은 문제가 발생하게 된다. 우리의 심신을 갉아먹으며 우리의 순수한 본성을 미혹시켜 자신의 존재에 대하여 인식하지 못하게 만들어 버린다. 이 때문에 겸손하게 자신을 돌아보고 집착의 본질과 집착으로 인하여 생기는 허상의 본질을 여실히 통찰하는 것이 집착을 처리할 때 가장 근본적인 문제라고 할 수 있다.

우리가 이미 알고 있는 것처럼 일체 사물의 실상은 모두 무상한 것이다. 모든 사물은 시시각각 변화하다가 마침내 소멸하고 만다. 우리가 집착하는 어떠한 특정한 대상도 끝까지 그 모습을 유지할 수 없으며, 우리 또한 사물의 그러한 변화의 과정 속에서 그 대상에 대한 갈망이 시들해지게 된다. 우리가 좋아하는 꽃도 언젠가는 시들게 되고, 우리가 좋아하는 음식도 결국은 부패하게 된다. 이러한 무상한 변화를 보면서도 과연 처음과 같은 열망을 가질 수 있을까? 만약 처음과 같은 열망이 생기지 않는다면 이것은 무엇을 뜻하는 것일까? 집착도 역시 무상하다는 것을 깨달아야 한다. 우리가 어떠한 대상에 집착하여 얻을 수 있는 만족과 즐거움은 순간적이며, 결코 영원하지 않다. 이 때문에 외부의 사물에 집착하여 행복과 만족을 구하는 것은 결코 옳은 태도라고 할 수 없는 것이다. 그러면 우리는 왜 여전히 집착을 버리지 못하는 것일까?

우리는 죽음이 불가피하다는 것을 알고 있다. 이 점을 명심하고 현재 자신이 집착하는 대상에 대하여 생각해 본다. 그 대상이 자신이 사랑하는 사람이든, 자신이 좋아하는 취미 활동이든, 어떤 재물이든 이러한 것들은 모두 우리가 죽을 때에 헤어져야 하는 것이다. 그래도 이러한 대상에 대한 우리의 집착이 여전히 의미가 있는 것일까? 죽음이 찾아오면 그러한 것들은 어떠한 도움도 되지 못한다. 오히려 그것들은 분배나 상속 등의 문제로 우리의 마음을 어지럽게 만들 뿐이다.

공성(空性)에 대한 사고는 집착을 치유하는 가장 효과적인 방법이라고 할 수 있다. '나[我]'에 대한 집착의 정서를 세밀하게 관찰하고 '나'의 본질이 무엇인지를 살펴보면 우리의 신체나 마음 그 어디에도 실질적으로 존재하는 '나'는 없다는 것을 깨달을 수 있다. 이후에 집착의 대상을 사람과 사물 등으로 나누어 보다 세밀하게 관찰해 본다. 그것의 아름다움이나 우아함, 미묘한 매력, 우리에게 주는 즐거움 등을 구체적으로 검토해 보고, 왜 모든 사람의 눈길을 끌지는 못하는지에 대해서도 생각해 본다. 이어서 '나'와 집착의 대상 모두 고유한 실체는 없다는 것을 명확하게 이해할 수 있도록 노력한다. 표면적으로 눈에 보이는 형태를 말하는 것이 아니라 존재의 실질이 비실체적이라는 것을 분명히 깨달아야 한다. 우리가 묘사하는 사물의 특성은 모두 환상이며, 사물의 진정한 본질은 모두 공성(空性)이라는 것을 알아야 한다.

우리가 집착하는 대상에 근거하여 다음과 같은 사색을 계속한다. 만약에 자신이 집착하는 대상이 미인의 아름다운 신체인 경우 그녀의 신체 어느 부위가 자신에게 가장 매력적인지를 구체적으로 생각해 본다. 이어서 마음속으로 그녀의 육신을 뚫고 그녀의 피부 속까지 세밀하게 관찰해 본다. 그녀의 뼈와 근육과 혈

방법 1 : 집착에 대한 사고

집착이 어떤 결점이 있는지 생각해 보고 집착하는 마음의 상태를 검사해 본다.
집착은 평화롭고 맑은 마음에서 나오는 것이 아니다. 집착이 습성화되면 더욱 많은 문제를 초래할 수 있다.

방법 2 : 무상(無常)에 대한 사고

일체의 사물이 모두 무상하다. 우리가 집착하는 대상이나 집착을 통하여 얻고자 하는 쾌락도 역시 무상한 것이다.
우리가 집착하는 사물이 우리를 떠나거나 죽음이 찾아오면 이러한 쾌락 역시 그에 따라 소멸되어 버리고 만다.

방법 3 : 공성(空性)에 대한 사고

'아(我)'에 대한 집착의 경험을 상세하고 구체적으로 성찰해 보고 이후에 다시 집착의 대상을 세밀하게 검사해 본다.
'아(我)'나 집착의 대상 모두 고유한 실체를 가지고 있는 것이 아니다. 사물의 본질은 공성(空性)이다.

방법 4 : 집착의 대상에 대한 사고

어떠한 사물의 가장 매력적인 부분을 자세하게 분석해 보고, 이후에 그 사물의 부정적인 특질에 대하여 살펴본다.
이를 통해 우리는 우리가 집착하고 의지하는 것이 허상이라는 것을 명확히 이해하여야 한다.

관과 각종 내장 기관 등을 세밀하고도 구체적으로 살펴보고, 그녀의 피와 땀과 소변과 대변 등을 관상해 본다. 계속해서 그녀의 늙은 모습을 상상해 본다. 기력이 쇠약하여 허리가 굽고 피부는 생기를 잃고 거칠어져 있으며, 얼굴엔 잔주름이 가득한 모습을 상상한다. 귀밑에 잔주름 하나까지 느껴질 정도로 아주 생생하고도 구체적으로 상상하여야 한다. 이어서 그 매혹적인 신체를 가졌던 미인이 어디 있는지를 다시 생각해 본다. 이러한 종류의 사고를 할 때는 너무 지나쳐서는 안 된다. 극단적인 호의가 극단적인 혐오감으로 바뀌면 또 다른 형태의 집착을 가져오기 때문이다. 이러한 수행에 있어서 우리가 기억해야 할 것은 집착이 어떻게 우리의 관념과 인식을 왜곡시키는지 이해하는 것이다. 집착은 그 대상의 특질을 과장하고 우리를 미혹시켜서 우리가 대상의 실상을 올바로 볼 수 없도록 이끌어 간다. 이러한 수행을 통하여 우리는 사물의 외형에 현혹되지 않고 내부의 진정한 특질을 볼 수 있는 통찰력을 얻을 수 있다.

대부분의 사람들에게 가장 보편적으로 보이는 집착 가운데 하나는 음식에 대한 집착이다. 음식에 대한 집착을 치유하기 위해서는 음식을 준비하는 과정에 관여한 수많은 중생의 고통을 생각해 보는 것이 매우 효과적이다. 기름진 고기가 가득한 식탁을 생각해 보자. 먼저 식탁에 닭고기나 생선 등을 올리기 위해서는 반드시 그 동물을 살생해야 한다. 또한 식탁에 좋은 곡물이나 싱싱한 채소를 올리기 위해서는 그러한 작물의 씨를 뿌리고 재배하고 거름을 주며, 농약을 치고 마지막으로 수확하는 과정이 있어야 한다. 이러한 풍성한 식탁을 만들기 위해서는 셀 수 없을 정도의 동물이나 곤충 그리고 식물을 죽여야 하며, 또한 이러한 음식이 우리의 식탁에 오르기까지는 농부와 어민, 과일을 재배하는 농부, 농약이나 트랙터를 생산하는 노동자, 기차나 화물 트럭 등의 운송인, 도소매상 등의 땀과 노력이 필요하다. 음식을 먹을 때 이러한 점에 유의하면서 자신의 한 끼의 식사를 위하여 제공된 수많은 사람들의 노고에 감사하는 마음을 가져야 한다.

13

분노의 처리

>>> 분노는 왜곡된 개념과 오해에서 비롯되는 정서이며, 우리에게 불쾌감과 수많은 문제를 가져다준다. 분노가 습관화되면 작은 일에도 화가 치솟으며 자신을 통제할 수 없게 된다.

분노란 무엇인가?

분노는 대상에 대하여 호의적인 감정을 거두고 나아가 상해를 입히고 싶은 마음이 드는 것을 말한다. 일반적으로 분노는 어떠한 대상에 집착했다가 자신이 원하는 만족을 얻지 못했을 때 생기는 반응이라고 말할 수 있다. 간단한 예를 들면, 우리가 어떤 사람의 이해를 구하였을 때 그 사람이 거절하거나 오히려 트집을 잡으면 분노가 일어나게 된다. 이러한 분노는 우리가 타인의 이해에 집착하였지만 원하는 것을 얻지 못했기 때문에 생기는 것이라고 설명할 수 있다. 분노의 대상은 대부분 타인이지만 때로는 자기 자신에게 분노하는 경우도 허다하다. 우리가 어떠한 일을 완성하는 과정에서 자신이 실수하여 일이 지체되거나 잘못되면 자신에게 화가 나는 경우가 그러하다. 분노의 정도는 천차만별이다. 때로는 너무 작아서 느끼기 어려울 때도 있으며, 때로는 천둥과 번개가 치는 것처럼 강렬하게 폭발하기도 한다.

분노는 왜곡된 개념과 오해를 바탕으로 사물에 대하여 치우친 반응을 보이는 부정적인 정서의 일종으로, 우리에게 불쾌감과 많은 문제를 가져다준다. 분노는 우리가 원하는 결과를 얻지 못하게 할 뿐만이 아니라 우리의 심신을 불안정하게 만들어 다른 사람에게 거친 말이나 행동을 하게 만든다. 우리는 분노의 나쁜 점에 대해서는 쉽게 이해할 수 있지만, 분노를 치유하는 것이 얼마나 힘든 일인지에 대해서는 잘 모르고 있다. 그 이유는 자신이 화가 났다는 것을 인정하지 않거나 화가 났다는 사실을 인정하더라도 분노를 부정적으로 보는 것이 아니라 특정한 상황에 대한 당연한 반응이라고 생각하기 때문이다. 속으로 불쾌감이나 불만 혹은 원한을 숨기고 겉으로 평정을 유지하며 인자하게 행동하고 있으면 분노의 정도를 가늠하기가 너무도 어려울 뿐만 아니라 문제를 해결하기가 더욱 힘들어진다. 자신의 분노를 일정 정도 이상 억누르고 있는 것은 마치 폭약을 안고 가는 것과 같다. 어떠한 계기를 만나 폭약이 터지게 되면 더욱 심각한 상처를 입게 될 것이다. 또한 분노에 대한 자제력이 없으면 노기가 바로 표출되어 나온다. 긴장을 해소한다는 이유로 분노를 표출하는 것은 매우 기교적인 방법으로 보이겠지만, 결코 문제의 해결에 도움이 되지 않는다. 분노가 일상화되고 습관화되면 사소한 문제에도 화가 치솟으며, 자신을 통제할 수 없게 된다.

분노를 치유하는 방법은 마음에 분노가 일어날 때 분노를 따로 변별한 다음 분노의 원인과 그 변화 과정을 관찰하면서 자신의 심리 상태를 호전시켜 나가는 것이다. 소나 말을 우리에 가두는 것처럼 분노를 우리에 가두는 이러한 방법은 많은 에너지가 소비되는 일이다. 이후에 다양한 각도에서 분노에 대하여 관찰해 본다. 분노가 일어난 원인은 무엇일까? 이러한 정서는 우리에게 어떤 작용을 하는 것일까? 이러한 질문을 하면서 분노에 대하여 명백히 깨닫는 바가 있다면 분노에 대한 통제력이 강화될 것이다. 자신이 합리적으로 통찰하지 못하는 정서적 부분이 느껴지면 함부로 그 속에 들어가려고 해서는 안 된다.

분노에 대하여 상대적인 감정은 인내, 용인, 비민, 자애 등이며, 이러한 감정은 모두 우리의 심신 상태에 유익할 뿐만 아니라 어떠한 고통스런 상황도 최소한의 노력으로 해결할 수 있게 만들어 준다. 이 때문에 인내심을 배양하는 수련도 분노를 치유하는 효과적인 방법이 될 수 있다. 우리의 마음에 있는 분노를 관찰한 다음 마음을 호전시켜 긍정적인 생각을 하는 것이 가장 이상적인 치료 방법이라고 할 수 있다. 그러나 이러한 수련을 생활화하는 것이 그리 쉬운 일이 아닐 뿐만 아니라 분노의 에너지가 워낙 강대하기 때문에 고질화된 분노를 치유한다는 것도 그리 용이한 일이 아니다. 이 때문에 선수를 할 때 자신에게 이미 일어

원인(原因)

① 인과의 각도에서 분노의 원인을 분석해 본다.
② 타인이 상처를 입고 고통스러워하는 모습과 자신이 자비심을 가지고 그들을 대하는 모습을 상상해 본다.
③ 자신에게 타인이 분노할 만한 부분이 있는지를 진지하게 살펴보고 이러한 결점을 포용한다.
④ 무상(無常)의 측면에서 본다면 분노는 어떤 의미가 있을까? 자문해 본다.

상태(狀態)

① 평정한 마음으로 자신의 내면의 상태를 검사한다.
② 분노가 일어났을 때 화가 나 있는 '아(我)'와 대상에 대하여 면밀히 검토하고, 공성(空性)에 대하여 생각해 본다.

결과(結果)

① 분노의 영향에 대하여 생각해 본다.
② 분노가 타인에게 미치는 영향에 대하여 생각해 본다.
③ 업력의 각도에서 분노의 결과에 대하여 검사해 본다.

분노(憤怒)

났던 분노를 대상으로 이러한 방식의 수련을 반복하거나 그러한 상황에 대한 상상을 반복하면서 수련을 지속하는 것이 보다 효율적이라고 할 수 있다. 일상 생활 가운데서도 분노가 느껴지면 자신이 선수의 수련을 통하여 얻었던 통찰력을 회상하면서 마음을 다스리고 다시는 분노에 사로잡히는 일이 없도록 노력하여야 한다.

이러한 종류의 수행법은 대단히 효과적이지만 궁극적인 치유책은 될 수 없다. 경우에 따라서는 몇 분 후, 혹은 몇 시간 후나 며칠이 지난 후에 다시 화가 일어나기도 하기 때문에 완전한 치유책이 될 수 없다. 이러한 때에는 마음을 안정시키고 당시의 상황을 회상하면서 무엇이 잘못되었는지 분명하게 살펴보고 같은 실수를 되풀이하지 않도록 노력하여야 한다. 먼저 분노에 대한 업력을 바로잡는 수련을 통하여 자신을 정화하는 것도 필요하다. 지속적으로 분노가 나타나고 그 강도가 전혀 감소하지 않는다 하여도 낙담하거나 포기해서는 안 된다. 강력하게 습관화된 분노의 병폐를 고치는 데는 많은 시간과 인내가 필요하다는 것을 알아야 한다. 중요한 것은, 우리가 이러한 수련을 통하여 잠시라도 자신의 마음을 다스릴 수 있다는 사실이며, 자신의 부정적 정서를 고치기 위하여 노력하고 있다는 사실이다.

분노를 처리하는 방법

집착을 처리하는 방법과 마찬가지로 우선 분노의 결점과 단점에 대하여 깊이 생각해 본다. 먼저 분노가 자신의 심신에 어떠한 영향을 가져오는지 세심하게 살펴본다. 화가 나면 자신의 마음이 편안하고 즐거운지 아니면 혼란스럽고 당혹스러운지 살펴본다. 아마 해답은 명약관화할 것이다. 또한 자신이 이성적으로 말하고 행동하고 있는지, 아니면 혼란스러운 상태에서 비이성적으로 행동하고 있는지 살펴본다. 나아가 자신의 신체가 편안하게 방송되어 있는지 아니면 긴장되어 있는지 등등을 세심하게 관찰해 본다. 이어서 분노가 수많은 질병의 원인이 된다는 사실에 대해서도 생각해 본다. 심장병이나 원인 모를 각종 통증 등이 모두 분노와 관계가 있다. 계속해서 자신이 분노할 때 다른 사람에게 미치는 영향에 대하여 생각해 본다. 거친 언어와 난폭한 행동이 표출되고 그것이 어떤 결과를 가져오는지 구체적으로 생각해 본다. 분노로 인하여 사랑하는 사람에게 상처를 준 적은 없는지, 자신이 중시하던 인간 관계에 금이 간 적은 없는지 등을 생각해 본다. 또한 우리가 '적(敵)'이라 생각하는 사람에게 분노를 표출했을 때 과연 그 사람이 나의 분노를 감당해야 할 적합한 이유가 있는지와 나중에 어떤 좋지 못한 결과를 가져올지에 대해서도 생각해 본다. 이번엔 분노가 심리적인 측면에 미치는 영향에 대하여 구체적으로 생각해 본다. 업력(業力)의 각도에서 보면 분노는 우리의 영혼에 각인되어 이후에 더욱 많은 고통이 따르게 된다. 또한 우리가 천신만고 끝에 쌓아올린 선업(善業)을 훼손시킨다. 뿐만 아니라 분노는 또 다른 업장(業障)이 되어 우리가 자애나 비민, 내면의 지혜 등의 덕성을 계발하는 것을 방해하게 될 것이다. 분노는 수많은 상처가 되어 자신에게 돌아온다는 것을 명확히 이해한다면 분노에 함부로 자신을 맡기는 일이 없도록 최선을 다하여 노력하고 분노를 배제할 수 있는 수련에 박차를 가하겠다는 결의를 다져야 한다.

이번에는 우리가 타인의 분노로 인하여 받을 수 있는 상처에 대하여 생각해 본다. 타인의 각종 폭언과 거친 행동 등으로 인하여 우리가 입은 상처와 이러한 상황을 겪으면서 자신이 어떻게 대응하였는지에 대하여 곰곰이 생각해 본다. 우리는 무엇 때문에 이러한 상황을 겪게 되는 것일까? 인과(因果)의 법칙에 따르면 우리가 이런 불행한 일을 겪는 것은 이전과 과거세에 우리가 지은 부정적 행위로 인한 필연적 결과이다. 콩 심은 데 콩 나고 팥 심은 데 팥이 나오는 결과와 다를 바가 없는 것이다. 이 점을 분명히 이해하여야 한다. 자신의 문제가 어디에 있는지를 살펴보고, 일체의 부정적인 결과에 대한 책임을 자신에게 돌리고 결코 타인을 탓해서는 안 된다. 현재에 타인에게 불량한 행동으로 분노를 표출하여 타인에게 상처를 입히거나 보복하는 행위는 언젠가는 더욱 큰 과보가 되어 자신에게 돌아오는 것이다. 이 때문에 우리는 인내심을 배양하기 위하여 노력하고, 각종 업인(業因)을 짓지 않도록 더욱 삼가고 조심하여야 한다.

다음엔, 타인의 입장에서 생각해 본다. 일상 생활에서 우리는 다른 사람이 우리의 일을 방해하거나 거친 말로 우리에게 상처를 입히는 경우를 수없이 만나게 된다. 그들은 무엇 때문에 그런 행동을 하는 것일까? 그런 경우에 그들의 내심은 과연 평안하고 즐거울까, 아니면 그들도 역시 초조하고 불안할까? 그들도 우리와 마찬가지로 인생의 각종 문제와 고통을 겪고 있을 것이며, 또한 행복한 삶을 꿈꾸고 있을 것이다. 자신이 다른 사람에게 화를 내게 된 상황과 경험을 회상해 보면, 그들의 입장과 태도가 명확히 이해될 것이다. 그들이 그와 같은 행위를 계속한다면, 어떠한 결과가 있을까? 그들이 타인에게 상처를 주는 일이 과연 즐거울까? 우리가 타인의 곤경과 고통에 대하여 진정으로 이해한다면 타인의 분노에 분노로 대응하지는 않게 될 것이다. 인과의 법칙에 따라 그들 역시 더 많은 고통의 과보를 받게 된다는 사실을 생각하면 우리는 관용과 자비의 마음으로 그들을 대하여야 한다.

자신이 다른 사람에 대하여 어떤 점을 싫어하며 불만을 가지는지에 대하여 생각해 보고, 자신에게는 이러한 결점이 없는지를 살펴본다. 다른 사람을 자신의 거울로 삼아 자신을 돌아보는 것이다. 타인의 모습을 통하여 자신에게도 다른 사람이 화를 낼 만한 부분이 있는지를 진지하게 고민하면서, 자신이 타인에게 느끼는 것처럼 자신에게도 그러한 유사한 부분이나 혹은 타인이 도저히 참기 힘든 나쁜 버릇이 있는지를 구체적으로 살펴본다. 자신도 참기 힘든 것을 다른 사람에게 요구하고 있는 것은 아닌지에 대해서도 반성해 본다. 나아가 우리가 자신의 신체적 단점이나 성격적 결함에 대하여 관대한 마음을 가지고 포용하는 것처럼 다른 사람의 단점이나 결함에 대해서는 더욱 관대하고 자비로운 태도를 가져야 한다.

일반적으로 우리는 어떠한 일에 만족하지 못하거나 불쾌감을 느낄 때 비교적 쉽게 화를 낸다. 이러한 상황에서는 아주 소소한 일에도 벼락같이 화를 내기도 한다. 이러한 상황일수록 오히려 더욱 자신의 마음을 안정시키도록 노력하고 자신의 내면을 살펴보는 것이 중요하다. 자신이 도대체 무슨 일에 불만을 느끼는지, 자기 자신 또는 인생의 모든 측면에 불만이나 피해 의식을 가지고 있는 것은 아닌지 등등에 대하여 진지하게 생각해 본다. 이러한 과정을 통하여 자신의 불쾌감의 근본적 원인을 찾아 이에 상응하는 대책을 세우는 것이 가장 효과적이다. 그것이 분노의 근본적 원인을 제거하는 것이다.

이미 분노가 일어났을 때는 자신이 분노했다는 사실을 의식하면서 주의력을 자신의 내면으로 돌려 이렇게 화를 내고 있는 '내[我]'가 무엇인지에 대하여 살펴보는 것도 효과적인 치유 방법이다. '내'가 어디에 있는지, 어떠한 형태로 존재하는지를 살펴보면서 공성(空性)에 대한 수련을 통하여 얻은 이해와 통찰력을 운용해 본다. 이어서 자신이 화를 낸 대상에 대하여 살펴본다. 자신의 눈에 보이는 그것의 형상이 정말로 실재적이고 확정적인 것일까? 자신이 화를 내는 대상이 사실은 비실재적인 것이라면 우리의 마음은 어째서 그것을 인식하지 못하는 것일까? 모든 사람이 이러한 사물이 비실재적이라는 것을 알고 있을까? 현실은 어떠한가? 이러한 사물을 좋아하는 사람이 과연 있을까?

수행의 관점에서 보면 해결하기 어려운 문제일수록 우리의 수행을 진일보하게 해 준다. 우리가 어려움을 느끼는 문제일수록, 실제적으로 우리에게 수행의 단계를 높일 수 있는 다양한 기회를 제공해 주는 것이다. 또한 자신의 수행이 부족하다는 것을 느끼게 되면 더욱 열심히 노력하게 된다. 자신이 일정 시간의 수련을 통하여 마음을 안정시키는 방법을 알고 있다고 해도 수시로 분노가 치민다면 아직 진정으로 자신의 마음을 이해하고 조절하는 법을 이해하지 못했다는 반증이다. 이것이 우리가 수련을 계속해야 하는 이유다. 분노에 대하여 이해하고 굴복시키기 위해서는 언제 어떠한 상황에서도 마음의 안정을 유지할 수 있어야 한다. 이러한 태도를 견지할 수 있다면 자신과 타인에게 모두 유익한 일이 될 것이다.

사망에 대하여 다시 생각해 본다. 죽음은 수시로 찾아온다. 우리가 어떤 대상으로 인하여 일어난 분노를 표출하지 못하고 죽는다면 어떻게 될까? 화를 내고 죽는다면 그것은 어떠한 의미가 있는 것일까? 이러한 감정을 내면에 묻고 편안하게 죽을 수 있을까? 분노의 대상이었던 사람이 죽어 버리거나 혹은 분노의 대상이 되었던 물건이 소멸되어 버리면 우리는 어떠한 감정을 느끼게 될까? 죽음이 가까워져도 여전히 이러한 문제가 중요할까? 등의 질문을 하면서 진지하게 고민해 본다.

타인에게 분노를 느낄 때 상대방과 대화하며 소통하는 방식으로 문제를 해결할 수도 있다. 이러한 방식을 사용하기 위해서는 반드시 상대방 역시 대화할 의향을 가지고 있는지 혹은 이러한 방식이 긍정적 결과를 가져올지 등을 고려하여야 한다. 뿐만 아니라 자신의 내면에 다른 의도나 동기는 없는지 등을 살펴보고, 선량한 뜻을 가지고 처리하려고 한다면 서로에 대하여 가장 아름다운 결과를 가져올 수 있다. 그러나 상대를 해치고 싶은 의도를 감추거나 다른 모종의 대가를 바라면서 소통을 하려고 한다면, 무의미한 일이 될 것이다. 상대방과 대화나 소통을 할 때는 성실하고 솔직한 태도를 갖고 개방적인 마음으로 임해야 적을 친구로 만들 수 있다.

이 외에도 자애심을 배양하는 선수 방식을 통해서도 분노에 대한 치료의 효과를 볼 수 있다. 일체 중생에 대한 자애심을 배양하면, 분노의 원인은 자연히 소멸하게 될 것이다.

14 자신에 대한 재인식
저상의 처리

>>>> 인간은 모두 저상沮喪해 질 때가 있다. 이것은 결코 피하기 힘든 일이다. 저상의 감정이 드는 경우에 정확한 대응 방법을 찾지 못하면, 이러한 감정은 잡초처럼 만연하여 정원을 가득 덮게 될 것이다.

저상(沮喪)이란 무엇인가?

'저상'은 부정적 정서의 일종이다. 보통 자신에 대한 회의나 비판 또는 자기 부정적인 사고방식을 수반한다. 저상의 감정은 사물의 실제적 상황을 보지 못하게 만들고, 사물의 부정적인 면을 크게 보게 만드는 경향이 있다. 이러한 정서의 원인은 매우 다양하지만 일시적으로 지나가는 경우가 있고, 장기적으로 우리를 괴롭히는 경우가 있다. 일시적으로 실의에 빠지거나 어떠한 사물을 잃어 버리거나 약속을 착각하거나 하는 것은 순간적으로 의기소침해졌다가 금방 회복된다. 그러나 신체를 크게 훼손당하거나 가족이 죽거나 하면 장시간 우리를 실의에 빠지게 한다. 선수를 통하여 이러한 저상의 정서를 부분적으로 치료할 수 있으며, 심각한 경우에는 이외에도 반드시 약물이나 기타 의학적 치료를 받는 것이 좋다.

저상(沮喪 : 의기소침)의 감정에 빠진 사람은 초점을 자신의 문제에 맞추고 이러한 문제를 크게 확대하려는 경향이 있다. 적당할 때 효과적으로 대응하지 않으면 이러한 형태의 생각은 요원의 불길처럼 번져 나중에는 더욱 심각한 상황이 초래되며, 결국에는 어떠한 대책도 소용이 없게 되는 경우도 있다. 자신의 우울한 성격 때문에 괴로워하는 사람은, 자신이 다른 사람과 함께 일하고 함께 공부하지 못한다고 생각하며 자신을 비극의 주인공처럼 만들어 버린다. 이러한 형태로 자신을 가두고 그 속에 깊이 빠지면 결국 어디에서도 자신을 찾을 수 없을 뿐만 아니라 상황이 더욱 심각해진다. 이러한 저상의 감정은 밀려오는 해일과 같이 우리의 심신을 삼켜 버리고, 심지어는 우리 주변의 사람들에게까지 부정적 영향을 미치게 된다.

모든 사람은 저상의 정서에 빠질 때가 있다. 어떠한 사람도 인생에 늘 순풍만 부는 것이 아니다. 인생의 앞길에서 벌어질 일을 어느 누구도 미리 예측하고 조정할 수는 없는 법이다. 뜻하지 않았던 역경이나 어려운 문제를 만나게 되면, 자신을 부정하기에 급급하거나 저상의 감정이 자연스럽게 생기게 된다. 가장 좋은 방법은 자신의 가치관과 사고방식을 점검해보고 잘못된 부분을 찾아 좀 더 긍정적인 태도를 가질 수 있도록 점진적으로 변화시켜 나가는 것이다.

저상(沮喪)을 처리하는 방법

마음을 평정하게 가지고 다음과 같은 생각을 해 본다. 도대체 저상의 감정은 무엇 때문에 생기는 것일까? 자신이 자신에 대하여 비판적인 생각을 가질 만큼 현재 겪고 있는 일련의 상황이 중요한 것일까? 자신이 무능력하고 쓸모없으며 어떠한 일을 해도 좋은 결과가 나오지 않는다는 부정적이고 소극적인 사고에 대하여 진지하게 성찰해 본다. 그러면 자신이 일련의 상황에 대하여 너무 심각하게 받아들이고 있다는 것을 깨닫게 될 것이다. 자신이 어떠한 상황의 긍정적인 면은 소홀히 한 채 부정적인 면에만 초점을 두고 있는 것은 아닌지 세심하게 살펴본다.

아무리 심각한 문제라도 우리 자신은 그것을 해결할 수 있는 긍정적인 능력과 거대한 잠재력을 가지고 있다는 것을 알아야 한다. 우리는 저상의 감정을 완전히 극복하거나 최소한 그것을 경감시킬 수 있는 기본적 능력을 가지고 있다. 우리의 사고방식을 변화시키기 위해서는 자신의 성격과 인생관을 보다 긍정적으로 바꾸는 데 중점을 두어야 한다. 현실이나 상황을 비관적으로만 보지 말고 보다 긍정적인 인식을 하기 위하여 노력하여야 한다. 또한 자신이 가진 결점보다는 장점을 보려고 애쓰고 주변의 사람들 모두가 자신에게 애정을 갖고 있다는 긍정적인 생각과, 자신이 하는 일이 성공적으로 이루어질 것이라는 낙관적인 태도를 가지는 것이 중요하다. 심지어는 자신은 죽지도 않고 병에 걸리지도 않으며,

우리가 가지는 수많은 긍정적인 에너지와 깨달음을 획득하여 진정한 행복을 맛볼 수 있는 잠재적인 능력을 생각하며, 감사하는 마음을 가져야 한다.

저상(沮喪)은 무상한 것이다. 어느 정도의 시간이 지나면 우리를 떠나게 될 것이다.

저상
(沮喪)

다른 사람도 역시 우리와 마찬가지로 각종 욕구와 고통을 가지고 있다. 그러므로 자신의 상황에 대하여 저상(沮喪)의 감정에 사로잡혀서는 안 된다.

돌연히 자연재해나 재앙을 만나는 일이 결코 없다는 생각을 하며 자신감을 높이고, 위축된 심신을 고양시킬 필요가 있다.

불쾌감이나 근심, 좌절, 유쾌 등은 모두 우리 영혼의 한 측면이다. 청명하고 실체가 없으며, 일시적이다. 마음속의 이러한 각종 상념과 현상을 단순한 시선으로 관찰해 본다. 어떠한 비판이나 분석도 하지 말고, 그 속에 몰입하는 일도 없이 차분히 관찰한다. 일체 만물이 모두 무상한 것이다. 우리는 과거에도 이미 저상을 경험한 적이 있지만 이미 없어지지 않았던가? 현재 겪고 있는 저상의 감정도 역시 이와 같다. 몇 분 후 혹은 몇 시간이나 며칠 후면 결국은 모두 사라질 것이다. 또한 이 기간 동안 저상의 감정에도 많은 변화가 있을 것이다. 자신의 마음을 세밀하게 관찰해 보면 아무리 어려웠던 시간도 지나고 나면 안정되거나 즐거운 마음으로 바뀌어 있는 것을 알게 될 것이다. 우리의 마음은 쉬지 않고 변화하며, 흘러가는 강과 같이 슬픔이나 기쁨 등의 여러가지 감정이 나타났다 사라지기도 하며 변화한다. 일체의 긍정적인 정서와 부정적인 정서가 모두 그 본질은 청명하며 비실체적인 것이다. 이러한 감정들은 순간적으로 나타났다 홀연히 사라진다. 저상의 정서도 역시 이와 같다. 순식간에 사라지는 무상한 것이다.

수련자의 주의력을 외부로 돌려서 다른 사람의 신상에 초점을 맞추고, 그들의 요구와 고통에 대하여 생각해 본다. 이러한 수련은 수련자가 다시는 자아 중심적 사고에 빠지지 않게 도와줄 뿐만 아니라 자신의 문제를 현실과 부합된 관점에서 파악할 수 있게 이끌어 준다. 그러나 다른 사람의 고통에 대하여 사고할 때는 주의해야 한다. 다른 사람의 고통에 대한 사고를 하면서 자신의 저상의 감정이 더욱 심해지면 시급히 이러한 수련을 멈추고 다른 긍정적인 생각을 하거나 좋은 일이 생겨 흥분하고 있는 또 다른 사람을 대상으로 자신의 주의력을 돌리는 것이 좋다.

타인을 돕는 것도 저상을 치료하는 효과적인 방법이 될 수 있다. 일련의 지원 활동에 참가하거나 사회봉사 활동에 참여하는 것은 쾌락을 조절하는 신경 계통을 자극하여 자연히 유쾌한 감정이 솟아나게 한다. 이외에 운동도 역시 같은 효과가 있다.

15 | 모든 두려움은 일종의 환상
두려움의 처리

>>> 두려움과 근심의 근원은 모두 우리가 '나(我)'나 사물에 대하여 가지는 잘못된 인식에서 비롯된다. 일체의 사물이 진실로 존재하며 영구불변적인 특질을 가지고 있다고 오해하고 있는 것이다.

두려움이란 무엇인가?

불교의 전통적인 관점에서 볼 때 두려움은 망념의 일종이거나 불안한 정서가 아니다. 그러나 우리는 두려움이 확실히 불쾌감이나 스트레스를 조성하는 원인이 되는 것을 종종 볼 수 있다. 두려움은 반드시 부정적인 것만은 아니며, 두려움의 대상을 파악할 수 있으면 그 처리 방식 역시 정할 수 있다. 또한 어떠한 상황 아래서 갖는 두려움은 일상 생활이나 정신적인 수행에 도움이 되기도 한다. 교통사고에 대하여 두려움을 가지면 차를 타거나 운전할 때 안전에 대하여 더욱 조심하게 되며, 미래에 받을 나쁜 과보를 두려워하면 악업을 짓는 행위를 더욱 조심하게 된다. 이러한 두려움은 나쁜 것이 아니다. 우리가 주의해야 할 두려움은 부정적인 결과를 가져오는 두려움이다. 이러한 두려움은 우리를 불안하게 만들고 건강을 파괴하기도 한다. 뿐만 아니라 상황에 대한 그릇된 판단을 유도하여 비이성적이거나 파괴적인 행동을 하게 만든다. 이러한 경우에는 당연히 두려움을 극복할 방법을 찾고, 두려움의 특질에 대해 명확히 이해하여 다시는 두려움에 사로잡히지 않도록 하여야 한다.

두려움과 근심의 근원은 모두 '나'와 일체의 사물에 대한 우리의 잘못된 인식으로부터 비롯된다. 일체의 사물이 진실한 실체를 가지고 있고 영구불변하는 특질을 지니고 있다고 오해하고 있는 것이다. 이 때문에 사물을 셋, 여섯, 아홉 등으로 분별하며, 우리에게 친숙한 사물이 우리에게서 멀어지려 하거나 우리가 혐오하는 사물이 다가오면 두려움을 느끼게 된다.

극히 일부의 사람들만이 자신의 두려움을 직시하며 두려움의 본질을 이해하고, 이러한 정서를 효과적으로 처리할 수 있는 방법을 찾는다. 대부분의 사람들은 두려움에 잠식되어 고립무원의 감정을 느낀다. 어떻게 처리해야 할지를 몰라 갈팡질팡하며, 심지어는 망연자실하여 속수무책인 경우도 있다. 혹은 두려움을 억지로 마음 깊은 곳에 감추고 애써 외면하려고 한다. 그러나 이러한 방법은 두려움에서 벗어날 수 있는 효과적인 방법이라고 할 수 없다. 두려움을 일시적으로 눌러놓으면, 우리의 잠재의식 속에 숨어 있다가 우리의 손이 미치지 않는 곳에 수시로 나타나게 될 것이다.

두려움을 처리하는 방법

아래에 두려움을 극복할 수 있는 몇 가지 방법을 소개한다.

우선, 관호흡(觀呼吸)의 방법을 이용하여 마음을 안정시킨다. 이후에 자신의 평정하고 청명한 마음속에 두려움을 떠올린다. 그 속에 빠지거나 의도적으로 누르려고 하지 말고 객관적으로 관찰한다. 우리가 도대체 무엇을 두려워하는 것인지, 이러한 두려움이 합리적인 것인지, 우리가 두려워하는 것이 비실체적인 환상은 아닌지 등을 면밀하게 검토해 본다. 만약 우리가 두려워하는 일이 실제로 일어날 가능성이 있다면 우리는 그것을 방지하거나 모면하기 위해서 어떻게 해야 할까? 그러한 방법이 있다면 시간을 낭비하지 말고 당장 실천에 옮기는 것이 효과적이다. 어떠한 일도 하지 않고 말로만 대책을 세우는 것은 무의미한 일이다. 우리가 두려워하는 일에 대하여 어떻게 대처를 해야 할지 막막할 때는 우리와 같은 일을 겪었던 사람들에 대하여 생각해 보는 것도 하나의 방법이다. 그들이 그러한 두려움을 극복했다면 우리 역시 극복할 수 있을 것이다. 이 점을 확실히 이해하고 그러한 상황을 방지하거나 보구(補救)할 방법을 찾아 실행에 옮겨야 한다. 어떠한 행동도 하지 않고 걱정만 하고 있는 것은 결코 도움이 되지 않는다. 가장 좋은 방법은 두려움을 인정하고 받아들이는 것이다.

방법 1

두려움에 대한 분석

① 두려움에 대하여 검사해 본다. 그 속에 사로잡혀서도 안 되고 억지로 누르려고 해서도 안 된다.

② 우리가 두려워하는 것이 무엇인지 생각해 본다. 그러한 것이 모두 비실체적인 환상이라는 것을 생각해 본다.

③ 같은 체험을 가진 사람들에 대하여 상상해 본다. 만약에 그들이 두려움을 극복했다면 우리도 역시 극복할 수 있다.

④ 두려움을 방지하거나 이미 두려움이 생겼다면 이를 바로잡는 방법에 대하여 생각해 본다. 이후에 행동으로 옮긴다.

방법 2 무상(無常)을 관하는 선수

방법 3 사망(死亡)에 대한 선수

방법 4 공성(空性)에 대한 선수

방법 5 자비(慈悲)를 배양하는 선수

방법 6 부처님에 대한 관상, 관음보살이나 깨달음을 얻은 수행자 등에 대한 관상 우리가 두려워하는 사물이나 사람이 소실되거나 변화하거나 죽어 버린다면 무상(無常)을 관상하는 선수나 사망에 대한 선수를 수행하는 것이 효과적이다. 우리에게 익숙한 이러한 수련을 통하여, 모든 중생과 만사만물이 모두 변화를 겪다가 마침내는 소멸되어 버린다는 것을 명백히 이해할 수 있도록 노력한다. 이러한 이치를 받아들이게 되면 두려움이 점차 감소하게 된다.

우리는 일상 생활을 통하여 각양각색의 문제나 불유쾌한 일들을 겪게 된다. 자신이 만나는 이러한 일들이 자신뿐만 아니라 모든 중생이 겪고 있는 문제인지에 대하여 생각해 본다. 자신과 일체 중생이 모두 고통을 겪으며 살아가고 있으며, 이러한 상황은 영원히 계속될 것이다. 인간은 누구나 어떠한 고통도 받지 않고 평안하고 행복한 삶을 살 수 있는 잠재적인 능력을 가지고 있다. 우리가 겪고 있는 수많은 문제와 고통의 주요한 원인은 우리 자신의 업력과 망념 때문이라는 것을 명확히 이해하고, 이러한 것들을 완전히 제거하기 위하여 노력하여야 한다. 이후로는 나쁜 과보를 초래할 수 있는 일체의 부정적인 행위를 삼가고, 자신이 이미 지은 업장을 씻기 위해 노력하여야 한다. 또한 좋은 과보를 가져오는 긍정적인 행위를 습관화하고, 모든 고통의 주요 원인인 망념을 극복하기 위하여 최선을 다하여야 한다. 이렇게 되면 두려움과 그에 따르는 고통 역시 자연히 없어지게 될 것이다.

두려움은 자신과 타인 혹은 사물의 본질에 대한 부정확한 인식에서 비롯된다고 할 수 있다. 이 때문에 공성(空性)에 대한 선수는 두려움을 없애는 데에 아주 큰 도움이 된다. 두려움이 생길 때에는 자신의 내면을 관찰하면서 두려움의 주체인 '나'가 진실로 존재하는지 혹은 두려움은 스스로 나타나는 것인지 등등에 대하여 성찰해 본다. 같은 방법으로 두려움의 대상에 대해서도 분석해 보고 그것이 과연 우리가 생각하는 것처럼 진실한 존재인지를 살펴본다.

이 외에도 우리가 두려움을 느낄 때 우리를 보호해 주는 대상을 찾아 관상하는 방법도 두려움을 극복하는 효과적인 방법이 될 수 있다. 이 때문에 우리가 두려움을 느낄 때는 부처님이나 관음보살 혹은 깨달음을 얻은 일련의 수행자들을 관상하면서 그들의 도움을 구하는 것이다.

5장 관상觀想 선수

　　인간의 마음은 한순간도 머물러 있지 않고 끊임없이 변화하면서 각종 망념을 만들어낸다. 이러한 망념이 신구의身口意의 삼업三業을 만들어내면서 윤회의 사슬에 메이게 된다.

　　인간의 마음은 대단히 미묘하고 강력한 힘을 가지고 있다. 관상을 통해 수행을 진행하는 것은 곧 자신의 마음을 다스리는 것이며, 마음의 이러한 미묘하고 강대한 힘을 느끼고 깨닫는 과정이다. 그러므로 관상은 지혜의 계발과 깨달음을 위한 매우 중요한 수행이라고 할 수 있다.

5장의 일러스트 목록

삼밀의 수지법문修持法門·269 | 부처님의 신·구·의 삼업三業의 상징법·273 | 빛을 관상하는 수행·277 | 구도자·281 | 도모를 관상하는 수행·285 | 관음보살·287 | 관음보살의 자비를 관상하는 수행·291 | 졸화와 삼맥칠륜·295 | 졸화를 관상하는 수행·299

01

선수의 방편

관상

>>>> 티베트 불교에서 관상觀想은 대단히 중요한 수행 방법의 하나이며, 선수禪修의 수련을 위한 매우 특별한 방편으로 인식되고 있다.

관상(觀想)이란 무엇인가?

대부분의 사람은 어떠한 사물에 대하여 생각을 하거나 이야기를 할 때에 그 사물의 영상이 머릿속에 또렷하게 떠오르는 경험이 있을 것이다. 높은 산이나 굽이치는 물에 대한 생각을 하면 산수화 속의 멋진 풍경처럼 수려한 산과 유장한 계곡이 눈앞에 보이는 듯하고, 어떠한 사람의 용모나 모습을 생각하면 사진기로 찍은 한 컷의 사진처럼 선명하게 그 사람의 모습이 떠오르게 된다. 인간은 모두 이처럼 눈으로 본 사물이나 사람을 마음속에서 영상으로 재구성할 수 있는 능력을 가지고 있어서 한번 본 사물이나 사람을 자연스럽게 떠올릴 수가 있다. 이러한 능력이 바로 관상(觀想)으로, 관(觀)은 본다는 의미를 가지고 있고 상(想)은 마음속의 상상을 가리키는 것이다. 즉 관상은 사물이나 현상 등을 보고 마음속에 저장해둔 영상을 다른 기회에 떠올리는 것이라고 할 수 있다.

좁은 의미에서 본다면, 인간은 모두 수시로 관상을 하고 있다고 할 수 있다. 인간이 자신의 마음속에서 보는 수많은 영상은 모두 하나하나 선명한 장면이나 광경으로 이루어져 있으며, 또한 우리의 의상(意象)을 이루는 요소가 된다. 심지어 잠이 들어 있을 때에도 이러한 의미의 관상은 지속되며, 우리의 꿈은 이러한 요소들로 이루어지는 것이라고 할 수 있다. 하지만 소수의 사람을 제외하고 일반

불교의 밀종密宗에는 '삼밀三密'의 설법이 있다. 삼밀은 모든 불보살의 세 종류의 비밀이라는 의미를 가지고 있으며, 신밀身密, 구밀口密, 의밀意密을 가리킨다. 밀종의 수행 방법은 '삼밀상응三密相應'이라고 불린다. 즉 중생의 신身·구口·의意의 삼업三業과 모든 불보살의 신身·구口·의意의 삼밀三密이 상응하면 성불成佛을 이룰 수 있다는 것이다. 그 가운데 의밀意密의 수행 방법이 바로 관상觀想이다.

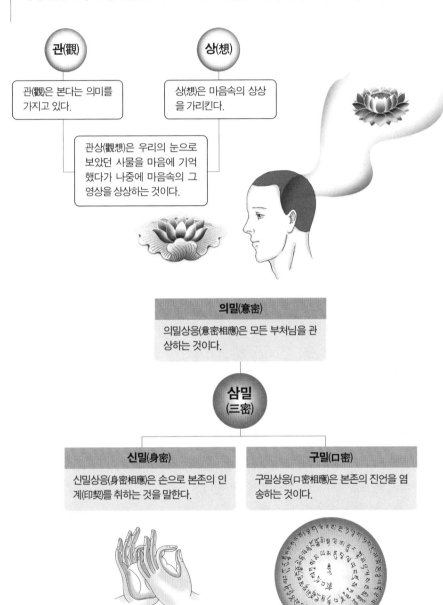

관(觀)

관(觀)은 본다는 의미를 가지고 있다.

상(想)

상(想)은 마음속의 상상을 가리킨다.

관상(觀想)은 우리의 눈으로 보았던 사물을 마음에 기억했다가 나중에 마음속의 그 영상을 상상하는 것이다.

의밀(意密)

의밀상응(意密相應)은 모든 부처님을 관상하는 것이다.

삼밀 (三密)

신밀(身密)

신밀상응(身密相應)은 손으로 본존의 인계(印契)를 취하는 것을 말한다.

구밀(口密)

구밀상응(口密相應)은 본존의 진언을 염송하는 것이다.

적인 사람은 인간의 이러한 잠재적인 능력을 의식적으로 계발하고 발전시키는 데에 한계를 가지고 있다. 관상은 밥을 먹고 잠을 자듯이 매일 이루어지는 활동이지만 진정한 의미에서의 관상이라 보기에는 일정한 한계가 있는 것이다.

티베트 불교에서 관상은 아주 주요한 수행 방법의 하나로 선수 수행의 특별한 방편으로 다루어지고 있다. 특히 사고식(思考式) 선수를 진행할 때에 이루어지는 각종 분석과 사고 혹은 상상 등은 모두 이러한 관상으로부터 비롯되는 것이다. 예를 들면 우리가 무상(無常)이라는 주제를 가지고 선수를 할 때 실체는 있지만 점차 소멸해 나가는 어떠한 사물을 상상하고자 하면 실체를 가진 모종의 사물이 나타나고 그것이 다시 점차 소멸해 나가는 모습이 아주 또렷하게 떠오를 것이다. 마치 촬영이라도 하는 것처럼 사물의 그러한 변화의 모습이 우리의 머릿속에 떠오르면서 우리는 무상하다는 느낌을 아주 구체적이고 예민하게 느낄 수 있게 된다. 또한 자비심의 배양을 주제로 선수를 할 때는 매우 자비로운 모종의 인물의 이미지를 떠올리고, 이에 대하여 관상을 진행한다면 자비에 대하여 보다 더 깊이 있는 인식을 하게 될 수 있다. 전주식(專注式) 선수를 진행할 때에도 어떠한 대상의 영상을 내면으로 관상하여 이에 전주한다면 보다 효과적인 수행을 진행할 수 있을 것이다.

금강승(金剛乘) 혹은 밀속(密續) 계통은 관상을 이용하여 심오한 깨달음에 대하여 효과적으로 설명하고 깨달음에 가장 빠르게 접근할 수 있도록 하고 있다. 즉 우리 자신의 심신을 깨달음을 얻은 성자와 완전히 합일시키고 우리가 살고 있는 이 땅을 정토와 동일시하는 수련을 거치는 것이다. 이러한 수련을 통하여 잠재적인 깨달음의 능력이 발휘되기 시작하면 우리는 자신과 이 세상의 모든 현상에 대한 착오와 오류로부터 벗어날 수 있게 된다.

금강승(金剛乘) 계통에서 관상하는 도모(度母)나 관음(觀音) 같은 여러 부처님은 모두 어떠한 깨달음의 경계를 상징한다. 즉 특정한 부처님을 관상하는 것은 모종의 특질 혹은 모종의 깨달음의 경지를 관상하는 것이 된다. 우리에게 가장 친숙한 관음보살은 자비심의 상징이며, 수련을 할 때 관음보살을 관상하는 것은 곧 자비심에 대한 관상이 되는 것이다. 이와 같이 모든 부처는 어떠한 특별한 깨달음의 상징이며, 각각 그러한 깨달음의 경계를 대표한다. 모든 부처님들의 얼굴이나 법기(法器), 손의 자세나 자태 등의 구체적인 모습은 각각 영성이 충만한 원만한 깨달음의 길을 대표하는 것으로, 어떤 부처님의 모습을 관상한다는 것은 각각 이러한 깨달음의 길을 수행하는 것이 되는 것이다. 궁극적인 깨달음의 길은 문자로 나타낼 수 없는 것이며, 다만 이러한 부처님들의 영상을 관상함으로써 깨달음을 위한 수행을 효과적으로 진행할 수 있도록 돕는 것이다. 여러 부처님의 영상을 관상하는 선수의 수련은, 우리의 마음이 더욱 자비롭고 지혜롭게 변할 수 있도록 마음을 정화시키고 단련시키는 역할을 하는 것이다.

관상 능력(觀想能力)의 배양

관상 능력을 배양하기 위해서 주로 이용되는 수련은 지선(止禪)의 방법이다. 자신에게 적합한 어떠한 영상에 전주하여 이러한 전주 상태를 길게 유지할 수 있다면 다른 잡념으로 인하여 방해받는 일이 없게 된다. 초보자는 처음에는 장시간 주의력을 집중하기가 어렵기 때문에, 짧은 시간으로 시작하여 수련의 진행과 경과에 따라 점진적으로 전주 시간을 늘려나가는 것이 좋다. 수련 도중에 잡념이 발생하여 수련의 대상이 되는 영상의 부정적인 측면이 부각되고 마음이 혼란스러워질 경우 사고식(思考式) 선수를 이용하여 수련의 장애를 제거하고 주제가 되는 영상에 새롭게 집중하여야 한다. 이러한 방법은 수련의 대상이 되는 영상의 긍정적인 측면을 수련자에게 더욱 친숙하게 만들며, 수련자가 자신의 마음을 장악하는 능력과 전주의 능력을 더욱 배가시키는 효과가 있다.

관상에 대하여 미리 어떠한 기대도 하지 않는 것이 좋다. 과도한 기대나 성급함은 오히려 수련에 방해가 되어 상반된 결과를 얻기 쉽기 때문이다. 수행을 할 때는 마땅히 수련자의 심신을 청정히 한 후에 긴장을 풀고 긍정적이고 개방적인 자세로 임하여야 한다. 성급한 욕심이나 과도한 기대는 예기치 못한 실수를 가져오거나 수행의 집중력을 방해하여 선수의 주제나 대상에 전주할 수 없게 만든다.

때로는 관상의 대상이 되는 영상이 불명확하거나 모호할 수가 있다. 이러한 현상은 수련 과정에서 일어날 수 있는 정상적인 현상이기 때문에 크게 걱정할 필요는 없다. 관상의 대상이 되는 사물의 형상이나 색깔 등이 모호하거나 분명하게 떠오르지 않더라도 걱정하거나 긴장하지 않아도 된다. 관상은 그 대상이 되는 사물이나 인물의 영상이 얼마만큼 완전하냐 하는 문제가 중요한 것이 아니라 그 대상을 통해서 우리가 얻을 수 있는 깨달음의 실제적인 내용이 중요한 문제이기 때문이다. 관상을 수련하는 근본적인 목적은 시력이나 안력을 배양하기 위함이 아니라 내면의 지혜를 키우는 것이라는 점을 잊어서는 안 된다. 이 점을 망각하고 외형적 영상에 집착한다면 이것은 완전한 방향 착오이며 관상의 진정한 의미를 이해하지 못하는 것이 된다.

심신을 편안하게 이완시키고 과도한 기대나 욕심을 버리고 수련에 대한 굳은 믿음을 가지고 수련에 임해야 한다. 수련을 시작하는 초보 단계서부터 자신이 원하는 영상을 완전하게 볼 수 있으리란 조급한 마음이나 욕심은 수련에 대한 불신이나 회의로 이어질 수 있다는 점을 명심하여야 한다. 어떠한 사람들은 몇 년이 지나야 진정한 의미에서 완전한 영상을 보기도 한다. 이러한 수행을 통하여 획득되는 심적 상태는 순간적으로 변하는 감정이나 기분에 좌우되지 않는다. 내면의 역량과 지혜를 키우고, 이로부터 긍정적이고도 개방적인 감정적 요소들을 자기 것으로 만드는 것이야말로 선수의 수행을 통하여 얻을 수 있는 즐거운 경험이라고 할 수 있다.

초기에는 자신에게 익숙한 사물을 대상으로 비교적 단순한 관상의 수련을 한 다음 점진적으로 보다 복잡한 대상과 방법으로 이행하는 것이 관상 능력을 배양하는 데 보다 효과적이다. 자신에게 매우 익숙한 장소를 찾아 두 눈을 감고 편안히 앉아 자신이 매우 잘 아는 사람에 대하여 관상을 한다. 마음속으로 그 사람의 눈, 코, 입술, 안색, 용모나 신체적 특징, 머리 모양 등을 떠올리면서 관상해 나간다. 그 밖에 집이나 가구 혹은 자주 사용하는 물건이나 자신의 신체 부위를 비롯하여 자신에게 매우 친숙한 사물이나 환경을 대상으로 관상할 수도 있다.

부처님의 모습을 관상하고자 할 때에는 먼저 부처님의 모습이 담긴 사진이나 동상 등을 자세히 관찰한 후에 눈을 감고 자신이 본 부처님의 모습을 회상한다. 마음속에 부처님의 대략적인 모습을 떠올리고 점차 세부적인 부분이 분명하

부처님을 관상할 때 밀종密宗은 부처님의 신身·구口·의意에 따라 각각 다른 관상 방법을 사용한다.

부처님의 신(身) : 관상불상법(觀想佛像法)
눈앞에 부처님의 형상이 그려진 그림이나 불상을 놓고 부처님의 형상에 주의력을 집중한다.
부처님의 장엄하신 모습, 후광이 드러나는 정수리, 황금빛이 흘러나오는 몸, 세 겹으로 걸친 법의 등 부처님의 신체적 특징을 관상한다. 마치 부처님이 눈앞에 앉아 있는 것처럼 구체적으로 관상한다.

부처님의 구(口) : 관상자상법(觀想字像法)

수행자는 월륜(月輪) 하나가 자신의 앞쪽에 나타나는 모습을 관상한다. 이 월륜은 크기가 손톱만하고 형태는 얇은 월병처럼 생겼으며, 흰색의 밝은 빛을 발산하며 공중에 떠 있다.
월륜의 윗면에는 '훔'자가 머리카락처럼 가늘게 새겨져 있다. '훔'자는 통상 마음의 본성을 상징한다.

부처님의 의(意) : 관상명점법(觀想明点法)

작은 알처럼 밝게 빛나는 점의 형상을 관상한다. 콩만한 크기에 밝은 빛을 발산하고 있어 기이하게 보인다.
모든 부처님의 지혜가 이것에 집중되어 있다. 이러한 종류의 물질을 관상하는 것은 부처님의 가피를 받는 것과 같다.

게 구체화될 수 있도록 천천히 관상해 나간다. 주의해야 할 점은 이러한 관상의 대상이 되는 부처님의 모습은 사진이나 동상처럼 생기가 없는 죽은 모습이 아니라 살아 있는 것처럼 입체적이고 생동감이 넘치는 모습으로 마음속에 구현되어야 한다는 것이다. 깨달음을 얻어 자비심과 환희가 자연스럽게 드러나는 부처님의 모습이 진실로 느껴져야 한다.

02 밝고 긍정적인 역량의 강화
빛에 대한 관상

>>>> 수련의 기교나 기술을 떠나 수련자는 누구든지 자연계에 있는 여러 종류의 다양한 빛을 감상하고 즐길 수 있다. 대낮의 햇빛, 계절 따라 미묘하게 변하는 햇빛, 아름다운 낙조落照, 달빛이나 별빛, 그리고 구름이 많이 낀 날의 부드러운 햇빛 등이 그러하다.

긍정적인 정서의 함양

관상(觀想)의 대상은 대단히 다양하다. 불교를 믿는 사람이라면 모든 부처님과 깨달음을 얻은 성자들이 관상의 대상이 될 수 있으며, 다른 종교를 믿는 사람인 경우에는 자신의 믿음에 따라 옥황상제나 예수님 등이 그 대상이 될 수 있다. 또한 해와 달, 산과 물, 꽃과 곤충, 소리, 냄새와 맛 등 세상 만물이 그 대상이 될 수 있다. 그 가운데서도 투명하고 밝은 빛은 가장 자주 이용되는 관상 대상의 하나라고 할 수 있다.

어둠과 상대적으로 빛은 긍정적인 역량을 키워 주는 것으로 인식되고 있다. 햇빛은 사물의 형상과 색깔을 드러나게 해 줄 뿐만 아니라 농작물이나 식물의 성장에 필수적인 요소이며, 생물이 살아나가는 데 필요한 기온 등을 제공한다. 훈훈한 빛은 사람의 심신을 이완시키고 편안한 감정을 느끼도록 해 준다. 이 때문에 빛은 훌륭한 선수의 대상이 되어 왔다.

먼저, 빛이 자신의 전신을 골고루 감싸는 것을 상상한다. 이어서 그러한 빛의 따뜻한 열기가 부드럽게 심신을 어루만지고 몸과 마음이 천천히 이완되면서 개방적이 되는 상상을 한다. 빛 한줄기 한줄기가 모두 세밀하게 자신의 심신을 어루만질 때마다 자신이 고민하는 문제나 고통이 사라지면서 희열과 행복을 느끼는 상상을 한다. 이후에 자신의 신체가 빛 자체로 바뀌는 상상을 한다. 이어서 자신의 신체에서 발출된 빛이 확대되면서 주변의 사람들까지 비추는 상상을 한다.

정서적 안정감과 보호받는 느낌을 필요로 할 때 빛이 몸 주위를 마치 장막이나 큰 테두리 또는 알껍질처럼 감싸는 상상을 할 수 있다. 이러한 영상을 떠올리게 되면 우리는 마음과 몸이 편안해지면서 열리는 느낌을 가질 수 있다. 또한 곤혹스런 느낌이나 고립감에 휩싸일 때에도 우리는 빛에 대한 선수를 시도할 수 있다.

일부의 사람들은 빛을 관상할 때에 비상하는 느낌 혹은 자유롭게 부유하는 감각을 느낀다고 말한다. 이와 같은 현상이 생길 때에는 주의하여야 한다. 빛은 투명하고 깨끗하지만 불변성을 가지고 있으며, 이러한 성질을 받아들여서 자신의 몸이 지상에 고정될 수 있도록 하여야 한다.

수련의 시작

자신에게 가장 적합한 자세를 선택하여 편안하게 앉는다. 잠시 자신의 호흡에 주의력을 집중하며 마음을 평안하고 고요하게 다스린다. 마음을 안정되게 한 다음 선수의 의미와 동기를 생각하며 수련에 대한 믿음과 결의를 다진다.

자신의 정수리 위쪽에 빛으로 뭉친 흰색 공이 있는 모습을 관상한다. 빛으로 이루어진 이러한 하얀 공은 투명하고 매우 깨끗하지만 실제로 존재하는 것은 아니다. 잠시 이러한 하얀 공에 집중한다. 빛으로 이루어진 이 하얀 공이 불명확하거나 형태가 모호하더라도 걱정할 필요는 없다. 다만 그러한 형태의 공이 수련자의 정수리 위에 있는 것 같은 느낌을 가지면 된다. 이 하얀 공은 우주의 선(善)이나 자애(慈愛), 지혜(智慧)를 대표하며, 자신의 잠재 능력이 최대 한도로 발휘되어 나타난 상태라고 상상한다.

다음에 이 하얀 공이 직경 2.5센티미터 정도로 압축되어 자신의 머리를 통과하여 심륜(心輪)의 중앙까지 내려가는 모습을 상상한다. 이후에 자신의 중심부에서 이 하얀 공이 다시 팽창하면서 천천히 활짝 열려서 자신의 전신으로 퍼져 나가는 모습을 상상한다. 이러한 과정을 거치며 자신의 신체의 각 부위가 점점 사라지면서 빛으로 변해 가는 모습을 상상한다. 신체의 모든 기관과 혈관, 머리, 조

1 자세를 조정하고 신체를 편안하게 방송한다.

↓

2 호흡을 조정하고 마음을 안정시킨다.

↓

3 이번 선수의 목적과 동기를 되새겨 본다.

↓

4 빛에 대한 관상

정수리 위에 하얀 작은 광구(光球)가 떠 있는 형상을 관상한다.

광구가 점점 축소되면서 우리의 머리로 들어와 심륜(心輪)의 중앙까지 내려오는 모습을 관상한다.

광구가 다시 팽창하면서 우리의 전신을 가득 채운다. 우리의 신체가 점점 소멸되면서 빛에 융합되어 버린다.

↓

5 흰색의 빛을 이용하여 일체의 망념을 소멸시킨다. 이런 상태를 가능하면 오래 유지할 수 있도록 노력한다.

↓

6 회향(回向)

직, 피부와 근육 등이 모두 반투명의 깨끗한 하얀 빛으로 변하는 모습을 관상하는 것이다. 이때에 자신의 신체가 빛으로 변하는 모습에 집중하면서 자신이 고민하고 있는 문제나 부정적인 요소 또는 자신을 괴롭히는 각종 장애 등이 모두 이 하얀 빛 속에서 사라져 버리고 지극히 원만한 경지에 도달하여 더할 나위 없는 희열과 만족을 느끼는 모습을 상상한다.

이 과정에서 마음에 어떠한 잡념이나 혼란이 발생하더라도 당황하지 말고 모두 이 하얀 공에 융합시킨다. 이러한 상태를 자신이 할 수 있을 만큼 오랫동안 유지한다. 관상을 끝마칠 때에는 수련의 긍정적인 기운이 모든 중생에게 골고루 미칠 수 있기를 기원한다.

03 중생을 구도하는 자
도모에 대한 관상

>>>> 불교에서 도모(度母 : 타라Tara)는 모든 재앙을 일소하고 모든 염원을 이루어 주며, 일체의 공덕功德을 증장시키고 일체의 업장業障을 끊어 버리며, 모든 중생과 함께하는 보살로 인식되고 있다.

도모(度母)의 고사

도모는 구도모(救度母) 또는 다라모(多羅母)라고도 부르며, '구도자(救度者)'라는 의미를 가지고 있다. 도모는 특히 티베트 불교에서 숭배하는 보도중생(普度衆生 : 널리 중생을 제도濟度하다)의 여성 보살로서 관세음보살이 흘린 눈물의 화신이라고도 전하여진다. 도모를 관상하기 전에 먼저 도모에 대한 불교의 기초적인 지식을 살펴보자.

전하는 바에 의하면 도모는 아주 오랜 옛날 일국의 공주로서 그녀의 이름은 반야월(般若月)이었다고 한다. 그녀는 천성이 지극히 선하고 삼보(三寶)에 대한 공경이 깊어 8년 동안 매일 진귀한 보물을 아낌없이 무수히 베풀며 백만 명에 달하는 불제자들을 봉양하였다고 한다. 어떤 사람이 그녀에게 "당신은 이와 같이 경건하게 공경을 행하고 있으니, 금생에 반드시 증과(證果)를 얻게 될 것입니다. 지극한 마음으로 부처님에게 발원한다면 일체의 소원이 이루어질 것입니다. 부처님에게 여성의 몸을 남성의 몸으로 바꾸어 달라고 발원하고 수행하는 것이 어떻습니까?" 라고 이야기하자, 이에 공주는 "내가 살펴보건대 이곳에는 남자도 여자도 없으며, 타인도 나도 없습니다. 남녀의 구별이나 그 명칭은 허망한 것으로 세간의 중생들을 미혹시킬 뿐입니다. 세상에는 남자의 몸으로 수행하는 사람은 많고 여인의 몸으로 수행하는 사람은 매우 적습니다. 오늘 오히려 저는 부처님에게 일체의 중생이 모두 윤회가 끝날 때까지 여자의 몸으로 구도하겠다는 서원을 할 것입니다"라고 대답하였다.

나중에 도모는 부처님에게 "저는 시방세계에서 고통받고 있는 일체의 중생을 보호하고 일체의 마장(魔障)을 항복받아 매일 백만 명의 중생이 행복을 느끼기를 원합니다"라고 서원하였다. 모든 부처님께서는 그녀의 서원에 감탄하며 공주에게 '도모(度母)'라는 이름을 하사하였다고 한다.

도모에 대하여는 다음과 같은 또 다른 전설이 있다. 대자대비하신 관세음보살님께서 무량겁(無量劫) 동안 중생을 구도하셨지만 중생들이 여전히 오욕(五慾)에 현혹되어 생사고해를 벗어나지 못하고 육도윤회에서 고통 받고 있는 모습이 너무도 안타까워 홀연 눈물을 흘리셨다. 관세음보살의 왼쪽 눈에서 떨어진 눈물은 백도모(白度母)로 변하고, 오른쪽 눈에서 떨어진 눈물은 녹도모(綠度母)로 변하였다. 두 도모는 관세음보살을 향하여 공손히 합장을 하며, "보살이시여, 근심하지 마시옵소서! 저희가 생사고해에서 윤회하고 있는 가련한 중생들의 제도에 신명을 다하여 보살님의 구도 중생의 비원을 함께 하도록 하겠습니다"라고 말하였다고 전해진다.

세간의 모든 중생의 어머니

도모(度母)는 '세간모(世間母)'라고도 부르는데, 그 의미는 '세간의 모든 중생의 어머니'라는 뜻을 가지고 있다. 불교에서는 이를 '모든 고통을 제도하는 어머니'라고 해석하며, 이런 연유로 도모라고 부른다. 그리고 불교에서 도모는 깨달음을 얻은 자의 선한 마음이나 행위를 상징적으로 나타내기도 하며, 중생의 능력의 고하에 상응하여 그에 맞추어 인도하는 방법을 뜻하기도 한다. 모든 유정중생이 윤회의 고해에서 벗어나 궁극적인 해탈을 얻을 수 있도록 돕고자 하는 모든 부처님들의 중생에 대한 연민과 사랑이 이 여성 형상의 구도자, 즉 도모의 형상을 통하여 구현된 것이다.

도모는 어떤 행위나 장애의 극복, 그리고 성공적인 구도라는 세 종류의 측면으로 나누어 볼 수 있으며, 또한 일정한 용기(勇氣)와 역량(力量)을 나타내기도 한

도모度母는 티베트 불교에서 숭앙하는 보도중생普度衆生의 여성 보살이다. 달리 구도모救度母 또는 다라모多羅母라고도 하는데, 이는 '구도자救度者'를 뜻한다. 또한 '세간모世間母'라고도 하는데, 이는 '일체 세간 중생의 어머니'라는 뜻을 가지고 있다.

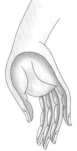

여원인(與願印)

도모의 오른손은 여원인의 자세를 취하고 있다. 오파랍화(烏巴拉花 : 우빌라꽃, 청수련)를 들고 오른쪽 무릎 위에 올려놓고 있다.
이것은 연꽃을 천하에 베풀겠다는 의지를 담고 있다. 여원인은 중생의 소망을 만족시키는 것을 상징한다.

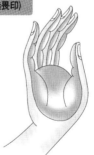

무외인(無畏印)

도모의 왼손은 무외인의 자세를 취하고 있다. 손에 오파랍화를 잡고 있는데, 꽃줄기에는 아직 피지 않은 두 송이 연꽃과 반개한 한 송이 연꽃이 있다.
그것은 미래와 현재, 과거의 삼세에 걸쳐 늘 불법(佛法)에 의지하여 서원을 행하겠다는 의미를 나타내고 있다. 무외인은 보도중생의 결심을 상징한다.

다. 도모에 대한 관상을 깊이 있게 수련하면 수련 도중에 만나게 되는 각종 장애와 곤란을 극복하고 자신이 원하는 결과를 빠르게 성취할 수 있다. 나아가 선업의 공덕을 쌓아 윤회의 고통에서 벗어날 수 있으며, 모든 부처님의 설법을 명확히 이해하고 큰 깨달음을 얻을 수 있다.

불교에서 도모는 인생의 수많은 문제와 곤경을 해결하는 보살로 인식되고 있다. 그녀는 우리가 뜻하지 않은 죽음이나 각종 질병에서 벗어나 건강하게 살 수 있도록 도울 뿐만 아니라 성공적인 사회 생활을 통하여 풍부한 재물을 얻을 수 있도록 인도한다. 도모법문(度母法門)을 충실히 지키고 진심으로 따른다면 더욱 행복한 삶을 영위할 수 있게 될 것이다. 녹도모(綠度母)의 법문을 수지하거나 녹도모의 주문을 염송하면 각종 재앙이나 재난을 피할 수 있을 뿐만 아니라 선업의 공덕을 쌓으며 행복하게 살 수 있다. 또한 각종 번뇌에서 벗어나 궁극적으로 성불에 이를 수 있으니, 가히 그 공덕이 무량무변하고 불가사의하다고 말할 수 있다. 녹도모의 법문을 수지하면, 백도모의 공덕 전반을 획득할 수 있을 뿐만 아니라 운명의 재앙을 제거하고 수명을 늘리는 경지에 도달할 수 있다.

수련의 시작

자신에게 가장 적합한 자세를 택하여 앉는다. 신체를 편안히 방송하고 잠시 자신의 호흡에 집중하면서 마음을 평안하게 다스린다. 마음의 평정을 찾은 다음에는 마음속으로 이러한 선수를 하는 목적과 긍정적인 이유를 생각하며 수련에 대한 결의를 다진다. 예를 들면 "나는 이러한 수련을 통하여 일체 중생을 도울 수 있는 길을 찾겠다"는 등의 분명한 목적과 의지를 가진다면 수련에 큰 도움이 될 것이다.

도모(度母)의 형상을 떠올리며 도모의 여러 긍정적인 특질을 관상하기 시작한다. 도모의 형상의 크기에 구애됨 없이 자신의 상상속의 모습에 집중한다. 그녀의 몸에서는 취록색의 빛이 흘러나오고 있으며, 반투명의 빛나는 눈을 가지고 있으며, 그녀에게서는 사람의 마음을 씻어주고 정신을 맑게 해주는 향기가 흘러나온다. 그녀는 왼발을 안으로 오므리고 있는데, 이것은 자신의 역량에 대한 완전한 장악력을 보여 주는 것이다. 오른발은 밖을 향하여 펼치고 있는데, 이것은 언제든지 중생의 요구에 응하여 몸을 움직일 수 있도록 하기 위한 것이다. 그녀의 왼손은 가슴에 놓여 있는데, 이것은 보호를 위한 자세이다. 왼손의 손바닥은 밖을 향하여 있는데, 무지(拇指)와 무명지(無名指)는 서로 맞닿아 있으며 나머지 세 손가락은 위로 향해 있다. 오른손은 오른쪽 무릎 위에 올려놓고 있는데, 이것은 가장 빠른 깨달음을 베풀기 위한 자세이다. 오른손의 손바닥은 밖을 향하여 있으며, 손가락은 살짝 아래를 향하고 있다. 양손에는 각각 오파랍화(鳥巴拉花)의 꽃줄기를 쥐고 있는데, 이 꽃들은 중맥(中脈) 아래서 받는 장애를 상징한다.

우아하고 아름다운 도모(度母)는 우리를 향하여 자애로운 미소를 띠고 있다. 그녀는 각종 보석으로 이루어진 왕관을 쓰고 귀에는 귀걸이를 하고 있다. 몸에는 아름다운 목걸이를 두르고 있고, 손과 발에는 각각 팔찌를 끼고, 허리에는 요대를 두르고 있다. 그녀의 가슴 앞에는 각종 보석과 금색의 장식품이 걸려 있는데, 홍색, 남색, 황색 등의 보석이 찬란하게 빛을 발하고 있다. 도모는 몸에 일종의 피풍의(披風衣)를 걸치고 있는데, 가사(袈裟)와 유사하다. 또한 그녀는 오채색의 얇은 치마를 입고 있는데, 모두 대단히 가늘고 얇은 실로 짠 치마로서 가히 천상의 솜씨로 만든 비단 치마라 할 수 있을 정도로 정교하여 신체를 더욱 영롱하게 빛나게 한다. 주의할 것은 우리가 비록 도모의 모습을 떠올려 그 신체와 의복 등을 관상하고는 있지만, 그러한 것들이 실제로 존재하는 것이 아니라 빛으로 형상화한 모습이라는 것을 잊어서는 안 된다.

도모를 관상하는 수련 시간에는 자신의 마음을 열고 도모의 무량한 자비의 힘을 느낄 수 있도록 전심전력을 다하여야 한다. 이어서 수련자 자신의 문제와 목표, 희망 등을 생각하며 내심으로부터 도모를 향하여 그녀의 도움이 있기를 간절한 발원한다. 도모가 그러한 서원에 응함에 따라서 형상화된 빛이 수련자의 몸 속으로 흘러들어올 것이다. 그녀의 얼굴에서 발출되는 흰색의 빛은 수련자의 얼굴에 흘러들어와 수련자의 '몸(身)'과 관계된 모든 부정적인 정서와 장애 등을 해소시킬 것이다. 또한 그녀의 목 부분에서 나오는 홍색의 빛은 수련자의 목으로 스며들어 수련자의 '입(口)'과 관계된 모든 부정적인 요인이나 문제 등을 해소시킬 것이다. 그녀의 가슴에서 나오는 남색의 빛은 수련자의 가슴에 스며들며 수련자의 '의식(意)'과 관계된 모든 부정적인 요인이나 문제 등을 해소시킬 것이다. 이상과 같은 방법에 따라 관상을 할 때는 진정으로 자기 자신이 모든 고통과 곤란으로부터 벗어나 마음의 지혜가 증장되는 느낌을 받아야 한다.

　도모를 관상하는 동시에 "옴 따레 뚜 따레 뚜레 사바하(om tare tu tare ture svaha)"와 같은 도모의 심주(心呪)를 일정 시간 동안 염송한다. 도모가 수련자의 정수리 위쪽에 나타나 녹색의 빛으로 변하면서 수련자의 정수리 속으로 스며들어가 수련자의 심륜(心輪)의 중앙까지 내려가는데, 이곳은 바로 인간의 심식(心識)이 있는 곳이다. 수련자의 심식과 도모의 심식이 하나로 합일되면 수련자는 진정한 청정과 희열을 느낄 수 있게 된다. 수련 도중에 마음이 흐트러지는 경우가 생겨도 어떠한 판단이나 집착을 하려고 하지 말고, 자신의 주의력을 이러한 청정한 상태에 집중하도록 노력하는 것이 좋다.

　관상을 마칠 때에는 도모를 향하여 "도모님께 청하오니, 무수한 유정중생(有情衆生)이 모두 일체의 고통에서 벗어나 원만한 정각(正覺)을 이룰 수 있도록 인도해 주시옵소서!"라고 기원한다.

도모를 관상하는 수행

1 자세를 조정하고 신체를 편안하게 방송한다.

↓

2 호흡을 조정하고 마음을 안정시킨다.

↓

3 이번 선수의 목적과 동기 등을 되새겨 본다.

↓

4 도모(度母)에 대하여 관상한다.

5 업장(業障)을 정화하는 관상

도모심주(度母心呪)를 염송하고 도모를 향하여 기원한다. 도모의 몸에서 방출된 빛이 우리의 업장을 정화시켜 준다.

6 심식합일(心識合一)의 관상
도모가 녹색의 빛으로 변하여 수련자의 정수리로 들어와 심륜(心輪)까지 내려오는 모습을 관상한다. 이어서 수련자의 심식과 도모의 심식이 하나로 합일되며, 평화롭고 맑은 기운이 느껴지는 것을 관상한다.

↓

7 도모를 향하여 "도모님께 청하오니, 무수한 유정중생이 모두 일체의 고통에서 벗어나 원만한 정각을 이룰 수 있도록 인도해 주시옵소서!" 라고 기원한다.

04 | 자비의 화신
관음보살에 대한 관상

>>>> 자비심은 모든 덕행의 근원이라 할 수 있다. 마음속에 자비심을 키운다면 각종의 긍정적 정서와 의식도 자연스럽게 배양되며, 자아에 대한 집착으로부터 벗어날 수 있게 된다.

자비(慈悲)란 무엇인가?

앞에서 이미 기술한 대로 자(慈)는 타인의 행복을 바라는 것이고, 비(悲)는 타인이 고통에서 벗어나기를 바라며 자신이 할 수 있는 힘을 다해 그것을 돕는 것이다. 바꾸어 말하면 자비심은 일체 중생이 고통에서 벗어나 자유자재한 생활을 할 수 있도록 돕는 것이라고 할 수 있다. 명심해야 할 것은 자비는 자신이 스스로 주변 사람의 생활과 의식을 세심히 살펴보고 그들을 도울 수 있는 합리적인 계획과 그에 상응하는 구체적 실천이 요구된다는 점이다. 실천이 따르지 않는 무의미한 말이나 모호한 인식은 결코 자비라고 할 수 없다.

그리고 비민(悲憫)과 연민(憐憫)의 감정은 구별되어야 한다. 연민은 다른 사람이 불행을 당하는 것을 보거나 들었을 때 마음속에 일어나는 슬픔과 걱정인데, 엄밀히 말하면 이러한 감정은 사물의 본질에 대한 오해로부터 나온다. 연민은 문제의 해결에 도움이 되지 않을 뿐만 아니라 자신에게도 두려움이나 근심을 생기게 하며, 때로는 불행을 당한 사람과 거리를 두게 만든다. 비민은 이와 다르게 자애의 마음으로부터 비롯된다. 타인이 불행한 일을 겪으며 가지는 고통이나 슬픔을 자신이 당한 것처럼 함께 아파하며, 그 사람에게 다가가 자신이 도울 수 있는 길을 찾기 위해 노력한다. 비민이 개방적인 마음과 지혜에 바탕을 두고 있기 때문에 실천적인 행동이 뒤따른다면 연민은 자아에 대한 집착에 바탕을 두고 있기

관음보살觀音菩薩은 관세음보살觀世音菩薩, 관자재보살觀自在菩薩, 관세자재觀世自在로도 불리며, 관음이란 명호는 세간 중생의 고통을 관조하면서 "세간 중생의 고통에 찬 소리를 듣는다"는 의미를 가지고 있다. 관음보살의 완전한 칭호는 '대자대비구고구난관세음보살大慈大悲救苦救難觀世音菩薩'이다. 명호에는 보살의 대자대비한 구세救世의 공덕과 사상이 모두 내포되어 있다.

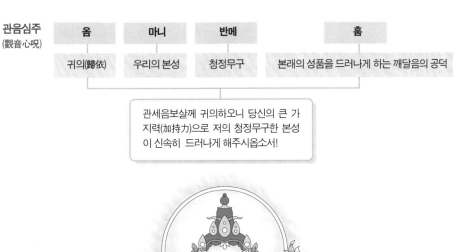

관음심주
(觀音心呪)

옴	마니	반메	훔
귀의(歸依)	우리의 본성	청정무구	본래의 성품을 드러나게 하는 깨달음의 공덕

관세음보살께 귀의하오니 당신의 큰 가지력(加持力)으로 저의 청정무구한 본성이 신속히 드러나게 해주시옵소서!

용어 해설

사비관음(四臂觀音)
사비관음은 티베트 불교에서 숭앙하는 대비관음의 주존(主尊)이다. 대비(大悲), 대지(大智), 대력(大力)을 대표하며, 밀종(密宗)의 수행자라면 반드시 수행해야 하는 법문이다. 사비관음(四臂觀音)과 천수천안관음(千手千眼觀音)은 모두 관세음보살의 화신의 일종이다.

때문에 타인을 돕기 위한 행동이 이어지는 것이 아니라 오히려 그로부터 멀어지게 만든다.

비민(悲憫)은 타인의 문제에 정서적으로 과도하게 빠져드는 것이 아니라 자신 스스로의 문제라 여기며, 깊은 슬픔과 아픔을 느끼는 것이다. 진정한 비민은 지혜에 바탕을 두고 있기 때문에 고통의 근본적인 원인에 대해 성찰하고 타인의 현실에 대하여 냉정히 직시하면서 실제적으로 도울 수 있는 방법을 모색한다. 현실에 바탕을 두고 자신의 한계와 상황을 인식하며 타인을 돕는 것이다. 중요한 것은 어떠한 행동이라도 그 바탕에 자비심이 있어야 한다는 점이다. 어떠한 성자라도 실제적으로 타인의 고통을 해소하기는 어려운 일이며, 본인 스스로가 그러한 고통으로부터 벗어나야 한다. 무지나 착오에 근거한 개념이나 인식 혹은 혼란스러운 모호한 감정은 그 자체로 타인을 돕는 데 한계가 있을 수밖에 없다. 그러므로 마음의 지혜를 키우는 데 노력하여 사물의 실상에 대하여 정확히 이해하면서 비민의 마음으로 타인의 고통을 인식하고 도울 수 있는 길을 찾아야 한다. 이러한 행동이 바로 진정한 선교(善巧 : 중생을 교화하는 수단과 방법이 아주 빼어남)의 경지에 도달하는 것이다.

관음심주(觀音心呪)

주문은 모든 불보살의 비밀스런 마음의 부호로서, 한 음절 조직으로 이루어져 미묘한 소리의 파동을 만들어낸다. 수천 년 동안 수많은 사람들이 이러한 주문을 염송하며 헤아릴 수 없는 공덕(功德)을 쌓고 설명하기 힘든 가지력(加持力)을 보여왔다. 이러한 연유로 주문을 또한 진언(眞言)이라 부르는데, 성취의 언어 또는 진여(眞如)의 음성이라는 의미로 해석되며, 우주의 진리를 담고 있는 소리라 할 수 있다. 모든 불보살이 이러한 진언을 통하여 일체의 중생이 고통에서 벗어날 수 있도록 돕고 있는 것이다.

관음보살의 주문은 "옴 마니 반메 훔(om mani padme hum : 마음의 연꽃 속에 있는 보석)"으로 잘 알려져 있다. '옴'은 매우 다양한 의미를 가지고 있는데, 보통 '귀의(歸依)'로 이해한다. '마니'는 자유자재한 여의보주(如意寶珠)로 해석되며, 우리 인간의 본성을 비유하는 것으로 만사만물이 모두 이것의 변화라고 할 수 있다. '반메'는 홍련화(紅蓮花)를 가리키는데, 이것은 인간의 청정무구한 본성을 비유한다. '훔'는 매우 복잡한 의미를 가지고 있지만 일체의 장애를 극복하고 보다 빠르게 깨달음의 공덕을 이루어서 빨리 궁극의 목적지에 도달하자는 염원을 담은 것으로 이해하면 된다.

이 여섯 자의 주문은 결국 "관세음보살님께 귀의하옵니다. 원하오니 청정무구한 본래의 저의 자성을 신속히 회복하여 저 피안의 궁극적 목적지에 도달할 수 있도록 은혜를 베풀어 주시기 바랍니다"라는 의미를 가지고 있다. 일상생활을 하면서 늘 이 여섯 자의 관음심주를 염송한다면 자신 속의 자비심을 일깨우고 증장시킬 수 있으며, 수백만 명의 사람이 모두 함께 이처럼 관음심주를 염송한다면 세상은 보다 평화롭고 자비롭게 변할 것이다. 성심을 다하여 관음심주를 염송하다 보면 최소한 자신의 마음속에 긍정적인 정서와 인식이 자리하는 것을 느끼게 된다. 주의해야 할 점은 이러한 주문의 효과는 글자에 대한 이해 여부에 달려 있는 것이 아니며, 소리를 내서 염송하든 마음속으로 염송하든 진심이 담겨 있어야 한다는 점이다.

수련의 시작

수련자에게 가장 적합한 자세를 택하여 앉는다. 신체를 편안히 방송하고 잠시 자신의 호흡에 집중하며 마음을 고요히 가라앉힌다. 마음을 평정하게 다스린 후에는 잠시 이 선수의 목적과 의미 등에 대하여 긍정적인 생각을 하며 의지를 굳건히 한다.

먼저 끝없이 많은 중생이 사방에서 자신을 둘러싸고 있는 상상을 한다. 그들의 용모나 태도 등을 세세하게 느끼면서 그들 역시 자신과 함께 편안하게 앉아 있는 모습을 상상한다. 될 수 있으면 자신이 할 수 있는 최대로 많은 수의 중생의 모습을 상상하는 것이 좋다. 이때에 자신의 부모님과 가족, 친구나 애인 등 자신이 잘 알고 있는 사람들은 수련자와 가까운 곳에 앉아 있고 그 밖의 사람들이 다시 그 주위에 앉아 있는 것을 상상하는 것이 보다 효과적이다.

중생들이 받는 고통을 진지하게 관상한다. 먼저 자신과 가까운 가족이나 친구, 애인 등이 재난이나 어려운 문제에 봉착하여 겪는 고통을 생각하면서 마음을 열고 자신이 직접 그러한 고통을 느껴본다. 이어서 그들과 자신이 모두 함께 그러한 고통에서 벗어나 무한한 희열과 행복을 느끼는 모습을 상상한다. 다음에는 자신이 좋아하지 않는 사람들 혹은 원수처럼 지내는 사람들이 각종 재앙을 만나 고통받고 있는 모습을 상상한다. 어떠한 도움도 없이 절규하며 탄식하는 그들의 모습을 매우 생동감 있게 상상한다. 이어서 그들의 고통을 함께 느껴보고 그들 역시 그러한 고통에서 벗어나는 모습을 상상한다. 그들 역시 자신과 같이 고통받고 있는 중생의 하나이며, 그러한 인생의 고통으로부터 벗어나는 것이 바로 관음보살의 자비심의 본질이다. 계속해서 관상의 대상을 확대하여 일체의 중생과 동물 등이 겪는 각종 고통과 어려움을 생각하며 자신 속에 받아들인다. 어떠한 유정물이든 자기 본래의 마음을 장악하지 못하고 있다면 필연적으로 고통을 받게 된다. 마치 태양이 세상의 모든 것을 따뜻하게 비추듯 관음보살의 자비가 그들에게 골고루 미치기를 발원한다.

　　계속해서 본격적으로 관음보살에 대하여 관상한다. 관음보살은 대자대비와 지혜의 화신으로 매우 온화하고 장엄한 형상을 하고 있다. 관음보살의 이러한 모습이 자신의 내심의 본질과 다르지 않다는 것을 깨닫고자 노력하여야 한다. 관음보살이 자신의 정수리 위에서 자신과 같은 방향을 보고 있는 모습을 상상한다. 보살의 몸은 투명하고 신비한 흰색의 빛으로 구성되어 있는데, 그 모습이 마치 설산(雪山)이나 수정산(水晶山)에 수천 개의 태양이 비추는 것처럼 장엄하다. 관음보살은 얼굴에 온화한 미소를 띠고 있으며, 네 개의 팔뚝을 가지고 일체 중생들에게 무한한 자비를 베풀고 있다. 보살은 심륜(心輪)의 중앙에서 합장을 한 자세를 취하고 있는데, 이것은 세간의 고난과 깨달음의 결합을 상징한다. 세간의 모든 알력과 분쟁 등이 모두 무상하다는 것을 여실히 깨닫고 원만해지기를 바라는 마음이 담겨 있다. 합장한 손에는 하나의 여의보주가 놓여 있는데, 이는 모든 중생의 요구를 만족시키고자 하는 뜻을 담고 있다. 두 번째 오른손은 수정 목걸이를 들고 있는데, 이는 일체 중생에 대한 보살의 영원한 자비심을 상징한다. 두 번 자세를 조정하고 신체를 편안하게 방송한다.

 호흡을 조정하면서 마음을 안정시킨다.

 이번 선수의 목적과 동기 등을 되새겨 본다.

 중생에 대한 관상

 관음보살에 대한 관상

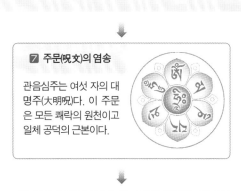

6 **부정적인 에너지의 제거**
관세음보살에게서 쏟아져 나온 백광(白光), 즉 하얀 빛이 수련자의 신체를 거치며 수련자의 부정적인 에너지가 모두 깨끗이 제거되는 모습을 관상한다. 다음에 이 하얀 빛이 중생의 몸에 다가가 그들과 융합하면서 그들이 모두 평안을 찾는 모습을 관상한다.

7 **주문(呪文)의 염송**

관음심주는 여섯 자의 대명주(大明呪)다. 이 주문은 모든 쾌락의 원천이고 일체 공덕의 근본이다.

 심식합일(心識合一)의 관상

9 회향(回向)

째 왼손에는 한 송이 하얀 연꽃이 들려 있는데, 이는 보살의 무한한 지식과 지혜를 상징한다. 관음보살은 하얀 월륜(月輪)에 앉아 있고, 월륜 아래에는 한 송이 연꽃이 피어 있다. 보살은 두 발을 교차하여 가부좌하고 있다. 보살은 정치하게 짜인 비단옷을 몸에 두르고 있는데 각종 보석으로 장식되어 있다. 보살의 눈은 무한한 자비와 무조건적인 사랑으로 충만해 있으며, 일체의 중생을 놓치지 않고 살펴보고 있다. 보살은 일체의 고통을 초월하고 희열에 찬 모습으로 온화한 미소를 띠면서 하나하나의 중생이 모두 인생의 고통으로부터 벗어나도록 살펴보고 있는 것이다.

평정한 마음을 유지한 채 정신을 집중하여 이러한 관음보살의 형상을 고요히 관상(觀想)한다. 관상을 할 때는 관음보살의 무한한 자비심과 온화함을 받아들이도록 노력하고, 또한 자신이 그릇된 각종 인식과 부정적인 요소들을 극복하고 일체 중생에 대한 순일한 자애심과 비민의 감정을 키울 수 있기를 진심으로 기도한다. 이러한 모든 것들이 자신의 진실한 본성에 대한 깨달음과 연관되어야 한다. 관음보살에게서 나오는 자비 가득한 한 줄기 한 줄기의 백광(白光), 즉 하얀 빛이 수련자에게 닿을 때 수련자의 마음이 모두 개방되면서 주위를 둘러싸고 있는 일체 중생과 하나가 되는 모습을 관상한다. 하얀 빛이 수련자의 신체를 지나가면서 신체의 모든 세포나 미세한 원자가 이 빛으로 충만해지고, 이 하얀 빛이 수련자의 모든 고통과 부정적인 요소, 과거에 있었던 상처와 미래에 발생할 수 있는 상처까지 해소하는 모습을 관상한다.

무한한 자비심과 사랑이 수련자의 심신에 깃들고 내면에 지극한 희열과 평안함을 느끼게 된다. 개방적인 마음으로 자신이 받은 것을 일체 중생에게 전하여 그들 역시 모든 고통과 부정적인 요소들로부터 해방되어 무한한 행복감을 맛보게 한다. 관음보살의 자비심으로 모든 고통과 곤란으로부터 벗어나 세계가 웃음과 행복으로 하나가 되는 모습을 상상하는 것이다.

연후에 전심전력을 다하여 관상하면서 "옴 마니 반메 훔"을 염송한다. 먼저 큰소리로 한번 염송하고, 다음에는 소리를 내지 않고 묵념으로 염송한다. 염송은 오래할수록 좋다. 염송이 끝나면, 관음보살이 하얀 빛으로 변하면서 수련자의 정수리를 거쳐 심륜(心輪)의 중앙까지 내려와 수련자의 심식(心識)과 관음보살의 심식이 하나로 합일되면서 무한한 희열과 행복을 느끼는 모습을 상상한다. 이러한 감각을 될 수 있으면 오랫동안 유지한다.

마지막으로 이러한 선수를 통해서 얻은 긍정적인 성과가 모든 중생들에게 돌아가 그들 역시 지극한 희열을 느낄 수 있기를 바라면서 수련을 마친다.

05 졸화에 대한 관상

>>> 졸화법拙火法은 인간의 체내 에너지를 바꾸어 신身, 구口, 의意의 세 방면으로 대표되는 인간의 모든 행위에 대한 장악력을 높이는 방법이며, 대단히 뛰어난 수련 방법이라고 할 수 있다.

졸화(拙火)와 맥륜(脈輪)

티베트 불교에서는 인간의 체내에는 태어나면서부터 무한한 에너지가 잠재되어 있다고 인식하고 있다. 이른바 '졸화(拙火 : 쿤달리니kundalini)'란 이것을 가리키는 것이다. 이러한 에너지가 유통하는 통로가 바로 인간의 신경 계통이며, 동양에서는 그것을 맥(脈)이라고 불러왔다. 체내의 에너지는 수십만 개의 미세한 통로를 통하여 전신을 왕래한다. 그 가운데서도 특히 중요한 통로가 되는 세 줄기 통로가 바로 중맥(中脈), 좌맥(左脈), 우맥(右脈)이며, 이들 중에서도 중맥이 특히 중요하다. 이러한 맥(脈) 위에 다시 에너지를 저장하거나 구동하는 곳이 있는데, 이곳이 바로 에너지의 중심점 혹은 이른바 륜(輪 : 차크라chakra)이라고 부르는 곳이다. 중맥, 좌맥, 우맥은 일곱 개의 교차점을 가지고 있으며, 이것이 바로 칠륜(七輪)이다. 아래에서부터 위로 차례로 해저륜(海底輪), 생식륜(生殖輪), 제륜(臍輪), 심륜(心輪), 후륜(喉輪), 미심륜(眉心輪), 정륜(頂輪)으로 나누어진다.

인간은 모두 체내에 에너지 계통을 관장하는 하나의 특별한 틀을 내재하고 있는데, 우리가 영체(靈體) 혹은 영량(靈量)이라고 말하는 것이 바로 이것이다. 인간은 출생하면서부터 우주의 에너지를 흡수하며, 이러한 에너지는 '생명기식(生命氣息)'의 형태로 존재한다. 생명의 에너지를 관장하는 영체를 구성하는 가장 중요한 부분이 바로 삼맥(三脈)과 칠륜(七輪)이다. 그 가운데서 가장 위쪽에 위치한 밀종密宗에서는 인체 내에는 모두 7만 2천개에 달하는 맥도脈道가 있으며, 그 가운데 좌左, 중中, 우右의 삼맥三脈과, 좌우의 양맥과 중맥이 교차하며 형성하는 맥륜脈輪을 가장 중요한 것으로 보고 있다.
졸화(拙火 : 쿤달리니kundalini)는 가장 아래쪽에 위치한 해저륜海底輪 속에 은밀히 잠재되어 있다.

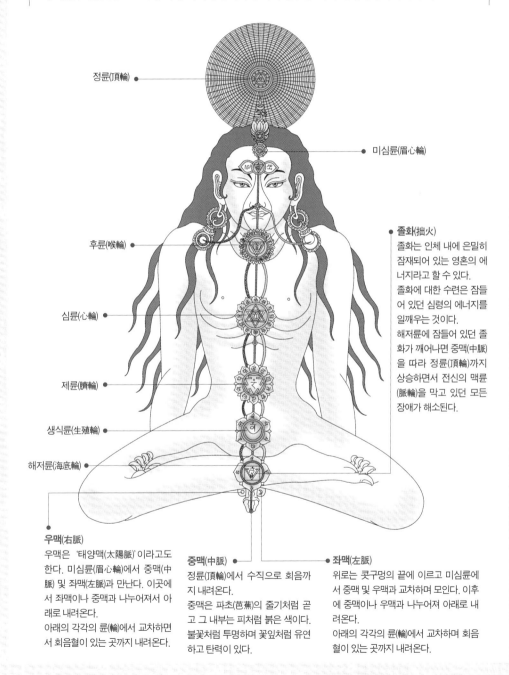

정륜(頂輪)

미심륜(眉心輪)

후륜(喉輪)

심륜(心輪)

제륜(臍輪)

생식륜(生殖輪)

해저륜(海底輪)

졸화(拙火)
졸화는 인체 내에 은밀히 잠재되어 있는 영혼의 에너지라고 할 수 있다.
졸화에 대한 수련은 잠들어 있던 심령의 에너지를 일깨우는 것이다.
해저륜에 잠들어 있던 졸화가 깨어나면 중맥(中脈)을 따라 정륜(頂輪)까지 상승하면서 전신의 맥륜(脈輪)을 막고 있던 모든 장애가 해소된다.

우맥(右脈)
우맥은 '태양맥(太陽脈)'이라고도 한다. 미심륜(眉心輪)에서 중맥(中脈) 및 좌맥(左脈)과 만난다. 이곳에서 좌맥이나 중맥과 나누어져서 아래로 내려온다.
아래의 각각의 륜(輪)에서 교차하면서 회음혈이 있는 곳까지 내려온다.

중맥(中脈)
정륜(頂輪)에서 수직으로 회음까지 내려온다.
중맥은 파초(芭蕉)의 줄기처럼 곧고 그 내부는 피처럼 붉은 색이다.
불꽃처럼 투명하며 꽃잎처럼 유연하고 탄력이 있다.

좌맥(左脈)
위로는 콧구멍의 끝에 이르고 미심륜에서 중맥 및 우맥과 교차하며 모인다. 이후에 중맥이나 우맥과 나누어져 아래로 내려온다.
아래의 각각의 륜(輪)에서 교차하며 회음혈이 있는 곳까지 내려온다.

두 개의 맥륜이 순수한 에너지의 활동을 주도하고 있다면 아래쪽에 있는 세 개의 맥륜은 전신에 에너지를 전하는 일반적인 활동을 하고 있고, 중간에 위치한 두 개의 맥륜은 심지(心智)와 관계된 역할을 하고 있다. 비교적 높은 쪽에 있는 맥륜이 아래쪽의 맥륜의 활동을 통제하고 있다고 할 수 있다.

'졸화'는 달리 영능(靈能), 영량(靈量), 영력(靈力) 또는 영사(靈蛇)라고도 하며, 인간의 영성과 관계된 중요한 에너지다. 우주의 에너지는 인간의 배태 단계서부터 인간의 정수리로 들어와 척추를 거쳐 인체의 깊은 곳에 잠재된다. 해저륜(海底輪)은 근지륜(根持輪) 또는 순진륜(純眞輪)이라고도 하는데, 생식기와 삼맥이 만나는 곳 사이에 척추의 뿌리가 되는 부위에 위치하고 있다. 삼맥과 칠륜 가운데 가장 아래쪽에 있으며, 가장 단순한 활동을 하고 있다고 보면 된다. 졸화는 마치 뱀이 세 겹의 똬리를 틀고 있는 것처럼 해저륜 속에 잠들어 있다. 이렇게 달콤하게 잠들어 있는 졸화를 깨우지 못하면 기맥(氣脈)에 장애가 생길 수 있다. 반면에 이것을 깨울 수만 있다면 수련에 큰 도움이 될 뿐만 아니라 깨달음을 얻어 해탈을 이루는 데 큰 도움이 될 것이다. 졸화가 깨어나 해저륜으로부터 위로 상승하기 시작하면 말로 표현할 수 없는 희열을 느끼게 된다. 졸화가 눈을 뜨게 되면 척추를 따라 회음부의 해저륜으로부터 상승하기 시작하여 생식륜(生殖輪), 제륜(臍輪), 심륜(心輪), 후륜(喉輪), 미심륜(眉心輪)을 거쳐 일직선으로 정륜(頂輪)에 도달하게 된다. 이러한 상승과정에서 졸화가 각각의 륜을 통과할 때마다 각기 다른 심령의 감화를 느끼게 되며, 심령의 청정함 역시 더욱 배가된다. 졸화에 대한 수련은 이러한 공능을 얻기 위한 것이다.

수련의 시작

자신에게 가장 적합한 자세를 잡고 앉는다. 신체를 편안히 방송하고 잠시 자신의 호흡에 집중하며 마음을 가라앉힌다. 마음을 평정하게 다스린 다음에는 이러한 선수를 하는 목적과 의지를 분명히 다지고 굳건히 한다. 선수의 전체 과정을 진행할 때는 긴장하거나 지나친 기대를 하여서는 안 되며, 평정심을 유지한 채 수련에 집중하여야 한다.

우선 손가락 마디 하나 길이의 속이 비어 있는 가는 대롱을 상상하면서 중맥을 관상한다. 중맥은 인체의 중앙에 위치해 있다. 중맥은 정수리에서부터 엉덩이의 꼬리뼈 밑부분까지 내려오며, 척추의 앞쪽으로 신체를 관통한다. 다음에 우맥과 좌맥을 관상한다. 우맥과 좌맥은 중맥보다 가늘다. 콧구멍의 우측과 좌측으로 나뉘어 시작되며, 위로는 정수리를 향하고 아래로는 각각 중맥의 양쪽으로 휘어져서 내려온다. 배꼽 아래 대략 손가락 첫마디의 네 배 정도 되는 곳(손가락 하나 정도의 길이)에서 중맥과 만난다. 이러한 형상을 관상할 때 시간적 제약은 없다.

자신의 마음속에 이러한 삼맥(三脈)의 형태를 형상화하고 난 후에 배꼽 높이의 중맥 안에 붉은 불꽃이 날름거리는 작은 씨앗처럼 생긴 것이 자리하고 있는 모습을 상상한다. 또는 자신의 중맥 안에서 타고 남은 잿더미가 아직도 열기를 발산하고 있는 모습을 상상한다. 이어서 중맥 안에 있는 이 잿더미가 발산하는 열기를 생생하게 느껴 본다. 열의 온도가 올라가면서 뼈 아래 근육들이 서서히 수축되는 느낌을 받아야 한다. 주의해야 할 점은, 주의력의 초점을 외부의 근육이 아니라 내부의 근육에 맞추어야 한다는 것이다. 이와 같이 기(氣)의 에너지를 가장 아래쪽의 맥륜으로부터 중맥 안의 잿더미가 있는 곳까지 끌어올린다.

천천히 한번 깊게 숨을 들이마시는 동작을 한다. 콧구멍을 따라 들어온 공기가 우맥과 좌맥을 타고 내려가 배꼽 아래에서 만나 중맥 안으로 들어가는 모습을 상상한다. 공기와 중맥의 열이 아래쪽에서 올라온 에너지와 결합하는 모습을 상상한다. 숨을 들이마시는 동작을 멈추는 동시에 혀를 삼키는 동작을 취한다. 부드럽게 횡경막을 아래로 밀어 내리면서 위쪽에서 내려온 에너지를 견고하게 압축시켜서 공기의 에너지가 상·하방의 압력으로 완전히 뭉쳐지는 모습을 상상한다.

이후에 수련자가 불편하게 느껴지지 않을 때까지 가능한 한 오래 숨을 참으면서 배꼽 부위에 있는 잿더미의 열기에 완전히 주의력을 집중한다. 공기의 에너지가 압축될수록 열기가 점점 높아지면서 끊임없이 바깥으로 열을 내뿜는 모습을 상상한다. 이러한 과정이 모두 양호하게 진행되면 근육을 부드럽게 방송하면서 서서히 참고 있던 숨을 내쉰다. 공기가 콧구멍을 통해 완전히 나갈 때까지 열기가 수련자의 중맥을 따라 위로 올라가며 소실되어 가는 과정을 관상한다. 중맥

안에 있는 잿더미에서 열이 방출되면 지속적으로 열기가 올라가며 바깥으로 전달되지만 위쪽의 맥륜에서 받을 수 있는 열기는 아직 미약하다.

주의해야 할 것은 수련자는 시종 주의력의 초점을 잿더미에서 발산되는 열기에 두어야 한다는 점이다. 여러 차례 숨을 내쉬는 동작이 끝나고 나면 얼굴 근육의 긴장을 풀고 다시 숨을 들이마시는 동작, 혀를 삼키는 동작, 횡경막을 부드럽게 아래로 미는 동작, 공기를 배꼽 아래에서 압축하는 상상, 열의 온도가 상승하는 상상, 숨을 참는 동작, 열기에 주의력을 집중하는 과정, 다시 숨을 내쉬는 동작, 중맥을 따라 열기가 올라가는 상상의 과정을 규칙적으로 일곱 번 반복한다. 다음 과정으로 넘어가 다시 숨을 들이마실 때는 느껴지는 열의 온도가 높아져야 된다는 것을 명심해야 한다. 마지막인 일곱 번째로 숨을 내쉴 때에는 마침내 잿더미에 다시 불이 붙고 화염이 폭발하며 중맥을 통하여 상승한다. 이 화염이 상승하면서 인체의 맥륜을 지날 때마다 각각의 맥륜에 남아 있던 혼란한 에너지를 모두 불태워 완전히 정화시킨다.

인체의 중맥을 따라 상승한 화염은 최종적으로 정수리에서 소실되며, 은색(銀色)의 느낌을 주는 희열의 에너지를 발산한다. 일련의 에너지가 정화된 중맥을 따라 내려오면서 맥륜을 통과할 때마다 더욱 편안해지는 느낌을 받게 된다. 에너지와 화염이 결합할 때에는 강렬한 희열감이 폭발적으로 느껴진다. 이 희열의 열기가 퍼지기 시작하여 수련자의 심신에 충만하게 되면 수련자의 마음은 더할 수 없는 환희로 가득차게 된다. 이러한 희열이 느껴지는 체험을 할 때는 결코 긴장하거나 다른 기대를 가져서는 안 된다. 또한 이러한 느낌을 억지로 지속하려고 하거나 분석하려고 해서도 안 된다. 여유를 가지고 그러한 감정을 즐길 수 있으면 된다. 주의해야 할 점은 희열감이 아무리 크다고 할지라도 결코 평정심이나 자제력을 잃어서는 안 된다는 점이다. 이때의 희열감은 우리가 평소에 느낄 수 있는 희열감과는 많은 차이가 있기 때문에 순간적으로 자신에 대한 통제력을 잃을 수 있다.

이때에 수련자의 주의력이 다른 사물로 옮겨지면서 수련자의 마음이 분산되는 경우가 있다. 이러한 경우에는 수련자의 주의력을 잠시 사고의 주체에 집중하

1 자세를 조정하고 신체를 편안하게 방송한다.

2 호흡을 조정하면서 마음을 안정시킨다.

3 이번 선수의 목적과 동기 등을 되새겨 본다.

4 삼맥(三脈)의 관상

5 졸화(拙火)에 대한 관상

① 중맥(中脈) 가운데 여전히 불꽃을 날름거리고 있는 씨알 크기의 잿더미를 상상한다. 이 잿더미는 아직도 열을 발산하고 있다.
② 깊게 숨을 들이마시며 공기와 잿더미가 결합하는 모습을 관상한다.
③ 숨을 멈추고 혀를 삼키면서 공기의 에너지를 압축시킨다.
④ 가능한 한 오래 숨을 참으면서 잿더미의 열의 온도가 상승하며 밖으로 발산되는 모습을 상상한다.
⑤ 근육을 방송하고 서서히 숨을 내쉬면서 밖으로 나가는 공기를 따라 장애가 사라지는 모습을 관상한다.
⑥ 상술한 단계를 일곱 차례 반복한다.

6 희열감에 대한 전주(專注)와 분석(分析)

① 화염이 정수리에서 소멸되면서 은색의 느낌을 주는 희열의 에너지가 흘러나오고 이것이 중맥을 따라 아래로 내려오면서 맥륜을 거칠 때마다 편안해지는 감각을 관상한다.
② 에너지와 졸화가 결합하면서 희열의 감정이 폭발적으로 일어나 심신에 가득차는 모습을 관상하며 이러한 감각에 전주한다.
③ 일정한 시간 동안 이러한 감각에 전주한 후에, 이것에 대하여 사고와 분석을 하고 결론을 내린다.

7 회향(回向)

거나 사고의 대상에 집중한다. 이러한 과정을 통하여 마음을 안정시킨 후에 다시 희열의 감각에 집중하여야 한다.

수련자의 의식과 마음이 안정된 후에 자신의 이러한 경험을 자성(自性)을 일깨우는 주제로 삼아 선수를 진행할 수도 있다. 졸화를 관상하는 수련에서 받았던 감각에 집중하면서 일정한 시간 동안 그 감각에 몰입한 후에 사고와 분석을 시작한다. 이러한 사고와 분석을 할 때는 어느 정도의 시간이 필요하다. 시간에 제약을 두지 말고 수련자의 상황에 따라 진행하는 것이 좋다. 사고와 분석을 할 때는 다음과 같은 문제를 모두 포괄하는 것이 효과적이다. 이런 종류의 감각은 영구불변한 것인가 아니면 무상한 것인가? 이런 종류의 감각은 무엇 때문에 일어나는 것이며, 그 원인은 무엇인가? 이런 감각은 환희인가 아니면 고통인가? 환희 혹은 고통이라면 그 이유는 무엇인가? 이런 종류의 감각과 인체의 신경 계통 혹은 마음은 어떤 관계가 있는가? 관계가 있다고 생각한다면 그 이유는 무엇인가? 이런 종류의 감각은 본래부터 존재하며 스스로 나타나는 것인가, 아니면 다른 사물에 의지하여 나타나는 것인가? 그렇다면 그 이유는 무엇인가? 하나하나의 질문에 대하여 다양한 각도에서 검토하고 성찰해 본다.

선수를 마칠 때에는 결론을 정리한 후에 이번 수련을 통하여 얻은 긍정적인 성과와 통찰력을 일체 중생에게 회향하고 모든 중생이 깨달음을 얻기를 발원한다.

6장 그 밖의 수행법

불교에서는 모든 부처님에 대한 관상의 수행은 무량한 공능을 가지고 있다고 설명한다. 모든 부처님과 보살이 모두 우리가 윤회의 고통에서 벗어나 쾌락을 얻기를 바라고 있기 때문이다. 그러나 모든 수행자가 이러한 지극한 희열을 맛볼 수 있는 것은 아니다. 이러한 결과는 수행을 할 때의 마음가짐에서 그 이유를 찾을 수 있다.

6장의 일러스트 목록

경건한 마음과 신심 · 305 | 삼보 · 309 | 귀의의 종류 · 311 | 밀종의 귀의 · 317 | 사무량심 · 321 | 칠지공 (1) · 323 | 칠지공 (2) · 325 | 칠지공 (3) · 329 | 외만달 · 331 | 불교의 세계관 · 335 | 삼십칠품 만달三十七品曼達 · 339 | 윤왕칠보와 보장병 · 341 | 불타 · 345 | 부처님의 일생 · 349 | 부처님의 삼십이상三十二相 · 353 | 부처님을 관상하는 방법 · 355 | 약사불 · 359 | 약사불을 관상하는 수련 · 367 | 무엇 때문에 수심이 필요한가? · 369 | 「수심팔송」의 저자 · 373 | 수심팔송 (1) · 380 | 수심팔송 (2) · 382 | 수심팔송 (3) · 385 | 수심팔송 (4) · 389 | 수심팔송을 수련하는 방법 · 393 | 이십일도모 · 397 | 이십일도모의 특징 (1) · 401 | 이십일도모의 특징 (2) · 403 | 도모의 신색身色 · 407 | 이십일도모를 관상하는 수련 · 411 | 금강살타 · 415 | 백자명 · 421 | 금강살타참회법 · 423 | 계, 정, 혜 · 427 | 팔계 · 429 | 계의 분류 · 431 | 지계 · 437 | 대승팔계를 선수하는 방법 · 445 | 삼십오참회불 · 449 | 삼십오불의 특징 · 453 | 삼십오불참회법을 수련하는 방법 · 457

01 이지理智적인 신앙의 문제
경건한 마음의 배양

>>>> 경건함은 불가결한 요소지만 반드시 지혜와 조화되어야 한다. 불교에서는 천부적으로 뛰어난 수행자는 이지理智에 근거하여 도道에 이르고, 나중에 경건함을 갖춘다고 인식하고 있다. 하지만 먼저 경건한 마음을 갖추고 나중에 이지로써 이를 보완할 수도 있다.

경건한 마음과 신심(信心)

불교의 각종 서적은 일반적으로 경건한 마음과 견실한 신심의 필요성에 대하여 언급하고 있다. 신심이나 경건한 마음이 있어야 자신의 수행에 대한 확신과 열정을 가지고 수련에 정진할 수 있으며, 이러한 마음이 결여되면 큰 성과를 얻기 힘들기 때문이다. 또한 이러한 마음의 바탕이 없다면 쉽게 실망하거나 원망하게 된다. 굳건한 신심은 정확한 이해에 바탕을 두고 있기 때문에 포기나 실망이 있을 수 없고, 오히려 수행의 체험을 더욱 풍부하게 할 뿐만 아니라 기대했던 것보다 더욱 많은 결실을 가져온다.

경건한 마음은 어떠한 사물에 대한 맹목적인 추종이 아니다. 경건한 마음과 진정한 신심은 어떠한 대상이나 사물에 대한 합리적인 의문과 회의에 바탕을 두고 있어야 하며, 이러한 의문이나 질문을 회피하거나 억제하려고 해서는 안 된다. 수련의 시작 단계에서는 문득 자신이 선택한 수련이 잘못된 방법이거나 미신에 근거한 것은 아닐까 하는 생각이 들 수 있으며, 이러한 의문은 결코 잘못된 것이 아니다. 그러나 일단 수행의 방법과 스승을 세심하게 선택하고 일정한 기간 동안 수련을 진행해 나가면 이에 대한 믿음이 생기게 된다. 이러한 믿음을 가지기 위해서는 먼저 자신이 선택하고 진행하는 수련의 방법과 그 경과에 대하여 세밀한 분석과 검사가 있어야 하며, 이러한 분석과 평가를 통하여 우리는 합리적이

경건한 마음과 신심(信心)의 중요성

수행에는 견고한 믿음과 경건한 마음이 필요하다. 이러한 마음이 있어야 열정을 가지고 수행에 더욱 정진할 수 있게 된다. 믿음이나 경건한 마음이 없는 것은 삶은 씨를 뿌리는 것과 같아서 성과를 기대할 수 없다.

경건한 마음과 신심의 합리적인 기반

회의(懷疑)와 질문(質問)

회의와 질문은 경건한 마음과 믿음을 배양시키는 데 매우 중요한 초석이 된다.

어떠한 일을 처리할 때에는 먼저 문제의식을 갖고 일에 대한 분석과 검증을 하는 이성적 태도야말로 가장 안정적으로 일을 진행해 나갈 수 있는 초석이 된다.

미신(迷信)과 맹목(盲目)

수행 과정에서 자신의 지혜로 해결하지 못하는 문제가 생긴다면 미신과 맹목을 기반으로 한 믿음이나 경건한 마음은 계란을 쌓아 놓은 것처럼 위태롭다. 일단 의혹이 생기면 쉽게 훼손될 수 있다.

고 이성적인 믿음을 가질 수 있게 된다. 이렇게 하지 않으면 각종 의혹과 불신이 생겨 수련에 대한 열의를 잃고 모든 것을 포기하게 될 것이다.

종교적 측면 혹은 정신적 측면에서 보면 경건한 마음은 신심을 포괄하고 있다고 볼 수 있다. 불교의 신심은 긍정적인 마음 상태를 가리키는 것으로 순수한 신념과 의욕이 가득한 열망으로 해석된다. 이러한 신념과 열망은 상상적인 것을 대상으로 하는 것이 아니라 우리보다 뛰어난 사람이나 법문 등의 실재하는 것을 대상으로 하는 것이다. 신심에는 세 가지 종류가 있다. 첫 번째는 어떠한 사람 혹은 사물의 우수한 특질을 보고 감상하는 것이다. 두 번째는 이러한 특질을 자신의 것으로 하기를 열렬히 희망하는 것이다. 세 번째는 어떤 사람의 가르침에 대하여 깊이 연구하고 심사숙고하여 생기는 신념이다. 세 번째 종류의 신심은 이성적이고 안정된 마음에 바탕을 두고 있는 것으로 가장 이상적인 믿음이라고 할 수 있으며, 이것이야말로 모든 희열과 선행의 원천이라고 알려져 있다. 경건한 마음은 바로 이러한 신심으로부터 생겨나는 것이다. 어떠한 사람이나 사물에 대하여 경건함을 갖고 있어도 그 바탕에 신심을 갖고 있지 않다면, 그러한 경건한 마음은 두려움이나 맹목적인 추종으로 변질되기 쉽다.

귀의(歸依)

귀의는 자신의 몸과 마음을 어떠한 대상에 바치고 의지하여 인도나 도움을 받는다는 의미를 가지고 있다. 귀(歸)는 무엇인가로 돌아가거나 그것에 자신을 바친다는 뜻을 가지고 있으며, 의(依)는 무엇인가를 의지하거나 신뢰한다는 뜻을 가지고 있다. 그러므로 무엇인가로 돌아가 의지하거나 무엇인가를 신뢰하여 자신을 바치는 일체의 행위를 귀의라고 할 수 있다.

일반적으로 설명하면 무엇인가를 신뢰하여 자신을 바치고 안전함을 느끼는 행위를 귀의라고 설명할 수 있다.

예를 들면, 어린아이가 엄마를 믿고 의지하며 그 품에 안겨서 안정감을 느끼는 감정에 비유할 수 있다. 이러한 안정감이 생기도록 하는 것이 바로 귀의의 본질적 힘이라고 할 수 있다. 우리는 이러한 사례를 일상생활에서 무수히 찾아볼 수 있다. 부모에 대한 아이들의 믿음, 스승에 대한 학생들의 믿음, 지휘자에 대한 부하들의 신뢰, 운명에 대한 숙명론자의 믿음 등이 모두 어느 정도 귀의의 의미를 내포하고 있다. 다만 명백히 해야 할 것은 이러한 형태의 귀의나 신뢰는 우리의 요구를 잠시 만족시키는 것에 불과하다는 점이다. 이러한 신뢰나 이러한 신뢰로부터 생기는 즐거움은 모두 무상한 것으로 영원히 의지할 수 있는 것이 아니기 때문이다. 위의 예에서 볼 때 부모나 스승, 지휘자나 운명 등은 의지하는 상대를 잠시 안정시키는 효과를 줄 수는 있지만, 결코 영원한 것이 아니다. 부모는 결국 세상을 떠날 것이며, 스승은 늙어가며 지혜가 쇠락할 수 있고, 지휘자 역시 그 위치나 자리에 변동이 있게 되며, 운명 역시 본시 허상에 불과한 것이기 때문이다.

불교의 귀의가 뜻하는 본질적인 의미는 어떤 사람의 잠재된 무한한 능력을 계발하고 이용하기 위한 것이다. 바꾸어 말하면 대승 불교에서는 일체의 중생이 모두 불성(佛性)을 구비하고 있지만 업장(業障)에 미혹되어 그러한 불성을 보지 못하고 있는 것이며, 귀의의 근본적인 목적은 바로 이러한 자신의 불성을 드러내기 위한 것이라고 설명하고 있다. 귀의는 또한 외재귀의(外在歸依)와 내재귀의(內在歸依)로 구분할 수 있다.

외재귀의(外在歸依)

외재귀의는 삼보(三寶), 즉 불(佛), 법(法), 승(僧)에 귀의하는 것이다. 불교에서는 불법승(佛法僧) 삼보는 무량한 공덕을 가지고 있어서 결코 마르지 않으며, 헤아릴 수 없는 무한한 묘용을 가지고 있다고 인식하고 있다.

'불(佛)'은 다음과 같은 두 측면을 모두 포괄하는 개념이다. 하나는 깨달음을 얻은 사람, 즉 각자(覺者) 혹은 지자(智者)를 가리키는 개념으로, 이 우주와 생명에 대한 일체의 이치에 대하여 진정으로 원만한 깨달음을 얻은 사람을 뜻한다. 또 하나는 모종의 깨달음의 경지를 가리키는 개념으로, 이러한 경지는 일체의 부정적인 요소에서 벗어나 모든 긍정적인 요소들을 원만하게 이룬 경지를 말한다. 그러므로 '불(佛)'에 귀의한다는 것은 자신의 마음을 열고 깨달음을 얻은 사람의 지혜와 사랑을 개방적으로 받아들인다는 의미와 그러한 사람들이 도달한 정신적

세계로 인도해 달라는 의미를 가지고 있다.

'법(法)'은 지혜를 가리키는 것으로, 부처님이 세계와 생명의 실상을 깨닫고 중생을 위하여 제시하신 수행 방법을 말한다. 즉 깨달음에 이르기 위한 수행 단계와 그 수행 방법에 대한 깨달음이라고 할 수 있다. 법은 범문(梵文)으로 다르마(Dharma)로서 '수주(守住)'라는 의미를 가지고 있다. 법은 우리를 지키고 보호하여 우리 스스로 문제를 해결하고 벗어날 수 있도록 하는 모든 것을 포괄하는 개념이다. 불법(佛法)에서 말하는 법은 부처님 자신이 여실히 깨달은 바에 근거하여 세간의 중생들을 위하여 제시한 그러한 깨달음의 길에 이르는 바른 방법을 가리킨다. 부처님의 이러한 가르침이 바로 불법이며, 부처님이 직접 체험하신 깨달음의 길이다. 법에 귀의한다는 것은 이러한 수행 방법에 대한 가르침을 따르며, 이미 깨달음을 얻은 자의 지혜로써 자신의 내면을 각성시키겠다는 열망이 담겨 있는 것이다.

'승(僧)'은 부처님의 교법을 봉행하는 출가 제자를 가리키는 것으로, 이들은 또한 지혜를 갖추고 사람들을 교화하고 계도한다. 3인 이상을 중(衆)이라 하며 불교 단체를 구성할 수 있다. 불(佛)과 법(法)이 수행의 목적과 방향 등의 기본을 제공하는 것이라면, 승(僧)은 우리에게 실제적으로 필요한 도움을 준다. 수행자가 마음이 서로 통하는 도반이나 친구와 대화를 하는 과정에서 해결하기 어려운 문제의 해답을 얻는 경우가 있으며, 타인과 함께 수련을 하다 보면 마음이 든든해지거나 서로 격려가 되는 경우를 많이 볼 수 있다. 또한 수련 단체는 도시 생활에 지친 수행자에게 일종의 정신적 휴식처가 되기도 한다. 친구나 동료로부터 받을 수 있는 도움보다 훨씬 더 큰 위안과 도움을 승려들을 통해서 받을 수 있다는 것을 잊어서는 안 된다.

내재귀의(內在歸依)

내재귀의는 우리 자신의 잠재 능력에 귀의하는 것이다. 내재귀의도 역시 외재귀의의 삼보에 대응하는 내재적 개념이 있다. 내재적 '불(佛)'은 모든 유정중생이 내면에 가지고 있는 깨달음의 씨앗을 말하며, 내재적 '법(法)'은 진위를 분별할 수 있는 천생의 지혜를 말하며, 내재적 '승(僧)'은 우리 자신이 다른 사람을 인도

불교에서는 우리가 인생에서 얻을 수 있는 어떠한 이익도 삼보三寶에 귀의하는 공덕에 미치지 못한다고 인식하고 있다.

삼보에 귀의하는 것은 삼독三毒을 치료하는 영약을 얻는 것과 같고, 밝은 등이 밤길을 밝혀 주는 것처럼 우리를 인도하여 생사고해의 윤회에서 벗어나게 하고 몸과 마음을 청정하게 만들어준다.

용어 해설

불보(佛寶)
불(佛)은 범어 '불타(佛陀)'를 말하며 각자(覺者), 지자(智者)로 해석되고 있다. 즉 모든 법의 이치를 진정 원만하게 깨달은 사람이나 일체 법의 이치를 하나도 남김없이 명백하게 이해한 지혜로운 사람으로 설명할 수 있다.

법보(法寶)
법(法)은 범어 '달마(達磨)'를 말한다. 우주간의 일체의 물건을 모두 포괄하며 일체 중생을 위한 법칙이다.

승보(僧寶)
승(僧)은 범어 '승가(僧伽)'를 말하며 화합의 무리로 해석할 수 있다. 3인 이상의 명칭으로 부처님의 교법을 봉행하는 출가 제자를 말한다.

하거나 계도하는 것을 말한다. 우리 자신의 내부에 잠재되어 있는 무한한 자비와 사랑, 그리고 지혜를 계발한다면 우리를 얽어매는 모든 속박과 사슬에서 벗어날 수 있으며, 또한 윤회의 고통에서 벗어나 성불할 수 있다.

내재적 귀의는 바로 자신의 내면에 있는 불성을 깨워 무명에서 비롯된 일체의 번뇌로부터 자유로워지는 것이며, 천생의 지혜로 부처님의 가르침을 명확히 이해하고 승려들과 더불어 정확한 목표에 도달하는 것이라고 할 수 있다. 비록 외재귀의를 하고 성실히 수련한다 하더라도 내재귀의에 대한 이러한 의미를 정확히 이해하지 못하면 귀의의 근본적인 목적을 이룰 수 없으며, 귀의의 완전한 묘용을 얻을 수 없게 된다.

우리는 습관적으로 외부의 사물로부터 무엇인가를 찾고 그로부터 안도감을 느끼는 경향이 있다. 자신의 주변에 어떠한 사물이나 동료도 없이 홀로 한 시간 정도 앉아 있다고 가정해 보자.

책을 읽을 수도 음악을 들을 수도 없으며, 각종 전기 제품을 이용할 수도 없고, 잠도 허용되지 않을 경우 아마도 무료함과 초조, 불안감에 시달리게 될 것이다. 더욱이 자신이 처한 환경이 한 줄기 빛도 들어오지 않는 폐쇄된 암흑의 공간일 경우에는 두려움과 공포에 떨며 아마도 히스테리의 증상을 보일지도 모른다. 우리는 외부의 세계로부터 단절되어 자신의 감관과 외부가 소통되지 않는 이러한 환경에서 생활하는 모습을 받아들이기 힘들 것이다. 이것은 모두 자기 내면의 잠재된 능력을 깨닫지 못하고 자기에 대하여 만족을 느끼지 못하기 때문에 생기는 현상으로, 결국 외부의 사물로부터 도움을 받아 심리적 안정감을 느끼려고 하는 것으로부터 나온다.

일단 자신의 내면에 잠재되어 있는 무한한 능력을 명백히 이해하게 되면 어떠한 상황 아래서도 행복과 희열감을 느낄 수 있게 된다. 외재의 불·법·승 삼보에 귀의하는 것은 결국 자신의 내부에 잠재되어 있는 내재적인 불, 내재적인 법, 내재적인 승을 각성시키기 위한 것이다. 자신의 내면에 숨어 있는 이러한 잠재 능력을 깨우고 계발하는 것이 바로 귀의의 진정한 의미라고 할 수 있다.

귀의는 정신적 수행의 길을 향한 가장 기본적인 첫걸음이다. 해탈 수행의 길

삼사도귀의(三士道歸依)

티베트 불교에서는 불법을 배우는 과정을 세 개의 측면으로 구분하고 이를 '삼사도(三士道)'라고 한다. 삼사도는 대승 불교 수행자들의 수행 과정과 단계에 대응하는 개념이다. 이것에 대응하여 상(上), 중(中), 하(下) 삼사도귀의가 있다.

중사도귀의(中士道歸依)
육도윤회의 어느 곳에 태어나도 고통을 받는다는 것을 이해하고 윤회의 고통에서 벗어나 적정열반의 경지를 획득하기 위하여 귀의하는 것을 중사도귀의라고 한다.

상사도귀의(上士道歸依)
일체 중생이 고해(苦海)에 빠져 있는 것을 안타깝게 생각하고 이로부터 무상보리심을 발하여 일체 중생을 제도하여 함께 불과를 이루겠다고 발원하는 것이 상사도귀의다.

하사도귀의(下士道歸依)
육도(六道) 가운데 지옥이나 아귀 등의 삼악도(三惡道)에서 태어나면 받게 될 고통을 두려워하고 선도(善道)인 인도(人道)나 천도(天道)에서 태어나 안락하게 살기를 바라는 마음으로 귀의하는 것을 하도사귀의라고 한다.

외귀의(外歸依)와 내귀의(內歸依)

귀의(歸依)
- **외귀의(外歸依)**: 상주삼보(常住三寶)에 귀의하는 것.
- **내귀의(內歸依)**: 자성삼보(自性三寶)에 귀의하는 것. 인간의 자성은 본래 청정한 것이며, 진정한 부처님은 자신의 마음속에 있다.

을 가고자 하는 자가 귀의로써 그 기반을 공고히 하지 않는 것은 우수한 씨앗을 진흙탕에 심어 그 성장을 기대할 수 없는 것과 같다고 할 수 있다. 귀의는 경건한 태도로 이루어져야 하며, 모호한 상태에서 감정적으로 이루어져서는 안 된다. 또한 불(佛), 법(法), 승(僧) 삼보의 본질적 의미와 삼보와 자신과의 관계에 대한 명확한 이해를 바탕으로 이루어져야 한다.

기청문(祈請文)

어떠한 일을 행하든 먼저 준비가 철저해야 어려움을 겪지 않고 뜻하는 바를 이룰 수 있다. 선수도 이와 같다. 선수의 준비 단계에서 가장 중요한 것은 수련자의 마음가짐이다. 수련의 동기와 목적 등을 분명히 하고 마음을 평정히 다스린 후에 경건하고 성실하게 기청문을 염송하는 것으로 수련의 준비 단계가 마무리된다.

기청문에 대한 염송은 일정한 문구를 기계적으로 반복하는 것이 아니고 수련자의 마음을 열고 자신의 본성과 교류한다는 느낌으로 이루어져야 한다. 이때에 소리를 내어 염송하든 묵념의 형식으로 염송하든 그 형식은 중요하지 않다. 염송하는 구절들은 수련자가 행하고자 하는 것을 일깨우고 기도의 내용이 실현되도록 촉구하는 것이다. 선수를 시작할 때 염송하는 기청문은 다음과 같다.

귀의와 보리심을 발하는 글

모든 부처님과 정법과 성스러운 스승이시여!
보리에 곧바로 이르도록 제가 귀의하옵니다.
원하옵건대 제가 닦는 공덕이
중생들에게 이로움이 되어 성불하게 하옵소서!

歸依及發菩提心文
귀의급발보리심문

諸佛正法聖僧衆,
제불정법성승중

直至菩提我歸依.
직지보리아귀의

願我所修之功德,
원아소수지공덕

爲利衆生願成佛.
위이중생원성불

(이와 같이 세 번 반복해서 염송한다).

이 기청문은 깨달음에 이르는 방법과 그 성과를 중생과 함께 하겠다는 결의를 가장 압축적으로 보여 준다. 이 기청문의 앞의 두 구절은 귀의에 대하여 설명하고 있다. 즉 불법승(佛法僧) 삼보에 귀의하여 그러한 삼보의 인도와 도움을 받아 깨달음을 얻겠다는 열망을 표현하고 있다. 여기서 말하는 귀의는 외재귀의와 내재귀의의 두 측면의 개념을 모두 포괄하는 개념이다. 인간은 누구나 깨달음의 잠재 능력을 가지고 있다는 믿음을 바탕으로 하고 있다. 이 기청문의 뒤의 두 구절은 보리심 혹은 무상보리심을 발휘하여 깨달음을 이루고 일체의 중생에 대한 자비와 사랑으로 그들도 역시 성불할 수 있도록 돕겠다는 결의와 염원을 담고 있다.

보살(菩薩), 즉 깨달음의 길을 걷는 사람은 육도(六度)를 원만하게 행하여야 한다. 이른바 육도란 보시(普施), 지계(持戒), 인욕(忍辱), 정진(精進), 선정(禪定), 반야(般若)의 여섯 종류를 말한다. 깨달음에 대한 계기가 이루어져 이러한 육도를 원만히 수련해 나가면 자신 속의 깨달음의 씨앗이 훌륭하게 성장하게 될 것이다. 육도를 원만하게 수행하고 계발해 나가면 점차로 자신 속의 그릇된 개념이나 인식이 바로잡히면서 그 자리에 사물의 실상을 여실히 꿰뚫어볼 수 있는 지혜가 자리잡게 된다.

깨달음에 뜻을 둔 사람은 어떤 일을 행하든 잠시라도 보리심을 잊어서는 안 된다. 즉 선수를 할 때나 식사를 하거나 잠을 자거나 업무를 볼 때에도 늘 보리심을 품고 깨달음의 씨앗을 성장시키는 노력을 게을리해서는 안 된다. 귀의와 보리심은 선수의 생명이라고 할 정도로 중요하다. 선수를 하기 전에 언제나 위의 기청문을 세 차례 반복하여 염송한다. 부처님은 수련자가 내면에서 일깨우고 계발시키고자 하는 불성(佛性)의 화신이기 때문에, 부처님의 모습을 관상하면서 이 기청문을 염송하는 것이 더욱 효과적이라고 할 수 있다.

높은 스승께 귀의합니다!

높은 스승은 부처님이시며 또한 법이니,

이런 까닭으로 승가라고 합니다.

스승은 삼보의 근본이시니,

모든 것을 청결히 하여 스승에게 예배합니다.

지성으로 스승의 뜻을 받들면,

일체의 성취를 이루는 기쁨을 맛보리라!

歸依上師

귀의상사

上師爲佛又爲法,

상사위불우위법

以此故亦爲僧伽,

이차고역위승가

其爲三寶之根本,

기위삼보지근본

摒除一切他禮拜.

병제일체타예배

至誠承事汝上師,

지성승사여상사

令喜得一切成就!

영희득일체성취!

(이와 같이 세 번 반복하여 염송한다).

어떤 문파의 정법(正法)을 수행하기 위해서는 우선 일체의 법상(法相)을 모두 구족한 스승이나 선지식(禪知識)을 찾아야 한다. 그 다음에는 그 가르침에 따르며 스승을 부처님처럼 봉행하고, 스승을 위해 성심성의껏 기도해야 한다. 이러한 마음가짐과 행위는 말할 수 없이 중요하다. 우리가 태어나기 이전부터 수많은 사람들이 구도의 길을 걸었으며, 자신이 성불을 이룬 후에는 다른 일체의 중생들 역시 해탈의 길을 걸을 수 있도록 빛이 되어 왔다. 그들은 가장 효과적인 방법을 사용하여 우리들에게 필요한 지식과 방법을 전하고 있다. 하지만 우리는 이러한 그들의 지혜를 바로 알기 어렵기 때문에 스승의 도움과 안내가 필요하다. 그러므로 스승을 부처님을 공경하듯 섬기며, 그 가르침을 바탕으로 올바른 깨달음의 경지를 향해 흔들림 없이 나아가 최종적으로는 진정한 정각(正覺)을 이루어야 한다.

앞의 기청문(祈請文)처럼 우리는 스승을 삼보(三寶)처럼 생각해야 한다. 스승이 없으면 불(佛)도 법(法)도 승(僧)도 없으며, 또한 진정한 깨달음의 희열도 맛볼 수 없기 때문이다.

사무량심

모든 유정이 즐거움과 즐거움의 업인을 구비하기를 원하옵니다.
모든 유정이 괴로움과 괴로움의 업인에서 벗어나기를 원하옵니다.
모든 유정이 고통 없는 즐거움을 누리기를 원하옵니다.
모든 유정이 크게 평등한 평정에 머물기를 원하옵니다.

四無量心
사무량심

願諸有情具樂及樂因,
원제유정구락급락인

願諸有情離苦及苦因,
원제유정이고급고인

願諸有情具足無苦之樂,
원제유정구족무고지락

願諸有情住大平等捨.
원제유정주대평등사

이 기청문은 자(慈), 비(悲), 희(喜), 사(捨)의 네 종류의 무량심(無量心)을 말하고 있다. 무량은 한계가 없다는 뜻으로 타인과 나를 구별하지 않고 전 우주의 모든 중생을 포괄하는 개념이다. 자(慈), 비(悲), 희(喜), 사(捨)의 네 가지 무량심을 성실히 닦아서 인류뿐만이 아니라 일체의 유정중생까지 모두 고통을 떠나 무한한 즐거움과 무량한 복(福)의 과보를 이루기를 염원하는 것이기 때문에 무량심이라고 한다.

첫 번째 구절은 자무량심(慈無量心)에 대한 것이다. 즉 일체의 중생이 모두 행복하기를 염원하는 마음이다. 대부분의 중생은 일반적으로 자신이 행복해지기를 바라지만 타인의 고통에 대해서는 소홀하다. 그러나 자무량심을 닦게 되면 자신이나 자신과 가까운 주변 사람의 행복을 염원하는 데서 그치지 않고 일체 중생의 행복을 염원하게 되며, 진정한 마음으로 그들의 행복을 돕게 된다.

두 번째 구절은 비무량심(悲無量心)에 대한 것이다. 즉 일체의 중생이 모두 고통에서 벗어나기를 염원하는 마음이다. 대부분의 중생은 일반적으로 자신이 고통에서 벗어나기를 원하지만, 타인의 고통에 대해서는 잘 알지 못한다. 비무량심을 닦게 되면 타인의 고통에 아파하며 그들이 그러한 고통으로부터 벗어나기를 간절히 염원하지만, 자신의 고통에 대해서는 오히려 소홀해지게 된다. 타인의 고통을 아파하며 무량한 중생이 모든 고통에서 벗어나기를 바라는 마음이 바로 비무량심이다.

세 번째 구절은 희무량심(喜無量心)에 대한 것이다. 일체 중생이 영원히 지극한 즐거움을 느끼기를 염원하는 마음이다. 대부분의 중생은 일반적으로 자신이 무엇인가를 성취하면 환희를 느끼지만, 다른 사람이 무엇인가를 성취하였다 하여 환희를 느끼지는 않는다. 심지어 다른 사람의 행운이나 성공에 대하여 시기하거나 질투하거나 우울해지는 경우도 있다. 희무량심을 닦게 되면 다른 사람이 무엇인가를 이루고 환희하는 모습을 진정으로 기뻐하게 된다. 그것이 설사 자신의 적의 일이라 할지라도 진정으로 함께 기뻐하는 것이 바로 희무량심이다.

네 번째 구절은 사무량심(捨無量心)에 대한 것이다. 일체의 중생이 피아의 분별에서 오는 집착과 미움에서 벗어나기를 염원하는 마음이다. 사무량심을 닦게 삼귀의三歸依는 대승 불교 등의 종파와 밀종의 공통된 내용이다. 하지만 밀종에는 이러한 삼귀의 외에도 일귀의一歸依, 사귀의四歸依, 육귀의六歸依가 있다.

밀종(密宗)의 귀의(歸依)		
	삼귀의(三歸依)	불(佛), 법(法), 승(僧)의 삼보(三寶)에 귀의하는 것
	사귀의(四歸依)	스승과 삼보(三寶)에 귀의하는 것
	육귀의(六歸依)	삼보(三寶)와 삼근본(三根本)에 귀의하는 것
	일귀의(一歸依)	외형적으로는 스승에 귀의하는 것이지만 실제적 내용은 자성(自性)에 귀의하는 것.

스승은 가지(加持)의 근본
가지(加持)는 어떤 대상과 접촉할 때 내심으로 그 역량의 영향을 받아 마음이 청정하고 선량하게 변하는 과정을 말한다.

본존(本尊)은 성취의 근본
본존은 밀종 수행자가 모든 불보살 가운데 한 명을 선정하고 인연을 맺는 부처님을 말하며, 평생 전주하며 수행해야 하는 부처님의 화신이다.

호법(護法)은 부처님의 행사의 근본
호법은 본존이 각행(覺行)을 행할 때 우리의 수행을 보호하고 성취를 이루도록 도와주는 근본이 된다.

되면 타인과 나, 적과 친구, 애착과 혐오 등의 분별과 집착에서 벗어나 마음이 활짝 열리며, 자비로써 무량한 중생을 제도하게 된다.

이 기청문은 한 구절 한 구절이 모두 그 자체로 훌륭한 선수의 방법이라 할 수 있다. 수련자가 이 기청문을 진정을 담아 염송한다면 수련자의 내면의 지혜를 일깨우고 촉진시켜서 중생에 대한 통찰력과 관심을 배양하는 데 큰 도움이 될 것이다.

칠지기청문

제가 몸과 말과 뜻의 삼업을 청결히 하여 경건하게 머리를 숙이옵니다.
진실한 말과 뜻으로 공양을 드리오니,
무시이래로 지은 악을 드러내고,
성자와 중생의 일체공덕을 기쁘게 따르옵니다.
윤회가 끝날 때까지 세상에 머무시기를 청하니,
중생들에게 이로움이 될 수 있도록 법륜을 굴려주시기를 청하옵니다.
자타의 공덕을 대보리에 회향하옵니다.

七支祈請文
칠지기청문

我以身語意虔敬頂禮,
아이신어의건경정례

獻上實說, 意變供養云,
헌상실설 의변공양운

發露無始以來所造惡,
발로무시이래소조악

隨喜聖者凡衆諸功德,
수희성자범중제공덕

祈請住世直至輪回止,
기청주세직지윤회지

并請爲利衆生轉法輪,
병청위이중생전법륜

自他功德回向大菩提.
자타공덕회향대보리

선수를 하는 직접적인 목적은 마음속의 모든 부정적 요소들을 제거하여 긍정적인 역량과 통찰력을 높이고 공덕을 쌓기 위한 것이다. 티베트 불교에서는 오묘한 모든 무량 법문이 전부 칠지공(七支供) 속에 포함되어 있다고 보고 있다. 간단히 말하면 칠지공은 부처님을 공양하는 일곱 종류의 방법을 가리킨다. 즉 정례(頂禮), 공양(供養), 참회(懺悔), 수희(隨喜), 청전법륜(請轉法輪), 청장주(請長住), 그리고 회향(回向)의 일곱 종류를 말하며, 이 칠지공은 각종 복덕(福德)과 지혜를 아주 신속하게 쌓을 수 있는 묘용을 지닌다. 이 칠지공의 하나하나는 그 자체로 훌륭한 선수의 방법이기 때문에 각각을 수행하여도 좋지만, 합하여 칠지기청문의 일부분을 이루고 있다.

1. 정례(頂禮)

정례는 불법승 삼보에 감사하며 경의를 표하는 방식이다. 교만한 마음 같은 모든 부정적인 정서들을 버리고 겸손하고 성실한 마음으로 행하는 것이 중요하다. 정례는 신(身), 어(語), 의(意)로 나누어 행해진다. 신정(身頂)은 신체로써 예배를 드리는 것이며, 어정(語頂)은 기도문 등을 염송하며 입을 통해 드리는 예배이고, 의정(意頂)은 겸손한 마음을 가지고 성심으로 삼보의 공덕을 공경하는 것이다.

정례에는 매우 다양한 방법이 있지만, 티베트 불교에서 가장 자주 사용되는 방법을 소개한다. 먼저 일정한 공간이 모든 불보살과 스승의 모습으로 가득차 있는 형상을 관상한다. 그들 한 사람 한 사람 앞에는 수련자 자신이 서 있고 수련자의 주변에는 가족이나 친구 그리고 일반인이나 적 등의 모든 중생이 함께 서서 모두 이러한 불보살과 스승을 향하여 경건하게 정례를 드리는 모습을 관상한다. 두 발을 모으고 똑바로 선다. 마음을 비운 채 양손을 연꽃처럼 오므려 모은다. 첫 번째 합장은 심장 부근에서 하고, 이어서 두 번째는 정륜(丁輪) 부위에서 합장한다. 세 번째 합장은 후륜(喉輪) 부위에서 하고, 이어서 네 번째는 심륜(心輪) 부위에서 합장한다. 청정함을 유지하며 모든 불보살과 스승의 신(身), 어(語), 의(意)에 대하여 공손하게 정례를 드리고, 자신과 일체 중생이 모두 그 은혜를 받는 모습을 관상한다. 다음에 손을 바닥에 대면서 몸을 굽히고 숨을 내쉬면서 자신 속의 모든 부정적인 것들이 함께 몸 밖으로 나가는 모습을 관상한다. 이어서 전신을 바닥에 붙이고 얼굴을 바닥에 댄다. 두 손을 정수리에 올리고 스승의 삼보에 공경하게 정례하며, 스승의 삼보의 은혜가 모든 중생들에게 미치어 모두 무상정등각(無上正等覺 : 아뇩다라삼막삼보리)의 과위(果位 : 수행의 공으로 깨달음을 얻은 지위)를 얻기를 기도한다. 몸을 일으키며 숨을 들이쉰다. 이때 긍정의 에너지를 들이마시며 자신과 일체 중생이 무상정등각의 과위를 얻는 것을 관상한다.

2. 공양(供養)

공양은 개인적 집착을 치료하는 처방이라고 할 수 있으며, 긍정의 에너지를 축적시키는 매우 중요한 수련 방법이다. 평소에 부처님에게 헌상하는 시주품은 개인의 능력과 믿음에 따라 서로 다르다. 공양은 실물공양(實物供養)과 의환공양(意幻供養)으로 나눌 수 있다. 실물공양은 귀의의 대상에게 실제의 물건을 헌상하는 것이다. 일반적으로 불전함에 돈을 시주하거나 불당이나 절에 필요한 물건을 놓고 오는 것이 바로 실물공양이다. 이에 반하여 의환공양은 관상을 통하여 드리는 공양이다.

어떠한 공양이든 중요한 것은 우리의 마음가짐이다. 청정한 마음으로 경건하게 공양하는 마음을 담고 있으면 그 효과는 동일하지만 사념(邪念)이 조금이라도 끼어 있으면 그 효과는 크게 달라진다. 그리고 같은 물건이라도 되도록 가장 보기 좋고 가장 먹기 좋고 가장 듣기 좋고 가장 향기로운 물품을 공양하는 것이 좋다. 관상으로 하는 의환공양이라고 할지라도 경건하고 공손한 마음을 잃지 않으면 그 효과는 실물공양과 조금도 다르지 않다.

상상적인 공양은 언제 어디서든 가능하다. 평소에 길거리에서 보는 아름다

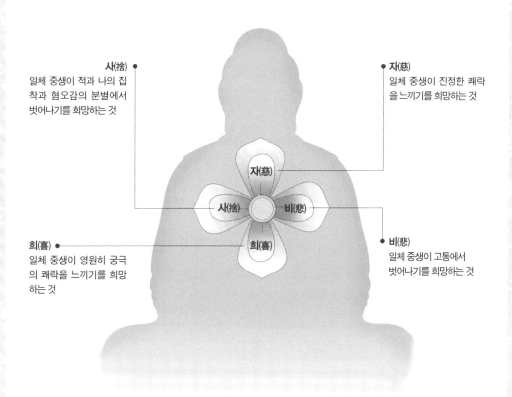

사(捨)
일체 중생이 적과 나의 집
착과 혐오감의 분별에서
벗어나기를 희망하는 것

자(慈)
일체 중생이 진정한 쾌락
을 느끼기를 희망하는 것

희(喜)
일체 중생이 영원히 궁극
의 쾌락을 느끼기를 희망
하는 것

비(悲)
일체 중생이 고통에서
벗어나기를 희망하는 것

운 꽃이나 깨끗한 호수 주변의 수려한 풍광 등이 모두 이러한 상상적인 공양의 대상이 될 수 있다. 마음속으로 이러한 것들을 공양하고 그 공양의 공덕이 나와 모든 중생의 해탈의 이익으로 돌아갈 수 있도록 서원하는 것이다. 비록 이러한 사물이나 풍광이 자신의 것은 아니지만 경건한 마음으로 성심을 다해 공양한다면 그 공덕은 다를 바가 없다. 이러한 의환공양의 방식은 우리가 일상생활을 하는 중에도 부단히 지속될 수 있으며, 실물공양과 마찬가지로 이것 또한 깨달음의 업인(業因)이 된다.

3. 참회(懺悔)

앞에서 이미 기술한 것처럼 집착이나 질투 혹은 시기심이나 오만한 마음 등은 신(身), 어(語), 의(意)를 통해 표현되는 우리의 행동을 잘못되게 만들고, 나아가 잘못된 업인(業因)을 조성하여 결국엔 윤회의 사슬에서 벗어나지 못하고 갖은 고통 속에서 괴로워하게 된다. 이러한 업장(業障)을 모두 끊기 위해서는 먼저 마음속에 남아 있는 모든 부정적 요소를 확인하고 진정으로 참회해야 한다. 참회의 과정은 네 가지 단계로 나눌 수 있으며, 이를 통하여 자신을 정화해야 한다. 자세한 방법은 이미 앞에서 설명했기 때문에 이곳에서는 간단하게 기술하고 넘어간다.

후회(後悔)의 역량 : 모두가 알고 있는 것처럼 잘못된 행동은 자신과 타인에게 고통을 가져오며, 이러한 행동을 하는 경우에는 곧 후회의 감정이 생긴다. 그러나 후회와 죄책감은 다르다는 것을 명심해야 한다. 후회는 이성에 바탕을 두고 나오는 것으로 행위의 본질과 그 결과에 대한 성실한 성찰이 있지만, 죄책감은 비이성적인 것으로 다만 두려움이나 초조함 등의 감정으로 괴로워하는 것이다.

의고(依靠)의 역량 : 우리의 그릇된 행위의 대부분은 삼보나 혹은 다른 중생과 관련이 있지만, 그러한 잘못된 행위에 따르는 고통을 벗어나 바른 행위를 하기 위해서는 삼보에 의지하여야 한다. 삼보의 보호를 받아 다시 한번 더 보리심을 발하고 삼보에 의지하여야 한다. 불교도가 아닌 수련자는 자신이 믿는 종교적 대상이나 정신적 신념에 따라 마음속에 그러한 대상에 대한 믿음과 의지를 재확립하고, 그것이 일체의 중생을 보호하여 다시는 다른 중생이 상처를 입는 일이 없

1 정례(頂禮)

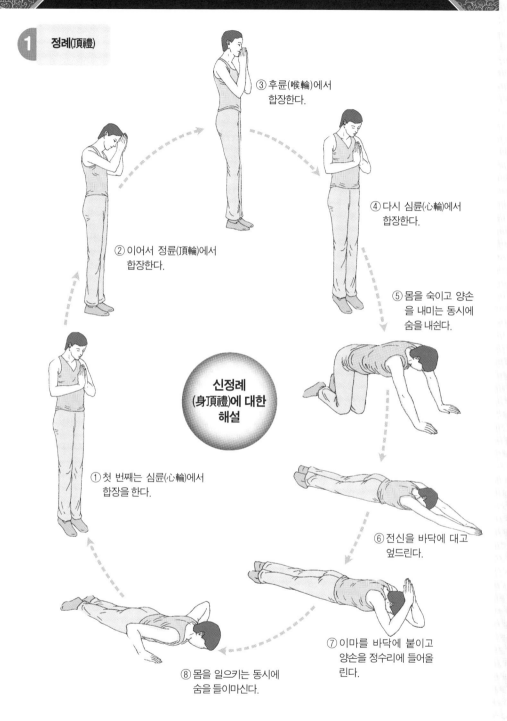

③ 후륜(喉輪)에서 합장한다.

② 이어서 정륜(頂輪)에서 합장한다.

④ 다시 심륜(心輪)에서 합장한다.

⑤ 몸을 숙이고 양손을 내미는 동시에 숨을 내쉰다.

신정례 (身頂禮)에 대한 해설

① 첫 번째는 심륜(心輪)에서 합장을 한다.

⑥ 전신을 바닥에 대고 엎드린다.

⑦ 이마를 바닥에 붙이고 양손을 정수리에 들어올린다.

⑧ 몸을 일으키는 동시에 숨을 들이마신다.

도록 서원한다.

　　보구(補救)의 역량 : 올바른 마음과 행동으로 수련을 진행하는 것이다. 공양이나 예배 또는 염송이나 선수 등을 올바르게 진행해 나가면 이전의 잘못된 행위를 치유하는 힘이 생겨난다.

　　결심(決心)의 역량 : 다시는 범죄와 같은 잘못된 행위를 하지 않겠다는 결심을 굳게 한다. 그러나 행위의 종류에 따라 이러한 결심에는 차이가 있어야 한다. 뜻하지 않은 상황으로 살인을 한 사람이 다시는 살인을 하지 않겠다고 결심하는 것은 비교적 지키기 용이하지만 화를 잘 내는 사람이 다시는 화를 내지 않겠다고 결심하는 것은 비교적 지키기 힘들다. 이러한 경우에는 하루나 반나절 등의 시간을 정하여 자신의 결심을 실천하는 것이 좋다. 천천히 마음을 다스리는 수련을 해나가면 점차로 시간을 연장해 나갈 수 있다.

　　참회 수련을 하는 경우에 이상과 같은 네 종류의 역량을 구비하는 것이 대단히 중요하다.

4. 수희(隨喜)

　　수희는 다른 사람의 선행이나 깊은 수련 등에 대하여 질투를 느끼지 않고 환희를 느끼는 것을 말한다. 다른 사람이 좋은 공덕을 쌓는 모습을 보면서 마치 자신의 일처럼 함께 기뻐하는 것이 진정한 수희라고 할 수 있다. 다른 사람의 성공을 시기하거나 질투하지 않고 그의 복덕을 함께 즐거워하는 것은 비교적 행하기 쉬운 행동처럼 보이지만, 수심(修心)을 위해서 반드시 필요한 방법이다.

　　수희가 중요한 것은 이것이 선업과 공덕을 쌓을 수 있는 대단히 훌륭한 방법이라는 점이다. 질투심이 쌓이면 긴장으로 몸이 굳고 불쾌한 감정에 휩싸이게 되어 다른 사람이 즐거워하는 모습을 지켜보기가 힘들다. 그러나 즐거운 마음을 가지면 심신이 편안해지면서 마음이 활짝 열리기 때문에 다른 사람의 일에 대해서도 진심으로 함께 기뻐할 수 있게 된다. 수희의 특별한 장점은 이것이 장래에 생길 수 있는 또 다른 즐거움의 업인(業因)이 된다는 점이다. 그러므로 자신의 성공이나 타인의 성공에 대하여 함께 기뻐하고 축하하면서 그러한 일들이 더욱 더 많

공양(供養)

공양은 자사(自私)와 집착을 치료하는 방법이며, 긍정적 역량을 축적할 수 있는 중요한 방법이다. 평소에 부처님께 공양하는 물품은 개인의 능력과 형편에 맞추어 정하는 것이 좋다.

참회(懺悔)

참회는 업장을 정화하는 데 특히 효과적인 방법이다.
모든 불보살과 스승을 향하여 성심으로 잘못을 고하고 자기가 지은 일체의 업장을 참회하면 네 종류의 치유력을 얻을 수 있다.

수희(隨喜)

타인의 즐거움을 자기의 즐거움처럼 생각하거나 타인이 선행 등의 공덕을 행하는 것을 보고 자신의 마음에 환희가 생기는 것을 말한다.

이 생기기를 기원하여야 한다. 수회는 선수를 할 때뿐만이 아니라 일상생활을 하는 도중에도 언제든지 행할 수 있다.

5. 청구제불전법륜(請求諸佛轉法輪)

청구제불전법륜은 모든 부처님에게 우리를 깨달음의 길로 인도해 줄 것을 청하는 것이다. 평소에 만나는 선지식에게 법을 청하는 것 또한 대단히 큰 공덕이 있다. 선수를 할 때에 법을 청하는 것은 역시 관상의 형식으로 행한다. 이러한 과정을 통하여 우리는 부처님을 더욱 공경하며 봉행하게 되고, 그 가르침에 대하여 불경한 태도를 지니지 않게 된다.

자신이 무수히 많은 몸으로 변하여 모든 부처님의 대지에 빠짐없이 임하는 모습을 관상한다. 연후에 석가모니 부처님께서 성불하신 후에 칠칠사십구천(七七四十九天)에 법을 전하지 않으실 때 범천(梵天)과 제석(帝釋)께서 전법륜(轉法輪)을 청한 것처럼 모든 부처님 앞에서 그 가르침을 청하고 모든 부처님이 이러한 청원을 받아들이는 모습을 관상한다. 비록 이러한 청원이 실재가 아닌 관상의 형상이지만 이러한 수련을 통하여 지혜의 양식이 더욱 풍부해질 것이다.

6. 청구제불주세(請求諸佛住世)

비록 모든 부처님이 시종 유정중생을 돕고는 있다고 하지만 인연이 닿지 않으면 부처님과 연결되는 것이 그렇게 쉬운 일이 아니다. 모든 부처님에게 계속 세간에 남아 우리를 인도해 줄 것을 청하기 위해서는 먼저 자신이 과거에 부처님이나 스승과 맺은 잘못된 인연을 모두 털어 버리고 마음을 활짝 열어 그들의 인도와 가르침에 진심으로 감사하여야 한다.

모든 법계의 일체의 불국토에서 이미 중생 교화의 사명을 마친 여러 부처님이 열반에 들 준비를 하는 모습을 관상한다. 그들의 앞에는 수련자의 화신이 서 있으며, 다시 그 주변에는 일체 중생이 둘러싸고 있는 모습을 관상한다. 이어서 공경하는 마음으로 양손을 합장한 채, 부처님께 열반에 들지 말고 세간에 남아 오래도록 법륜(法輪)을 굴려 모든 중생이 궁극의 희열을 느낄 수 있도록 해달라고 간절히 청하는 모습을 관상한다. 연후에 모든 불보살이 자비롭게 웃으며 이러한 중생의 염원에 응하여 계속해서 세간에 남아 있겠다고 대답하는 모습을 관상한다.

7. 회향(回向)

선수를 시작하기 전에 언제나 자신이 수련을 하는 동기와 목표에 대하여 분명히 인식하는 것은 대단히 중요한 일이다. 이것은 선수를 끝마칠 때도 마찬가지다. 수련을 마칠 때에는 수련을 통하여 얻은 공덕과 지혜 등을 모든 중생에게 회향하는 자세가 필요하다. 회향을 할 때는 선수를 시작할 때의 목표와 그 달성 여부 등을 회상하고, 자신이 얻은 특정한 공덕과 깨달음을 일체의 중생이 함께할 수 있도록 염원한다.

분명한 동기를 가지고 수련에 임하며 그 성과를 점검하는 회향을 게을리하지 않는다면 수련을 통하여 얻은 성과를 놓치는 일이 없게 되며, 수련자가 목표로 했던 결과를 얻기가 더 수월해진다. 평소에도 어떤 긍정적인 행위를 했다면 적시에 회향하는 것이 중요하다. 회향을 하지 않으면 성숙되어 가던 선행의 과보(果報)가 소실되어 원만한 공덕을 이룰 수 없게 된다. 그리고 적시에 회향을 하지 않으면 수련 도중에 얻었던 긍정적인 성과들이 흐릿해진다. 이 때문에 억울한 마음이나 수련에 대하여 후회하는 마음이 생기거나 다른 사람에게 불평하는 일들이 생기게 되는데, 이러한 행동은 수련을 하면서 뿌린 선인(善因)을 모두 훼손하는 결과를 초래한다.

가장 아름다운 회향은 자신이 선수를 통해서 얻은 긍정적인 성과가 모든 중생의 깨달음의 씨앗으로 작용하기를 염원하는 것이다.

供曼達文
공만달문

Om vajra bhumi ah hum, 大自在金剛地基 ;
옴 바즈라 브후미 아 훔 대자재금강지기

Om vajra reke ah hum, 外鐵圍山所繞, 中央須彌山王 ;
옴 바즈라 레케 아 훔 외철위산소요 중앙수미산왕

東勝身洲, 南瞻部洲, 西牛貨洲, 北俱盧洲 ;
동승신주 남섬부주 서우대주 북구로주

身及勝身, 拂及妙拂, 詔及勝道行, 俱盧及俱盧月 ;
신급승신 불급묘불 첨급승도행 구로급구로월

衆寶山, 如意樹, 滿欲牛, 自然稻 ;
중보산 여의수 만욕우 자연도

輪寶, 珠寶, 妃寶, 臣寶, 象寶, 馬寶, 將軍寶, 寶藏瓶 ;
윤보 주보 비보 신보 상보 마보 장군보 보장병

嬉女, 鬘女, 歌女, 舞女, 花女, 香女, 燈女, 塗女 ;
희녀 만녀 가녀 무녀 화녀 향녀 등녀 도녀

日, 月, 衆寶傘, 尊勝幢.
일 월 중보산 존승당

其中人天圓滿富樂, 清淨愉悅無不具足.
기중인천원만부락 청정유열무불구족

如清淨刹以此奉獻, 根本傳乘諸勝恩師,
여청정찰이차봉헌 근본전승제승은사

特別獻子宗喀巴尊, 聖者之王, 大金剛持, 諸天眷屬.
특별헌자종객파존 성자지왕 대금강지 제천권속

爲利輪回一切衆生, 祈請慈悲納受供養.
위이윤회일체중생 기청자비납수공양

受已願能慈悲加持, 我及虛空如母衆生.
수이원능자비가지 아급허공여모중생

'만달(曼達)'은 달리 만다라(曼陀羅)라고도 부른다. 티베트 불교에서 가장 중요하게 다루는 법기(法器) 가운데 하나로서, 수행자가 불교 의식을 거행하거나 불교적 생활을 할 때 없어서는 안 될 중요한 도구로 여겨지고 있다. 만달은 기본적으로 원형으로 제작하며 금(金)이나 은(銀), 동(銅)이나 철(鐵) 등으로 제조할 수 있다. 그 가운데서 금이나 은으로 제조한 것을 가장 좋은 것으로 여긴다. 그 속은 자립(籽粒), 대미(大米), 청과(青稞), 장화(藏花), 향약(香藥) 등의 오곡으로 가득 차 있다. 금

5 **청구제불전법륜(請求諸佛轉法輪)**
불보살이 말씀하시는 설법을 법의 수레바퀴를 굴리는 것에 비유하여 전법륜이라고 한다. 전법륜을 청하는 것은 모든 부처님 앞에서 우리를 위하여 설법을 해달라고 청하는 것이다.

6 **청구제불주세(請求諸佛住世)**
처음 불법을 듣고 깨닫는 사람은 거의 없다.
그러므로 모든 부처님께 우리를 위하여 세상에 남아서 계속 설법을 해달라고 간청하는 것이다.

7 **회향(回向)**
우리가 선수를 행하여 쌓이는 공덕은 떨어지는 한 방울의 물과 같다.
이 물방울이 지상에 떨어지면 빠르게 소실되어 버리지만 대해(大海)로 들어가 바닷물과 섞이면 결코 마르지 않게 된다. 이것이 회향을 해야 하는 이유다.

이나 은으로 제조된 것에 진주(珍珠)나 쇄마노(碎瑪瑙), 송석(松石)이나 산호(珊瑚) 등의 보석이 장식되어 있으면 더욱 좋다. 그러나 공양하는 물품은 자신의 능력과 성의에 따라 선택할 수 있다. 일반적으로 자주 볼 수 있는 만달은 칠품(七品), 이십삼품(二十三品), 이십칠품(二十七品) 및 삼십칠품(三十七品)으로 구분할 수 있으며, 밀종(密宗 : 밀교)의 수행자는 대부분 삼십칠품을 공양한다.

만달의 공양은 전 우주의 모든 것을 마음속에 담아 깨끗이 정화한 후에 자신의 귀의 대상에 바치는 것이다. 이 수련의 주요한 목적 역시 공덕의 축적에 있다고 할 수 있다. 이러한 수련을 통해서 얻은 통찰력과 지혜는 각종 공덕을 이루는 자양분이 된다. 어떠한 가르침을 듣거나 배웠을 때 마음속에 깨달음을 향한 씨앗이 뿌려지게 된다. 이러한 씨앗은 그에 알맞은 자양분을 흡수하며 성장하여 마침내 깨달음을 이루게 되는 것이다. 전하는 바에 의하면, 만달은 이러한 자양분을 제공하는 방법 가운데 가장 뛰어난 방법의 하나라고 알려져 있다.

앞의 기청문은 불교의 우주관을 보여 주고 있다. 수미산(須彌山)은 우주의 중심에 위치하고 있는 보산(寶山)이며, 네 개의 큰 대륙은 인생의 서로 다른 모습을 나타낸다. 동양인이든 서양인이든 자신의 철학에 맞는 우주관을 선택하여 만달을 바칠 수 있다. 만달을 바칠 때 가장 중요한 점은 그 속에 모든 것을 담아 남김없이 바쳐야 한다는 점이다. 즉 각각의 세계와 일체의 생활의 영역 그리고 자신이 소유한 가장 아름다운 사물까지 남김없이 바쳐야 한다. 이 기청문의 구절을 해석하면 다음과 같다.

옴 바즈라 브후미 아 훔(om vajra bhumi ah hum), 대자재금강지기(大自在金剛地基)

'옴 바즈라 브후미 아 훔'은 주문(呪文)의 가지(加持 : 부처나 보살이 불가사의한 힘을 가지고 중생을 돌보아주는 신변가지神變加持)*를 받는 것이다. 주문의 가지를 통하여

---

* 밀교(密教)에서는 부처가 대비(大悲)와 대지(大智)로 중생에게 응답하는 것이 가(加)이고, 중생이 그것을 받아서 갖는 것을 지(持)라고 한다. 요컨대 부처와 중생이 서로 상응하여 일치하는 것을 말한다. 이 경우 부처의 삼밀(三密)과 중생의 삼실(三密)이 서로 상응상교(相應相交)하고, 남을 거두어 보존하여 주며, 마침내 갖가지 호과(好果)를 성취하게 되기 때문에 그것을 삼밀가지(三密加持)라고 한다.

외만달外曼達을 공양하는 의미는 우주의 모든 것을 공양한다는 뜻을 담고 있다. 이것은 무량한 공덕을 신속하게 집적하기 위한 수행의 하나이다.

공반(供盤)

공반은 일반적으로 하나의 저반(底盤)과 세 개의 환(環) 및 정식(頂飾)으로 이루어진다. 금(金), 은(銀), 황동(黃銅), 홍동(紅銅), 자(瓷), 유리(琉璃) 또는 돌을 이용하여 제조하며, 전체 우주와 그 속에 있는 모든 보물을 바친다는 의미가 있다.

꼭대기 부분의 장식은 마니보주의 표식으로 부처님께서 증과(證果)를 얻으신 무상한 영광을 상징한다.

공물은 보석(寶石)이나 오곡(五穀), 미립(米粒), 쇄석(碎石)을 균형 있게 사용한다. 이러한 공물은 장기적으로 사용할 때 보수 등을 하는 경우를 제외하곤 다시 바꿀 수 없다.

저반(받침대)은 손바닥 하나를 편 정도의 크기를 가지고 있다. 즉 20센티미터 정도다.

공탁(供桌)

가장 좋은 공탁은 삼층으로 된 것이다. 위층에는 불경과 불상, 불탑을 올려 놓고, 중간층에는 수행하는 만달을 올려 놓는다. 아래 층에는 과일, 신선한 꽃, 향(香), 물 등의 공양물을 올려 놓는다.

만달반(曼達盤)을 놓아두는 위치
공탁이 3층으로 이루어져 있을 때는 2층에다 만달반을 둔다.
층이 나누어져 있지 않을 때는 뒤로 불보살상과 앞으로 공물 사이에다 만달반을 둔다. 불보살상과 함께 두어도 좋다.

비로소 우리의 손 안에 있는 만달은 완전히 정화된다. 완전히 정화된 대자재금강지기가 바로 불교의 우주관에서 말하는 우주의 지기(地基 : 기초, 토대)다. 전 우주가 붕괴된 다음에 만물은 매우 미소한 분자로 변하였으며, 그 하나하나의 분자가 연결된 다음에 상(上), 하(下), 동(東), 서(西), 남(南), 북(北), 중앙(中央)에 하나씩 지기가 생겨나면서 천천히 결합하게 되었는데, 가장 먼저 형성된 것이 바로 대자재금강지기라고 한다. 대자재금강지기의 가장 아래 층에 있던 물은 이 지기의 층의 위쪽과 그 뒤쪽에 나누어 흐르다 천천히 결합하여 바다를 이루게 된다. 이어서 오랜 세월에 걸쳐 아주 천천히 묘고산(妙高山) 등 일체의 모든 것이 이 속으로부터 생겨나게 된다. 이것이 간단히 정리한 불교의 우주 형성 이론이다.

옴 바즈라 레케 아 훔(om vajra reke ah hum), 외철위산소요(外鐵圍山所繞), 중앙수미산왕(中央須彌山王)

금강지기 주변이 철위산(鐵圍山)으로 둘러싸여 있는 모습을 관상한다. 그 정중앙에는 수미산이 있고, 산과 산 사이에는 칠금산(七金山) 칠대해(七大海)가 있으며, 각각의 금산과 바다는 서로 떨어져 있다. 수미산은 방형(方形)이며, 동쪽은 백색의 은, 남쪽은 남색의 비유리(毗琉璃), 서쪽은 홍색의 홍보석(紅寶石), 북쪽은 황색의 금으로 이루어져 있다. 그 산허리 사방에 사대천왕천(四大天王天)이 각각 하나씩 있다. 산 정상의 허공에 삼십삼천(三十三天)이 있으며, 해와 달과 별이 밤낮으로 산을 둘러싸고 순환하고 있다.

동승신주(東勝身洲), 남섬부주(南瞻部洲), 서우대주(西牛貨洲), 북구로주(北俱盧洲)

수미산의 바깥에 칠금산을 제외하고 바닷물 사이에 네 개의 부주(部洲)가 있는 모습을 관상한다. 나누어 살펴보면 동쪽의 승신주(勝身洲)는 바닷물이 백색을 띠고 있으며, 지형은 반달 모양이다. 이 주의 사람들은 신체가 커서 우리의 두 배 정도가 되기 때문에 승신주라는 이름을 얻게 되었다. 남쪽의 섬부주(瞻部洲)는 바닷물이 남색을 띠고 있으며, 지형은 삼각형이다. 이 주에는 염부수(閻浮樹)라는 나무가 있는데, 그 과일이 물속으로 떨어질 때 짠뿌(瞻部섬부)라는 소리가 나기 때문에 섬부주라는 이름을 갖게 되었다. 서쪽의 우대주(牛貨洲)는 바닷물이 홍색을 띠고 있으며, 지형은 원형이다. 이 주에서는 교역의 결제에 소를 사용하기 때문에 우대주라는 이름을 얻게 되었다. 북쪽의 구로주(俱盧洲)는 허공의 바닷물이 황색을 띠고 있으며, 지형은 네모꼴이다. 구로는 듣기 거북한 소리라는 뜻을 가지고 있다. 이 주에 살고 있는 사람은 죽을 때 반드시 매우 듣기 거북한 소리를 낸다고 전해진다. 우리는 현재 남섬부주에 살고 있다.

신급승신(身及勝身), 불급묘불(拂及妙拂), 첨급승도행(詔及勝道行), 구로급구로월(俱盧及俱盧月)

사대주(四大洲 : 네 개의 대주)의 옆에 각기 두 개의 소주(小州)가 있는 모습을 관상한다. 소주의 지형은 각 대주의 지형과 같지만 면적이 비교적 작으며, 물밑으로 대주와 서로 연결되어 있다. 신주(身州)는 승신주(勝身洲)의 남쪽에 있으며, 승신주(勝身州)는 승신주(勝身洲)의 북쪽에 있다. 불주(拂州)는 섬부주의 서쪽에 있고, 묘불주(妙拂州)는 섬부주의 동쪽에 있다. 첨주(詔州)는 우대주의 북쪽에 있고, 승도행주(勝道行州)는 우대주의 남쪽에 있다. 구로주(俱盧州)는 구로주(俱盧洲)의 동쪽에 있으며, 구로월주(俱盧月州)는 구로주(俱盧洲)의 서쪽에 있다.

중보산(衆寶山), 여의수(如意樹), 만욕우(滿欲牛), 자연도(自然稻)

승신주(勝身洲) 가운데 중보산이 허공에 높이 솟아 있는 모습을 관상한다. 중보산은 각종의 진귀한 보석이 쌓여 이루어졌다. 섬부주에는 염부수(閻浮樹)라는 나무가 있는데, 달리 여의수(如意樹)라고 부르기도 한다. 이 나무는 뿌리가 금, 줄기는 은, 가지는 비유리(毗琉璃), 잎은 파리(玻璃), 꽃은 홍진주(紅珍珠), 과실은 석정(石精)으로 이루어져 있으며, 언제든지 뜻대로 열리게 할 수 있다. 우대주에는 만욕우(滿欲牛)가 있는데, 뿔은 금강석으로 발굽은 인다라(因陀羅)로 이루어져 있으며, 몸은 붉은 색을 띠고 있다. 행동은 느릿하고 고기는 기름지며, 오래 보아도 질리지 않는다. 이 소에서 나는 우유는 질병을 치유하는 효험이 있다. 그 밖에도 생활에 필요한 많은 것을 공급하여 인간의 요구를 충족시켜 준다. 구로주에는 자연도(自然稻)가 있는데, 이 벼는 황색을 띠고 있으며, 말로 표현하기 힘들 정도로 뛰어난 맛을 가지고 있다. 또한 사시사철은 물론이고 언제나 뜻대로 자라게 할 수 있으며, 자연적으로 성장한다고 한다.

윤보(輪寶), 주보(珠寶), 비보(妃寶), 신보(臣寶), 상보(象寶), 마보(馬寶), 장군보(將軍寶), 보장병(寶藏甁)

전륜성왕(轉輪聖王)의 팔보(八寶)가 팔방에 차례로 공양되어 있는 모습을 관상한다. 윤왕(輪王)의 칠보에 보장병을 더하여 팔방을 채웠다고 전해지기도 한다. 위쪽에는 모두 이십오품이 있다. 여기에 일(日), 월(月)을 더하면 이십칠품을 이루는데, 이것을 바치는 것이 만달의 이십칠품 공양이다. 삼십칠품의 공양은 여기에 다시 여덟 종류의 천녀(天女)와 산(傘)과 당(幢)을 더하는 것으로, 이것이 완전한 만달이다.

희녀(嬉女), 만녀(鬘女), 가녀(歌女), 무녀(舞女), 화녀(花女), 향녀(香女), 등녀(燈女), 도녀(塗女)

공중에 여덟 종류의 천녀가 있는 모습을 관상한다. 손에는 각종 공물을 들고 있으며, 사방과 네 귀퉁이에 머문다. 차례로 분별하여 먼저 사방을 살펴보고 나중에 네 모퉁이를 관상한다. 동방의 교미천녀(嬌媚天女)는 백색이다. 양손에 각각 오고저(五股杵)를 들고 넓적다리 사이에 올려놓고 있으며, 머리는 오른쪽으로 기울어져 있다. 남방의 진만천녀(珍鬘天女)는 황색이다. 손에는 보만(寶鬘)을 들고 있다. 서방의 가영천녀(歌咏天女)는 분홍색이다. 손에는 비파(琵琶)와 오고저(五股杵)를 장엄하게 들고 있다. 북방의 무답천녀(舞踏天女)는 얼굴과 발은 백색이고, 목과 상반신은 붉은 색이며, 허리와 양팔은 옅은 남색이고, 양쪽 넓적다리는 옅은 황색을 하고 있다. 양손에는 각각 삼고저(三股杵)를 들고 있는데, 오른손은 정수리 부근에 왼손은 사타구니 부근에 있다. 손과 발은 춤추는 모습을 하고 있다. 이 네 종류의 천녀를 '외사녀(外四女)'라고 부르며 각각 사방에 배치되어 있다.

네 모퉁이에 있는 천녀를 살펴보면, 먼저 동남방의 향화천녀(香花天女)는 백색이다. 왼손은 보저(寶杵)로 장식되어 있는 꽃바구니를 들고 있으며, 오른손으로 만달을 공양하는 것은 전 우주의 일체를 공양하는 것이다. 만달은 불교의 우주관을 상징적으로 표현하고 있다. 불교에서는 수미산須彌山을 중생이 거주하는 이 세계의 중심이라고 보고 있다. 태양과 달이 수미산을 둘러싸고 회전하고 있으며, 삼계三界의 모든 하늘도 역시 이 산을 의지하여 층층이 건립되어 있다고 설명하고 있다.

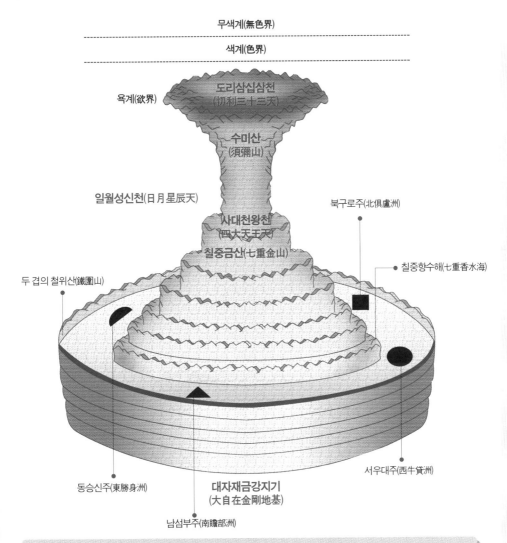

무색계(無色界)

색계(色界)

도리삼십삼천
(忉利三十三天)

욕계(欲界)

수미산
(須彌山)

일월성신천(日月星辰天)

북구로주(北俱盧洲)

사대천왕천
(四大天王天)

칠중금산(七重金山)

칠중향수해(七重香水海)

두 겹의 철위산(鐵圍山)

서우대주(西牛貨洲)

동승신주(東勝身洲)

대자재금강지기
(大自在金剛地基)

남섬부주(南贍部洲)

수미산(須彌山)을 중심으로 건립된 세계가 하나의 '소세계(小世界)'이며, 일천 개의 '소세계'가 하나의 '소천세계(小千世界)'를 이루고, 일천 개의 '소천세계'가 하나의 '중천세계(中千世界)'를 이룬다.
우리가 통상 말하는 '대천세계(大千世界)'는 일천 개의 '중천세계'를 포함하는 것이다. 그러므로 '대천세계'에는 소(小), 중(中), 대(大)의 세 종류의 '천세계(千世界)'가 있으며, 이런 이유로 '삼천대천세계(三千大千世界)'라고 말하는 것이다.

꽃을 뿌리고 있다. 서남방의 훈향천녀(薰香天女)는 황색이다. 오른손은 보향로(寶香爐)를 들고 있으며, 왼손은 기극인(期克印)을 하고 있다. 서북방의 등명천녀(燈明天女)는 분홍색이다. 오른손은 기극인(期克印)을 하고 보등(寶燈)을 왼쪽 어깨까지 들어 올린 채 있다. 왼손은 기극인을 하고 가슴 위치에 놓고 있다. 동북방의 도향천녀(塗香天女)는 혼혈이다. 왼손은 가슴 사이에 두고 있는데, 보저(寶杵)로 장식되어 있는 소라를 들고 있고, 그 속은 도향(塗香)으로 가득 차 있다. 오른손은 진흙이 묻어 있다. 이 네 종류의 천녀를 '내사녀(內四女)'라고 부른다. 이 여덟 종류의 천녀는 모두 그 용모가 뛰어나게 아름답고 우아하며, 총명한 눈동자로 인간의 생각과 뜻을 잘 헤아린다.

일(日), 월(月), 중보산(衆寶傘), 존승당(尊勝幢).

일륜의 몸체는 화정(火精)이며, 원형의 모양이다. 그것을 동방에 공양하는 관상을 한다. 월륜은 몸체가 수정(水精)이며 원형이다. 그것을 서방에 공양하는 관상을 한다. 중보산(衆寶傘)은 많은 진귀한 보석으로 제조된 것이다. 그것을 남방에 공양하는 관상을 한다. 존승당(尊勝幢) 역시 많은 진귀한 보석으로 제작되었으며, 그 주위에는 맑은 소리를 내는 각종 보석방울이 달려 있다. 그것을 북방에 공양하는 관상을 한다.

그 가운데 인천(人天)은 부유함과 즐거움이 원만하고, 청정한 즐거움이 구족되지 않음이 없다.

일체의 사람이 천복을 받아 무궁한 부귀와 안락을 누리며, 원만함이 구족되지 않음이 없음을 관상한다.

청정한 불토와 같이 근본을 전승한 모든 뛰어난 은사께 이로써 봉헌하옵고,

특별히 쫑까파* 존자, 성자의 왕과 대금강지, 제천권속에게 봉헌합니다.

---

* 쫑까파(宗喀巴, 1357~1419년) : 티베트 정통파 불교의 개혁자. 현교(顯敎)와 밀교(密敎)를 융합한 신교도 종교 운동을 일으킴.

윤회에 빠진 모든 중생을 위하여, 자비로 이 공양을 받아주시기를 기원하고 청합니다.

이 원함이 저와 허공과 같은 모친과 중생들이 능히 자비로운 가지를 받게 하소서.

其中人天圓滿富樂, 淸淨愉悅無不具足.
기중인천원만부락 청정유열무불구족

觀想所有人天福報, 富饒安樂, 享用不盡, 無不圓滿具足.
관상소유인천복보 부요안락 향용불진 무불원만구족

如淸淨刹以此奉獻, 根本傳乘諸勝恩師,
여청정찰이차봉헌 근본전승제승은사

特別獻子宗喀巴尊, 聖者之王, 大金剛持, 諸天眷屬.
특별헌저종객파존 성자지왕 대금강지 제천권속

爲利輪回一切衆生, 祈請慈悲納受供養.
위이윤회일체중생 기청자비납수공양

受已願能慈悲加持, 我及虛空如母衆生.
수이원능자비가지 아급허공여모중생

일체의 덕을 갖춘 스승과 모든 불보살 그리고 일체 중생에게 이 모든 것을 봉헌하는 모습을 관상하며, 그들의 비민이 내게 전해져 무상한 가지(加持)를 받기를 기도한다. 이 단락의 글자를 묶는 방법은 수행 방법의 차이에 따라 각기 달라진다.

외만달공양단문

향도지기에는 묘화가 펼쳐져 있고
수미사주에는 일월이 장엄하옵니다.
불토를 위하여 봉헌하는 것을 보시고
유정이 모두 청정한 불토를 받게 하여 주시옵소서.

外曼達供養短文
외만달공양단문

香塗地基妙花敷
향도지기묘화부

須彌四洲日月嚴
수미사주일월엄

觀爲佛土以奉獻
관위불토이봉헌

有情咸受清淨刹
유정함수청정찰

　　일반적인 수행자의 경우에 가장 많이 사용되는 것은 칠품(七品)의 만달이다. 삼십칠품의 만달에 대해서는 각 품(品)의 순서와 공양의 내용과 규칙을 분명히 이해하는 것이 좋다. 만달의 함은 그리 크지 않다. 극히 소수의 사람이 삼십칠품의 만달을 공양한다. 일반적으로는 수행을 시작할 때 한 번 삼십칠품을 공양하고, 이후에는 칠품 만달을 수만 번 공양하는 방식을 사용한다. 이렇게 하여도 대단히 많은 공덕을 축적할 수 있다고 보는 것이다.

　　이 기청문의 의미는 다음과 같다. 그윽한 향기로 금강지기를 두루 채우고, 각종 기묘한 꽃으로 그 위를 덮었다. 밖에는 철위산이 둘러싸고 있고, 안에는 수미산과 사대주가 있는데 해와 달로 장식하였다. 이것을 보는 것은 부처님과 모든 스승이 받아들이는 청정 불토를 보는 것이다. 경건한 마음으로 관상하고 봉헌하여야 한다. 이 공덕이 중생에게 회향하여 모든 더러움을 씻고 청정 불토에 왕생하기를 발원한다.

내만달공양

제가 좋아하는 것, 미워하는 것, 알지 못하는 것,
그리고 저의 몸과 재물, 모든 향락 :
깨닫지 못하면 진정한 즐거움이 없으니, 남김없이 모두 바치옵니다.

삼십칠품 만달을 완성하면 우리가 흔히 볼 수 있는 사층의 만달이 된다. 그것은 원대元代의 살가법왕薩迦法王이 만든 의궤다. 간단하고 쉽게 행할 수 있기 때문에 티베트 불교의 모든 파에서 사용되어 왔다. 만달의 공양은 관상觀想에 맞추어 이루어진다. 전 우주를 대표하는 것을 모든 불보살에게 경건하게 바치는 것이다.

1. 수미산(須彌山)
2. 대자재금강지기(大自在金剛地基)
3. 철위산(鐵圍山)
4. 동승신주(東勝身洲)
5. 남섬부주(南瞻部洲)
6. 서우대주(西牛貨洲)
7. 북구로주(北俱盧洲)
8. 신주(身洲)
9. 승신주(勝身洲)
10. 불주(拂洲)
11. 묘불주(妙拂洲)
12. 첨주(諂洲)
13. 승도행주(勝道行洲)
14. 구로주(俱盧洲)
15. 구로월주(俱盧月洲)
16. 중보산(衆寶山)
17. 여의수(如意樹)
18. 만욕우(滿欲牛)
19. 자연도(自然稻)
20. 윤보(輪寶)
21. 주보(珠寶)
22. 비보(妃寶)
23. 신보(臣寶)
24. 상보(象寶)
25. 마보(馬寶)
26. 장군보(將軍寶)
27. 보장병(寶藏瓶)
28. 희녀(嬉女)
29. 만녀(鬘女)
30. 가녀(歌女)
31. 무녀(舞女)
32. 화녀(花女)
33. 향녀(香女)
34. 등녀(燈女)
35. 도녀(塗女)
36. 일(日)
37. 월(月)
38. 중보산(衆寶傘)
39. 존승당(尊勝幢)

기원하고 청함을 기꺼이 받아 주시옵고,

저에게 은혜를 베푸셔서 삼독에서 벗어나기를 기도드립니다.

內曼達供養

내만달공양

我所愛, 惡, 不識者,

아소애 악 불식자

及我身, 財, 諸享樂;

급아신 재 제향락

不覺失樂, 盡獻出.

불각실락 진헌출

祈請欣喜而納受,

기청흔희이납수

加持我離於三毒.

가지아리어삼독

이담 구루 라뜨나 만다라깜 니르야 따야미

Idam guru ratna mandalakam nirya tayami

(제가 이 만달을 경건하게 당신에게 바치옵니다. 고귀하신 스승이여!)

내만달(內曼達)은 우리에게 또 다른 측면의 역량을 강화시켜 준다. 먼저 자신이 집착하거나 혐오하는 인물이나 물건에 대하여 관상한다. 자신의 신체나 개인적 물건도 모두 포함하여 관상한다. 이어서 이러한 인물이나 물건이 모두 만달 가운데의 순결한 물건으로 변하는 모습을 관상한다. 연후에 그것들을 모든 부처님에게 봉헌한다. 사람이나 물건에 대한 집착이나 혐오감 등이 모두 사라진다.

윤보(輪寶)

주보(珠寶)

비보(妃寶)

신보(臣寶)

상보(象寶)

마보(馬寶)

장군보(將軍寶)

보장병(寶藏甁)

윤왕칠보(輪王七寶)와 보장병은 삼십 칠품 만달 가운데 팔품으로, 각각 수행의 여덟 가지 부분 또는 수행의 여덟 가지 지혜를 대표하는 것이다.

선수(禪修)를 끝마칠 때의 기청문(祈請文)

회향공덕

이 선행과 모든 공덕으로,
멀리 스승님과 부처님의 경지를 증득하게 하옵소서.
중생을 남김없이 인도하셔서,
보리불과를 증득하게 하여 주시옵소서!

回向功德
회향공덕

以此善行諸功德,
이차선행제공덕

遠證上師佛境地.
원증상사불경지

引領衆生盡無餘,
인령중생진무여

得證菩提登佛果.
득증보리등불과

보리심원문

보리심의 오묘한 보물을
아직 생기지 않은 자는 생기도록 하여 주시고
이미 생긴 자는 더욱 굳건하게 하여 주시며
이미 굳건한 자는 더욱 자라게 하여 주소서!

菩提心願文
보리심원문

菩提心妙寶,
보리심묘보

未生願令生,
미생원령생

已生令堅固,
이생령견고

已固令增長.
이고령증장

선수를 마칠 때는 수련을 통해서 얻은 공덕을 수련의 궁극적 목표인 깨달음으로 인도하여야 한다. 이 두 개의 기청문을 염송하면 보리심에 대한 열망을 재차 확인할 수 있으며, 또한 모든 중생에 대한 한없는 자비심과 사랑을 기르고 수련을 통해서 얻은 깨달음으로 모든 중생을 돕겠다는 결의를 더욱 증장시킬 수 있다. 나아가 이 모든 공덕을 중생에게 회향하고 그들이 깨달음을 얻도록 도움을 주겠다고 희망한다.

02 부처님에 대한 관상

일체중생개유불성—切衆生 皆有佛性

>>> 불성佛性은 부처의 본성을 말하는 것으로 부처가 될 수 있는 잠재적 가능성을 의미한다. 즉 성불을 할 수 있는 씨앗이라고 할 수 있다. 대승 불교에서는 일체의 중생이 모두 이러한 불성을 가지고 있기 때문에 모든 사람이 성불할 수 있다고 인식하고 있다.

부처(佛陀)의 의미

부처(佛陀)는 범문 Buddha의 음역이며 불타(佛駝), 부타(浮陀), 부도(浮屠), 부도(浮圖) 등으로 표기하기도 한다. 각자(覺者) 혹은 지자(知者)라는 의미를 가지고 있다. 각(覺)은 철저한 깨달음과 그 깨달음으로 중생을 인도하는 등 그 각행이 원만한 것을 모두 포괄하는 개념이다. 부처는 불교의 창립자인 석가모니 세존의 존칭이지만, 깨달음을 얻어 각행이 원만한 모든 사람을 지칭하기도 한다. 대승 불교에서는 시방삼세 도처에 부처님이 계시는데 그 수가 갠지스 강의 모래알처럼 많다고 설명한다. 세상에는 깨달음을 얻은 이들이 무수히 많다. 그들은 이미 자신의 본성을 깨달아 모든 부정적인 요소들을 씻어내고, 완전하고 원만한 생명의 경지에 이르러 있다. 이러한 사람들을 모두 부처라고 부르는 것이다.

부처는 깨달음을 얻어 다시는 육신에 구속되지 않기 때문에 죽음이나 다음 생의 윤회를 겪지 않는다. 순수한 지혜나 완전한 인식의 상태로 서산에 지는 석양이나 어떠한 소리 혹은 스승 등의 모습으로 홀연 나타나 평범한 중생을 안내하고 교화한다. 부처는 자비와 지혜의 본질이며, 그들의 이러한 역량과 사랑은 시종 우리 주변에 존재하고 있다.

대승 불교에서는 일체 중생은 모두 불성(佛性)을 가지고 있기 때문에 인간은 누구나 부처가 될 수 있다고 보고 있다. 불(佛)은 각(覺) 혹은 각오(覺悟)를 말하므

'불타佛陀'의 사전적 의미는 일체의 각행覺行이 원만한 사람 혹은 각자覺者, 지자知者를 가리킨다. 일반적으로는 불교의 창립자인 석가모니 부처님을 가리키는 특정한 의미로 사용되고 있다. '각覺'은 완전한 깨달음, 혹은 중생으로 하여금 깨달음을 얻게 인도하는 각행 원만의 의미를 가지고 있다.

삼신원만(三身圓滿)
삼신은 법신(法身), 보신(報身), 화신(化身)을 가리키며, 성불을 하면 삼신이 원만해진다.

법신(法身) 달리 승의신(勝義身), 구경신(究竟身), 자성신(自性身)이라고도 한다. 부처님의 이법(理法)이 취집된 것으로, 상주불멸하며 개개인이 모두 본래 갖추고 있는 진실한 본성이라고 할 수 있다.

보신(報身) 유형적인 색신(色身). 부처님의 지법(智法)이 취집된 것으로, 진선미에 있어서 가장 고상한 경계와 무아순결(無我純潔)한 정신적 과보라고 할 수 있다.

화신(化身) 달리 응화신(應化身), 변화신(變化身)이라고도 한다. 부처님의 공덕이 취집된 것으로, 부처님이 널리 삼계육도(三界六道)의 중생들을 제도하기 위하여 현신한 모습이라고 할 수 있다.

로, 불성은 성불의 본성이라고 할 수 있다. 인생과 세속의 모든 것의 본성은 곧 '고(苦)'라고 할 수 있으며, 인생은 모든 고통의 집합체라고 할 수 있다. 이러한 고통이 생기는 근본적인 원인은 인간의 마음에서 찾을 수 있다. 자신의 심신에 대한 애착과 미혹으로부터 생기는 각종 번뇌가 일정한 행위로 나타나며, 이러한 것들이 결국 고통의 근원이 되는 것이다. 그러므로 고통을 벗어나는 길은 자신의 마음에서 비롯된 번뇌의 속박으로부터 벗어나는 것이다. 마음의 본성은 원래 깨끗하기 때문에 인간의 자성(自性) 역시 본시 청정한 것이다. 인간은 누구나 깨달음의 지혜를 자신 속에 내포하고 있으며, 이를 통하여 다른 중생을 인도하고 제도할 수 있는 능력을 가지고 있다.

다만 수행을 통하여 이러한 불성을 깨닫지 못하면 성불에 이를 수 없으며, 또한 각종의 집착이나 번뇌 등의 고통에서 벗어날 수 없다. 선수의 목표는 자신의 내면에 잠들어 있는 자성을 느끼고 이러한 우리의 본성이 본래 청정하다는 것을 깨달아 내면의 지혜를 배양하는 데에 힘을 쏟기 위한 것이다. 깨달음을 얻는 것은 결코 쉬운 일이 아니지만 인간은 누구나 그 가능성을 잠재하고 있다.

부처님의 일생

부처님의 일생은 몇 가지 매우 뚜렷한 특징을 가지고 있다. 특히 깨달음에 대한 길과 죽음의 무상성(無常性)에 대하여 많은 것을 시사하고 있다. 부처님은 약 이천 오백 년 전에 북인도의 샤카국의 왕실에서 태어나셨으며, 원래 이름은 고타마 싯다르타였다. 당시의 풍속을 따라 어린 나이에 아름다운 야쇼다라 공주와 일찍 혼인을 하게 된다. 한동안 왕자는 황궁 안에서 자신이 마음 가는 대로 호사한 생활을 하며 청년기를 보내게 된다.

전하는 바에 따르면, 왕자는 29세가 되던 해에 성의 동문으로 첫 외유를 나가던 도중에 한 명의 노인을 만나 늙음의 고통을 알게 되고, 다시 남문으로 외유를 나가던 도중에 한 명의 병자를 보게 되어 병의 고통을 알게 되었으며, 서문에서는 한 구의 시체를 보게 되어 죽음의 고통을 알게 되고, 북문에서는 한 명의 수행자를 만나 그 숭고한 정신 세계에 깊이 느끼는 바가 있었다고 한다. 왕자는 이러한 세간의 고통을 보고 이 문제를 해결하려는 결심을 하게 되었다. 이러한 연유로 왕자는 가족을 떠나 숲속에서 수행을 하게 된다.

왕자는 먼저 갠지스 강 유역에서 6년간 행각을 하며 여러 스승들을 찾아가 그들의 이론과 방법을 깊이 연구하였지만, 어떤 것도 그를 만족시키지 못했다. 이에 왕자는 기존의 전통의 종교와 수련 방법을 모두 버리고 스스로 길을 열기로 결심한다. 왕자는 삼십오 세의 어느 날 니련선하(尼連禪河)의 한 보리수 아래에서 마침내 깨달음을 얻게 되었다. 이후에 사람들이 그를 부처라고 존칭하게 되었는데 이것은 깨달은 사람이라는 의미를 가지고 있다.

후에 부처님은 녹야원(綠野苑)에서 그와 함께 수행하던 5인의 수행자에게 일차 설법을 하였으며, 그로부터 45년 동안에 걸쳐 자심(自心)을 깨닫고 인생의 번뇌를 해결하는 방법과 자비와 비민의 마음을 키우는 방법 등 깨달음의 길에 대하여 설법을 하였다. 부처님의 설법은 실상(實相)의 궁극적 본질이 어떠한지를 이해시키는 방향으로 진행되었으며, 마치 흐르는 물과 같이 듣는 사람의 재질과 개성 혹은 기대에 맞추어 전개되어 듣는 사람의 갈증을 단숨에 풀어 버리는 매우 뛰어난 설법이었다.

부처님은 팔십 세가 되던 해에 열반에 들게 된다.

수련의 시작

먼저 관호흡(觀呼吸)의 수련을 진행하여 자신의 마음을 평정하게 다스린다. 연후에 다음의 귀의기청문(歸依祈請文)을 염송하면서 보리심을 발하여 선수의 동기와 목표를 되새긴다.

모든 부처님과 정법과 성스러운 스승이시여!
보리심에 곧 바로 이르도록 제가 귀의하옵니다.
원하옵건대 제가 닦는 공덕이
중생들에게 이로움이 되어 그들 모두가 성불하게 하소서!

諸佛正法聖衆僧,
제불정법성승중

直至菩提我歸依.
직지보리아귀의

願我所修之功德,
원아소수지공덕

爲利衆生願成佛.
위이중생원성불

(이와 같이 3회 반복한다).

앞에서 소개한 방법에 따라 일체 중생이 느끼는 고통과 번뇌에 대하여 생각해 본다. 자신과 가까운 가족과 친구로부터 시작하여 일반인과 자신의 적 그리고 나아가 모든 중생을 두루 살펴보고, 그들과 내가 모두 인생의 고통과 번뇌로부터 벗어나 즐거움을 얻을 수 있기를 염원한다. 이러한 과정은 수련자에게 자비와 사랑의 감정을 키우는 데 큰 도움이 된다. 연후에 다음과 같이 선수의 목표를 되새기고 수련에 대한 의지를 굳건히 한다.

"나는 반드시 깨달음을 얻어 모든 중생들이 원만한 생활과 깨달음의 희열을 느낄 수 있도록 인도하고 돕겠다. 이것이 나의 선수의 목표이며, 나는 이를 위하여 어떠한 어려움이 있어도 수련을 포기하지 않을 것이다."

부처님에 대한 관상

자신의 2~3 미터 앞에 석가모니 부처님이 있는 모습을 관상한다. 부처님의 형상이 실재하는 것이 아니며, 다만 빛으로 구성된 형상이지만 정신을 집중하여 관상한다. 부처님은 큰 황금색 보좌(寶座)에 앉아 있다. 보좌의 사방에는 각각 네 마리의 설사자(雪獅子)가 보좌를 받치고 있다. 이들 설사자는 보살이 변화된 모습으로 백색의 털 그리고 녹색의 갈기와 꼬리를 하고 있다. 설사자 위에는 활짝 핀 한 송이 연꽃이 있는데, 이는 출리(出離)를 나타낸다. 연화에는 밝게 빛나는 두 개의 원반이 상하로 중첩되어 있는데, 이것은 각각 태양과 달을 대표한다. 태양은

부처님이 탄생하실 때 고대 인도의 모든 천신(天神)들이 몰려나와 우러러 마중하였다.

전설은 부처님께서는 인도의 룸비니 동산에 있는 한 그루 무우수 아래서 태어났다고 전한다.

부처님의 모친은 마야(摩耶) 부인이다.

부처님의 부친은 슈도다나(정반왕淨飯王)이다.

왕자가 사방으로 일곱 걸음을 걸을 때 보련(寶蓮)이 그의 발밑에서 솟아올랐다고 한다.

1 왕자의 탄생
부처님은 2500년 전에 고대 인도의 작은 왕국에서 탄생하셨다.

2 이세출가(離世出家)
29세 되던 해에 왕자는 사문(四門)으로 유람을 가다가 인생의 고통을 보시고 출가수행을 결심하였다.

3 오도성불(悟道成佛)
35세 되던 해에 왕자는 불타가야의 보리수 아래서 좌선 수행을 하신 끝에 마침내 깨달음을 얻어 성불하셨다.

4 광전법륜(廣轉法輪)
부처님께서는 깨달음을 얻은 후에 녹야원에서 초전법륜을 하셨다. 이후에 사방으로 다니며 법을 전하고 중생을 제도하였다.

5 증입열반(證入涅槃)
80세 되던 해에 부처님은 쿠시나가라 성 바깥의 두 사라수(沙羅樹) 나무 사이에서 고요히 열반에 드셨다.

공성(空性)을 상징하고 달은 보리심을 상징한다.

부처님은 원반 위에 앉아 있다. 이것은 모든 깨달음을 얻어 각행이 원만한 것을 나타낸다. 부처님의 전신은 황금색이며 황금색의 광망을 발산하고 있다. 몸에는 등황색(橙黃色)의 승복을 입고 있는데, 부처님의 몸과 승복 사이는 약간 벌어져 있다. 부처님은 전련좌(全蓮坐)의 자세를 취하고 있다. 오른쪽 손바닥을 오른쪽 무릎 위에 올려 놓고 손가락을 붙여 달처럼 둥근 형태를 취하고 있는데, 이는 강한 억제력을 나타낸다. 왼손은 선수의 자세로 아래로 내리고 감로(甘露)를 잡고 있다. 감로는 심신의 혼란이나 기타의 장애를 치유하는 약수로 여겨진다.

부처님의 얼굴은 보름달 같고 귀는 어깨까지 늘어져 있다. 이는 부처님이 복과 지혜를 함께 갖추어 흠이 없음을 나타낸다. 부처님은 눈을 반개하여 가늘고 길게 뜨고, 미소를 띤 채 모든 중생을 자비롭게 주시하고 있다. 부처님은 일체 중생의 현재의 모습을 어떠한 비판이나 꾸지람 없이 그대로 포용하고 있다. 머리는 남흑색(藍黑色)이며, 한 올 한 올의 머리카락은 모두 오른쪽으로 감겨 있지만 서로 얽혀 있지는 않다. 정수리에 있는 육계라(肉髻螺)는 부처님의 원만한 지혜를 대표한다. 부처님의 외형은 그의 전지(全知)한 마음이 가지는 각종 특질을 대표한다.

부처님의 정순한 신체의 모공(毛孔)에서는 빛줄기가 쏟아져 나와 전 우주를 채우며 사라져 간다. 이러한 광선은 한 줄기 한 줄기가 매우 작은 부처님의 형상을 하고 있는데, 이 작은 형상의 부처님이 실질적으로 일체 중생을 돕는 역할을 하며, 그 임무가 끝나면 다시 부처님에게로 돌아와 소멸된다.

정화(淨化)의 단계

부처님이 진실로 수련자 앞에 나타나 수련자를 보호해 주기를 기도하며, 부처님이 구비한 각종 원만한 특질을 생각한다. 부처님이 수련자의 기도에 답하여 수련자의 내심을 계도한다고 생각하며, 부처님의 가지(加持)로 수련자의 내면의 부정적인 요소들이나 그릇된 관념 등이 모두 해소되어 정화되고 궁극적 깨달음을 얻을 수 있기를 기도한다.

부처님이 수련자의 기도에 응하는 모습을 관상한다. 부처님의 몸에서 모든 것을 정화시키는 흰빛이 흘러나와 수련자의 정수리를 통하여 수련자의 몸속으로 들어간다. 그러한 흰빛은 마치 어둠을 밝히는 등처럼 수련자의 심신을 밝혀주고, 수련자의 내면에 자리한 모든 부정적인 요소들을 소멸시킨다. 광선이 수련자의 몸속으로 들어올 때 다음과 같은 기청문을 세 차례 반복하여 염송한다.

저를 스승과 창교사와
세존, 여래, 아라한과
원만한 성취를 이룬 깨달은 자와
존귀한 조어대장부와
석가모니 불존자에게 바치옵니다.
당신에게 공손하게 고개를 숙이고 공양을 바치오니
당신께선 저를 보호하여 주시기를 바라오며
저에게 모든 가지를 내려 주시기를 청하옵니다.

致吾上師創教師
치오상사창교사

世尊如來阿羅漢
세존여래아라한

圓滿成就之覺者
원만성취지각자

尊貴調御大丈夫
존귀조어대장부

釋迦牟尼佛尊者
석가모니불존자

向您頂禮與獻供
향이정례여헌공

幷祈求您能庇護
병기구이능비호

請您賜我諸加持
청이사아제가지

이 후에 석가모니불심주(釋迦牟尼佛心呪)를 염송한다.

따드야타 옴 무니 무니 마하 무니예 스바하

Tadyatha om muni muni maha muniye svaha

"따드야타 옴 무니 무니 마하 무니예 스바하" 의 의미는 다음과 같다. 즉 "석가모니 부처님의 두터운 자비심으로 성불을 이루어 오탁(五濁)의 이 세상에서 구원받기를 원하옵니다. 부처님의 법을 따라 수련하여 일체의 장애와 고통에서 벗어나고 궁극적으로 불도를 이룰 수 있도록 보호해 주시옵소서!"라는 의미로 해석할 수 있다.

'따드야타(Tadyatha)'는 이러한 뜻에 기인하여 라는 의미를 가지고 있다. '옴(om)'은 깨달음의 경지, 즉 부처님의 신(身), 어(語), 의(意) 세 측면에서의 올바른 특질을 뜻한다. 또한 '무니(muni)'는 자아의 무명(無明)에 대한 통제력을 의미하며, 두 번째 '무니(muni)'는 윤회의 고통에서 벗어나고자 하는 태도와 억제력을 나타낸다. '마하 무니예(maha muniye)'는 미세한 망념(妄念)과 이원적 사고 방식에 대한 극도의 통제력을 가리키고, '스바하(svaha)'는 이 주문의 가지(加持)를 받아 마음 깊이 따르고 변하지 않을 것을 진정으로 원한다는 의미를 가지고 있다.

큰소리로 이 석가모니불심주를 반복하여 염송한다. 노래하듯이 염송하는 것도 하나의 방법이다. 최소한 일곱 번을 소리 내어 염송하고, 다시 몇 분 정도 묵념을 한다. 묵념을 마치면 수련자 내면의 모든 부정적인 요소나 문제들이 해소되며, 가벼운 흥분과 기쁨이 느껴질 것이다. 이러한 감각을 일정시간 유지할 수 있도록 최대한 노력한다.

계발(啓發)의 접수

한 줄기 금색 광선이 부처님의 가슴으로부터 흘러나와 수련자의 정수리를 거쳐 몸 깊숙이 들어오는 것을 관상한다. 이 광선은 부처님의 순연한 신(身), 어(語), 의(意)의 특징을 모두 담고 있다.

부처님의 몸(身)은 다양한 형태로 변하는데, 일부는 움직이고 일부는 움직이

삼십이상은 부처님의 응화신應化身이 갖추고 있는 삼십이 종류의 뛰어난 용모와 미묘한 형상을 가리킨다. 『대지도론大智度論』의 기록에 근거하여 부처님의 삼십이상을 다음과 같이 분류할 수 있다.

1. 족안평상(足安平相 : 발바닥이 평평한 모습)
2. 천폭륜상(千輻輪相 : 손과 발바닥에 수레바퀴 같은 선과 무늬가 있는 모습)
3. 수지섬장상(手指纖長相 : 손가락이 가늘면서 긴 모습)
4. 수족유연상(手足柔軟相 : 손과 발이 매우 부드러운 모습)
5. 수족만망상(手足縵網相 : 손가락 발가락 사이에 비단결 같은 막이 있는 모습)
6. 족근만족상(足跟滿足相 : 발뒤꿈치가 원만한 모습)
7. 족질고호상(足趺高好相 : 발등이 높고 원만한 모습)
8. 요여녹왕상(腰如鹿王相 : 장단지가 사슴다리 같은 모습)
9. 수과슬상(手過膝相 : 팔을 펴면 손이 무릎까지 내려가는 모습)
10. 마음장상(馬陰藏相 : 말과 같은 남근이 몸 안으로 감추어진 모습)
11. 신종광상(身從廣相 : 키가 두 팔을 편 것과 같은 크기의 모습)
12. 모공생청색상(毛孔生靑色相 : 털구멍마다 청색의 털이 있는 모습)
13. 신모상미상(身毛上靡相 : 身毛右旋相 : 털끝이 오른쪽으로 돌아 위쪽으로 구부러진 모습)
14. 신금색상(身金色相 : 온몸이 황금색인 모습)
15. 상광일장상(常光一丈相 : 몸에서 솟는 광명이 한 길이나 되는 모습)
16. 피부세활상(皮膚細滑相 : 피부가 부드럽고 매끄러운 모습)
17. 칠처평만상(七處平滿相 : 두 발바닥, 두 손바닥, 두 어깨, 정수리가 모두 판판하고 둥글며 두터운 모습)
18. 양액만상(兩腋滿相 : 두 겨드랑이가 편편한 모습)
19. 신여사자상(身如獅子相 : 몸매가 사자와 같은 모습)
20. 신단직상(身端直相 : 몸이 곧고 단정한 모습)
21. 견원만상(肩圓滿相 : 양 어깨가 둥글고 두둑한 모습)
22. 사십치상(四十齒相 : 치아가 40개나 되는 모습)
23. 치백제밀상(齒白齊密相 : 치아가 희고 가지런하고 조밀한 모습)
24. 사아문정상(四牙門淨相 : 송곳니가 희고 큰 모습)
25. 협여사자상(頰如獅子相 : 뺨이 사자와 같은 모습)
26. 인중진액득상미상(咽中津液得上味相 : 목구멍에서 맛좋은 진액이 나오는 모습)
27. 광장설상(廣長舌相 : 혀가 길고 넓은 모습)
28. 범음심원상(梵音深遠相 : 소리가 맑고 멀리 들리는 모습)
29. 안색여감청상(眼色如紺靑相 : 눈동자가 검푸른 모습)
30. 안첩여우왕상(眼睫如牛王相 : 속눈썹이 소와 같은 모습)
31. 미간백호상(眉間白毫相 : 두 눈썹 사이에 흰털이 나 있는 모습)
32. 정성육계상(頂成肉髻相 : 정수리에 살 상투가 나있는 모습)

지 않는다. 중생의 다양한 기대와 요구에 맞추어 나타나 중생을 인도하고 돕기 위한 것이다. 또한 부처님의 말씀(語)은 불법과는 다른 측면과 다른 언어로 표현되는데, 이것은 중생의 다양한 자질과 의식에 맞추어 중생이 이해할 수 있도록 불법의 참뜻을 전하기 위한 것이다. 부처님의 뜻(意)은 전지전능하여 일체의 존재와 과거나 미래의 모든 현상, 그리고 개개인의 의식과 생각을 모두 분명하게 담고 있다. 신(身), 어(語), 의(意)의 세 측면으로 나타나는 이러한 부처님의 역량을 느끼고 깨달을 수 있도록 집중하여 관상한다.

부처님의 이러한 무한한 역량이 수련자 체내의 여러 부위에 흘러들어오면 이러한 희열의 과정을 자신의 것으로 소화할 수 있도록 한 순간도 놓치지 않고 더욱 집중하고, 다시 석가모니불심주인 "따드야타 옴 무니 무니 마하 무니예 스바하"를 염송한다. 염송을 마치면 부처님의 신(身), 어(語), 의(意)의 세 측면의 역량을 수련자의 것으로 온전히 받아들이도록 노력한다. 이러한 과정을 통하여 가벼운 흥분과 희열이 느껴질 것이다. 이러한 감각을 최대한 유지할 수 있도록 집중한다.

융합(融合)의 관상

위의 여덟 마리의 설사자(雪獅子)가 부처님이 앉아 계신 보좌에 융합되고, 이 보좌가 다시 연꽃에 융합되며, 이 연꽃은 다시 태양과 달의 원반에 융합되고, 이렇게 융합된 태양과 달의 원반이 각각 부처님의 몸에 융합되는 것을 관상한다. 이후에 부처님께서 수련자의 정수리로 내려와 빛으로 변하여 수련자의 몸속으로 들어가는 모습을 관상한다. 수련자의 마음속에 있는 각종 장애와 번뇌가 흔적도 없이 소멸하면서 광활한 허공처럼 마음이 열리고, 전지전능한 부처님의 마음과 합일되는 것을 관상한다. 이러한 과정을 통하여 수련자를 따라 다니던 각종 그릇된 인식과 번뇌가 사라지고 생명과 사물에 대한 본질적인 통찰력이 배양될 것이다.

이러한 과정을 진행할 때는 전력을 다하여 집중하여야 하며, 다른 사물 때문에 마음이 흔들려서는 안 된다. 허공의 상태에서 자신이 앉았던 곳에 보좌와 연꽃, 태양, 달이 차례로 나타나고 부처님 모습을 한 자신이 연꽃이 있는 보좌 위에 앉는 모습을 관상한다. 처음에 부처님 모습을 관상할 때처럼 일체의 형상이 모두

1 자세를 조정하고 신체를 편안하게 방송한다.

2 관호흡의 선수를 진행하면서 마음을 안정시킨다.

3 귀의기청문을 세 번 염송한다.

4 중생이 받는 고통에 대하여 생각한다.

5 이번 선수의 목적과 동기를 되새기고 보리심을 발한다.

6 부처님을 관상한다.

7 주문을 염송한다.

8 관상계발(觀想啓發)
① 한 줄기 금색의 빛이 부처님의 가슴에서 아래로 흘러나와 수련자의 정수리를 뚫고 몸 안으로 들어오는 모습을 관상한다.
② 이러한 희열의 과정에 전주하면서 다시 석가모니 심주를 염송한다.

9 관상융합(觀想融合)
① 부처님이 빛으로 변하여 수련자의 신체로 들어오면서 자신의 청정한 본성이 회복되는 모습을 관상한다. 이러한 체험에 전주한다.
② 자신이 부처가 되는 모습을 관상한다. 우리도 본래 깨달음의 본성을 갖추고 있다.
③ 자신의 가슴에 한 송이 연꽃과 하나의 명월이 있는 모습을 관상한다. 명월 위에는 석가모니 심주가 쓰여 있다. 개개의 글자로부터 빛이 쏟아져 나오며, 중생의 몸속으로 들어가 그들의 심신을 정화시킨다. 주변의 모든 사람이 부처님의 몸으로 변한다.
④ 동시에 석가모니 심주를 염송한다.

10 회향(回向)

빛으로 구성되고 자신이 부처님의 지혜와 자비를 갖추어 모든 것을 깨달은 부처님이 된 모습을 관상한다.

이 후에 자신의 주변에 많은 중생이 앉아 있는 모습을 상상한다. 그들도 모두 나와 같이 고통과 번뇌에서 벗어나 지극한 법열을 느낄 수 있기를 희망한다. 수련자는 이미 부처님처럼 모든 것을 깨달은 모습으로 그들을 안내하고 계도하는 모습을 상상한다. 수련자의 가슴에 한 송이 연꽃과 명월이 나타나는 모습을 관상한다. 명월의 주위에는 시계 방향으로 부처님의 심주(心呪)인 "따드야타 옴 무니 무니 마하 무니예 스바하"가 둥글게 나타나 있다. 달의 중심에는 '훔(hum)'이라는 글자가 있다. 이러한 글자들은 우리의 지혜와 자비를 나타낸다. 이 글자들에서 빛이 사방으로 쏟아져 나와 자신을 둘러싸고 있는 무수한 유정중생의 몸으로 흘러들어가서 그들의 심신을 정화시키는 모습을 관상한다. 그들의 모든 부정적인 요소가 제거되면서 그들 역시 자신의 본성과 역량을 깨닫는 모습을 관상한다. 이와 동시에 석가모니불심주를 염송한다.

염송을 마친 후에 수련자의 주변의 모든 유정중생도 역시 깨달음의 경지에 올라 모두 불신(佛身)을 하고 있는 모습을 상상한다. 이렇게 되면 이번 선수의 목적이 성취되는 것이다. 완전한 희열과 공성(空性)의 지혜를 느껴야 한다. 일부의 사람들은 이러한 수련은 그림의 떡을 보고 배고픔을 달래는 것으로 결코 수행에 도움이 되지 않는다고 말한다. 그러나 부처님에 대한 관상 수련은 깨달음에 대한 의지와 열망을 일깨우고 수련자 내면의 원만한 불성을 계발할 수 있도록 촉진할 뿐만 아니라 굳건한 신념을 배양하는 데 큰 도움이 된다. 어떤 경우에는 이러한 선수를 통하여 관상한 내용이 그날로 이루어지기도 한다. 조금의 의심도 없이 굳은 믿음을 가지고 꾸준히 수련하는 것이 필요하다.

선수를 마칠 때는 이러한 수련을 통하여 얻은 모든 긍정적인 요소와 통찰력을 일체의 중생에게 회향하여 모든 중생이 깨달음의 경지에 이를 수 있도록 염원하여야 한다.

03 질병을 해소하는 방법
약사불에 대한 관상

>>>> 약사불의 12가지의 서원誓願은 각종 고통과 번뇌에 시달리는 모든 유정중생을 도와서 모든 유정중생이 일체의 외도外道와 사견邪見을 없애고 고통과 번뇌에서 벗어나 지극한 안락함을 느낄 수 있도록 하기 위한 것이다.

약사불(藥師佛)

약사불은 또한 약사여래(藥師如來), 약사유리광여래(藥師琉璃光如來), 대의왕불(大醫王佛), 의왕선서(醫王善逝), 십이원왕(十二願王) 등으로도 부르며, 동방의 정유리세계(淨琉璃世界)의 교주로 알려져 있다. 동방의 약사불(藥師佛)과 서방의 아미타불(阿彌陀佛)은 중생의 생사 문제를 해결하기 위하여 애쓰는 부처님으로, 중앙의 석가모니불과 합하여 '삼보불(三寶佛)' 혹은 '삼세불(三世佛)'이라고 칭해진다.

약사불은 좌우로 일광변조보살(日光遍照菩薩)과 월광변조보살(月光遍照菩薩)이라는 두 협시보살의 보좌를 받고 있다. 이 두 보살은 약사불과 함께 약사삼존(藥師三尊)이라고 불린다. 약사삼존은 일체의 유정중생이 모두 궁극적인 행복을 얻을 수 있도록 제도하고 인도한다. 동방의 정유리세계의 무수한 보살이 모두 이 양대 보살의 영도를 받고 있다. 그들은 약사불이 열반에 들면 차례로 그 지위를 계승하고 약사유리광여래로 불리게 된다.

약사불은 과거세에 보살행을 행하면서 십이대원(十二大願)을 발하였다. 즉 일체 중생의 각종 재난과 질곡을 해소하여 모든 중생이 건강한 몸으로 부귀를 누리며 더없이 행복한 삶을 살다가 해탈을 할 수 있도록 인도하겠다는 서원이 그것이다. 약사불은 이 서원으로 인하여 성불을 하고 정유리세계에 머물게 되었다. 이

정유리세계의 장엄함 역시 서방 극락세계의 그것과 조금도 다를 바 없다. 불교에서는 깨닫지 못한 모든 중생은 각종 번뇌로 심신이 속박되어 있다고 보고 있다. 탐(貪), 진(瞋), 치(痴) 등이 서로 결합을 하면서 사만 팔천 종류의 서로 다른 번뇌가 생성된다. 인간의 마음에 자리잡고 있는 이와 같은 무수한 번뇌는 생리적 측면에서 무려 사백 네 가지의 질병과 심신장애를 유발하여 각종 고통에 시달리게 만든다. 약사불의 원력은 이러한 번뇌를 해소하여 각종의 질병과 재난의 속박에서 벗어날 수 있도록 인도하는 것이다.

이 외에도 약사불은 다음과 같은 일곱 종류의 약사불로 불리기도 한다. 즉 길상왕여래(吉祥王如來), 보월지엄광음자재왕여래(寶月智嚴光音自在王如來), 금색보광묘행성취여래(金色寶光妙行成就如來), 무우최승길상여래(無憂最勝吉祥如來), 법해뇌음여래(法海雷音如來), 법해혜유희신통여래(法海慧遊戲神通如來), 약사유리광여래(藥師琉璃光如來)라는 명칭이 그것이다. 이 가운데 앞의 여섯 여래는 약사여래의 분신이다.

정신 치료법

불교에서는 심령(心靈)과 신체가 모두 건강과 관련이 있다고 보고 있다. 부정적인 심리 상태는 신체의 질병이나 부조화를 가져오고 긍정적인 심리 상태는 신체의 균형과 조화를 가져온다고 강조한다. 불교 이론에서 '삼독(三毒)'은 탐(貪), 진(瞋), 치(痴)를 말하는데, 이것이 인생의 모든 번뇌의 근원이라고 보고 있다. 삼독은 우리의 심신을 상하게 하고, 생사윤회의 고해에서 벗어나지 못하게 하는 가장 근본적인 원인이다. 이 세 종류의 심리 상태가 모든 질병의 근원이 된다.

현대 의학에서는 과도한 심리적 활동과 정신적 상태는 정신착란이나 우울증 등의 심리적 질병, 정서적 불안정 등을 가져올 뿐만 아니라 인체 내의 다양한 신체적 질병을 가져온다고 보고 있다. 연구 결과에 따르면 초조감이나 상실감 혹은 분노 등의 정서적 반응은 현대인에게 각종 스트레스를 높이기 때문에 이러한 감정에 자주 휩싸이는 사람은 각종 신체적, 정신적 질병으로 고통받는 경우가 일반

약사불藥師佛은 동방의 정유리세계의 교주다. 약사불과 아미타불은 중생의 생사 문제를 해결하는 양 대 부처님이다. 약사불의 원력은 우리의 병고病苦의 번뇌를 없애는 것으로 드러난다.

약사불의 특징

① 몸에서 유리(琉璃) 같은 남색(藍色)이 은은히 드러나며 황색의 가사를 입고 있다.
② 오른손은 승시인(勝施印)의 자세를 취하고 오른쪽 무릎 위에 올려놓고 있다.
③ 오른손에 장청과(藏靑果)의 잎 하나를 들고 있다.
④ 왼손은 유리발(琉璃鉢) 하나를 들고 있다.

약사불(藥師佛)이 발원한 십이서원(十二誓願)

❶ 자신광명조천변계(自身光明照天邊界) 내 몸의 광명이 끝없이 넓은 세계를 비춤
❷ 신여유리내외청철(身如琉璃內外清澈) 몸이 유리와 같이 안팎이 투명함
❸ 영제유정실개원만(令諸有情悉皆圓滿) 모든 중생으로 하여금 원하는 것들이 원만해짐
❹ 영일체중생행자안주대승법종(令一切衆生行者安住大乘法宗) 모든 중생으로 하여금 대승법 가운데 안주케 하기를 원함
❺ 영제유정수행범행여법청정(令諸有情修行梵行如法清淨) 모든 중생으로 하여금 청정하게 범행을 수행하여 여법하게 청정해지기를 원함
❻ 제근불구자개득단엄(諸根不具者皆得端嚴) 모든 근이 갖추어지지 못한 이들이 모두 단정한 몸을 얻기를 원함
❼ 영제유정신심안락내지보리(令諸有情身心安樂乃至菩提) 모든 중생으로 하여금 몸과 마음이 안락하고 마침내 보리를 성취하기를 원함
❽ 유여신전남신(由女身轉男身) 여인의 몸이 남자의 몸으로 바뀜
❾ 영제유정소제외도사견수습제보살행(令諸有情消除外道邪見修習諸菩薩行) 모든 중생으로 하여금 외도와 사견 등을 닦지 않고 모든 보살행을 닦아 익히도록 원함
❿ 영제유정해탈일체우고(令諸有情解脫一切憂苦) 모든 중생으로 하여금 일체 근심과 괴로움을 모두 해탈하기를 원함
⓫ 영제유정수의포만영주안락(令諸有情隨意飽滿令住安樂) 모든 중생으로 하여금 마음껏 배부르게 하여 안락하게 하기를 원함
⓬ 영제유정득종종상묘의복무제고뇌(令諸有情得種種上妙衣腹無諸苦惱) 모든 중생으로 하여금 바라는 대로 온갖 좋은 의복을 입으며, 일체 괴로움이 없기를 원함

인보다 훨씬 높다고 한다. 많은 의학 전문가와 심리학자들은 긍정적인 심리 상태를 유지하는 것이 질병 치료에 매우 중요한 요소라고 설명하고 있다.

불교는 매우 다양한 정신적 치료법을 가지고 있다. 도덕적인 생활이나 지속적인 수행, 불량한 마음가짐에 대한 제도 등이 그러하다. 이러한 방법들을 일정한 약물과 함께 질병 치료에 사용할 수도 있다. 그 가운데 가장 일반적으로 사용되는 방법은 부처님의 형상을 관상하며 그에 맞는 주문을 염송하는 것이다. 약사불의 수행법은 가장 효과적인 방법 가운데 하나로 가장 광범위하게 이용되고 있는 수행법이다.

약사불이 발원한 십이서원은 각종 질곡과 고통에서 헤어나오지 못하는 일체의 유정중생을 인도하여 각종의 외도(外道)와 사견(邪見)을 타파하고, 일체의 번뇌로부터 벗어나 궁극의 행복을 느낄 수 있도록 하기 위한 것이다. 지금 신체적 질병이나 정신적 질병으로 고통받고 있거나 임종이 가까운 사람이 이 약사불의 수행법을 행한다면 얻는 바가 있을 것이다. 이 수행법은 자신을 위해서뿐만 아니라 병으로 고생하는 사람을 돕기 위하여 행할 수도 있다. 타인을 돕기 위하여 이 수행법을 행하는 경우에는, 관상을 할 때에 약사불이 그 사람의 정수리에 나타나는 모습을 관상하여야 한다.

수련의 시작

자신에게 가장 적합한 자세를 취하여 앉는다. 신체를 편안히 방송하고 잠시 자신의 호흡에 전주하여 마음을 평정하게 다스린다. 마음의 평정을 찾게 되면 이 선수의 목적과 동기에 대하여 생각하며, 다음과 같이 결의를 다진다.

"나는 이 선수를 통하여 모든 중생이 질병의 고통이나 망념 혹은 각종의 업장에서 벗어날 수 있도록 돕기를 원한다."

약사불의 관상

자기나 타인의 정수리에서 약간 떨어진 곳에 약사불이 나타나는 모습을 관상한다. 약사불은 금강쌍가부좌(金剛雙跏趺坐)의 자세를 취하고 연화월륜(蓮花月輪)

위에 앉아서 수련자와 같은 방향을 보고 있다. 약사불의 신체는 밝고 깊은 남색의 빛으로 구성되어 있으며, 얼굴은 투명한 유리색을 띠고 있다. 그의 얼굴 또한 빛으로 구성되었는데, 깊은 남색의 빛이 발산되고 있다. 약사불은 오른손을 오른쪽 무릎 위에 놓고 깨달음을 위한 가장 좋은 자세라고 알려진 승시인(勝施印)의 자세를 취하고 있다. 무지(拇指)와 식지(食指)는 장청과(藏靑果)인 '여랍(如拉)' 한 줄기를 쥐고 있다. 왼손은 아래로 늘어뜨리고 입정의 자세를 취하고 있으며, 유리 사발 하나를 들고 있다. 이 속에는 인과(因果)로 발생하는 중생의 모든 병을 치유하는 효능이 있는 감로 묘약이 가득 들어 있다. 약사불은 황색의 가사를 입고 있다. 모든 깨달음을 얻으신 부처님이 그러하듯 얼굴에는 자애로운 미소를 띠고 자비와 사랑으로 우주의 모든 중생을 주시하고 있다.

일정한 시간 동안 이러한 형상의 약사불을 관상하면서 수련자는 깨달음을 얻은 모든 부처의 공통된 특질인 자비와 사랑을 최대한 받아들일 수 있도록 노력하여야 한다. 또한 약사불에 대한 관상을 할 때에 약사불에 대한 경건한 마음을 가지고 다음과 같은 기청문을 염송하면서 일체의 중생이 모두 성불을 이룰 수 있기를 발원하면 더욱 효과가 있다.

귀의와 보리심을 발하는 글

모든 부처님과 정법과 성스러운 스승이시여!
보리에 곧바로 이르도록 제가 귀의하옵니다.
원하옵건대 제가 닦는 공덕이
중생들에게 이로움이 되어 성불하게 하옵소서!

歸依及發菩提心
귀의급발보리심

諸佛正法聖衆僧,
제불정법성승중

直至菩提我歸依.
직지보리아귀의

願我所修之功德,
원아소수지공덕

爲利衆生願成佛.
위이중생원성불.

(이와 같이 세 번 반복하여 염송한다).

사무량심

모든 유정이 즐거움과 즐거움의 업인을 구비하기를 원하옵니다.

모든 유정이 괴로움과 괴로움의 업인에서 벗어나기를 원하옵니다.

모든 유정이 고통 없는 즐거움을 누리기를 원하옵니다.

모든 유정이 크게 평등한 평정에 머물기를 원하옵니다.

四無量心
사무량심

願諸有情具樂及樂因,
원제유정구락급락인

願諸有情離苦及苦因,
원제유정이고급고인

願諸有情具足無苦之樂,
원제유정구족무고지락

願諸有情住大平等捨.
원제유정주대평등사

약사불기청문

세존, 여래, 아라한, 원각불,

의왕선서, 유리광여래,

제가 당신을 향해 예배하고, 기원하며 귀의하고, 공양을 바치오니,

원하옵건대 유정중생을 돕겠다는 당신의 서원에 따르시어,

지금 저와 중생에게 성취가 있도록 하여 주시옵소서!

藥師佛祈請文
약사불기청문

世尊, 如來, 阿羅漢, 圓覺佛,
세존 여래 아라한 원각불

醫王善逝, 琉璃光如來,
의왕선서 유리광여래

我向您禮拜, 祈求歸依, 獻出供養.
아향니예배 기구귀의 헌출공양

願您助益有情衆生之誓言, 此刻爲我與衆生實現.
원니조익유정중생지서언 차각위아여중생실현

(이와 같이 일곱 번 반복하여 염송한다).

이 후에 무수한 백색의 섬광이 약사불의 가슴과 신체에서 흘러나와 수련자의 정수리로 들어오는 모습을 관상한다. 이 빛이 수련자의 몸에서 모든 영계(靈界)와 주술(呪術) 때문에 생기는 질병과 고통, 그리고 이러한 것들의 원인이 되는 일체의 망념과 부정적인 요소 등의 업장(業障)을 정화하는 모습을 관상한다. 모든 부정적인 요소들이 진한 검은 색의 액체로 변하여 수련자의 신체에서 떨어져 나가면서 수련자의 신체가 투명한 유리처럼 맑게 변하는 모습을 관상한다. 일체의 중생도 역시 이와 같은 과정으로 깨끗이 정화되는 모습을 상상한다.

관상을 하면서 동시에 다음과 같이 약사불의 심주(心呪)를 염송한다.

따드야타 옴 바이사지에 바이사지에 마하 바이사지에 라자 삼우드가떼 스바하

tadyatha om bhaishajye bhaishajye maha bhaishajye raja samudgate svaha

염송의 횟수는 일정한 제한이 없다. 이 주문을 반복하여 염송하면서 약사불로부터 나온 빛이 수련자의 신체를 가득 채우고, 이로 인해 수련자가 깨달음을

얻은 모든 부처가 가지는 특징들을 자신의 것으로 받아들이는 모습을 관상한다. 또한 이러한 과정이 일체의 중생들에게도 일어나는 모습을 상상한다. 자신과 모든 중생이 모두 약사불의 가지(加持)와 인도를 받는 느낌을 진정으로 받아야 한다.

약사불의 심주에 대한 해설

따드야타 옴 바이사지에 바이사지에 마하 바이사지에 라자 삼우드가떼 스바하

'따드야타(tadyatha)'는 이것에 기인하여 라는 뜻을 가지고 있고, '옴'은 깨달음의 경지를 가리킨다. 즉 모든 부처의 신(身), 어(語), 의(意)의 세 측면의 특질을 나타낸다. '바이사지에(bhaishajye)'는 의약, 치료, 고통의 해소라는 다양한 의미를 지니고 있는데, 이곳에서는 인간의 육체와 마음의 고통을 치료하는 것을 말한다. 두 번째의 '바이사지에(bhaishajye)'는 고통의 근본적인 원인인 망념이나 업장에서 나오는 고통을 치유하는 것을 뜻한다. 그 다음의 '마하 바이사지에(maha bhaisha-jye)'는 대수술 혹은 근본적 치료의 의미를 가지고 있다. 그릇된 상념이나 인식 혹은 정서에 남아 있는 아주 미세한 부분까지 모두 해소시키는 것을 말한다. '라자 삼우드가떼(raja samudgate)'는 매우 뛰어나고 탁월한 국왕(國王)을 가리킨다. '스바하(svaha)'는 이 주문의 가지(加持)를 받아 이 주문의 공능과 힘이 우리 마음속에 깊이 뿌리내리기를 원한다는 의미를 가지고 있다.

질병의 치유

약사불의 가슴 사이에 남색의 '훔(hum)'이라는 글자가 있고, 그 주위에는 약사불의 심주가 둥글게 둘러싸고 있는 모습을 관상한다. 수련자의 가슴에도 '훔(hum)'이라는 남색의 글자가 있고 그 주위를 약사불의 심주가 둥글게 둘러싸고 있다. 수련자의 가슴에 있는 주문으로부터 발사된 빛이 수련자의 미간으로 쏟아져 나와 약사불의 미간을 거쳐 약사불의 가슴에 있는 주문과 합쳐지며, 이 기청문으로 약사불의 가지를 받는 모습을 관상한다. 계속해서 약사불의 가슴에 있는 주문에서 발사된 빛이 약사불의 배꼽으로 흘러나와 수련자의 배꼽을 통하여 수

련자의 신체로 흘러들어 오고, 이로 인하여 수련자의 심신의 모든 질병과 고통이 해소되는 모습을 관상한다.

이어서 다방면의 다양한 통증을 치료하기 위해서 수련자의 가슴에 있는 주문에서 흘러나온 빛이 약사불의 가슴으로 흘러들어 가고, 다시 약사불의 가슴에 있는 주문에서 흘러나온 빛이 일체의 중생의 몸속으로 들어가는 모습을 관상한다. 일체 중생의 모든 질병이 해소되며 약사불의 가지와 보호를 받고 다시는 질병으로 인하여 고통 받는 일이 없는 모습을 상상한다.

선수를 마칠 때에는 이 수련으로 인하여 받은 모든 공덕을 일체 중생에게 회향하며, 그들 역시 이러한 긍정적인 효과를 얻어 다시는 정신적 장애나 신체적 질병으로 고통받지 않고 건강하게 살며, 마침내 깨달음을 얻게 되기를 진정으로 발원한다. 동시에 다음의 기청문을 염송하면 더욱 효과가 있을 것이다.

원하옵건대 제가 이 공덕의 힘을 빌려
속히 약사불의 경지에 도달하게 하여 주시고
일체 중생을 인도하게 하시어
하나도 예외 없이 깨달음을 얻게 하여 주시기를 원하옵니다.

願我借此功德,
원아차차공덕

速達藥師佛之境界,
속달약사불지경계

幷引領一切衆生,
병인령일체중생

無一例外, 臻於證悟.
무일예외 진어증오

보리심원문

보리심의 오묘한 보물을
아직 생기지 않은 자는 생기도록 하여 주시고
이미 생긴 자는 더욱 굳건하게 하여 주시며
이미 굳건한 자는 더욱 자라게 하여 주소서!

菩提心願文
보리심원문

菩提心妙寶,
보리심묘보

未生願令生,
미생원령생

已生令堅固,
이생령견고

已固令增長.
이고령증장

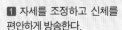 **1** 자세를 조정하고 신체를 편안하게 방송한다. **2** 호흡을 조정하고 마음을 안정시킨다. **3** 이번 선수의 목적과 동기를 되새긴다.

4 약사불에 대한 관상

① 약사불이 자신 혹은 타인의 정수리 위쪽으로 몇 센티미터 되는 곳에 나타나는 모습을 관상한다.

② 약사불은 모든 깨달은 자와 장엄한 특질의 화신이다. 약사불의 상서로움과 자비를 느껴 본다.

③ 관상을 할 때는 「귀의급발보리심(歸依及發菩提心)」을 세 차례 염송하고 「사무량심(四無量心)」과 「약사불기청문 (藥師佛祈請文)」을 각각 일곱 차례 염송한다.

5 관상정화(觀想淨化)

① 흰색의 빛이 약사불의 가슴과 몸에서 흘러나와 수련자의 신체로 들어오며 모든 질병이 해소되는 모습을 관상한다.

② 각종의 부정적인 요소가 짙은 흑색의 액이 되어 자신의 신체에서 빠져나가는 모습을 관상한다.

③ 일체의 중생이 위와 같은 방식으로 정화되는 모습을 관상한다.

④ 관상과 동시에 약사불의 심주를 염송한다.

6 관상융합(觀想融合)

① 약사불과 우리의 가슴에 약사불 심주의 주륜(呪輪)이 있는 모습을 관상한다.

② 우리의 가슴에 있던 약사불의 주륜이 빛으로 변하여 우리의 미간에서 약사불의 미간으로 쏘아져 들어가며 약사불의 가슴에 있는 주륜과 융합되는 모습을 관상한다.

③ 약사불의 가슴에 있던 주륜(呪輪)이 빛으로 변하여 약사불의 배꼽으로부터 우리의 배꼽으로 쏘아져 들어오며 심신의 질병과 장애가 해소되는 모습을 관상한다.

이어서 약사불의 가슴께서 발사된 빛이 질병으로 고통 받고 있는 중생의 몸으로 들어가며 그들의 질병이 모두 해소되는 모습을 관상한다.

7 회향(回向)하면서 「회향공덕(回向功德)」과 「보리심원문(菩提心願文)」을 염송한다.

04 이타심의 배양
수심팔송

≫≫≫ 우리가 가지고 있는 수많은 부정적인 요소들은 모두 자신에 대한 지나친 집착 때문에 형성된다. 진정한 자비慈悲와 비민悲憫의 마음을 키우기 위해서는 반드시 이타심利他心을 배양하는 선수가 필요하다.

무엇 때문에 수심(修心)이 필요한가?

우리가 선수를 하는 이유는 우리의 마음에 있는 모든 부정적인 요소들을 정화하고 자비와 사랑의 마음을 배양하여 자신뿐만 아니라 다른 사람들 역시 행복한 생활을 할 수 있도록 돕기 위해서다. 수심은 선량한 마음을 배양하여 자신이 어디에 있든지 어떠한 사람을 만나든지 늘 자비와 사랑의 마음을 잃지 않고 타인을 돕고자 노력하기 위한 것이다. 이러한 종류의 이타심을 배양하는 것이 바로 수심의 목표라고 할 수 있다.

수심 공부를 할 때 만나는 최대의 장애는 타성적인 자기애(自己愛)라고 할 수 있다. 우리는 어떤 사람을 만나거나 어떠한 일을 겪을 때 습관적으로 먼저 자신과 자신의 입장에서 문제를 보는 경향이 있다. 또한 대부분의 경우에 무엇이 자신에게 가장 이익이 되는가? 혹은 자신을 가장 만족시키는가? 하는 입장에서 문제를 풀어 나가려고 한다. 그러나 이러한 입장은 자아에 대한 집착이나 탐욕 등의 부정적인 요소를 그 바탕으로 하고 있으며, 일반적으로 타인의 입장과 생각에 대한 배려가 부족한 경우가 많다.

자기 위주의 이러한 주관적인 경향이 우리의 행동에 직접 영향을 미친다. 사람을 만날 때는 가장 좋은 대접을 받기를 원하고, 영화 등을 관람할 때는 가장 좋은 위치에서 보기를 원한다. 또한 식사를 하는 경우에는 자신이 가장 좋아하는

자아 중심적인 태도

우리의 마음에는 오직 하나의 '자아(自我)'가 있다. 쾌락에 대한 고려를 할 때도 이러한 자아를 중심으로 사고하며 타인의 이익을 배려하지 않는다. 결과에 관계없이 이러한 자아 중심적인 태도로 인하여 수많은 부정적인 정서가 생겨난다.

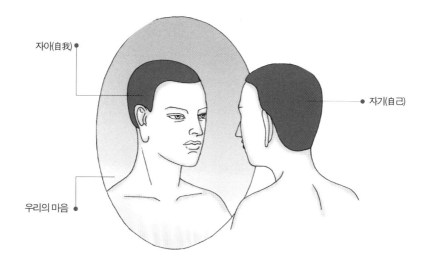

이타적인 태도

자애와 비민의 마음을 품고 타인을 대하고 진심으로 타인을 포용하면서 타인의 이익을 먼저 고려하면 진정한 쾌락을 느낄 수 있게 된다. 이것이 우리가 수심(修心)을 해야 하는 기본적인 이유라고 할 수 있다.

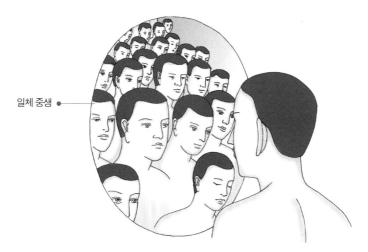

것이나 몸에 가장 좋은 것을 선택하려고 하며, 차를 타는 경우에는 가장 빨리 목적지에 가기를 원한다. 일상생활에서 무수히 찾을 수 있는 이러한 예는 모두 우리의 마음가짐이 밖으로 표출된 것이다. 우리의 마음이 자신을 최우선 순위로 두기 때문에 타인의 입장이나 생각에 대한 배려가 부족해지는 것이다.

자기 위주의 이러한 주관적인 경향이 이미 하나의 타성적인 습관으로 굳어져 종종 자신도 잘 모르는 경우가 많다. 다른 사람을 만나서 원하는 대우를 받지 못하거나 영화관에서 좋은 자리를 차지하지 못하는 등 자신의 희망이나 의지가 제대로 실현되지 않는 경우에 우리는 상실감이나 분노 혹은 질투 혹은 초조감 등의 부정적인 정서에 빠지게 된다. 실질적으로 우리가 이러한 종류의 감정을 느끼게 되는 바탕에는 지나친 자기애가 있다는 사실을 간과해선 안 된다. 자기 중심의 이러한 태도는 본질적으로 '자아(自我)'에 대한 집착으로부터 비롯되는 것이다.

'자아'에 대한 이러한 집착은 나날이 강해지며 자아를 만족시키고자 하는 욕망은 그 끝을 알 수가 없다. 원하는 것을 가지게 되면 일정한 정도에서 만족하지 못하고 점점 더 많은 것을 요구하게 된다. 일만 원을 가지고 있으면 십만 원을 원하게 되고 십만 원을 가지게 되면 백만 원을 원하게 되는 것과 같이, 이러한 형태의 욕망은 결코 그 끝을 알 수가 없다.

자신의 마음을 바꾸어 타인의 이익과 입장을 자신보다 먼저 배려하는 자세를 가지게 되면, 오히려 더 큰 행복과 희열이 느껴진다는 것을 알아야 한다. 타인에 대하여 진정한 사랑을 품고 이에 따라 행동할 때 자신도 역시 무한한 희열을 느낄 수 있다. 식사를 할 때에 자신보다 더 배고픈 사람에게 음식을 나누어 주고 진정이 담긴 감사의 말을 들으면 비록 자신은 먹지 못했어도 뿌듯함을 느끼는 경우가 있을 것이다. 무엇과도 비교할 수 없는 이러한 형태의 희열감은 자신보다 타인을 먼저 배려하는 경우에 생길 수 있는 특별한 감정이다. 이러한 이타심을 실천하는 경우에 자신의 마음 역시 점점 더 온유해지고 인간 관계나 사회 생활 역시 더욱 돈독해지고 풍부해진다.

주의할 점은 타인의 입장이나 이익을 먼저 고려하는 이러한 마음이 자기 혐오나 자신의 감정에 대한 과도한 억제를 바탕으로 해서는 안 된다는 점이다. 이러한 이타심은 생명에 대한 경외와 존중을 바탕으로 한 인류애를 기본으로 이루어져야 한다. 일체의 중생이 모두 우주라는 큰 집안에서 서로 의지하며 함께 힘을 나누어야 할 또 다른 나라는 진지한 성찰을 바탕으로 하여야 한다.

인류애를 바탕으로 한 타인에 대한 자비와 사랑은 자신과 타인 모두에게 지극한 행복을 느끼게 하지만, 이러한 자비심과 비민의 마음을 확장하는 일이 결코 쉬운 일은 아니다. 언제 어디서든 늘 우주와 생명에 대한 진지한 성찰의 자세를 잊어서는 안 된다. 일상생활을 하는 도중에도 항상 자신의 입장과 태도를 진지하게 반성하며, 타인의 입장과 태도를 함께 배려하는 자세를 견지하고 꾸준히 실천해 나가야 한다. 또한 자아에 대한 그릇된 집착에서 비롯된 타성적인 행위와 습관들이 결코 쉽게 고쳐지는 것이 아니라는 것을 명심하고, 지나치게 조급해하거나 포기해서는 안 된다. 자기 개혁을 위한 이러한 수련은 매우 많은 시간과 노력이 필요한 일이다.

수심팔송(修心八頌)의 유래

간단히 말하면 수심(修心)이란 마음을 다스리는 일이다. 자신의 사상을 정돈하고 사리사욕과 세간의 속된 일을 멀리하며, 자비의 마음을 키우고 의지를 강화하며 신앙을 굳건히 하는 등의 일들이 모두 수심의 범주에 속하는 일이다. 「수심팔송(修心八頌)」은 12세기경에 까담빠[噶当派]의 선지식인 나르탕빠[郎日塘巴]가 지은 것으로 원문은 게송체(偈頌體)로 되어 있다. 전문은 모두 팔송(八頌)이며 각각의 구(句)는 일곱 개의 음절로 되어 있다.

나르탕빠는 아띠샤[阿底峽]의 재전(再傳) 제자인 포토와[博多蛙]·린챙쌔[仁欽賽]의 양대 제자 가운데 한 명이다. 포토와는 경론(經論)의 강습을 매우 중시하였기 때문에 그의 사상을 중심으로 한 학파를 이른바 '교전파(教典派)'라고 한다. 이러한 스승의 유지를 계승한 나르탕빠는 일생동안 경론의 설법에 충실하였으며, 『자씨오론(慈氏五論)』을 지어 많은 중생을 훈육하였다. 『청사(青史)』에는 나르탕빠가 많은 제자를 거느리고 널리 불법을 폈는데, 그 문도가 2천 명이 넘고 영향력이 매우 컸다고 기록되어 있다. 나중에 그는 낭일사(郎日寺)라는 절을 건립하고 주석하였기 때문에 사람들이 그를 '나르탕빠[郎日塘巴]'라고 부르게 되었다.

전하는 바에 의하면 나르탕빠는 얼굴이 매우 검었기 때문에 사람들은 그를 '검은 얼굴의 나르탕빠'라고 불렀다고 한다. 어떤 제자가 그에게 늙어 보이지 않게 얼굴을 가꿀 것을 권하자 그는 오히려 "윤회(輪回)의 고통을 생각하매, 삼계(三界) 내에 편안하고 안락한 곳이 한 군데도 없구나. 나는 무슨 일에도 웃음이 나오지 않는구나"라고 대답했다고 한다.

「수심팔송(修心八頌)」은 역대의 고승 대덕들이 모두 중시하며 존중해 온 저작이다. 수심팔송의 수행법은 사파린포체[梭巴仁波切]가 관음선수(觀音禪修)와 나르탕빠의 「수심팔송」을 결합하여 만든 수행 방법이라고 할 수 있다.

수련의 시작

자신이 가장 선호하는 자세로 단정히 앉아서 두 차례 심호흡을 한다. 코를 통하여 들어온 숨결이 폐를 지나 복부 깊숙이 들어갈 수 있도록 깊이 호흡한다. 그 상태에서 잠시 호흡을 멈추었다가 천천히 숨을 내쉰다. 이렇게 두 차례 심호흡을 한 후에는 최대한 자연스러운 방식으로 호흡을 한다. 호흡을 할 때는 그 어떤 잡념도 있어서는 안 된다. 감각이 예민해지기 시작하면 의식을 집중하고 마음을 평정하게 다스린다.

마음의 평정을 찾은 후에 다음과 같은 생각을 자유롭게 해본다. 우리가 얻고자 하는 행복이 진정 영원히 지속될 수 있는 행복인가? 이로 인하여 과연 이생과 내생의 고통을 피할 수 있는가? 윤회에서 벗어나 영원히 고통을 피할 수 있는 길은 무엇인가? 자기 자신만이 윤회에서 벗어나는 것으로 충분한가? 이어서 일체의 중생이 모두 우리의 부모 혹은 형제라는 것을 생각한다. 모든 중생이 이전의 수많은 인연 속에서 혹은 부모 자식으로 혹은 형제로 살았었다는 것을 생각해 본다. 부모가 자식을 아끼고 사랑하는 그러한 자애로운 마음으로 중생을 바라보면 나 자신만 해탈하는 것이 과연 행복한 일일까? 진정으로 나 자신이 행복을 느끼려면 모든 유정중생이 더불어 해탈을 이루어야 하지 않을까?

다음으로 우리가 현재 가지고 있는 것들에 대하여 차분히 생각해 본다. 우리

「수심팔송」은 역대로 매우 존중받아 온 저작으로 여덟 수(首)의 게송으로 이루어져 있다. 한 수 한 수가 모두 그 내용이 훌륭하지만 전체가 단계적으로 조화를 이루고 있는 뛰어난 수심의 법요체계(法要體系)라고 할 수 있다. 이 게송의 저자는 까담빠의 선지식이었던 나르탕빠 존자다.

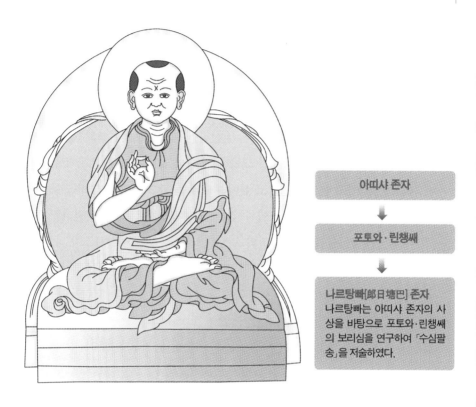

아띠샤 존자

↓

포토와 · 린챙쌔

↓

나르탕빠[郎日塘巴] 존자
나르탕빠는 아띠샤 존자의 사상을 바탕으로 포토와·린챙쌔의 보리심을 연구하여 「수심팔송」을 저술하였다.

나르탕빠의 전고(典故)

길상천녀 호법(吉祥天女護法)

나르탕빠 존자는 일찍이 모든 생에 비구의 몸을 받아 중생을 제도하기를 발원하였다. 길상천녀 호법신이 그것을 보고 "나르탕빠 존자가 세세생생 비구상(比丘相)으로 널리 법을 알려 중생을 이롭게 하면 나 역시 세세생생 그가 중생제도 사업을 완성할 수 있도록 보호하고 돕겠다" 고 발원하였다고 한다. 이 때문에 나르탕빠 존자의 전승 제자는 모두 길상천녀를 자신의 호법신으로 삼고 있다.

일생의 유일한 미소

나르탕빠 존자는 생을 마칠 때까지 딱 한 번을 제외하고는 웃음을 보이지 않았다고 한다. 늙은 쥐 한 마리가 만달함 위의 큰 송이석(松耳石) 하나를 훔쳐 가려 하였지만 힘이 부족하자, 이리저리 소리를 질러 다른 늙은 쥐 한 마리를 불렀다. 늙은 쥐 두 마리가 힘을 합쳐 밀고 당기면서 송이석을 옮기는 광경을 보고, 나르탕빠 존자는 자신의 일생에서 유일한 웃음을 보였다고 한다.

가 먹는 음식, 계절에 맞추어 입는 각종 의복, 서책, 생활의 공간, 각종 음악, 영화, 예술 작품 등등에 대하여 생각해 본다. 과연 다른 사람의 도움이 없어도 그러한 것들을 얻을 수 있을까? 내가 가진 모든 것들은 결국 다른 사람의 배려와 도움에 의하여 얻어진 것들은 아닌가? 그러한 그들이 무명으로 인하여 윤회의 사슬에서 벗어나지 못하고 끊임없는 고통을 이어가게 그냥 바라보는 것이 과연 옳은 일인가? 모든 중생이 해탈할 수 있도록 최선을 다하여 돕는 것이 옳은 일이 아닐까?

계속해서 우리 주변의 가까운 사람들에 대하여 세밀히 생각해 본다. 우리의 부모나 형제, 친구가 겪는 신체적 혹은 정신적인 문제가 무엇인가? 그들이 그러한 문제나 장애로 괴로워하고 있지만 그들 역시 나와 같이 그러한 문제에서 벗어나 마음의 안정을 찾고 행복을 느끼고 싶어하지 않을까? 그들 역시 그러한 문제에서 벗어나 진정한 희열과 행복을 느낄 수 있는 근본적인 해결책은 무엇일까?

이러한 생각들을 통하여 중생의 고통을 느끼고, 함께 해탈하고자 하는 열망과 책임을 느낀다면 먼저 자기 자신이 깨달음을 얻기 위하여 더욱 노력하여야 한다. 깨달음은 결코 쉽게 이루어지지 않는다. 여러 가지 원인과 조건들이 가장 효과적으로 결합될 때 가까이 다가갈 수 있는 것이다. 그 가운데서도 가장 중요한 것은 중생에 대한 자비(慈悲)와 비민(悲憫)의 마음을 잃지 않는 보리심(菩提心)이라고 할 수 있다. 이러한 이유로 보리심을 깊게 수련하는 수심 공부가 무엇보다 우선시되고 있는 것이다.

관음보살(觀音菩薩)의 관상(觀想)

관음보살이 수련자의 얼굴 앞쪽으로 한 사람 키 정도의 거리를 두고 나타나는 모습을 관상한다. 관음보살은 가부좌의 자세를 취하고 연화월륜(蓮花月輪) 위에 앉아 있다. 만월의 달빛이 그 주위를 휘감고 있으며 그의 신체는 백광(白光)으로 빛나고 있는데, 그 속에서 백색(白色), 홍색(紅色), 남색(藍色), 녹색(綠色), 황색(黃色)의 다섯 가지 색깔의 빛이 무지개처럼 발산되고 있다. 관음보살은 얼굴에 부드러운 미소를 띠고 있으며, 자비심이 충만한 눈으로 일체 중생을 바라보고 있다. 관음보살은 네 개의 팔을 가지고 있다. 앞의 두 개의 손은 중생의 소원을 들어주는 공능을 가진 여의주(如意珠)를 가슴에 들고 있다. 또 하나의 오른손은 수정염주(水晶念珠)를 잡고 있고, 또 하나의 왼손으로는 한 송이 백련화(白蓮花)를 들고 있다. 그는 각종 보석으로 장식된 비단옷을 입고, 왼쪽 어깨에서 왼쪽 가슴까지 영양의 가죽으로 만든 모피를 두르고 있다. 관음보살의 전신에서는 빛이 발산되고 있다.

이와 같은 형상을 관상하면서 다음과 같은 기청문을 염송한다.

칠지기청문

제가 몸과 말과 뜻의 삼업을 청결히 하여 경건하게 머리를 숙이옵니다.
진실한 말과 뜻으로 공양을 드리오니,
무시이래로 지은 악을 드러내고,
성자와 중생의 일체공덕을 기쁘게 따르옵니다.
윤회가 끝날 때까지 세상에 머무시기를 청하니,
중생들에게 이로움이 될 수 있도록 법륜을 굴려주시기를 청하옵니다.
자타의 공덕을 대보리에 회향하옵니다.

七支祈請文
칠지기청문

我以身語意虔敬頂禮,
아이신어의건경정례

獻上實說, 意變供養雲,
헌상실설 의변공양운

發露無始以來所造惡,
발로무시이래소조악

隨喜聖者凡衆諸功德.
수희성자범중제공덕

祈請住世直至輪回止,
기청주세직지윤회지

幷請爲利衆生轉法輪,
병청위이중생전법륜

自他功德回向大菩提.
자타공덕회향대보리

공만달문

향도지기에는 묘화가 펼쳐져 있고
수미사주에는 일월이 장엄하옵니다.
불토를 위하여 봉헌하는 것을 보시고
유정이 모두 청정한 불토를 받게 하여 주시옵소서.

供曼達文
공만달문

香塗地基妙花敷,
향도지기묘화부

須彌四洲日月嚴:
수미사주일월엄

觀爲佛土以奉獻.
관위불토이봉헌

有情鹹受淸淨刹.
유정함수청정찰

관음기청문

스승님의 장수를 원하옵니다.
원하옵건대 널리 곳곳에 계셔서, 무궁한 공간의 중생 모두가 쾌락과 안일함을
얻게 하시고
저와 중생들 모두 하나도 예외 없이, 공덕을 쌓게 하시고
장애를 제거해 주시고, 속속 깨닫게 해주시기를 원하옵니다.

보배로운 스승이시여, 저에게 가지를 내리셔서 저의 마음을 정법으로 채워 주시고
불법으로 깨달음의 길을 걷게 하여 주시옵소서.
깨달음의 길을 방해하는 장애가 나타나지 않게 하여 주시고
모든 잘못된 개념을 멈추게 하여 주시고
또한 즉각 보배로운 이보리심을 얻게 하여 주시기를 바라옵니다.

觀音祈請文
관음기청문

願上師長壽.
원상사장수

願遍布各處, 無窮空間中的衆生都能快樂與安逸.
원편포각처 무궁공간중적중생도능쾌락여안일

願我與衆生, 無一例外, 都累積功德,
원아여중생 무일예외 도누적공덕

滌淨所有障礙, 速速得證.
척정소유장애 속속득증

珍貴的上師, 請加持我, 使我的心成爲法,
진귀적상사 청가지아 사아적심성위법

讓佛法成爲道,
양불법성위도

道上不會出現阻礙,
도상불회출현조애

所有錯的槪念停止
소유착적개념정지

幷卽刻得到寶貴的二菩提心.
병즉각득도보귀적이보리심

이담 구루 라뜨나 만다라캄 니르야 따야미

Idam guru ratna mandalakam nirya tayami

(제가 당신에게 진귀한 만다라 상자를 바치옵니다. 위대하신 스승이여!)

관음보살이 이 주문과 기도를 듣고 크게 기뻐하며 연화월륜 위에서 수련자

의 정수리로 내려오는 모습을 관상한다. 「수심팔송(修心八頌)」을 염송할 때는 그 의미를 마음에 새기면서 염송한다. 한 수의 게송을 염송하는 시간은 따로 특별한 제한이 없다. 한 수 한 수를 관상할 때에 관음보살의 가슴에 있는 '훔(hum)'자로부터 사람을 지극히 즐겁게 하는 백색의 감로가 솟아나와 수련자의 정수리를 거쳐 수련자의 체내로 깊숙이 들어오면서 모든 부정적인 요소와 장애를 정화시키고, 수련자의 심신의 에너지를 충만하게 만드는 모습을 상상한다. 특별히 게송에 언급된 장애와 그에 대한 깨달음을 얻는 모습을 상상한다.

제1송 항상 진귀한 사랑을 품음

나는 일체의 유정중생을 여의보배를 보듯이 할 것이며,
저 궁극의 이로움이 그들에게 가득하기를 원하며, 항상 진정한 애정을 품겠노라!

第一頌 恒懷珍愛
제일송 항회진애

我於一切有情衆, 視之尤勝如意寶,
아어일체유정중 시지우승여의보

願成滿彼究竟利, 恒常心懷眞愛情.
원성만피구경리 항상심회진애정

다른 사람을 결코 무시해서는 안 되며 소중한 보물처럼 대해야 한다. 세상을 보다 이상적으로 만들기를 원한다면 반드시 다른 사람을 소중히 생각하는 태도를 가져야 한다. 다른 중생을 자신보다 중요하게 생각하기 위해서는 그들의 축복을 빌고, 그들이 모두 최고의 깨달음을 얻기를 소망하는 마음을 가져야 한다. 또한 자신과 다른 중생의 관계가 점차 우호적인 관계가 될 수 있도록 노력하고, 항상 선행이나 덕행을 실천하며 깨달음에 이를 수 있도록 최선을 다하여야 한다. 우리가 다른 중생을 위하여 성불한다는 것은 그들이야말로 궁극적 깨달음의 기반이라고 할 수 있기 때문이다. 중생은 여의보주보다 더욱 중요하다. 언제나 존중하는 마음을 가지고 사랑과 자비로 대하여야 한다.

관음보살의 감로(甘露)가 자신의 부정적인 생각을 깨끗이 정화하고 우리가 타인을 자신보다 중시하는 자세를 가질 수 있도록 인도하는 모습을 관상한다.

제2송 낮고 모자라게 생각함

어느 곳에 누구와 함께 있을지라도, 나 자신을 모든 중생보다 못나게 볼 것이며,
마음 깊이 타인의 이익을 생각하고, 항상 그 사람을 가장 높이 존중하겠노라!

第二頌 思維卑劣
제이송 사유비열

隨處與誰爲伴時, 視己較諸衆卑劣,
수처여수위반시 시기교제중비열

從心深處思利他, 恒常尊他爲最上.
종심심처사이타 항상존타위최상

우리가 자신만의 이익을 위하여 행동하거나 자신에게만 관대하다면 결코 좋은 결과를 얻지 못할 것이다. 이와 반대로 마음속 깊이 다른 사람을 존중하며 그들의 이익과 행복을 소망하고 배려한다면 오히려 좋은 결과를 얻게 될 것이다. 자신을 중시하고 타인을 가볍게 보는 태도는 이타심의 수련에 매우 큰 장애가 된다. 자신의 오만한 마음이나 행동을 신속히 치유하고 어떠한 사람과 함께 있더라도 상대를 존중하고 자신을 낮추는 자세를 가져야 한다. 겸손한 자세를 가지고 생활한다면 긍정적인 성품이 더욱 계발되고 배양되지만, 거만한 마음과 태도로는 영원히 진정한 즐거움을 알지 못하고 질투나 분노 등의 감정에서 헤어나오지 못하게 되며, 고통과 번뇌가 뒤를 따르게 된다.

감로(甘露)가 우리의 오만과 자만의 버릇을 깨끗이 제거하고, 우리가 보리심을 깨달아 타인을 진귀한 보물처럼 소중히 생각하는 모습을 관상한다.

제1송   항회진애(恒懷珍愛)

수행자가 보리심을 발하는 것은 삼계(三界)에서 윤회하고 있는 무량한 중생을 여의보주보다 더욱 진귀한 보물처럼 생각하는 것이다.

중생은 토양이 매우 뛰어난 유일한 복전(福田)이라고 할 수 있다. 이곳에 보리(菩提)의 씨를 뿌려야 한다.

> 외부의 사물은 무상(無常)하다. 여의보주 또한 우리에게 일시적인 만족감을 줄 뿐이다.

중생
(衆生)

>

여의주
(如意珠)

제2송   사유비열(思維卑劣)

우리는 반드시 오만한 정서를 치유하고 타인을 자신보다 존중하며 타인의 이익을 우선적으로 배려할 수 있어야 좋은 결과를 얻을 수 있다.

자신만을 위하고 타인을 고려하지 않는 마음은 한 그루 묘목에 수분을 조금 공급하는 것에 비유할 수 있다. 다시 더 많은 수분을 공급하지 않으면 결코 수분을 유지할 수가 없다.

중생의 이익을 우선적으로 고려하는 마음은 하늘에서 감로가 쏟아지는 것과 같다. 밭에 있는 모든 묘목이 흠뻑 젖게 되고 토양이 비옥하게 되어 풍성한 수확을 얻을 수 있게 된다.

제3송 번뇌를 속히 끊음

일거일동에서 자신의 마음을 바라보고, 처음부터 번뇌가 일어나지 않도록 할 것이고, 나에게 위해를 입힌 사람과 함께 있을 때도, 그를 배척하는 마음을 없애기를 원하노라!

第三頌 疾斷煩惱
제삼송 질단번뇌

舉一動觀自心, 正當煩惱初萌生,
일거일동관자심 정당번뇌초맹생

危害自與他人時, 願疾阿斥令消除.
위해자여타인시 원질아척령소제

이 구절의 문장은 완전한 전주의 중요성을 강조하는 것이다. 하루 가운데 자신이 어떠한 일을 하고 있든지 항상 자심(自心)을 관조하는 자세를 가져야 한다. 텔레비전을 보고 있든, 선수를 하고 있든, 식사를 하고 있든 자신의 마음을 수시로 각찰하면서 분노나 질투 혹은 교만 등의 부정적인 정서가 나타나면 그 즉시 처리할 수 있어야 한다. 신속히 처리하지 않는다면 이러한 망념이 계속 마음에 남아 있다가 점점 강화되면서 우리의 감정과 의식을 오염시키기 때문이다. 이타심을 배양하는 수련을 하는 도중에 이러한 번뇌가 불쑥 모습을 드러낸다면 곤란한 문제가 생길 수 있다. 이 때문에 분노나 교만 등의 정서는 모두 이타심을 계발하고 발전시키는 데 장애가 된다고 하는 것이다. 항상 자신의 마음을 관찰하면서 그러한 정서가 뿌리내리지 않도록 주의해야 하며, 그러한 정서가 느껴지면 신속히 치유하고 제거하여야 한다.

다른 사람에게 화를 내보지 않은 사람은 없을 것이다. 그러나 이러한 경험을 통하여 우리는 분노의 감정이 우리를 결코 행복하게 만드는 것이 아니라는 것을 잘 알고 있다. 비록 우리가 각종의 번뇌를 가져오는 부정적인 정서에 대하여 잘 알고 그에 대하여 대처를 하고 있다 하여도 자신도 느끼기 힘들 정도로 미세하게 일어나는 번뇌의 정서도 있다. 이러한 것들을 무시하고 가볍게 넘긴다면 이것들

제3송   질단번뇌(疾斷煩惱)

번뇌는 마음에서 생기는 것이다. 우리는 항상 자신의 마음을 관찰하면서 마음에 부정적인 정서가 생겨나면 신속하게 처리할 수 있도록 노력하여야 한다.

수행자는 시시각각 자신의 마음을 각찰하면서 부정적인 정서를 정화하고 마음의 청정을 유지할 수 있어야 한다.
이것은 연못을 더럽히는 각종 오물을 제때에 청소하여 연못의 청결을 유지하는 것과 같다.

부정적인 정서는 연못에 쌓이는 각종 오물과 같다. 적시에 청소하지 않으면 부패되어 역겨운 냄새를 풍기고 연못 전체를 오염시키게 된다.

제4송   원석차보(願惜此寶)

개개인은 모두 일련의 결점을 가지고 있다. 우리는 이러한 단점들을 대할 때에 결코 물러나거나 거리를 두려고 해서는 안 된다. 이러한 것들은 우리의 수행에 크나큰 도움이 되기 때문이다.

역시 점점 더 강렬해지면서 곤란한 상황을 만들 수 있다. 이 때문에 마음을 관찰할 때는 이러한 미세한 정서들까지 남김없이 각찰하고 대처하는 자세가 필요하다. 부정적인 정서가 나타날 때에는 그와 상반된 성질의 정서와 태도를 가져보는 것도 효과적인 치유 방법이 될 수 있다. 화가 났을 때는 사랑의 마음을 생각해 보고, 교만해질 때는 겸손에 대하여 생각해 보는 것이다. 이러한 방법은 공성(空性)의 지혜를 기본으로 하고 있다.

감로가 마음속의 이러한 장애들을 제거하고 우리로 하여금 보리심과 공성의 지혜를 깨닫게 하여 부정적인 생각이 사라지게 하는 모습을 관상한다.

제4송 이 보배를 아끼기를 원함

성정이 사악한 유정중생과 함께 하면, 늘 강렬한 죄의 고통이 핍박하지만,
매우 귀한 보물을 보는 것처럼, 항상 그를 보물처럼 아끼기를 원하노라!

第四頌 願惜此寶
제사송 원석차보

兼性邪惡衆有情, 恒爲猛烈罪苦迫.
겸성사악중유정 항위맹렬죄고박

見時如遇大寶藏, 願恒惜此大寶藏.
견시여우대보장 원항석차대보장

선량하고 착한 사람을 만나서 우호적인 마음을 가지는 것은 그리 어렵지 않은 일이다. 그러나 성급하거나 거만한 성격의 사람을 만났을 때는 관대한 마음을 갖기가 쉽지 않다. 그러나 이러한 사람들이야말로 우리에게 인내심과 자비심을 더욱 철저히 배양할 수 있는 기회를 제공한다. 이 때문에 우리는 그들을 희귀한 보물을 대하는 것처럼 소중히 생각하여야 한다.

성품이 불량한 사람이나 중병을 앓거나 신체적 결함 등의 문제를 갖고 있는 사람을 만났을 때 절대로 그들을 무시하거나 거리를 두면서 외면하려고 해서는

안 된다. 오히려 더욱 강한 동정심을 품고 그들을 아끼고 소중히 여기는 태도를 가져야 한다.

자아 중심적인 관점으로는 그러한 사람들을 아끼고 사랑하는 일이 어려울 수 있지만, 관음보살의 감로(甘露)가 이러한 생각을 제거하고 우리의 보리심을 일깨우는 모습을 관상하면서 그러한 사람들을 아끼고 사랑하는 마음을 가지도록 노력하여야 한다.

제5송 스스로 손해를 감수함

타인이 나에게 질투를 느끼거나, 이치에 맞지 않게 나를 비방하는 등의 행위를 해도, 내가 스스로 손실을 입고, 그에게 승리를 헌상하기를 원하노라!

第五頌 自受虧損
제오송 자수휴손

他人出於嫉妒心, 非理辱罵謗我等,
타인출우질투심 비리욕매방아등

虧損失敗我取受, 願將勝利奉獻他.
휴손실패아취수 원장승리봉헌타

다른 사람이 자신의 앞이나 혹은 등 뒤에서 자신을 모욕하거나 비평을 할 때 화를 내며 자신을 변호하려고 해서는 안 된다. 오히려 자신이 과거에 행한 부정적인 행위가 이런 결과를 가져왔다는 생각을 하며, 자신에게 일차적인 책임을 묻는 태도가 필요하다. 자신이 과거에 다른 사람을 비평하거나 모욕을 가한 적이 없는지를 진지하게 반성해야 한다. 어떤 사람이 자신에게 심한 욕설을 하거나 거친 행동을 하여도 결코 이에는 이의 자세로 대응해서는 안 되며, 오히려 그들이 승리의 기쁨을 느끼도록 한발 물러서는 태도를 가져야 한다. 이러한 자세를 가지는 것이 결코 쉬운 일은 아니지만, 이타심을 수행하는 사람이라면 반드시 실천해야 한다. 자신이 받는 고통을 생각하는 것이 아니라 그것을 수련의 기회로 삼아

제5송   자수휴손(自受虧損)

자신을 비방하는 사람을 만났을 때도 마음의 평정을 유지할 수 있어야 한다. 이것은 모두 자신이 과거에 지은 업(業)의 결과라는 것을 알아야 한다.

상처나 실패의 과정을 통하여 우리가 얻어야 하는 교훈은 이러한 경험을 자신의 스승으로 삼아 장래에 더욱 큰 이익과 승리를 얻을 수 있는 길을 찾는 것이다.

분노나 원한 등의 정서에 사로잡혀 밖으로 토해내는 것은 자신의 몸에 불을 지르는 것과 같다. 마침내는 자신의 본성을 잃게 될 것이다.

제6송   시해위사(視害爲師)

은혜를 원수로 갚는 사람을 대할 때에도 우리는 자비심을 유지할 수 있어야 한다. 상대의 그러한 행위 때문에 분노하거나 원한 등의 감정에 사로잡혀서는 안 된다. 오히려 그 사람을 스승을 대하듯 하여야 한다.

야 한다. 이러한 수행을 통하여 분노나 원한, 실망 등의 부정적인 정서를 극복하고 자비심을 배양함으로써 우리의 수행이 진일보할 수 있는 계기로 삼는 것이 보다 적극적이고 긍정적인 대처 방법이 될 것이다.

자신과 다투려고 하는 사람들을 만날 때에도 늘 대화를 시도하는 자세를 가져야 한다. 화를 내서는 안 되며 자비심을 품고 냉정을 유지할 수 있어야 한다. 설사 그들이 응하지 않는다 하여도 긍정적인 태도로 그들을 상대하면서 차분히 눈앞의 상황을 살펴야 한다. 마음을 열고 개방적인 자세로 그들의 비평에 귀를 기울이는 태도가 좋은 결과를 가져오는 경우가 많다. 이러한 자세가 보다 정확하고 효과적이며 최소한 자신에 대하여 더욱 깊은 이해를 할 수 있게 된다.

자신을 중시하는 태도를 가지고 있다면 결코 자신이 다른 사람과 불화를 일으키고 있다는 사실을 받아들이지 않고 다른 사람과 싸워 기필코 이기려고 할 것이다. 관음보살의 감로(甘露)가 이러한 잘못된 생각을 깨끗이 정화하고 우리를 올바른 깨달음으로 인도하는 모습을 관상한다.

제6송 해를 끼쳐도 스승으로 삼음

내가 일찍이 어떠한 사람을 돕고, 마음 깊이 후대를 하였는데,
그가 이치에 맞지 않게 나에게 위해를 가해도, 그를 선지식을 보는 것처럼 하기를 원하노라!

第六頌 視害爲師
제육송 시해위사

吾昔饒益助某人, 且曾深心寄厚望,
오석요익조모인 차증심심기후망

彼雖非理妄加害, 願視彼爲善知識.
피수비리망가해 원시피위선지식

우리가 호의를 가지고 어떤 사람을 대하며, 그 사람을 돕기 위하여 바쁘게 움

직인다면 그 사람 역시 감사한 마음으로 보은의 태도를 가지는 것이 일반적이다. 하지만 그러한 호의를 저버리고 은혜를 원수로 갚는 경우도 있다. 이러한 경우에 우리는 어떻게 하여야 하는가? 우리는 그것이 좋은 일이든 나쁜 일이든 인생에서 발생하는 모든 사정은 모두 과거에 자신이 지은 행위의 결과라는 것을 알고 있다. 이 때문에 이유 없이 상처를 받는 일은 없다고 하는 것이다. 어떠한 사람이 무례한 태도로 우리를 대할 때 우리 역시 같은 방법으로 상대하거나 원한을 가질 필요는 없다. 반대로 그에 대한 이해를 통하여 자신의 마음을 수련하는 기회로 삼는다면 이러한 사람들과의 경험은 우리의 수행에 더할 나위 없는 소중한 보물이 된다.

상대방이 이타적인 자세를 가지고 있다는 전제 아래 우리는 더욱 큰 자비심으로 상대를 대하여야 하며, 결코 상대가 적이 되게 해서는 안 된다. 어떠한 사람이 우리를 적으로 생각하고 행동한다면 우리는 그를 최고의 스승처럼 생각해야 한다. 이타를 수행하는 사람은 반드시 적을 자신의 최고의 스승으로 삼아 자비심을 품고 공경하는 마음으로 그를 상대하여야 한다. 진정한 사랑과 자비를 배양하기 위해서는 반드시 사랑과 자비의 마음을 자신에게 상처를 준 사람들에게까지 확대하고, 적과도 서로 이해하고 교류하기 위하여 노력하여야 한다. 인생에서 가장 곤란하고 어려운 시기야말로 진정한 깨달음을 얻고, 내면의 역량을 일깨울 수 있는 최고의 기회라고 할 수 있다.

자신을 중시하는 사고방식을 가지고 있다면 자신에게 상처를 주는 사람을 스승으로 대하는 것이 결코 쉽지 않은 일이다. 관음보살의 감로(甘露)가 이러한 그릇된 사고방식을 깨끗이 정화하고 우리가 보살의 원만한 인내심을 깨달을 수 있도록 인도하는 모습을 관상한다.

제7송 은밀하게 다른 이의 괴로움을 대신함

직접은 물론 간접으로도, 자비로운 어머니에게 이롭고 즐거움이 헌상되도록 원하오니,

어머니가 유정중생의 모든 괴로움을 보살피듯이, 나도 암중으로 사랑을 베풀

기를 원하노라!

第七頌 暗取他苦
제칠송 암취타고

無論直接與間接, 願獻利樂於慈母,
무론직접여간접 원헌이익어자모

如母有情諸苦患, 我願暗中自取愛.
여모유정제고환 아원암중자취애

수심(修心)의 요체는 자신을 중시하는 태도에서 벗어나 타인을 중시하는 태도로 바꾸는 것이다. 앞에서 설명한 자심(慈心)을 발하여 우리의 쾌락과 쾌락의 원인을 타인에게 주고, 비심(悲心)을 발하여 타인의 고통과 고통의 원인을 제거하는 것이다. 자심은 타인의 행복을 기원하고, 비심은 타인의 고통을 없애는 것이다. 중생은 헤아릴 수 없는 고통을 겪으며 그 고통에서 벗어나 행복한 삶을 살기를 갈망하지만, 어떻게 하여야 악업을 없애고 선업을 쌓을 수 있는지를 모르고 있다. 이 때문에 그들은 결코 진정한 쾌락을 얻을 수 없는 것이다. 우리가 그들의 고통을 부담하고 우리의 행복을 그들에게 주는 서원이 필요한 이유가 여기에 있다.

우리는 자신의 만족이나 곤경을 피하기 위하여 타인에게 상처를 주어서는 안 되며, 오히려 다른 사람들이 행복하게 살기를 기원하며 그들의 고통을 부담하려고 노력하여야 한다. 타인의 고통을 대신하는 관상(觀想)은 수행의 측면에서 매우 큰 도움이 될 뿐만 아니라 실제 생활에서도 이러한 마음을 실천으로 옮길 수 있는 자세를 강화시켜 준다. 이러한 종류의 수행은 호흡을 따라 이루어지는 것이 효과적이다. 숨을 들이마실 때는 타인의 고통이 수련자의 몸 안으로 들어오고 숨을 내쉴 때는 수련자의 쾌락을 타인에게 나누어 준다는 감각으로 수련을 진행하는 것이다.

자신만을 중시하는 사고방식을 가진 사람은 중생의 고통이나 상처를 부담하기를 원하지 않는다. 관음보살의 감로(甘露)가 이러한 잘못된 생각들을 깨끗이 씻어 버리고 우리의 보리심을 일깨워 중생들에게 우리의 쾌락을 나누어 주고 자신이 중생들의 고통을 부담하는 모습을 관상한다.

제7송 암취타고(暗取他苦)

제7송에서 강의하는 것은 사실 발보리심(發菩提心)이며, 자비심을 가지고 모든 사람을 상대해야 한다는 것을 강조하고 있다. 중생은 모두 전생에 나와 관련이 있으며, 어쩌면 우리의 어머니였을지도 모른다.
이 때문에 우리는 어머니를 대하듯 중생을 대하며, 그들에게 자신의 행복을 나눠주고 그들의 고통을 없애도록 노력해야 한다.

제8송 제법여환(諸法如幻)

이 게송은 우리의 과거와 현재, 미래의 모든 행위가 세간의 팔법(八法)에 물들지 않기를 바라는 것이다.
우리의 마음이 세간의 팔법에 물드는 것은 함정에 빠지는 것과 같아서 수행을 한다 해도 수승한 과보를 얻기가 더욱 힘들어진다.

세간팔법(世間八法)

① 칭송 받기를 바란다.
② 비평 받는 것을 원하지 않는다.
③ 성공을 거두기를 희망한다.
④ 실패하는 것을 원하지 않는다.
⑤ 쾌락을 원한다.
⑥ 고통을 원하지 않는다.
⑦ 명성이 멀리 퍼지기를 바란다.
⑧ 이름이 알려지지 않거나 무시당하는 것을 원하지 않는다.

제8송 모든 법은 환상과 같음

원하옵건대 나의 모든 행동이 팔법으로 생각을 더럽히지 않고,

일체의 법이 환상이라는 것을 깨달아, 집착하거나 얽매이지 않고 해탈하겠노라!

第八頌 諸法如幻

제팔송 제법여환

願此一切我所行, 不爲八法念垢染,

원차일체아소행 불위팔법염구염

以知諸法如幻智, 無執離縛而解脫.

이지제법여환지 무집리박이해탈

우리가 어떠한 일을 하는 이유는 세간의 팔법(八法)인 애(愛)·증(憎), 이(利)·쇠(衰), 칭(稱)·기(譏), 예(譽)·훼(毀)와 관련이 있다. 향락, 칭송, 성과, 명성 등에 집착하고, 고통, 죄명, 손실, 불명예를 피하고자 하는 것이다. 그러나 이러한 동기에서 나오는 행위는 불법(佛法)에서 요구하는 정신적 상태에 결코 부합되지 않는다.

우리가 수행을 할 때는 반드시 삼륜체공(三輪体空)하여야 한다. 즉 일체 현상이 모두 자비의 본신과 자비를 수지하는 사람과 자비의 대상을 포괄하고 있으며 모두 마술사가 만들어낸 환영과 같은 것으로 사실상 존재하는 것이 아니라는 공무일물(空無一物)의 이치를 명확히 이해하여야 한다. 이번 수련의 궁극적 목적은 무명이나 자아 중심의 사고 및 모든 부정적 요소를 극복하고 타인들 역시 깨달음을 얻을 수 있도록 돕기 위한 것이다.

자신을 중시하는 사고방식을 가진 사람은 자아의 무명과 일체 사물의 공한 본성을 결코 볼 수가 없다. 관음보살의 감로가 이러한 잘못된 생각을 깨끗이 씻어내고 공성(空性)에 대한 깨달음으로 인도하여 다시는 각종 망념과 업력에 속박되는 일이 없는 모습을 관상한다.

선수의 완성

내심의 깊은 곳으로부터 간절히 다음과 같이 청원한다.

제가 대비하신 당신에게 다음과 같이 청하옵니다.
성스러운 손을 펼치시어
저와 중생을 인도하여 주시옵소서.
이 생이 끝나고 극락정토까지
세세생생에 모두 우리의 정신적인 지도자가 되어 주셔서
우리를 조속히 깨닫게 인도하여 주시옵소서!

我向您, 大悲者, 如是請求:
아향니 대비자 여시청구

請伸出聖手,
청신출성수

帶領我和衆生,
대령아화중생

在此生結束後到極樂淨土,
재차생결속후도극락정토

幷在每一世都作我門精神上的友伴,
병재매일세도작아문정신상적우반

帶領我門速速得證.
대령아문속속득증

관음보살이 우리의 청원을 받아들이고 한 줄기 감로(甘露)가 그의 가슴으로부터 흘러나와 수련자의 신체와 마음을 충만하게 하면서 일체의 장애와 부정적인 기억, 각종 질병 등이 모두 깨끗이 제거되며 수련자의 몸이 수정처럼 맑게 변하는 모습을 관상한다. 이어서 관음보살이 빛으로 변하며 수련자의 정수리를 통하여 몸 안으로 들어와 수련자와 관음보살이 합일되는 모습을 관상한다.

한편으로 관음심주를 염송하고, 한편으로 자신의 가슴에서 무수한 빛이 쏟아져 나오는 모습을 관상한다. 한 줄기 한 줄기 광선(光線)마다 관음보살의 작은 형상이 있다. 이러한 광선들이 중생들의 정수리에 머물며 관음보살의 감로가 그들의 부정적인 요소와 각종 장애를 깨끗이 제거하는 모습을 관상한다. 마지막으로 관음보살이 중생의 몸 안으로 들어가 그들과 합일되는 모습을 관상한다.

아래의 기청문을 염송하고 이번 선수를 끝맺는다.

원하옵건대 모든 유정중생의 고통과 그 업인을
현재 나의 몸에서 성숙하게 하여 주시고
모든 유정중생이 나의 즐거움과 그 선덕을 누리게 하여 주시기를 원하옵니다.

願所有衆有情的苦痛及其因,
원소유중유정적고통급기인

現在就於我身成熟,
현재취어아신성숙

願衆有情都接受到我的快樂及善德.
원중유정도접수도아적쾌락급선덕

보리심의 오묘한 보물을
아직 생기지 않은 자는 생기도록 하여 주시고
이미 생긴 자는 더욱 굳건하게 하여 주시며
이미 굳건한 자는 더욱 자라게 하여 주소서!

菩提心妙寶,
보리심묘보

未生願令生,
미생원령생

已生令堅固,
이생령견고

已固令增長.
이고령증장

자세를 조정하고 신체를 편안하게 방송한다.

호흡을 조정하면서 마음을 안정시킨다.

이번 선수의 목적과 동기를 되새긴다.

4
보리심(菩提心)에 대한 사고

① 진정한 쾌락이 무엇인지 생각해 본다.
② 주변의 사람들에게 우리의 쾌락을 주는 감각을 느껴 본다.
③ 타인에게 도움을 주는 모습을 상상한다.
④ 모든 중생들이 고통에서 벗어나 행복을 느끼는 모습을 상상하고 보리심을 일으킬 것을 결심한다.

5
관음보살에 대한 관상

관음보살을 관상하고 「칠지기청문(七支祈請文)」, 「공만달문(供曼達文)」 및 「관음기청문(觀音祈請文)」을 염송한다.

6
수심팔송(修心八頌)

환희의 감로가 관음보살의 가슴에 있는 '훔'자에서 솟아나와 수련자의 체내로 들어오며 일체의 부정적인 요소를 모두 깨끗이 제거하는 모습을 관상한다.

7
관상융합(觀想融合)

① 관음보살을 향하여 청원한다.
② 감로(甘露)가 관음보살의 가슴에서 흘러나와 수련자의 심신을 충만하게 한다.
③ 관음보살이 빛으로 변하여 수련자의 정수리를 통해 신체로 들어온다.
④ 관음심주를 염송하면서 우리의 가슴에서 발출된 무수한 광선이 중생의 업장을 제거하는 모습을 관상한다.

선수를 마치는 기청문을 염송하고 회향한다.

원하옵건대 제가 한순간도 낙심하는 일 없이

지속적으로 타인을 위한 보살행을 하게 해주시고

결코 저를 위한 행사가 되지 않게 하여 주시옵소서.

또한 석가모니 부처님의 뛰어난 길을 따르게 하여 주시옵소서.

원하옵건대 제가 능히 이러한 공덕으로

조속히 대비의 경계에 이르게 하옵소서.

또한 어머니처럼 인도하셔서, 가장 존귀하고 고귀한 일체의 유정중생이

하나도 예외 없이, 깨달음의 경지에 이르기를 원하옵니다.

願我卽便一刻也永不氣餒,

원아즉변일각야영불기뇌

持續爲他人修煉菩薩行,

지속위타인수련보살행

行事全不爲己,

행사전불위기

且行佛祖釋迦牟尼之殊勝行.

차행불조석가모니지수승행

願我能借這些功德,

원아능차저사공덕

速速臻於大悲者之境,

속속진어대비자지경

幷帶領如母般, 最崇古尊貴的一切有情衆生,

병대령여모반 최숭고존귀적일체유정중생

無一例外的, 臻於證悟之境.

무일예외적 진어증오지경

05 가장 효과가 빠르고 탁월한 본존법문
이십일도모에 대한 관상

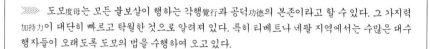

>>> 도모度母는 모든 불보살이 행하는 각행覺行과 공덕功德의 본존이라고 할 수 있다. 그 가지력 加持力이 대단히 빠르고 탁월한 것으로 알려져 있다. 특히 티베트나 네팔 지역에서는 수많은 대수 행자들이 오래도록 도모의 법을 수행하여 오고 있다.

「이십일도모 예찬문(二十一度母禮贊文)」

일상생활에서 우리는 종종 어떤 사람들은 무슨 운이 좋아서 하는 일마다 실패 없이 성공을 하고 자신은 그러한 운이 없는가 하고 한탄하곤 한다. 불교에서는 이러한 일들은 결코 그 사람의 운이 아니라 순리를 따라 나오는 결과라고 설명한다. 그들이 과거에 행했던 일들이 현재의 성공의 원인이라고 보고 있는 것이다. 그러므로 진정으로 어떠한 일에 성공을 하기를 원한다면 반드시 좋은 업인(業因)을 만들어야 한다. 금강밀교법(金剛密敎法)에서는 중생을 구도하는 도모에게 기도하는 것이 가장 효과가 빠르고 탁월한 본존법문(本尊法門)이라고 알려져 있다.

도모(度母)는 지혜와 자비, 비민 등을 대표하며, 특히 모든 깨달은 자들의 각행을 대표하는 것으로 인식되고 있다. 아침저녁으로 경건한 마음을 가지고 「이십일도모 예찬문(二十一度母禮贊文)」을 염송하면 일생 동안 일체의 재앙이나 병고(病苦)를 피할 수 있고, 불법(佛法)을 공부하면서 겪는 장애나 번뇌에서 벗어날 수 있으며, 많은 공덕을 쌓을 수 있다. 「이십일도모 예찬문」은 모두 21수(首)의 게송으로 이루어져 있다. 각각의 게송은 모두 도모를 찬미하는 내용이며, 글은 장문(藏文)으로 지어졌지만 한문이나 영문 등의 수많은 언어로 번역되어 있다. 염송을 할 때는 자신에게 가장 익숙한 번역본을 선택하는 것이 좋다. 예찬문 가운데서도 특히 찬문 2, 찬문 3, 찬문 7편이 도모의 가지(加持)를 더욱 효과적으로 받는 것으로 알려져 있다. 이것을 따로 2편(遍), 3편, 7편으로 부르기도 한다.

「이십일도모 예찬문」에는 근본적인 주문(呪文)으로 이루어진 네 구(句)의 예찬문이 있는데, 이것을 근본주 예찬문(根本呪禮贊文)이라고 부른다. 도모의 심주(心呪)인 "옴 따레 뚜 따레 뚜레 스바하(om tare tu tare ture svaha)"가 문장 속에 숨겨진 듯이 삽입되어 있다.

옴 도모에게 예배합니다, **따레** 용모(勇母).
뚜 따레 모든 두려움을 제거하소서.
뚜레 자식에게 모든 원하는 것을 주소서.
스바하 제가 주문에 예배를 드립니다.

이 수(首)의 기청문에는 하나의 고사(故事)가 전해진다. 약 10세기경에 아띠샤[阿底峽] 존자가 서장에서 설법을 할 때에 중뙨빠[仲敦巴]와 로덴[盧敦] 역사(譯師)라는 두 명의 제자를 거느리고 있었다. 처음에 로덴 역사가 질병에 걸리자 중뙨빠가 그를 위하여 도모에게 기도를 올리며 수행을 하였다. 이러한 수행 도중에 도모께서 거울에 나타나 이 네 구의 예찬문을 보여주며 이 예찬문을 일천 번 염송하면 로덴 역사가 병에서 쾌차할 것이라고 말하였다. 로덴 역사가 일천 번의 염송을 마치자 과연 그의 병이 씻은 듯이 나았다고 전해진다.

「이십일도모 예찬문」의 전문은 다음과 같다.

嗡 歸命敬禮至尊聖者救度母
옴 귀명경례지존성자구도모

敬禮速疾無畏度母, 目如霹靂閃電之光,
경례속질무외도모 목여벽력섬전지광

觀世音之淚海洋中, 蓮華化生三界護主 ;
관세음지루해양중 련화화생삼계호주

이십일도모

도모度母는 관세음보살의 화신이며 밀종密宗 관음부觀音部의 불모佛母이다. 달리 성다라보살聖多羅菩薩, 녹도모綠度母, 구도모救度母, 성구도불모聖救度佛母 등으로 불리기도 한다. 도모는 모두 이십일二十一 존이 있으며, 합하여 이십일도모라고 부른다. 모두가 각각 관세음보살의 화신으로 알려져 있다. 녹도모가 이십일 존 도모의 주존主尊이다.

敬禮面如秋令之月, 百月凝於圓滿面者,
경례면여추령지월 백월응어원만면자

更以耀目光華烈照, 光如一千星宿集積 ;
경이요목광화렬조 광여일천성숙집적

敬禮金藍蓮華生者, 手有蓮華以作飾嚴,
경례금람련화생자 수유련화이작식엄

布施持戒忍辱精進, 禪定般若圓滿總持 ;
포시지계인욕정진 선정반약원만총지

敬禮飾嚴普佛頂者, 事行殊勝能滿無邊,
경례식엄보불정자 사행수승능만무변

證達成就普圓滿行, 勝者佛子衆皆依仗 ;
증달성취보원만행 승자불자중개의장

敬禮度達娜吽字者, 聲滿欲色界與虛空,
경례도달나우자자 성만욕색계여허공

運足踐毀遍七世界, 成就並具勾攝召力 ;
운족천훼편칠세계 성취병구구섭소력

敬禮帝釋梵天所尊, 自在風火神所敬者,
경례제석범천소존 자재풍화신소경자

行屍逐味鬼與諸靈, 夜叉等衆 悉唱贊歎 ;
행시축미귀여제령 야차등중실창찬탄

敬禮具弘尺呸字者, 字破推毀外術幻輪,
경례구홍척비자자 자파최훼외술환륜

右足內盤左足伸展, 熾盛焰中身極明耀 ;
우족내반좌족신전 치성염중신극명요

敬禮爾具度裏字者, 字滅大怖凶猛魔靈,
경례이구도리자자 자멸대포흉맹마령

蓮華面上現忿眉相, 無餘破盡一切敵怨 ;
련화면상현분미상 무여파진일절적원

敬禮胸以手印飾者, 印表三寶持於心輪,
경례흉이수인식자 인표삼보지어심륜

爾之勝輪普方遍照, 光華回旋凝集熾盛 ;
이지승륜보방편조 광화회선응집치성

敬禮耀歡輝悅喜者, 頂冠流照如環光華,
경례요환휘열희자 정관류조여환광화

以度達娜聲作宣笑, 能降世間諸魔主衆 ;
이도달나성작선소 능강세간제마주중

敬禮擁具攝召力者, 能召守護土地靈衆 ,
경례옹구섭소력자 능소수호토지령중

以忿目相宣吽聲字, 加持賜令解脫貧苦 ;
이분목상선우성자 가지사령해탈빈고

敬禮頂佩新月冠者, 一切瓔嚴光華明耀,
경례정패신월관자 일절영엄광화명요

由爾髻現阿彌陀佛, 放大光明永恒流照 ;
유이계현아미타불 방대광명영항류조

敬禮安佩烈焰冠者, 冠如劫盡熾盛烈火,
경례안패렬염관자 관여겁진치성렬화

右足伸展左足內盤, 敗怨敵衆喜悅遍布 ;
우족신전좌족내반 패원적중희열편포

敬禮以手按大地者, 足踏大地以作鎭壓,
경례이수안대지자 족답대지이작진압

忿目觀視作吽聲字, 鎭伏降普七境之內 ;
분목관시작우성자 진복강보칠경지내

敬禮悅樂善靜逸者, 涅盤寂滅修持體境,
경례열악선정일자 열반적멸수지체경

圓滿具足疏哈與唵, 度滅一切大邪災凶 ;
원만구족소합여암 도멸일절대사재흉

敬禮喜悅擁侍隨者, 爾普推破敵怨軀相,
경례희열옹시수자 이보최파적원구상

十字眞言飾嚴於心, 爾吽學智賜令解脫 ;
십자진언식엄어심 이우학지사령해탈

敬禮度裏足作踏者, 爾之心華種子吽字,
경례도리족작답자 이지심화종자우자

爾令須彌及詠也地, 曼答拉與普三界震 ;
이령수미급영야지 만답랍여보삼계진

敬禮手中執持明月, 月如天界之池執者,
경례수중집지명월 월여천계지지집자

誦二他娜及一吽聲, 逐除無餘一切諸毒;
송이타나급일비성 축제무여일절제독

敬禮天王天道神衆, 以及諸靈皆歸依者,
경례천왕천도신중 이급제령개귀의자

爾之鎧甲令普衆悅, 滅除鬥爭及諸惡夢;
이지개갑령보중열 멸제두쟁급제악몽

敬禮雙目猶如日月, 光華清淨耀烈照者,
경례쌍목유여일월 광화청정요렬조자

誦二哈娜一度他娜, 驅逐至怖畏疫瘟災;
송이합나일도타나 구축지포외역온재

敬禮飾具三本性者, 圓滿具足寂靜威德,
경례식구삼본성자 원만구족적정위덕

爾滅魔妖行屍夜叉, 至尊度裏最勝無上.
이멸마요행시야차 지존도리최승무상

如是根本眞言贊畢, 二十一偈禮誦供竟.
여시근본진언찬필 이십일게례송공경

도모심주(度母心呪)

도모의 주문은 "옴 따레 뚜 따레 뚜레 스바하(om tare tu tare ture svaha)" 다. 이 주문은 "제가 구도자이시며 일체 승자의 어머니에게 경건하게 예배드립니다"라 는 뜻을 가지고 있다. '옴(om)'은 목표, '따레 뚜 따레 뚜레(tare tu tare ture)'는 그 목 표를 향한 길을 나타낸다. 구체적으로는 슬프나 기쁘나 어떠한 환경에서도 항상 신(身), 구(口), 의(意)를 모든 부처님의 일체 행사의 화신인 당신에게 향하여 정례 드리겠다는 의미를 담고 있다.

'따레(tare)'는 윤회에서 벗어난다는 의미를 가지고 있다. 구체적으로는 도모 가 유정중생을 인도하여 윤회와 각종 고통에서 벗어나게 하는 것을 가리킨다. 도 모에게 귀의하고 도모의 법문을 수지하여 도모에게 의지함으로써 윤회에서 벗 어나는 길을 찾는 것이다. 즉 도모의 주문이나 기청문 등을 염송하며 도모에게 티베트 불교에서 도모는 그 신색身色, 표식, 자태, 덕성 등에 차이가 있으며, 이 차이에 근거하여 이십 일 도모로 분류한다. 이십일 도모는 모두 관세음보살의 화신으로 실제적으로는 일체를 이루고 있다고 할 수 있다. 다만 명호와 형상에 따라 구별하는 것뿐이다. 도모는 모든 부처의 화신으로 그 공덕이 불가사의하며, 그 불국찰토佛國利土의 이름은 '총엽장엄찰토叢葉莊嚴利土'다. 이십일 도모를 차례로 보면 다음과 같다.

분신도모(奮迅度母) **(녹도모綠度母)**	분신도모는 관세음보살의 눈물이 화한 것으로 전해진다. 일체 중생을 제도하는 데서 다른 부처들보다 더욱 신속하다고 한다. 그녀의 지혜의 눈은 섬전과 같이 빨라서 일체제법을 찰나에 관조한다.
위맹도모(威猛度母) **(백도모白度母)**	그녀는 중추절 밤에 떠오른 보름달처럼 원만하고 밝다. 그녀의 성스러운 용모는 백 개의 달이 한 곳에 모여서 빛을 뿌리는 것과 같이 밝은 빛을 발산하고 있다. 그 찬란한 빛이 시방(十方)을 밝게 비춘다.
금안도모 **(金顏度母)**	전세와 현세의 육도 수행의 정인(正因)으로 출생하였다. 그녀의 몸은 자금(紫金)과 같다. 왼손으로 물속에서 출생한 청련화(靑蓮花) 줄기를 잡고 있으며 활짝 피어난 화관으로 귀 주변을 장엄하게 장식하고 있다.
정계존승도모 **(頂髻尊勝度母)**	이 도모는 일체 제불의 어머니로 알려져 있다. 이런 이유로 모든 부처에게 머리를 숙이지 않는다. 존승능가무변역연(尊勝凌駕無邊逆緣)의 자세를 취하고 편안하게 앉아 있다.
훔음질도모 **(吽音叱度母)**	이 도모의 입으로 염송하는 주문에서 찬란한 광명이 발산되며, 또한 가슴 사이에 있는 '훔(吽)' 자에서 소리가 흘러나와 칠종의 세계(지옥地獄, 아귀餓鬼, 축생畜生, 인人, 천天의 오취五趣와 색계色界, 무색계無色界)를 두루 채운다.
승삼계도모 **(勝三界度母)**	제석(帝釋), 범천(梵天), 풍신(風神), 화신(火神) 등의 모든 부(部)를 주재한다. 또한 나찰(羅刹), 야차(夜叉), 기시(起尸), 심향(尋香) 등 모든 부의 권속을 공양하고 찬탄하는 도모다.
파적도모 **(破敵度母)**	이 도모의 입에서 미묘하게 발출되는 밝은 주문은 일체의 사악한 힘을 없앨 수 있다. 그녀는 왼발은 펴고 오른발은 구부리고 있다. 몸에서는 지혜의 불꽃이 발산되며 일체의 사악한 세력을 불사른다.
파마군도모 **(破魔軍度母)**	이 도모의 몸에서는 극히 위맹한 기세가 드러나고 있으며, 얼굴은 마치 노한 얼굴을 한 정결한 묘련화(妙蓮花) 같다. 노한 얼굴로 일체의 원적(怨敵)을 물리친다.
공봉삼도모 **(供奉三度母)**	이 도모는 왼손에 청련화 줄기를 들고 있다. 식지(食指)와 중지(中指), 소지(小指)를 세우고 있다. 이것은 삼보의 체성(體性)을 의미한다. 오른손은 승시인(勝施印)의 자세를 취하고 있다. 도모의 손에서 광망(光芒)이 발산되어 서로 비추며 사방을 널리 비추고 있다.
복마도모 **(伏魔度母)**	이 도모는 신도들의 염원을 만족시키고 믿지 않는 자들을 굴복시킨다. 머리 장식에서 흘러나오는 빛이 눈을 부시게 한다. 그녀는 얼굴에 웃음을 띠고 주문을 발출하여 욕계(欲界)의 마귀들을 굴복시킨다.

의지하면 도모는 '따레(tare)'로써 우리를 고통에서 벗어나게 인도하는 것이다. 비록 모든 중생이 본래 불성을 가지고 있어서 스스로 윤회의 고통에서 벗어나 열반에 들 수 있다고는 하지만 열반의 평안한 경계에 안주해서는 안 되며, 다른 유정중생을 제도하는 각행을 시작하여야 한다. 이러한 과정에 이르기까지는 너무나 많은 시간이 소요된다. 또한 자신이 깨달음을 얻는다는 목표를 이룬 후에야 타인의 해탈을 도울 수 있다는 제약이 있다. 도모는 우리를 윤회에서 벗어나게 할 뿐만 아니라 해탈의 안락한 경계에서도 벗어나게 하여 진정한 깨달음으로 인도한다. 이 때문에 '따레(tare)'는 진정한 해탈의 길을 대표하며, 도모는 우리를 그러한 전지(全知)의 경계로 인도하는 것이다.

'뚜 따레(tu tare)'가 가리키는 것은 우리를 여덟 종류의 두려움에서 벗어나게 인도한다는 의미를 가지고 있다. 이러한 여덟 종류의 두려움은 지(地), 수(水), 화(火), 풍(風)의 외부적 위험과 관계가 있으며, 또한 도적이나 위험한 동물과도 관련이 있다. 더욱 중요한 것은 무명(無明), 집착(執着), 진심(嗔心), 교만(驕慢), 투기(妬忌), 인색(吝嗇), 의심(疑心)과 사견(邪見) 등의 여덟 종류의 번뇌다. 도모에게 귀의하고 도모의 법문을 수지하면서 우리의 업(業)을 해소하면 각종 두려움으로부터 벗어날 수 있게 된다.

'뚜레(ture)'는 우리가 모든 질병에서 벗어나는 것이다. 질병에서 벗어나기 위해서는 실제로 진정한 고통의 원인에서 벗어나야 한다. 이렇게 해야 제대로 고통에서 벗어날 수 있다.

'스바하(svaha)'는 "도모님께 원하오니 '옴 따레 뚜 따레 뚜레'의 주문의 가지(加持)를 우리에게 주셔서 우리의 마음에 뿌리내리고 흔들리지 않게 해주십시오"라는 의미를 가지고 있다. 과실을 수확하기 위해서는 씨를 뿌린 후에 반드시 뿌리가 생겨야 한다. 이와 마찬가지로 우리가 깨달음을 얻기 위해서는 우리의 마음 속에 깨달음의 뿌리가 튼튼히 자리 잡아야 하며, 이러한 깨달음의 뿌리는 도모의 주문 가운데 있다. 도모의 주문을 염송하면 우리는 그녀가 우리에게 주는 가지를 받을 수 있고, 그녀의 가지는 우리의 마음에 들어와 깨달음을 향한 뿌리가 되어 우리의 신, 구, 의 삼업(三業)을 정화할 것이다.

해액도모 (解厄度母)	이 도모의 얼굴은 노기 때문에 주름이 져 있다. 순간적으로 번개처럼 움직여서 사람들을 두렵게 만든다. 그녀의 가슴 사이에 있는 '훔(hum)' 자에서 광명이 발출되어 중생을 빈곤의 고통에서 벗어나게 만든다.
길상도모 (吉祥度母)	이 도모는 정월에 머리 장식을 하며 밝은 빛을 발출하여 일체의 고통을 제거한다. 그녀의 상투에는 아미타불이 안주하고 있다. 불신(佛身)도 역시 항시 광명을 발산하여 유정중생의 이익과 행복을 이끈다.
열염도모 (烈焰度母)	이 도모는 맹렬히 불타오르는 지혜의 화염 속에 안주하고 있다. 오른발은 펴고 왼발은 구부리고 있다. 중생의 마음에 있는 원한을 제거하고 희열을 느끼게 한다.
빈미도모 (顰眉度母)	이 도모는 손바닥을 수미산과 사대주(四大洲) 위에 놓고 발바닥으로 대지를 밟고 있다. 그녀의 얼굴은 노기를 띠고 있으며 양미간이 좁혀져 두려움을 느끼게 한다. 손과 발의 중앙에 있는 '훔(hum)' 자에서 금강벽력(金剛霹靂)이 발출되어 일체의 마(魔)를 제압한다.
대적정도모 (大寂靜度母)	고과(苦果)가 없기 때문에 낙모(樂母)라고 하기도 하며, 악인(惡因)을 쌓지 않기 때문에 선모(善母)라고도 하고, 영원히 번뇌를 끊었기 때문에 적정모(寂靜母)라고도 한다. 그녀는 항상 열반의 경계에 안주하며 이장(二障)의 일체 번뇌를 초월하였다.
명심훔음도모 (明心吽音度母)	이 도모는 불법을 들으며 기뻐하는 불제자의 원수들을 가볍게 가루로 만들어 버린다. 그녀의 몸 주위에는 십자 주문이 둘러싸고 있으며 주문에서 빛이 발사되어 각종의 원적과 사마를 물리친다.
진감삼계도모 (震撼三界度母)	이 도모는 씨앗이 되는 글자인 '훔(hum)'에서 출생한 분노모(忿怒母)다. 그녀는 두 발로 땅을 굴러서 멀리 수미산 등의 산악과 지하·지상·천상의 삼계 사이를 진동시킨다.
소독도모 (消毒度母)	이 도모는 손에 월륜을 들고 있다. 이 월륜은 천계(天界)의 감로호(甘露湖)와 같다. 중간에 신수(神獸)인 토끼의 표식이 있다. 이 무기는 세간의 모든 독을 제거한다.
소고도모 (消苦度母)	욕계(欲界)와 색계천(色界天) 중생의 왕이 모두 이 도모를 성모(聖母)로 공경하며 의지한다. 위에 주문을 염송하는 갑옷을 걸치고 있다. 일체의 전쟁과 악몽을 제압한다.
소역도모 (消疫度母)	이 도모는 두 눈이 햇빛처럼 강렬하고 만월처럼 교교하다. 혹은 따뜻하고 혹은 청량한 광명을 발사하고 주문의 위력으로 일체의 전염병을 제거한다.
사성취도모 (賜成就度母)	이 도모의 정수리 부위에 '옴' 자가 있으며 목 부위에는 '아' 자가 있고 가슴 사이에는 '훔' 자가 있다. 청정하고 적정한 위력이 있어 수행자의 신(身), 구(口), 의(意)의 일체 상해나 재앙을 멈추게 한다.

수련의 시작

도모가 우리의 면전에 나타나는 모습을 관상한다. 그녀의 모습은 실체가 없이 빛으로 이루어진 형상이다. 그녀의 신상은 녹색을 띠고 있으며, 연꽃 속의 월좌(月座)에 앉아 있다. 이것은 모든 부처의 전지전능과 자애, 비민을 상징한다. 도모는 왼쪽 넓적다리를 안으로 거두어 앉아 있다. 이것은 각종 욕념에 대한 완전한 통제를 의미한다. 오른쪽 넓적다리는 펴고 있는데, 이것은 수시로 중생을 돕기 위한 것이다. 이와 같이 앉는 자세는 비지쌍운(悲智雙運)을 의미한다. 도모는 왼손으로 가슴 부근에서 삼보인(三寶印)의 자세를 취하고 있다. 이것은 중생에 대한 비호의 의미를 내포하고 있다. 손바닥을 밖으로 향하고 무지(拇指)와 무명지(無名指)를 서로 붙여서 역시 비지쌍운(悲智雙運)을 표현하고 있다. 식지(食指)와 중지(中指)와 소지(小指)를 세우고 있는데 이것은 각각 불, 법, 승의 삼보를 분별하여 표시하는 것이다. 왼손의 중앙에는 과실을 포함하여 활짝 핀 꽃과 꽃봉오리가 있는 한 줄기 연꽃이 들려 있다. 오른손은 오른쪽 무릎 위에 올려놓았다. 손바닥이 밖을 향하고 있으며, 손가락은 살짝 아래로 향하여 시원인(施願印)을 취하고 있다. 이것은 최고의 깨달음을 베푸는 자세로, 중생에게 베풀고 비호하며 제도하겠다는 의미를 담고 있다. 오른손의 두 손가락으로 난련화(蘭蓮花)의 꽃줄기를 잡고 있다. 꽃줄기는 도모의 귀 부근까지 뻗어 있는데, 그 꼭대기에는 과실 하나와 활짝 핀 연꽃 한 송이 그리고 아직 피지 않은 꽃 한 송이가 있다. 과실은 과거의 모든 부처의 수좌인 가섭불(迦葉佛), 활짝 핀 꽃은 현재의 석가모니불, 아직 피지 않은 꽃봉오리는 미래의 모든 불의 수좌인 미륵불(彌勒佛)을 각각 상징한다. 이 세 명의 부처님은 삼세(三世)의 모든 부처를 대표한다. 도모는 몸에 아름다운 비단을 걸치고 있으며, 각종 보석이 장식되어 있다. 그녀의 얼굴에는 미소가 어려 있고, 자비의 빛이 발산되고 있다.

다른 스무 명의 도모는 신색(身色)과 법기(法器)가 각각 상이하여 관상하기 어려우며 최선을 다하는 것으로 충분하다. 초보자들은 이십 명의 도모의 신상이 어떠한지 기억하는 것이 불가능하며, 또한 완전히 관상할 수도 없다. 우리는 다만 마음속에 그들이 우리의 앞쪽에 나타나는 상상을 하며 자신의 마음속에 그들에 대한 의지와 믿음이 생기면 그것으로 족하다. 이어서 중생이 우리 주위에 현신하는 모습을 관상한다. 뒤쪽에는 우리와 가까운 사람들이 있고, 앞쪽에는 우리가 미워하는 사람들이 있으며, 양쪽 옆으로는 우리와 무관한 제3자들이 있는 모습을 관상한다. 이후에 귀의급발보리심문과 사무량심 등을 염송한다.

귀의와 보리심을 발하는 글

모든 부처님과 정법과 성스러운 스승이시여!
보리에 곧바로 이르도록 제가 귀의하옵니다.
원하옵건대 제가 닦는 공덕이
중생들에게 이로움이 되어 성불하게 하옵소서!

歸依及發菩提心文
귀의급발보리심문

諸佛正法聖衆僧,
제불정법성승중

直至菩提我歸依.
직지보리아귀의

願我所修之功德,
원아소수지공덕

爲利衆生願成佛.
위이중생원성불

(이와 같이 세 번을 반복한다).

사무량심

모든 유정이 즐거움과 즐거움의 업인을 구비하기를 원하옵니다.
모든 유정이 괴로움과 괴로움의 업인에서 벗어나기를 원하옵니다.
모든 유정이 고통 없는 즐거움을 누리기를 원하옵니다.

모든 유정이 크게 평등한 평정에 머물기를 원하옵니다.

四無量心
사무량심

願諸有情具樂及樂因,
원제유정구락급락인

願諸有情離苦及苦因,
원제유정이고급고인

願諸有情具足無苦之樂,
원제유정구족무고지락

願諸有情住大平等舍.
원제유정주대평등사

연후에 칠지기청문과 공만달문을 수지한다.

칠지기청문

제가 몸과 말과 뜻의 삼업을 청결히 하여 경건하게 머리를 숙이옵니다.
진실한 말과 뜻으로 공양을 드리오니,
무시이래로 지은 악을 드러내고,
성자와 중생의 일체공덕을 기쁘게 따르옵니다.
윤회가 끝날 때까지 세상에 머무시기를 청하니,
중생들에게 이로움이 될 수 있도록 법륜을 굴려주시기를 청하옵니다.
자타의 공덕을 대보리에 회향하옵니다.

七支祈請文
칠지기청문

我以身語意虔敬頂禮,
아이신어의건경정례

도모는 여섯 종류의 상이한 신체와 안색을 하고 있다. 즉 백색白色, 홍색紅色, 남색藍色, 황색黃色, 녹색綠色, 흑색黑色의 여섯 가지 색이다.

백색 (白色)	도모의 몸(身)을 대표한다. 티베트 불교에서는 백도모를 수련하면 일체 부처의 바다와 같은 가피(加被)가 수행자의 몸에 깃들며, 장래에 불신(佛身)을 얻어 상호가 원만해지며, 금강불괴신(金剛不壞身)과 식재(息災불력으로 재난을 소멸함)사업에 성취가 있게 된다고 인식하고 있다.
홍색 (紅色)	도모의 말(語)을 대표한다. 티베트 불교에서는 홍도모(紅度母)를 수련하면 일체 부처의 바다와 같은 가피가 수행자의 말에 깃들며 장래에 범음심원상(梵音深遠相)을 얻을 수 있고, 금강어(金剛語)와 회유사업(懷柔事業)에 성취가 있게 된다고 인식하고 있다.
흑색(黑色), 남색(藍色)	도모의 의(意)를 대표한다. 티베트 불교에서는 흑도모나 남도모를 수련하면 일체 부처의 바다와 같은 가피가 수행자의 의식에 깃들어 장래에 각종 지혜를 얻을 수 있게 되고, 의금강(意金剛)과 주업(誅業)을 성취할 수 있다고 보고 있다.
황색 (黃色)	도모의 공덕(功德)을 대표한다. 티베트 불교에서는 황색도모를 수련하면 일체 부처의 바다와 같은 공덕의 가피를 입어 장래에 무량한 공덕장(功德藏)을 얻을 수 있고, 증익(增益)사업에 성취가 있다고 인식하고 있다.
녹색 (綠色)	도모의 사업(事業)을 대표한다. 티베트 불교에서는 녹도모를 수련하면 일체 부처의 바다와 같은 사업의 가피를 입어 모든 출세간 사업과 결정이 순조롭게 이루어질 것이라고 설명한다.

백도모(白度母)

이십일 도모 가운데 인간의 존경과 숭배를 가장 받고 있으며, 또한 사묘(寺廟) 내에서 가장 많이 발견되는 것이 녹도모와 백도모다.

티베트 불교에서는 백도모와 장수불(長壽佛), 정계존승불(頂髻尊勝佛)을 합하여 '장수삼존(長壽三尊)'이라고 하며, 깊이 숭앙하고 있다.

獻上實說, 意變供養雲,
헌상실설 의변공양운

發露無始以來所造惡,
발로무시이래소조악

隨喜聖者凡衆諸功德.
수희성자범중제공덕

祈請住世直至輪回止,
기청주세직지윤회지

幷請爲利衆生轉法輪,
병청위이중생전법륜

自他功德回向大菩提.
자타공덕회향대보리

공만달문

향도지기에는 묘화가 펼쳐져 있고
수미사주에는 일월이 장엄하옵니다.
불토를 위하여 봉헌하는 것을 보시고
유정이 모두 청정한 불토를 받게 하여 주시옵소서.

供曼達文
공만달문

香塗地基妙花敷,
향도지기묘화부

須彌四洲日月嚴:
수미사주일월엄

觀爲佛土以奉獻.
관위불토이봉헌

有情鹹受淸淨刹.
유정함수청정찰

이담 구루 라뜨나 만다라캄 니르야 따야미

Idam guru ratna mandalakam nirya tayami

(제가 이 만달을 경건하게 당신에게 바치옵니다. 고귀하신 스승이여!)

도모 예찬문의 염송

친구가 병에서 완쾌되기를 바라거나 자신이 현재 하는 일이 순조롭게 진행되기를 바라는 등의 자신이 현재 가장 염원하는 일을 생각하면서「이십일도모예찬문(二十一度母禮讚文)」이나 사구(四句) 근본주문을 염송한다. 이때의 염송은 앉아서 할 수도 있고 절을 하면서 할 수도 있다.

예찬문을 염송하는 동시에 도모가 왼손 무지(拇指)와 무명지(無名指)를 서로 이어 둥글게 만든 곳에서 광망이 발출되며 감로(甘露)가 그 빛을 따라 흘러나오는 모습을 관상한다. 광선과 감로가 수련자와 주변의 중생들에게로 끊임없이 흘러나와 수련자와 중생들이 불법을 수련할 때 만나는 각종 장애와 부정적인 요인들을 깨끗이 정화하고 수련자와 중생들이 깨달음의 과정에서 겪는 각종 마장을 완전히 제거하는 모습을 관상한다. 주의해야 할 점은 다른 중생들을 위하여 기도할 때는 그들이 실제로 겪고 있는 문제나 혹은 모든 중생들이 겪고 있는 고통과 번뇌에 대하여 생각해야 한다는 것이다. 광선과 감로가 그들의 몸속으로 흘러들어가서 그들이 받는 고통과 고통의 원인이 전부 정화되고 일체 유정중생이 모두 완전한 해탈을 얻는 모습을 관상한다.

도모가 수련자의 기도를 이미 받아들여 수련자의 염원이 실현되는 모습을 관상한다. 이후에 도모와 수련자 그리고 중생이 합일되는 모습을 관상한다. 도모의 신상에서 도모와 같은 형상들이 발출되어 모든 중생의 몸으로 들어가면서 모든 중생과 도모의 특수한 신(身), 어(語), 의(意)가 완전히 합일되는 모습을 관상한다.

선수를 마칠 때에는 다음과 같이 회향공덕문과 보리심을 일으키는 기청문을 염송한다.

제가 이 선행의 공덕으로

조속히 도모의 경지에 이르기를 원하옵니다.

일체의 중생을 인도하셔서, 하나도 예외 없이

모두 깨달음의 경지에 도달하게 하여 주시옵소서.

願我借此善行之功德,
원아차차선행지공덕

能速速臻於度母之境,
능속진어도모지경

幷帶領一切衆生, 無一例外,
병대령일체중생 무일예외

到達證悟之境.
도달증오지경

보리심의 오묘한 보물을

아직 생기지 않은 자는 생기도록 하여 주시고

이미 생긴 자는 더욱 굳건하게 하여 주시며

이미 굳건한 자는 더욱 자라게 하여 주소서!

菩提心妙寶,
보리심묘보

未生願令生,
미생원령생

已生令堅固,
이생령견고

已固令增長.
이고령증장

1 자세를 조정하고 신체를 편안하게 방송한다.

 2 호흡을 조정하고 마음을 안정시킨다.

 3 이번 선수의 목적과 동기를 되새겨 본다.

4 이십일도모에 대한 관상

① 녹도모를 관상한다.
② 다른 이십 명의 도모를 관상한다. 가능한 한 최선을 다하여 관상한다.

 5 「귀의급발보리심문」을 세 번 염송하고 「사무량심」, 「칠지기청문」, 「공만달문」 등을 염송한다.

 6 「이십일도모 예찬문」의 염송

① 우리가 특별히 염원하는 일을 생각한다.
② 「이십일도모 예찬문」이나 사구(四句) 근본주문을 염송한다.
③ 예찬문을 염송하는 동시에 도모의 신상으로부터 광망이 흘러나오고 감로가 그 빛을 따라 수련자와 모든 중생의 신체로 흘러들어와 일체의 부정적인 요소들을 제거하는 모습을 관상한다.
④ 도모와 수련자와 일체 중생이 합일되는 모습을 관상한다.

 7 회향공덕문과 보리심을 일으키는 기청문을 염송한다.

06 | 업장을 해소하는 참회법
금강살타참회법

>>>> 금강살타참회법문金剛薩埵懺悔法門은 티베트 밀교[藏傳密敎]에서 중시하는 수련 방법의 하나다. 특히 성실한 수행자들에게 매우 중요한 수련 방법으로 날마다 꾸준히 행해야 하는 수련 법문이다.

업장(業障)을 참회하는 방법

우리는 일체의 중생이 모두 원만한 불성(佛性)을 가지고 있지만, 무명으로 인하여 본래의 면목을 드러내지 못하고 있다는 것을 잘 알고 있다. 수행의 길을 걸을 때 가장 장애가 되는 것은 과거세와 현재세에서 지은 수많은 악업들이다. 이러한 업장이 본각(本覺)을 가리고 있기 때문에 명심견성(明心見性)을 하기가 어려운 것이다. 자신이 지은 수많은 악업들이 끊임없이 그릇된 인식이나 망념 혹은 부정적인 정서를 만들며 수행을 방해한다.

업(業)은 그 원인 없이 생겨나고 자라는 것이 아니다. 윤회의 고해 속에서 자신도 모르는 사이에 행하는 수많은 생각과 행위가 원인이 되어 끊임없이 생겨나 자라는 것이며, 이러한 악업을 해소하지 않으면 반드시 그에 따르는 악과(惡果)가 생기게 된다. 그러므로 악업에 따른 악과를 피하고 싶다면 먼저 신(身), 어(語), 의(意)로 대표되는 자신의 마음과 행위를 청정히 하여야 한다는 것을 명심하여야 한다.

업의 형태로 나타나는 수행의 각종 장애를 피하기 위해서는 먼저 자신이 행한 일에 대하여 반드시 참회를 하고 넘어가는 것이 중요하다. 참회의 방법은 매우 다양하지만 그 가운데서도 금강살타참회법은 가장 뛰어난 참회법 가운데 하나로 알려져 있다. 금강살타는 모든 부처가 일체를 이룬 것으로, 분노와 적정의 백존(百尊)을 모두 포괄하고 있으며, 백부(百部)의 본존지주로 알려져 있다. 매일 잠들기 전에 금강살타 주문을 최소 스물한 번씩 염송하면 하루의 악업을 모두 소멸시키는 효과를 볼 수 있다. 또한 각종 선연(善緣)이 무르익은 상태에서 올바른 인식과 경건한 마음으로 금강살타 주문을 십만 번 염송하게 되면 일체의 부정적인 요소와 악업이 모두 소멸된다고 한다.

부정적인 업력이 모두 소멸되면 그에 따른 부정적인 결과를 피할 수 있게 된다. 그러나 이것을 위해서는 먼저 진지하고 성실한 참회가 선행되어야 한다. 참회의 수련은 내면의 수련의 일종으로 앞에서 이미 설명한 것처럼 네 개의 단계로 이루어진다. 여기서 소개하는 두 종류의 방법은 금강살타에 대한 관상과 네 가지의 치유력을 결합한 것으로 사파린포체(梭巴仁波切)가 지은 선 수행법에서 비롯된 것이다. 먼저 소개하는 방법은 앉아서 진행하는 방식이며, 뒤에 소개하는 방법은 예배를 드리면서 진행하는 방식이다.

앉아서 하는 참회의 방법

1. 의고(依靠)의 역량

수련자의 정수리 위쪽으로 약 10센티미터 떨어진 곳에 활짝 핀 한 송이 백련화(白蓮花)가 나타나는 모습을 관상한다. 백련화 위에는 월륜(月輪)이 있고 이 연화 월륜 위에 금강살타가 앉아 있다. 금강살타의 온몸은 백광으로 빛나고 있으며 반투명의 상태이다. 이 백광이 모든 방향으로 발산되고 있다. 금강살타는 오른손에 금강저(金剛杵)를 들고 있는데 이것은 지극히 큰 환락을 상징한다. 왼손에는 방울을 들고 있는데 이것은 공성(空性)의 지혜를 상징한다. 금강저와 방울은 금강살타가 이미 깨달음의 경지에 올라 지혜와 형체를 나눌 수 없는 경지에 이르렀다는 것을 뜻한다. 금강살타의 가슴에는 하나의 월륜이 있는데 그 중심에는 '훔(hum)'이라는 글자가 있다. 이 글자를 가운데 두고 시계 방향을 따라 금강살타의 백자주(百字呪)가 둥글게 둘러싸고 있다. 금강살타는 각종 아름다운 보석으로 장식된 비단옷을 입고 있다.

일정한 시간 동안 이러한 금강살타의 형상을 관상하면서, 다음과 같은 기청문을 염송한다.

귀의와 발보리심

제가 뛰어난 삼보에 귀의하옵니다.
일체 중생으로 하여금 모두 해탈하게 하여 주시고
또한, 그들을 깨달음으로 인도하여
이와 같은 원만한 보리심이 일어나도록 하여 주시옵소서.

歸依及發菩提心
귀의와 발보리심

我歸依殊勝三寶,
아귀의수승삼보

爲使一切有情得到解脫,
위사일체유정득도해탈

幷引領他們得證,
병인령타문득증

我如是發圓滿菩提心.
아여시발원만보리심

(이와 같이 세 번 반복하여 염송한다).

2. 후회의 역량

자신이 행한 각종 그릇된 행위를 차분히 떠올려 보고 진심으로 후회하는 마음을 갖는다. 무시이래로 누적되어 온 악업이 얼마나 될지 생각하면 두려운 마음까지 생길 것이다. 잘못된 행동 하나하나가 모두 업인이 되어 그에 상응하는 악과를 가져오기 때문에 무한한 고통과 질곡 속에서 살아가게 되는 것이다. 이 순간도 우리는 자신도 모르게 그릇된 생각이나 행위를 하면서 고통의 원인을 만들고 있다. 비록 우리들이 이러한 악업을 피하기 위하여 수련을 진행하고 있지만 온전한 깨달음을 얻기 전까지는 악업은 계속해서 쌓여갈 것이다. 우리가 어떤 행금강살타金剛薩埵는 금강金剛, 용맹勇猛, 유정有情 등의 의미를 내포하고 있으며, 또한 금강수金剛手, 금강수비밀주金剛手秘密主, 금강상수金剛上首, 보현금강살타普賢金剛薩埵, 금강장金剛藏, 비밀주秘密主 등으로 불리기도 한다. '금강살타'라는 말은 '견고하여 흔들리지 않는 보리심'과 '번뇌가 곧 보리의 묘리妙理임'을 상징하고 있는 것이다.

금강살타가 손에 들고 있는 금강령(金剛鈴)과 금강저(金剛杵)는 각각 지혜와 자비를 상징하며, 두 손을 서로 교차하지 않는 것은 지혜와 자비는 본질적으로 결합하기 힘들다는 것을 상징적으로 보여 주는 것이다.

동을 하여도 마음의 부정적인 요소들을 씻을 수 없으며, 이전에 지었던 악업의
장애를 소멸시킬 수 없다면 어떻게 해야 하는가? 금강살타의 대자비심으로 이러
한 절망적인 상황에서 벗어날 수 있도록 기원하여야 한다.

3. 보구(補救)의 역량

금강살타의 가슴에 있는 '훔(hum)'이라는 글자에서 빛이 발산되어 나오는 모
습을 관상하면서 모든 부처님의 가지(加持)가 있기를 기도한다. 그들이 이 기도에
응하여 백광(白光)과 감로(甘露)를 발출하는 모습을 관상한다. 감로는 본질적으로
모든 부처님의 신(身), 어(語), 의(意)의 지혜라고 알려져 있다. 모든 부처님의 백광
과 감로가 마치 하늘에서 내리는 비처럼 내려와 금강살타의 가슴에 있는 '훔'자
와 그 주위를 둘러싸고 있는 금강살타의 심주(心呪) 속으로 융합되는 모습을 관상
한다. 그 장엄한 신체가 백광과 감로로 완전히 뒤덮이면서 더욱 신비롭고 장엄하
게 변해가고, 주문 역시 더욱 선명해지는 모습을 관상한다. 계속해서 수십만 개
의 달빛이 고요히 설산(雪山)의 정상을 비추는 것과 같은 그 모습을 관상한다.

이어서 금강살타의 심주인 "옴 바즈라사뜨바 훔(om vajrasattva hum)"을 염송
한다. 동시에 금강살타의 가슴에 있는 '훔'자와 다른 주문의 글자에서 백광과 감
로가 쏟아져 나와 수련자의 정수리로 흘러들어 오고, 수련자의 심신의 에너지가
충만해지면서 무한한 희열을 느끼는 모습을 관상한다. 이때에는 보통 금강살타
의 심주가 아닌 다음과 같은 백자명주(百字明呪)를 염송한다.

옴 바즈라사뜨바 사마야 마누 파라야 / 바즈라사뜨나 데노 파띠타 디도 마이 바
와 / 수또 카요 마이 바와 / 수포 카요 마이 바와 / 아누 라크또 마이 바와 / 사르와 시
띠 마이 파르 야 차 / 사르와 카르마 수 차 마이 / 치 탐 스리 얌 쿠루 훔 / 하 하 하 하
호 / 바가완 / 사르와 따타가따 / 바즈라 마 마이 무 차 / 바즈라 바와 마하 사마야 사
뜨바 / 아 훔 파이

(om vajrasattva samaya manu palaya / vajrasattna deno patitha dido may
bhawa / suto kayo may bhawa / supo kayo may bhawa / anu rakto may

bhawa / sarwa siddhi may par ya tsa / sarwa karma su tsa may / tsi tam shri yam kuru hum / ha ha ha ha ho / bhagawan / sarwa tathagata / vajra ma may mu tsa / vajra bhawa maha samaya sattva / ah hum pay)

　백자명주(百字明呪)를 염송하면서 백광과 감로가 지속적으로 흘러나와 수련자의 신체로 끊임없이 들어오는 모습을 관상한다. 수련자의 내면에 있는 신체상의 일체의 망념과 부정적인 요소들이 모두 이러한 백광과 감로에 흡수되며, 한 줄기 연기로 화하여 정수관을 통하여 배출되는 물처럼 백광과 감로를 따라 하반신의 모공으로 모두 빠져나가는 모습을 관상한다. 대지에 큰 비가 내리면 어떠한 초목이나 곤충 등을 막론하고 하나도 남김없이 모두 비에 잠기는 것처럼 수련자의 모든 부정적인 요소들이 백광과 감로에 잠겨야 한다. 금강살타의 가슴 부근에 있는 주문에서 발출된 백광들이 수련자의 신체로 흘러들어와 홍수에 모든 것이 잠기는 것처럼 수련자의 일체의 죄장(罪障 : 죄업罪業으로 인해 불과佛果를 얻는 데 생기는 장애)을 모두 모아 녹여서 수련자의 신체 밖으로 배출하는 모습을 관상한다. 이와 같은 관상을 하고 나면 수련자의 신체는 수정구슬처럼 맑고 투명하게 될 것이다.

　다음에는 수련자의 언어상의 망념과 부정적인 요소들이 모두 이 백광과 감로에 잠겨 푸른 액체로 변하여 홍수에 쓸려 나가듯 신체 밖으로 배출되는 모습을 관상한다. 이와 같이 관상을 하고 나면 자신의 언어상의 부정적인 요소들이 정화되었음을 느끼게 될 것이다.

　이어서 수련자의 심령상의 망념과 부정적인 요소들이 모두 이 백광과 감로에 잠겨 신체 밖으로 배출되는 모습을 관상한다. 수련자의 체내로 흘러들어온 백광과 감로가 수련자의 가슴에 검은 그림자의 형태로 나타나는 심령상의 일체의 망념과 부정적인 요소들을 모두 찾아내 깨끗이 소멸시켜 버리는 모습을 관상한다. 이와 같이 관상을 하고나면 수련자의 의식은 맑고 투명한 수정 구슬처럼 더욱 청정하게 될 것이다.

　마지막으로 위에 행한 세 종류의 관상을 한 번에 동시에 행하면서 자신의 심신에 숨어 있는 매우 미세하고 희미한 장애까지 모두 소멸시키고 정화하는 관상을 한다. 수련자에게 충분한 시간적 여유가 없거나 신체가 불편할 경우에는 전체 관상의 과정을 단순화하여 행할 수 있다. 즉 무시이래로 누적되어 온 일체의 망념과 부정적인 요소들이 모두 수련자의 가슴속에서 검은 그림자의 형태로 나타나는 모습을 관상한다. 주문을 염송할 때에 금강살타의 가슴으로부터 무량하고 강력한 백광과 감로가 솟아나와 수련자의 정수리를 거쳐 수련자의 신체로 흘러들어와 이 검은 그림자들을 모두 소멸시키고 정화하는 모습을 관상한다.

4. 결심의 역량

다음과 같은 결심을 하고 금강살타의 승낙을 받는다. "지금부터 저는 다시는 부정적인 생각이나 행동을 하지 않고, ……" 수련자의 이러한 결심에 대하여 금강살타가 매우 기뻐하면서 수련자에게 "너의 과거의 일체의 부정적인 행위나 장애 혹은 지키지 못한 맹서 등은 이제 모두 깨끗이 소멸되었다"라고 응답하는 모습을 관상한다. 이어서 금강살타가 빛으로 화하여 수련자의 체내로 들어와 수련자의 신(身), 어(語), 의(意)와 금강살타의 신, 어, 의가 합일되어 분별되지 않는 모습을 관상한다.

선수를 마칠 때에는 다음과 같은 기청문을 염송한다.

제가 이 선행의 공덕으로
조속히 금강살타의 경지에 이르기를 원하옵니다.
일체의 증생을 인도하셔서, 하나도 예외 없이
모두 깨달음의 경지에 도달하게 하여 주시옵소서.

願我借此菩行之功德,
원아차차보행지공덕

能速速臻於金剛薩埵之境,
능속속진어금강살타지경

幷帶領一切衆生, 無一例外,
병인령일체중생 무일예외

到達證悟之境.
도달증오지경

보리심의 오묘한 보물을

아직 생기지 않은 자는 생기도록 하여 주시고

이미 생긴 자는 더욱 굳건하게 하여 주시며

이미 굳건한 자는 더욱 자라게 하여 주소서!

菩提心妙寶,
보리심묘보

未生願令生,
미생원령생

已生令堅固,
이생령견고

已固令增長.
이고령증장

백자명주(百字明呪)에 대한 해설

옴(om) : 모든 부처님의 신(身), 어(語), 의(意)의 각 방면의 공덕을 대표하며, 또한 길상(吉祥)과 최고 가치를 모두 갖춘 사람이나 사물을 대표하기도 한다.

바즈라사뜨바(vajrasattva) : 금강살타의 인식 또는 초월적 지혜를 지닌 용자(勇者)를 가리킨다.

사마야(samaya) : 위배할 수 없는 맹서의 의미를 가지고 있다.

마누 파라야(manu palaya) : 우리를 당신의 깨달음의 길로 이끌어 달라는 의미를 가진다.

바즈라사뜨나 데노 파(vajrasattna deno pa) : 금강살타의 마음에 더욱 의지하고 가까이 가기 위하여 라는 의미를 가지고 있다.

띠타(titha) : 나를 평안하게 이끌어 주시기를 청한다는 의미를 가지고 있다.

디도(dido) : 견정(堅定)을 의미한다. 궁극의 자성(自性)과 관계가 있으며, 안정적이다.

마이 바와(may bhawa) : 나에게 현상의 본질을 깨달을 수 있는 능력을 주시기를 청한다는 의미를 가지고 있다.

수또 카요 마이 바와(suto kayo may bhawa) : 내가 본성(本性)을 인식할 수 있게 이끌어 달라는 의미를 담고 있다.

수포 카요 마이 바와(supo kayo may bhawa) : 지고한 깨달음을 얻어 무궁한 희열을 느낄 수 있기를 원한다는 의미를 가지고 있다.

아누 라크또 마이 바와(anu rakto may bhawa) : 당신의 자비로 내가 당신의 경계에 다가갈 수 있기를 청한다는 의미를 가지고 있다.

사르와 시띠 마이 파르 야 차(sarwa siddhi may par ya tsa) : 내가 각종의 성취를 이룰 수 있게 이끌어 달라는 의미를 가지고 있다.

사르와 카르마 수 차 마이(sarwa karma su tsa may) : 당신의 모든 선행(善行)을 나에게 베풀어 달라는 의미를 가지고 있다.

치 탐 스리 얌 쿠루(tsi tam shri yam kuru) : 당신의 모든 존귀한 공덕을 나에게 베풀어 달라는 의미를 가지고 있다.

훔(hum) : 씨앗의 글자다. 금강살타의 마음을 대표한다.

하 하 하 하 호(ha ha ha ha ho) : 다섯 종류의 초월적 지혜를 나타낸다.

바가완(bhagawan) : 이미 모든 어리석음을 타파하고 일체의 깨달음을 얻어 모든 고통을 초월한 사람을 가리킨다.

사르와 따타가따(sarwa tathagata) : 모든 것이 여실한 깨달음을 얻어 공성(空性)의 지혜를 얻은 자를 가리킨다.

바즈라(vajra) : 둘로 나눌 수 없는 것을 의미한다.

마 마이 무 차(ma may mu tsa) : 부디 나를 버리고 떠나지 말라는 의미를 가지고 있다.

바즈라 바와(vajra bhawa) : 둘로 나눌 수 없는 본성을 뜻한다.

백자명주(百字明呪)

백자명주는 달리 백자진언(百子眞言), 금강백자명(金剛百字明), 금강살타백자명(金剛薩埵百字明)으로 불리기도 한다.

백자명의 중요한 공덕은 죄장(罪障)을 소멸하거나 감소시키는 것이다. 비누로 신체를 깨끗이 닦아내는 것처럼 백자명은 우리의 죄장을 씻어 주고 순일한 에너지를 불어넣어 준다.

백자명(百字明)의 공덕(功德)

① 참회하고 무시이래의 죄업을 제거할 수 있다.

② 일체의 악념을 끊고 다시는 그러한 생각에 빠지지 않게 한다.

③ 일체의 번뇌를 제거한다.

④ 무량무변한 복덕과 지혜를 증장시켜 준다.

⑤ 각종의 공덕을 만든다. 불법을 수행한 후에 이 명주를 천 번 염송하면 불법을 수행하면서 저지른 과오와 착오를 교정할 수 있으며, 모든 불보살이 그것을 책망하지 않는다.

⑥ 희망하는 일과 추진하는 일이 모두 순조롭게 이루어진다.

옴 바즈라사뜨바 훔(om vajrasattva hum)

모든 부처의 신(身), 구(口), 의(意)의 공덕을 대표한다.

씨앗의 글자라고 할 수 있으며, 금강살타의 마음을 대표한다.

즉 금강살타가 의미하는 것은 유일무이의 초월적 지혜를 가진 용자(勇者)를 가리킨다.

금강살타의 심주(心呪)는 금강살타백자명주를 간소화한 것이다. 금강살타는 모든 부처가 합일하여 이루어진 것으로 분노(忿怒), 적정(寂靜)의 일백 존(尊)과 일백 부의 본존의 주재자를 모두 포괄하고 있다. 그의 심주는 일체 본존의 심주의 정수를 모두 포섭한 것으로 가히 주문의 왕이라고 할 수 있다.

경건한 자세로 금강살타에게 기도하며 백자명주를 염송하는 것은 일체 본존에게 기도하며 일체 본존의 심주를 염송하는 것과 같다고 말할 수 있다.

마하 사마야 사뜨바(maha samaya sattva) : 맹서를 지키고 장엄한 마음을 지닌 대용자(大勇者)를 의미한다.

아(ah) : 씨앗이 되는 글자다. 금강살타의 말씀(語)을 나타낸다.

훔(hum) : 지극한 희열의 초월적 지혜를 대표한다.

파이(pay) : 우리가 상대적 분별의 지혜에서 벗어나 분별이 없는 초월적 지혜를 가질 수 있도록 해달라는 염원을 담고 있다.

백자명주(百字明呪)의 이러한 개별적 의미를 모두 모아 정리하면 다음과 같다.

"아! 대용자(大勇者)시여, 당신은 그 장엄한 마음에 모든 부처님의 금강본성(金剛本性)이 있어 이미 일체의 장애를 타파하고 궁극의 깨달음을 얻어 모든 고통을 초월하였습니다. 당신의 말씀에 의지하고 따를 것이니, 부디 저를 버리지 마시고 해탈의 길로 이끌어 주시기를 청하옵니다."

예배(禮拜)시의 방식

금강살타가 수련자의 면전에 있고 그 주위를 일체의 유정중생이 둘러싸고 있는 모습을 관상한다. 그를 향해 경건한 마음으로 귀의하고 모든 유정중생이 깨달음을 얻기를 바라며, 수련자의 신(身), 어(語), 의(意)가 금강살타의 신, 어, 의와 일체를 이루는 모습을 관상하며 경건한 마음으로 금강살타에게 정례(頂禮)를 드린다.

이 후에 수련자의 신(身), 어(語), 의(意)의 세 방면의 각종 부정적인 요소를 회상하며 깊이 참회를 한다. 금강살타의 주문을 염송하면서 백광으로 빛나는 주문의 흐름을 관상한다. 금강살타의 얼굴에 있던 흰색의 '옴(om)'자가 흘러나와 수련자의 얼굴로 들어가면서 수련자의 몸과 관계된 모든 부정적인 요소들이 완전히 소멸되는 모습을 관상한다. 주문의 글자들이 홍색의 빛으로 변하여 흐르다 금강살타의 목 부분에서 홍색의 '아'자가 흘러나와 수련자의 목으로 들어오면서 수련자의 말과 관계된 모든 장애가 완전히 제거되는 것을 관상한다. 주문의 글자들이 남색으로 변하여 흐르다 금강살타의 가슴으로부터 남색의 '훔(hum)'자가 흘러나와 수련자의 가슴으로 들어오면서 수련자의 생각과 관계된 모든 장애가 완

1
자세를 조정하고 신체를 편안하게 방송한다.

2
호흡을 조정하고 마음을 안정시킨다.

3
이번 선수의 목적과 동기를 되새겨 본다.

4
금강살타에 대한 관상

5

사대치력(四對治力)

의고(依靠)의 역량
금강살타를 관상하면서 「귀의급발보리심(歸依及發菩提心)」을 세 번 염송한다.

후회(後悔)의 역량
자신이 지은 악업을 회상하면서 진심으로 후회하는 마음을 갖는다. 금강살타의 큰 자비심으로 이러한 비참한 상황에서 벗어나게 해달라고 기도한다.

보구(補救)의 역량
① 금강살타의 가슴에 있는 '훔'자에서 빛이 쏟아져 나오는 모습을 관상한다.
② 모든 부처님에게서 나온 백광(白光)과 감로(甘露)가 금강살타의 가슴에 있는 '훔'자와 심주(心呪) 속으로 들어가는 모습을 관상한다.
③ 금강살타의 신체가 백광과 감로로 충만하고 가슴에 있는 주문도 역시 더욱 밝아지는 모습을 관상한다.
④ 금강살타의 심주 혹은 백자명주를 염송한다.
⑤ 빛과 감로가 우리의 신체로 들어오며 신체상의 망념과 부정적 행위가 연기나 독액 등으로 화하면서 빛과 감로를 따라 몸 밖으로 배출되는 모습을 관상한다.
⑥ 우리의 언어상의 망념과 부정적인 기억들이 액체로 변하여 우리의 모공 등을 통해 배출되는 모습을 상상한다.
⑦ 우리의 영혼상의 망념이나 부정적인 기억들이 가슴 부위에 흑영(黑影)의 형태로 나타나고 빛과 감로에 의해 깨끗이 제거되는 모습을 관상한다.

결심의 역량
앞으로는 일체의 부정적인 망념과 행위를 하지 않겠다고 결심하고 금강살타의 승낙을 구한다. 금강살타가 빛으로 변하여 우리의 체내로 들어오면서 우리와 합일되는 모습을 관상한다.

6
회향기청문을 염송한다.

전히 정화되는 모습을 관상한다.

동시에 주변을 둘러싸고 있는 모든 유정중생들 역시 이와 같은 과정이 일어나 금강살타에게 정례를 드리며 자신의 몸과 말과 의식을 완전히 정화하는 모습을 관상한다. 정례를 드릴 때마다 금강살타가 수련자와 모든 중생의 체내로 들어와 하나가 되는 모습을 관상한다. 수련자와 일체 중생의 몸과 말과 의식이 완전히 정화되어 금강살타의 몸과 말과 의식에 합일되는 모습을 관상한다.

수련을 마칠 때에는 다시는 부정적인 행위를 하지 않겠다고 결심하면서 금강살타가 수련자와 모든 중생의 몸속으로 들어오는 모습을 관상한다.

07 | 계율을 준수하는 수행
대승팔계

계율을 준수하는 수행

>>>> 정신적인 깨달음의 과정에서 각종 장애를 제거하기 위한 가장 효과적인 방법은 수서守誓 혹은 수계守戒를 하는 것이다.

수계(受戒), 학계(學戒)와 지계(持戒)

수계(受戒)는 달리 납계(納戒) 혹은 품계(稟戒)라고도 하며, 일정한 의식을 거쳐서 부처님이 제정한 계법(戒法)을 받는 것을 의미한다. '계(戒)는 무상보리의 근본'으로 인식되고 있다. 이 때문에 모든 불제자들은 불법의 근본적 정신은 계율의 엄수에 있다고 보고 엄숙한 마음으로 계율을 존중하고 준수한다. 출가자나 재가 신도를 막론하고 불제자의 첫 번째 대사는 계를 받는 것이다. 불교의 계율은 개인의 신분과 상황에 따라 서로 다른 절차를 가지고 있다. 출가한 승려들은 구족계(具足戒), 사미계(沙彌戒) 혹은 사미니계(沙彌尼戒), 식차마니계(式叉摩尼戒), 비구계(比丘戒) 혹은 비구니계(比丘尼戒), 보살계(菩薩戒) 등의 절차를 따르고, 재가의 신도들은 삼귀계(三歸戒), 오계(五戒), 팔관재계(八關齋戒), 보살계(菩薩戒) 등의 절차를 따른다.

수계(受戒)는 수계의 의식을 통하여 이루어진다. 경건한 마음으로 스승들 앞에 나아가 계를 받고 불보살의 형상에 공손히 정례를 올리고 참회하는 방식으로 수계 의식이 진행된다. 불교에서는 정식으로 거행하는 수계 의식과 비공식적으로 진행되는 수계 의식이 자신의 마음과 행위에 미치는 통제력에 차이가 있다고 보고 있다. 이러한 수계 의식은 대승의 보리심이 발휘되는 계기가 될 뿐만 아니라 무궁한 공능을 가지고 있다.

대승팔계(大乘八戒)는 몇 명의 사람을 한 조로 구성하여 24시간 내에 수계(守

戒)의 계율을 진행하는 것이다. 이것의 장점은 우리가 수시로 계를 받을 수 있으며 월초나 중순 혹은 월말 등 자신이 계를 받을 날짜를 편하게 선택할 수 있다는 점이다. 일출 전의 새벽에 계를 받으면 그 다음 날의 일출까지 계를 지켜야 한다. 첫 번째 계를 받을 때는 일정한 수행을 거친 사람에게 구전(口傳)의 형식으로 계를 받는다. 이 사람을 부처님처럼 생각하며 진심으로 그를 받아들여야 한다. 이후에는 스스로 이러한 의식을 거행할 수도 있고, 스승이나 불상을 모시고 기청문을 염송하면서 부처님께서 친히 우리에게 나타나 일련의 계율을 준다고 생각하면서 수계 의식을 진행할 수도 있다.

수계(受戒)는 단지 시작일 뿐이다. 계를 받은 이후에는 반드시 계에 대하여 공부하여야 한다. 또한 부처님이 가르치신 것과 부처님이 보여 주신 것을 공부하여 깨달음을 얻고 부처님의 인증을 받아야 한다. 수계(受戒)나 학계(學戒)의 목적은 모두 지계(持戒)를 위해서라고 할 수 있다. 부처님은 "갠지스 강의 모래알보다 오랜 시간 동안 모든 부처에게 드리는 공양을 통해서 얻을 수 있는 공덕보다 더욱 많은 공덕을 가져오는 것" 이 바로 지계의 장점이라고 말씀하셨다. 이것은 한 사람이 하루 밤과 낮 동안에 계율 하나를 지키는 공덕이 오랜 시간 부처님에게 무수한 물건을 공양하는 공덕보다 우월하다는 것을 의미한다. 지계자(持戒者)는 계를 지킬 때에는 삼보를 공양하여야 한다. 지계자가 공양하는 것은 바다에 한 방울의 물을 더하는 것처럼 작은 것이지만, 계를 지키지 않는 사람과 비교하면 이것이 얻는 공덕은 대해의 물을 퍼서 주는 것 같은 공덕을 얻을 수 있다.

지계자(持戒者)는 청명한 마음을 배양함으로써 선수를 보다 순조롭게 수행할 수 있으며, 다시는 맹렬한 기세의 부정적인 정서에 사로잡히지 않게 된다. 계를 지키는 것은 다음 생에서 축생 등의 불행한 환경에서 태어나지 않고 사람으로 태어나 불법을 수행할 수 있는 인연을 얻기 위한 필요 조건이라고 할 수 있다. 또한 내세에 원만한 스승을 만나 더욱 깊이 불법을 수련하고 정신적인 깨달음을 얻어 궁극적으로 윤회에서 벗어나는 진정한 해탈을 이룰 수 있게 된다.

지계(持戒) 기간 동안 어떠한 계율을 어겼을 경우에는 가능한 한 신속히 대처하여 치유할 수 있도록 노력하여야 한다. 비교적 자신에게 익숙한 수행을 행한 간단히 설명하면 계정혜는 계율戒律과 선정禪定과 지혜智慧를 가리키며, 보통 '삼무루학三無漏學'이라고 한다. 불법을 공부하는 사람은 기본적으로 이 세 가지를 반드시 공부하여야 한다.

계를 공부하고 수행하는 목적은 탐·진·치의 삼독을 없애고 "일체의 악을 삼가고 선행에 힘쓰며, 항상 마음을 청정하게 가지는" 경지에 도달하기 위한 것이다.

계(戒)

계학(戒學)은 신(身), 구(口)를 통하여 짓는 악업을 방지하기 위한 계율을 가리킨다. 감각적 욕망을 극복하고 자신의 언어와 행위에 대한 통제력을 높이는 것을 '계(戒)'라고 할 수 있다.

정(定)

정학(定學)은 의식의 혼란을 방지하고 안정시키는 법을 가리킨다. 자신의 마음을 통제하는 것을 '정(定)'이라고 할 수 있다.

혜(慧)

혜학(慧學)은 미혹을 타파하고 진리의 도를 깨닫는 것을 가리킨다. 마음의 지혜를 계발하여 이해하기 어려운 진리를 분명하고 명백하게 깨닫는 것을 '혜(慧)'라고 할 수 있다.

후에는 고의나 혹은 자신도 모르게 계를 어기는 경우가 크게 감소된다. 지계(持戒)의 공덕이 큰 만큼 파계로 인한 악업 역시 대단히 엄중하다. 계를 받은 사람이 자신도 모르게 계를 범하는 부정적인 행위를 저지르는 것은 계를 받지 않은 사람이 일반적으로 저지르는 같은 행위보다 더욱 중대한 업보가 따른다. 계를 받고 이를 범하는 것은 모든 부처에 대한 기만에 해당한다. 심지어 계를 받는 것이 모든 유정중생을 위하는 것이라면 계를 범하는 것은 모든 유정중생을 기만하는 것이라고 말할 수도 있다. 일단 계를 범하게 되면 앞서 기술한 공덕을 얻을 수 없을 뿐만 아니라 매우 중대한 업인을 짓는 것이 되어 윤회하면서 더욱 큰 고통의 과보가 뒤따르게 된다. 또한 현재의 깨달음을 위한 수행의 길에서도 파계의 업인은 우리의 의식과 통찰력을 방해하고 어둡게 만들 것이다.

팔계(八戒)

사근본계(四根本戒)

살생하지 말라(不殺生불살생) : 살생을 하지 않아야 한다. 다시는 어떠한 중생의 생명을 빼앗아서도 안 된다.

도둑질하지 말라(不偸盜불투도) : 허락 없이 타인의 물건을 취해서는 안 된다. 아무리 하찮은 것이라도 다른 사람의 물건에 손을 대서는 안 된다.

음행하지 말라(不淫불음) : 성교나 기타 방법으로 성적 접촉을 해서는 안 된다. 심지어 다른 사람과 성교하는 생각까지도 해서는 안 된다.

거짓말하지 말라(不妄語불망어) : 보지 못한 것을 보았다고 하거나 듣지 못한 것을 들었다고 말해서는 안 되며, 함축적으로나 암시적으로 헛된 말을 해서도 안 된다. 또한 어떠한 문제에 대하여 침묵하거나 고개를 돌리거나 외면하여 다른 사람의 착오를 유도할 수 있는 것도 이에 해당된다. 이외에 다른 사람으로 하여금 자신을 대신하여 거짓말을 하게 해서도 안 된다.

사근본계(四根本戒)

| 살생하지 말라 | 도둑질 하지 말라 | 음행하지 말라 | 거짓말 하지 말라 |

사방지계(四旁支戒)

| 몸에 패물을 달거나 화장 하지 말며, 노래하거나 춤추지 말라 | 음주하지 말라 | 제때가 아니면 먹지 말라 | 높고 넓은 큰 평상이나 자리에 앉거나 눕지 말라 |

사방지계(四旁支戒)

음주하지 말라(不飮酒불음주) : 사람을 마취시키는 것을 먹어서는 안 된다. 술, 담배, 향락용 약물 등은 수많은 과실을 저지르게 만드는 원인이다. 이러한 것들은 사람의 마음을 움직여서 각종 불량한 행동을 저지르게 인도한다. 일반적으로는 대승팔계를 받으면 재가인 역시 완전히 술을 끊어야 한다.

제때가 아니면 먹지 말라(不非時食불비시식) : 계를 받은 사람은 일출부터 일몰 사이에 두 번 식사를 하여야 한다. 고기, 생선, 파, 마늘 등의 음식을 먹어서는 안 된다. 한 끼의 식사는 30분 안에 완전히 끝내야 하며, 하루에 두 번 식사를 한 후에는 다음날의 일출까지 다시 식사를 해서는 안 된다.

높고 넓은 큰 평상이나 자리에 앉거나 눕지 말라(不坐臥高廣床座불좌와고광상좌) : 금은이나 단향목(檀香木), 진귀한 약재 등으로 만든 보좌(寶座)나 큰 침상에 앉거나 누워서는 안 된다. 또한 비단, 호랑이 가죽, 사자 가죽 등으로 만든 방석에 눕거나 앉아서도 안 된다. 이외에도 사람을 거만하게 만들 수 있는 것으로 만든 자리에 앉거나 누워서는 안 된다.

몸에 패물을 달거나 화장하지 말며, 노래하거나 춤추지 말라(不香華鬘莊嚴其身, 歌舞不香華만장엄기신, 가무) : 자신의 몸에 녹송석(綠松石), 산호, 진주 등의 장식을 해서는 안 된다. 또한 춤이나 노래, 각종 향수 등에 집착해서도 안 된다. 그러나 삼보를 공양하기 위한 노래와 춤과 연주, 부처님을 위하여 장식하는 것은 악업을 짓는 행위가 아니다.

우리의 행위가 아래와 같은 네 가지 조건에 부합할 때는 계를 어긴 것으로 간주한다. 집착이나 혐오 등과 같이 그 동기가 부정한 행위, 다른 사람의 물건을 훔치는 등의 특정한 대상에 대한 행위, 타인을 이용하거나 교사하는 행위, 나쁜 행위가 이미 완성된 경우가 그러하다. 파계에 대한 경중 등의 상황은 이러한 네 가지 요소의 정도에 따라 결정되고 판단한다. 아주 크게 화가 났을 때의 행위는 무지로 인하여 저지른 같은 행위보다 더욱 엄중하며, 사람을 죽인 경우는 곤충을 죽인 행위보다 더욱 중대한 파계가 된다.

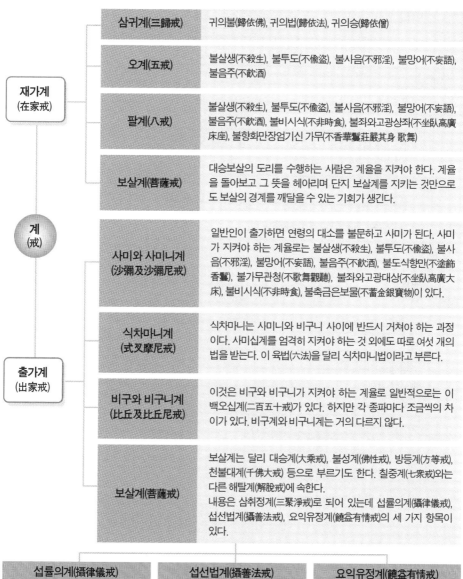

삼귀계(三歸戒)	귀의불(歸依佛), 귀의법(歸依法), 귀의승(歸依僧)
오계(五戒)	불살생(不殺生), 불투도(不偸盜), 불사음(不邪淫), 불망어(不妄語), 불음주(不飲酒)
팔계(八戒)	불살생(不殺生), 불투도(不偸盜), 불사음(不邪淫), 불망어(不妄語), 불음주(不飲酒), 불비시식(不非時食), 불좌와고광상좌(不坐臥高廣床座), 불향화만장엄기신 가무(不香華鬘莊嚴其身 歌舞)
보살계(菩薩戒)	대승보살의 도리를 수행하는 사람은 계율을 지켜야 한다. 계율을 돌아보고 그 뜻을 헤아리며 단지 보살계를 지키는 것만으로도 보살의 경계를 깨달을 수 있는 기회가 생긴다.

재가계(在家戒)

계(戒)

사미와 사미니계(沙彌及沙彌尼戒)	일반인이 출가하면 연령의 대소를 불문하고 사미가 된다. 사미가 지켜야 하는 계율로는 불살생(不殺生), 불투도(不偸盜), 불사음(不邪淫), 불망어(不妄語), 불음주(不飲酒), 불도식향만(不塗飾香鬘), 불가무관청(不歌舞觀聽), 불좌와고광대상(不坐臥高廣大床), 불비시식(不非時食), 불축금은보물(不蓄金銀寶物)이 있다.
식차마니계(式叉摩尼戒)	식차마니는 사미니와 비구니 사이에 반드시 거쳐야 하는 과정이다. 사미십계를 엄격히 지켜야 하는 것 외에도 따로 여섯 개의 법을 받는다. 이 육법(六法)을 달리 식차마니법이라고 부른다.
비구와 비구니계(比丘及比丘尼戒)	이것은 비구와 비구니가 지켜야 하는 계율로 일반적으로는 이백오십계(二百五十戒)가 있다. 하지만 각 종파마다 조금씩의 차이가 있다. 비구계와 비구니계는 거의 다르지 않다.
보살계(菩薩戒)	보살계는 달리 대승계(大乘戒), 불성계(佛性戒), 방등계(方等戒), 천불대계(千佛大戒) 등으로 부르기도 한다. 칠중계(七衆戒)와는 다른 해탈계(解脫戒)에 속한다. 내용은 삼취정계(三聚淨戒)로 되어 있는데 섭률의계(攝律儀戒), 섭선법계(攝善法戒), 요익유정계(饒益有情戒)의 세 가지 항목이 있다.

출가계(出家戒)

섭률의계(攝律儀戒)	섭선법계(攝善法戒)	요익유정계(饒益有情戒)
달리 자성계(自性戒), 일체보살계(一切菩薩戒)라고도 하며, 일체의 모든 악을 단멸하는 것을 말한다. 대승(大乘)과 소승(小乘)의 율의(律儀)를 모두 포함하며, 지악문(止惡門)이라고 할 수 있다.	달리 수선법계(修善法戒), 섭지일체보살계(攝持一切菩薩戒)라고도 하며, 일체의 선법(善法)을 수련하고 원만한 보리를 수행하는 율의계로서 수선문(修善門)이라 할 수 있다. 신(身), 구(口), 의(意)의 선업을 무상보리에 회향한다.	달리 섭중생계(攝衆生戒)라고도 한다. 자심(慈心)으로 일체 중생의 이익을 섭수하는 것이다. 이생문(利生門)에 속한다.

의식

먼저 기도하고 이어서 다음과 같이 염송한다.

스승님께 귀의하옵니다

스승은 부처님이며 또한 법이며
스승은 또한 승단의 사람입니다.
스승은 모든 이로움과 즐거움의 근본이시니
제가 모든 스승님께 귀의하옵니다.

歸依上師
귀의상사

上師爲佛亦爲法,
상사위불역위법

上師亦是僧伽者,
상사역시승가자

上師乃請利樂源,
상사내청이락원

一切上師我歸依.
일체상사아귀의

(이와 같이 세 번 반복한다).

보리심을 냅니다

이제 저와 모든 중생이 불과를 얻도록
제가 보리심을 내어 깨달음을 구하옵니다.

發菩提心
발보리심

今令自他得佛果,
금령자타득불과

我發求證菩提心.
아발구증보리심

(이와 같이 세 번 반복한다).

주위를 청정히 합니다

대지의 곳곳이 모두 청정하기를 원하오니
조약돌과 같은 거친 것이 없기를 바라옵니다.
곳곳이 유리와 같은 것들로 가득 차서
손바닥을 뒤집는 것처럼 유순하기를 원하옵니다.

清淨四周
청정사주

願大地遍處皆淨,
원대지편처개정

無石礫等堅粗硬.
무석력등견조경

願遍處具琉璃性,
원편처구유리성

亦如手掌般柔順.
역여수장반유순

공양을 청하는 글

원하옵건대 이 인천(人天)의 공양으로
실상(實相)의 시설(施設)과 의미의 변화를 논하지 않고

위없는 보현(普賢)의 공양운(供養雲)이

시방에 두루 차게 하여 주시옵소서.

供養祈請文
공양기청문

願此人天之供養,
원차인천지공양

無論實設或意變,
무론실설혹의변

無上普賢供養雲,
무상보현공양운

遍滿虛空盡十方.
편만허공진시방

가지(加持)와 공양의 증장을 위한 주문

옴 나모 바가바떼 바즈라 사라 프라마르다네 / 따타가따야 / 아르하떼 삼먁삼
불다야 / 따드야타 / 옴 바즈레 바즈레 / 마하 바즈레 / 마하 떼자 바즈레 / 마하 비드
야 바즈레 / 마하 보디치따 바즈레 / 마하 보디만도 파삼 쿄라마나 바즈레 / 사르바
카르마 / 아바 라나 비쇼 다나 바즈레 스바하

(이와 같이 3회 반복한다).

om namo bhagavate vajra sara pramardane / tathagataya / arhate
samyaksam buddhaya / tadyatha / om vajre vajre / maha vajre / maha teja
vajre / maha vidya vajre / maha bodhichitta vajre / maha bodhimando
pasam kramana vajre / sarva karma / ava rana visho dhana vajre svaha

표현진제력(表顯眞諦力 : 진제의 힘을 드러냄)

더없이 뛰어난 삼보진제의 힘이여,

모든 세존과 보살의 가지로,

원만히 둘을 쌓아 이룬 큰 재산과 부귀,

불가사의한 청정한 현상계:

위에 의지하여 이 모든 것을 공양하며 염원하오니,

성스러운 보현보살, 문수보살 등의 보살이 변화하여,

이와 같은 공양에 의지해 생기하여,

상상을 떠나 영원히 목마르지 않고, 허공과 같이,

시방의 모든 부처님과 보살이 능히 보고 받아 주시옵소서.

殊勝無上三寶眞諦力,
수승무상삼보진제력

一切世尊菩薩之加持,
일체세존보살지가지

圓滿二積聚之大財富,
원만이적취대재부

淸淨不可思議現象界:
청정불가사의현상계

依上願此衆多供養云,
의상원차중다공양운

聖普賢, 文殊等菩薩所轉化,
성보현 문수등보살소전화

借此如是供養得生起,
차차여시공양득생기

離想象, 永不竭, 等虛空,
이상상 영불갈 등허공

十方諸佛菩薩能見納.
시방제불보살능견납

기청

일체 중생의 믿음을 보호하시고

마왕의 군대를 물리치신 성자이시며

원만하게 일체를 깨달은 지자이신

부처님과 그 권속의 왕림을 청하옵니다.

祈請
기청

庇佑一切衆生之怙主,
비우일체중생지호주

摧毀棘手魔王軍之聖者;
최훼극수마왕군지성자

圓滿了知一切之智者;
원만요지일체지지자

薄伽梵與眷屬請駕臨.
부가범여권속청가림

연후에 세 번 예배를 행하는 동시에 아래의 주문을 염송한다.

옴 나모 만주스리예 나마 수스리예 나마 우따마 스리예 스바하

om namo manjushriye namah sushriye nama uttama shriye svaha

이 주문은 일일이 그 명호를 거론하지 못했어도 마음속으로 지극히 존귀하
신 모든 분들에게 지극한 사랑과 경배를 드린다는 의미를 가지고 있다.

이어서 아래의 기청문을 세 번 염송하는 동시에 정례하고 앉는다.

저를 스승과 창교사와

세존, 여래, 아라한과

원만한 성취를 이룬 깨달은 자와

존귀한 조어대장부와 석가모니 불존자님께 바치옵니다.

당신에게 공손하게 고개를 숙이고 바치오니 저를 보호하시고

경중등지(輕重等持)

계율을 지킬 때는 경중등지(輕重等持)의 도리를 이해하여야 한다.

가벼운 계나 엄중한 계나 모두 평등한 마음으로 지키고 따라야 한다. 사소한 계라 하여 안일한 마음을 가지고 무시해서는 안 된다. 가벼운 계율이라도 늘 조심하고 주의하는 마음을 가져야 좋은 결과를 얻을 수 있으며, 엄중한 계를 위반하는 경우도 막을 수 있다. 그러나 가벼운 계에 대하여 안일한 마음이나 무시하는 마음을 가지게 되면 무거운 계도 쉽게 어기게 된다.

개차지범(開遮持犯)

그리고 계를 관철하는 과정에서 개(開), 차(遮), 지(持), 범(犯)이 서로 다르다는 것을 알아야 한다.

차(遮)
차(遮)는 금지를 뜻한다. 일반적인 상황 아래서는 반드시 '차호(遮護 : 차단하여 지킴)' 하여야 하며, 계를 위배해서는 안 된다.

지(持)
지(持)는 수지(受持)를 뜻한다.

개(開)
개(開)는 개연(開緣)을 말한다. 사연이 있으면 일시적으로 계율을 범할 수 있다. 일체의 중생을 제도하고자 할 때 중생이 위급한 재난을 당하고 있으면 일시적으로 개계(開戒)를 할 수 있는 것이다.
개계의 결정은 자신의 이익이 아니라 중생의 이익을 위한 것이라야 한다.

범(犯)
범(犯)은 계를 위반하는 것을 말한다.

저에게 가지를 내려 주시기를 원하옵니다.

致吾上師, 創敎師,
치오상사 창교사

世尊, 如來, 阿羅漢,
세존 여래 아라한

圓滿成就之覺者,
원만성취지각자

尊貴調御大丈夫, 釋迦牟尼佛尊者,
존귀조어대장부 석가모니불존자

向您頂禮與獻供, 幷祈求您能庇護.
향니정례여헌공 병기구니능비호

請您賜諸加持.
청니사제가지

칠지기청문

제가 몸과 말과 뜻의 삼업을 청결히 하여 경건하게 머리를 숙이옵니다.
진실한 말과 뜻으로 공양을 드리오니,
무시이래로 지은 악을 드러내고,
성자와 중생의 일체공덕을 기쁘게 따르옵니다.
윤회가 끝날 때까지 세상에 머무시기를 청하니,
중생의 이로움이 될 수 있도록 법륜을 굴려 주시기를 청하옵니다.
자타의 공덕을 대보리에 회향하옵니다.

七支祈請文
칠지기청문

我以身語意虔敬頂禮,
아이신어의건경정례

獻上實說, 意變供養雲,
헌상실설 의변공양운

發露無始以來所造惡,
발로무시이래소조악

隨喜聖者凡衆諸功德.
수회성자범중제공덕

祈請住世直至輪回止,
기청주세직지윤회지

幷請爲利衆生轉法輪,
병청위이중생전법륜

自他功德回向大菩提.
자타공덕회향대보리

공양만달

향도지기에는 묘화가 펼쳐져 있고
수미사주에는 일월이 장엄하옵니다.
불토를 위하여 봉헌하는 것을 보시고
유정이 모두 청정한 불토를 받게 하여 주시옵소서.

제가 좋아하는 것, 미워하는 것, 알지 못하는 것,
그리고 저의 몸과 재물, 일체의 향락 ;
깨닫지 못하면 진정한 즐거움이 없으니 남김없이 모두 바치옵니다.
흔쾌히 받아주시고,
저에게 은혜를 베푸셔서 삼독에서 벗어나기를 기도드립니다.

供養曼達
공양만달

香塗地基妙花敷,
향도지기묘화부

須彌四洲日月嚴:
수미사주일월엄

觀爲佛土以奉獻.
관위불토이봉헌

有情咸受淸淨刹.
유정함수청정찰

我所愛, 惡, 不識者,
아소애 악 불식자

及我身, 財, 諸享樂 ;
급아신 재 제향락

不覺失落, 盡獻出,
불각실락 진헌출

祈請欣喜而納受,
기청흔희이납수

加持我離於三毒.
가지아리어삼독

이담 구루 라뜨나 만다라깜 니르야 따야미

Idam guru ratna mandalakam nirya tayami

(제가 이 만달을 경건하게 당신에게 바치옵니다. 고귀하신 스승이여!)

수계(受戒)

일어나서 세 차례 정례를 행하고 오른쪽 무릎을 굽혀 두 손을 합장하고 머리를 앞으로 향하여 공경의 예를 드린다. 관음보살이 우리의 면전에 나타나는 모습을 관상한다. 수계에 있어서 깊은 보리심이 일어나는 것을 느끼는 동시에 아래의 기청문을 세 번 염송한다.

시방의 모든 불보살이시여! 저의 말을 들어 주시옵소서. 바로 이전에 여래(如來)가 그러했던 것처럼 적을 죽인 자도 원만히 성취시키시는 모든 부처님. 그들은 신성한 지혜의 말과 큰 코끼리처럼 해야 할 바를 하셨으며, 행하여야 할 것을 행하셨습니다. 듣고 말하고 책임져야 할 모든 것들을 행하셔, 그 몸에 복덕을 얻으시고, 존재를 묶는 사슬에서 완전히 벗어나셨습니다. 언설(言說)에 원만함을 이루고, 의념(意念)은 철저히 해탈하셨으며, 지혜는 모든 것을 초월하셨습니다. 또한 모든 유정중생들을 위하여 복을 얻도록 하시고, 제도(濟度)하시고, 이롭게 하시며, 다시는 굶주림으로 고통받지 않게 하시고, 다시는 질병으로 고통받지 않게 하였습니다. 사람들로 하여금 증오(證悟)의 삼십칠불자행(三十七佛子行)을 완전히 성취하도록 하셨고, 초월할 수 없는 원만한 깨달음의 경지를 확실히 성취하도록 하셨으며, 또한 회복력과 정화력의 계(戒)를 그렇게 갖추어 원만히 머무르게 하셨습니다. 마찬가지로 "당신의 이름을 말할 수 있는" 나(我)의 이름을 갖게 하셨습니다. 이 시간부터 내일 아침 해가 떠오를 때까지, 모든 유정중생이 복을 얻고, 제도를 받고, 이로움을 얻으며, 다시는 굶주림으로 고통받지 않고, 다시는 질병으로 고통받지 않게 해주십시오. 사람들로 하여금 증오의 삼십칠불자행을 완전히 성취하도록 해주시고, 초월할 수 없는 원만한 깨달음의 경지를 확실히 성취하게 해주시고, 또한 회복력과 정화력의 계를 갖추어 원만히 머물게 하여 주십시오.

十方諸佛菩薩, 請聽我言. 正如前行之如來, 殺敵者, 圓滿成就之諸佛, 他們如
시방제불보살 청청아언 정여전행지여래 살적자 원만성취지제불 타문여

神聖的智慧馬和大象那樣, 做了該做的, 行了該行的, 聲言所要承擔的, 故爲己謀得
신성적지혜마화대상나양 주료해주적 행료해행적 성언소요승담적 고위기모득

福祉, 將存在之枷鎖完全耗去, 言說得以圓滿, 意念徹底解脫, 智慧全然超越, 且爲
복지 장존재지가쇄완전모거 언설득이원만 의념철저해탈 지혜전연초월 차위

了衆有情得福, 得度, 利衆, 讓饑荒不再, 使病痛不再, 能完全成就使人證悟的三十
료중유정득복 득도 이중 양기황부재 사병통부재 능완전성취사인중오적삼십

七佛子行, 讓無可超越而圓滿完整之證悟得以確實成就, 因此圓滿守住那具恢復力,
칠불자행 양무가초월이원만완정지증오득이확실성취 인차원만수주나구회복력

淨化力的戒 ; 同樣的, 名爲 "說您的名字" 的我, 從此時起, 直到明日日出, 爲了衆有
정화력적계 동양적 명위 "설니적명자" 적아 종차시기 직도명일일출 위료중유

情得福, 得度, 利衆, 讓饑荒不再, 使病痛不再, 能完全成就使人證悟的三十七佛子行,
정득복 득도 이중 양기황부재 사병통부재 능완전성취사인증오적삼십칠불자행

讓無可超越而圓滿完整之證悟得以確實成就, 也要圓滿守住這具恢復力, 淨化力的戒.
양무가초월이원만완정지증오득이확실성취 야요원만수주저구회복력 정화력적계

완전히 염송을 끝낸 후에는 염송을 할 때 이미 계를 받았다는 생각을 하며 즐거운 마음을 가진다. 또한 재차 보리심(菩提心)을 일으킨다. 즉 유정중생을 이롭게 하는 이타의 마음을 가지는 동시에 다음과 같은 생각을 한다.

"용감한 장수가 백성을 위하여 적을 단칼에 베어 버리는 것처럼 우리 역시 중생을 위하여 오늘 하루 동안은 모든 신(身), 구(口), 의(意)의 옳지 못한 행위를 끊어 버리고 계에 어긋나는 잘못된 행위를 하지 않고 이번 수련을 철저하게 실천하겠습니다."

수계서언

지금 이 순간부터, 저는 다시는 살생이나 도둑질, 음란한 행위, 헛된 말을 하지 않을 것이며, 장물을 피하고 그릇된 행위를 하지 않을 것입니다. 또한 높은 자리에 앉거나 값비싼 침상을 가까이 하지 않을 것이며, 정해진 시간에 따라 식사를 할 것입니다. 노래나 춤, 음악 등을 연주하는 것을 피하고, 또한 술과 향수를 가까이 하지 않으며, 몸에 꽃이나 장식을 두르지 않을 것입니다. 아라한은 악행을 하지 않으니, 사람의 성명(性命)을 해함이 없을 것이며, 또한 바른 법을 따르고 잘못된 일을 하지 않겠습니다. 조속히 깨달음을 얻기를 바라며, 각종 고통을 받는 중생이 윤회의 사슬에서 벗어나기를 염원하겠습니다.

守戒誓言
수계서언

從現在起, 我不再殺生, 偸竊, 行淫, 妄語 ; 我會避開成癮物品, 因其常誤事 ; 我不
종현재기 아부재살생 투절 행음 망어 아회피개성은물품 인기상취오사 아불

會坐在位高或价格昂貴的床上 ; 按照旣定的時間吃東西 ; 我會避免唱歌, 蹈舞, 演奏音樂,
회좌재위고혹개격앙귀적상상 조기정시간흘동서 아회피면창가 도무 연주음악

也不酒香水, 戴花環及飾品. 阿羅漢不爲惡行, 如不敢人性命, 我也要效法, 不做錯事.
야부주향수 대화환급식품 아라한불위악행 여불감인성명 아야요효법 부주착사

願我速速得證, 願正在承受各種苦痛的衆生脫離輪回之汪洋.
원아속속득증 원정재승수각종고통적중생탈리윤회지왕양

계를 어겼을 때 정화하는 정계(淨戒)의 주문

옴 아모하 실라 삼바라 / 바라 바라 / 마하 수다 / 사뜨바 파드마 비부시따 부드
자 / 다라 다라 / 사만따 / 아바로키테 훔 프하뜨 스바하

(이와 같이 세 번 반복한다).

om ahmoha shila sambhara / bhara bhara / maha shuddha / sattva
padma bibhushita budza / dhara dhara / samanta / avalokite hum phat svaha

회향원문(回向願文)

원하옵건대 제가 계를 지켜 어기지 않으며,
또한 모든 율의(律儀)에도 어긋나지 않기를 바랍니다.
청정함을 지키고 오만하지 않아,
지계바라밀을 이루기를 원합니다.
무상의 진귀한 보리심이
아직 생기지 않은 자는 생기게 하여 주시고 ;
이미 생긴 자는 퇴전하지 않게 하여 주시고
또한 늘 끊임없이 자라게 하여 주시기를 원하옵니다.

세세생생 보현스승을 떠나지 않고,
장엄한 불법을 누리기를 원합니다.
모든 도와 차제의 덕을 이루어,
조속히 금강지를 증득하기를 원하옵니다.

제가 계를 받고 지킨 공덕으로,

저와 모든 유정중생이

복덕을 누리기를 원하오며

두 보리의 성스러운 몸을 증득하기를 원하옵니다.

문수와 보현처럼 용맹하게

현상의 여실함을 완전히 증득하고

회향공덕하여

원만한 범행을 따르게 하여 주시기를 원하옵니다.

삼세의 선서와 세존,

가장 뛰어난 회향을 허락하시고,

이 회향으로 일체 선근이,

능히 좋은 일을 이루게 하여 주시옵소서.

願我持守無過戒,
원아지수무과계

以及無暇諸律儀.
이급무가제율의

由於淸淨無傲慢,
유우청정무오만

成就持戒波羅密.
성취지계파라밀

無上珍寶菩提心
무상진보보리심

未生者願能生起 ;
미생자원능생기

已生者願不退轉
이생자원불퇴전

尙且不斷能增長.
상차부단능증장

기청(祈請)

① 먼저 기도를 하고 서서 「귀의상사(歸依上師)」와 「발보리심(拔菩提心)」기청문을 각각 세 번 반복하여 염송한다.
② 「청정사주(淸淨四周)」와 「공양기청문(供養祈請文)」을 염송한다.
③ 가지(加持)와 공양의 증장을 위한 주문을 세 번 염송한다.
④ 「표현진제력(表顯眞諦力)」과 「기청문(祈請文)」을 염송한다.
⑤ 세 차례 예배를 드리는 동시에 주문을 염송한다.
　옴 나모 만주스리예 나마 수시리예 나마 우따마 스리예 스바하
⑥ 정례하며 앉는다. 동시에 가지를 청하는 기청문을 세 번 반복하여 염송한다.
⑦ 「칠지기청문」과 「공만달문」을 염송한다.

수계(受戒)

① 몸을 일으켜 세 차례 예배를 행한다. 이후에 오른쪽 무릎을 꿇고 양손을 합장하고 머리를 앞으로 하며, 경건한
　마음으로 예배한다.
② 관음보살이 수련자의 면전에 나타나는 관상을 한다. 수계(受戒)에 대하여 더욱 깊은 보리심을 일으키고 지계기
　청문(持戒祈請文)을 세 번 반복하여 염송한다.
③ 염송이 완전히 끝난 후에는 마음으로 이미 염송을 할 때에 계를 받았다는 생각을 하며 기쁜 마음을 가지고 다시
　한 번 보리심을 일으킨다.
④ 수계서언(守戒誓言)을 염송한다.
⑤ 「회향원문(回向願文)」을 염송한다.
⑥ 세 차례 예배를 올리고 지계(持戒)에 대한 적극적인 생각을 한다.

지계(持戒)

① 일출 전의 새벽에 계를 받으면 다음 날 일출까지 계를 지키며 어겨서는 안 된다.
② 계를 범하였을 때는 이를 정화하는 정계(淨戒)의 주문을 스물한 번 염송한다.

**수계(守戒)를 마칠 때는
수계의 공덕을 회향한다.**

生世不離普賢師,
생세불리보현사

願得享莊嚴佛法.
원득형장엄불법

成就諸道次第德,
성취제도차제덕

願我速證金剛持.
원아속증금강지

因我受戒持戒德,
인아수계지계덕

願我與諸有情衆
원아여제유정승

依着福智大資糧
의착복지대자량

得證二菩提聖身.
득증이보리성신

猶如文殊, 普賢勇,
유여문수 보현용

了證現象如實性,
요증현상여실성

回向功德願遵循
회향공덕원준순

依其圓滿榜範行.
의기원만방범행

三世善逝與世尊
삼세선서여세존

所稱許最勝回向,
소칭허최승회향

以此回向諸善根,
이차회향제선근

願能成辦諸善事.
원능성판제선사

세 차례 예배를 행하고 의식을 끝마친다. 이후에 다음과 같은 생각을 한다. "이것은 내가 일체의 유정중생의 평안과 쾌락을 위하여 봉헌하는 것이다. 특정하여 말하면, 이 세계의 유정중생을 위한 것이다." 지계(持戒) 기간에 계를 어기는 경우가 생기면 진심으로 참회하고 신속히 정화하는 수행을 하여야 한다. 정계(淨戒)의 주문을 21회 염송하고 업장을 보구할 수 있도록 한다.

수계(守戒)를 마칠 때는 수계의 공덕을 회향한다.

제가 이 공덕으로,

출리심과 보리심과 공성을 깨닫기를 원하옵니다.

또한, 모든 유정중생의 이로움이 되어 그들 모두가 속속 깨달음을 얻기를 원하옵니다.

以此功德願我能領悟,
이차공덕원아능령오

出離心, 菩提心與空性,
출리심 보리심여공성

爲利有情而速速得證.
위이유정이속속득증

08 보살참회문
삼십오불참

>>>> 중생들이 윤회하면서 지은 악업은 하늘에서 내리는 비가 끊이지 않고 이어지는 것과 같다. 우리가 수행을 통하여 일정한 성취를 얻기 위해서는 반드시 무량무변한 악업을 깨끗이 정화하여야 한다.

악업(惡業)을 정화하는 수행

수행을 통하여 일정한 성취를 얻고 궁극적인 깨달음을 얻기를 바란다면 가장 먼저 해야 될 일이 업장을 제거하는 것이며, 이것을 제쳐 두고 다른 것을 논하는 것은 무의미한 일이라고 할 수 있다. 앞에서 이미 여러 번 언급한 것처럼 우리가 속세의 생활에서 추구하는 각종의 사업과 과거의 업력은 대단히 큰 관계가 있다. 어떠한 사업이 순조롭게 진행되고 원만한 성취를 이루기 원한다면 과거에 누적된 죄업을 참회하고, 깨끗이 제거하여야 한다.

과거세에 우리가 지은 악업은 금생의 언행과 행동에 드러난다. 우리가 모름지기 수행을 하면서 악업의 두려움을 명확히 이해하고 늘 자신을 경계하면 악업을 짓지 않을 수 있다. 그러나 악업을 가볍게 생각하고 소홀히 하면 자신도 모르는 사이에 악업을 짓게 된다. 늘 자신을 경계하여 악업을 짓지 않도록 조심하고, 과거세에 지은 악업으로 인하여 새로운 악업을 짓는 일이 없도록 하여야 한다. 이것은 국왕의 보물 창고와 같아서 국왕의 보물 창고에 새로 쌓이는 보물은 사소하게 보일 수도 있지만, 그 가치는 성(城)과 바꿀 만한 것이다. 잘 보이지 않기 때문에 과거세에 지은 악업이 사소하게 보일 수 있지만 대단히 엄중하고 실체적인 것이다.

깨달음을 위한 여정에서 가장 먼저 해야 하는 일은 부정적인 행위를 깨끗이 삼십오참회불은 석가모니불이 주존主尊이다. 석가모니불은 몸에 가사를 걸치고 중앙에 위치하고 있다. 왼손에는 탁발을 들고 있으며, 오른손은 촉지인觸地印의 자세를 취하고 있다. 양발은 가부좌의 자세를 취하고 연화월륜 위에 앉아 있다. 그 주위를 다섯 조로 나뉘어 삼십오불이 둘러싸고 있다. 각 조는 각각 일곱 명의 부처로 구성되어 있으며, 화단금족花團錦簇의 형식을 드러내고 있다.

정화하는 일이다. 삼십오불(三十五佛)을 향하여 참회하고 예배하는 수행 방법은 가장 많이 이용되고 있는 정화 방법 가운데 하나다. 삼십오불예참법(三十五佛禮懺法)은 또한 보살참회문(菩薩懺悔文), 보살타참(菩薩墮懺)이라고 부르기도 한다. 우리가 이 수행법을 매일 수련한다면 아침에 일어나 첫 번째로 할 일은 밤에 지은 부정적인 요소들을 정화하는 일이며, 저녁에 마지막으로 해야 할 일은 하루 사이에 범한 부정적인 요소를 깨끗이 씻어내는 일이다. 한편으로는 참회문을 염송하면서 한편으로 삼십오존불을 관상하며 예배를 드린다. 그러면 우리의 신(身), 구(口), 의(意) 삼업을 더욱 깨끗이 정화할 수 있다.

삼십오불에 대한 관상

삼십오존불을 관상한다. 제일존은 석가모니불이며, 그가 수련자의 앞쪽으로 머리 높이 되는 곳에 나타나는 모습을 관상한다. 다른 법을 수련할 때와 다른 것은 석가모니불의 연화월륜(蓮花月輪) 보좌를 큰 백상(白象)이 들고 있고 그 주위가 진주 등의 보물로 장엄하게 장식되어 있다는 점이다. 부처님은 삼십이 종의 묘상(妙相)과 팔십 종의 수호(隨好)를 갖추고 있으며 전신에서 십만 개의 태양에서 나오는 것 같은 광망을 발산하고 있다. 이와 같이 일체의 위엄을 갖추고 단정하게 보좌에 앉아 있는 모습을 관상한다. 이곳에서는 부처님의 보좌를 사자가 아니라 큰 백상이 들고 있는 모습을 관상하는 것은, 본법을 수지하는 목적이 업장을 정화하기 위한 것이며, 큰 백상은 지극히 큰 역량을 상징하기 때문이다. 본법을 수지하면 능히 일체 업장의 연기를 깨끗이 씻어낼 수 있다. 진주 등의 보물로 장식된 휘장은 수행자가 능히 마음속의 악업을 모두 제거할 수 있다는 것을 상징한다.

부처님은 승포를 입고 오른손을 땅에 대고 있으며, 왼손은 아래로 늘어뜨려 한 사발의 감로를 들고 중앙에 앉아 있다. 부처님의 주위에는 다른 불보살이 다섯 조로 나뉘어 부처님을 둘러싸고 있다. 각 조에는 일곱 명의 부처들이 있기 때문에 모두 삼십오참회불이라고 한다. 삼십오불의 신색은 모두 상이하며, 백색(白色), 남색(藍色), 황색(黃色), 홍색(紅色), 녹색(綠色) 등으로 구성되어 있다. 손의 자세 역시 각각 차이가 있다. 일부의 부처는 석가모니 부처님과 같은 형태의 손 자세를 취하고 있고, 일부의 부처는 양손을 올려 가슴에서 주먹을 쥐고 있다. 한 손은 위로 향하고 한 손은 아래를 향하고 있으며, 식지(食指)는 모두 위의 손가락을 향하고 있고 위에 둔 손으로 아래에 있는 손의 식지를 잡고 있다. 어떤 부처는 왼손은 아래로 늘어뜨리고 오른손은 최고의 깨달음을 베풀 수 있는 자세 혹은 비호를 베풀 수 있는 자세를 취하고 있다.

개개의 부처의 서로 다른 안색이나 손의 자세 등을 확실히 관상하는 것은 결코 쉽지 않은 일이며, 우리는 다만 그들이 그곳에서 자비로운 미소를 띠고 우리를 지켜보며 광망을 발산하고 있다는 것을 관상하는 것으로 충분하다.

삼십오불(三十五佛)에 대한 예배

수련자의 전생의 화신과 일체의 유정중생이 모두 수련자의 신변을 둘러싸고 있는 모습을 관상한다. 수련자와 그들이 모두 함께 삼십오존불을 향하여 예배를 드린다. 기청문을 염송할 때 모든 부처에게서 발산된 빛이 수련자와 일체 중생의 신(身), 구(口), 의(意)의 각종 부정적인 요소를 모두 깨끗이 정화하는 모습을 관상한다.

먼저 세 차례의 예배를 드리는 동시에 아래의 주문을 염송한다.:
옴 나모 만주스리예 나마 수스리예 나마 우따마 스리예 스바하
om namo manjushriye namah sushriye nama uttama shriye svaha

계속하여 예배를 드리는 동시에 아래의 귀의문을 세 번 염송한다.

歸依上師,
귀의상사

歸依佛,
귀의불

歸依法,
귀의법

歸依僧.
귀의승

연후에 삼십오불의 명호를 염송한다.

南無本師薄伽梵如來應正等覺具德勝尊釋迦牟尼佛
나무본사박가범여래응정등각구덕승존석가모니불

南無能推金剛佛 나무능최금강불

南無寶焰佛 나무보염불

南無龍自在王佛 나무용자재왕불

南無勇猛軍佛 나무용맹군불

南無吉祥喜佛 나무길상희불

南無寶火佛 나무보화불

南無寶月光佛 나무보월광불

南無不空見佛 나무불공견불

南無寶月佛 나무보월불

南無無垢佛 나무무구불

南無勇施佛 나무용시불

南無淸淨佛 나무청정불

南無淸淨施佛 나무청정시불

南無水天王佛 나무수천왕불

南無水天佛 나무수천불

南無吉祥賢佛 나무길상현불

南無旃檀功德佛 나무전단공덕불

南無無邊威德佛 나무무변위덕불

南無光吉祥佛 나무광길상불

南無無憂吉祥佛 나무무우길상불

南無那羅誕吉祥佛 나무나라탄길상불

南無華吉祥佛 나무화길상불

南無淸淨光遊戱神通佛 나무청정광유희신통불

南無蓮花光遊戱神通佛 나무연화광유희신통불

주존(主尊) : 석가모니불(釋迦牟尼佛)

능최금강불 (能摧 金剛佛)	몸은 황색이며, 양손은 설법인(說法印)의 자세를 취하고 있다.	무변위덕불 (無邊威德佛)	몸은 백색이며, 양손으로 설법인의 자세를 취하고 있다.
보염불 (寶焰佛)	몸은 홍색이며, 양손으로 정인(定印)의 자세를 취하고 있다.	광길상불 (光吉祥佛)	몸은 남색이며, 양손으로 설법인의 자세를 취하고 있다.
용자재왕불 (龍自在王佛)	머리는 백색, 몸은 남색이며, 머리의 후광(後光) 속에는 용이 있다. 양손으로 승보리인(勝菩提印)의 자세를 취하고 있다.	무우길상불 (無憂吉祥佛)	몸은 옅은 홍색이며, 양손으로 정인을 취하고 있다.
용맹군불 (勇猛軍佛)	몸은 황색이며, 오른손은 시호인(施護印)을 취하고 있고, 왼손은 설법인의 자세를 취하고 있다.	나라탄길상불 (那羅誕吉祥佛)	몸은 황색이며, 양손으로 설법인의 자세를 취하고 있다.
길상희불 (吉祥喜佛)	몸은 황색이며, 양손으로 설법인을 취하고 있다.	화길상불 (華吉祥佛)	몸은 황색이며, 오른손은 시호인을 취하고 있고, 왼손은 설법인의 자세를 취하고 있다.
보화불 (寶火佛)	몸은 홍색이며, 오른손은 촉지인(觸地印)의 자세를 취하고 있고, 왼손은 정인을 취하고 있다.	청정광유희신통불(淸淨光遊戲神通佛)	몸은 황색이며, 오른손은 촉지인의 자세를 취하고 있고, 왼손은 정인을 취하고 있다.
보월광불 (寶月光佛)	몸은 백색이며, 오른손은 촉지인의 자세를 취하고 있고, 왼손은 정인을 취하고 있다.	연화광유희신통불(蓮花光遊戲神通佛)	몸은 홍색이며, 오른손은 촉지인의 자세를 취하고 있고, 왼손은 정인을 취하고 있다.
불공견불 (不空見佛)	몸은 녹색이며, 오른손은 시호인을 취하고 있고, 왼손은 설법인의 자세를 취하고 있다.	재길상불 (財吉祥佛)	몸은 남색이며, 양손으로 정인을 취하고 있다.
보월불 (寶月佛)	몸은 황색이며, 양손으로 설법인의 자세를 취하고 있다.	염길상불 (念吉祥佛)	몸은 황색이며, 양손으로 정인을 취하고 있다.
무구불 (無垢佛)	몸은 남색이며, 양손으로 정인을 취하고 있다.	선명칭길상불 (善名稱吉祥佛)	몸은 백색이며, 오른손은 설법인의 자세를 취하고 있고, 왼손은 정인을 취하고 있다.
용시불 (勇施佛)	몸은 황색이며, 양손으로 설법인을 취하고 있다.	제당번왕불 (帝幢幡王佛)	몸은 남색이며, 오른손은 보번(寶幡) 하나를 잡고 왼쪽 어깨에 올리고 있으며, 왼손은 정인을 취하고 있다.
청정불 (淸淨佛)	몸은 황색이며, 오른손은 촉지인의 자세를 취하고 있고, 왼손은 정인을 취하고 있다.	승복길상불 (勝伏吉祥佛)	몸은 남색이며, 오른손은 검을 들고 가슴에 두고 있으며, 왼손은 정인을 취하고 있다.
청정시불 (淸淨施佛)	몸은 등색(橙色)이며, 양손으로 설법인을 취하고 있다.	두전승불 (鬥戰勝佛)	몸은 남색이며, 양손으로 투구와 갑옷을 들고 가슴 앞에 두고 있다.
수천왕불 (水天王佛)	몸은 백색이며, 양손으로 설법인의 자세를 취하고 있다.	승복서길상불 (勝伏逝吉祥佛)	몸은 남색이며, 양손으로 촉지인의 자세를 취하고 있다.
수천불 (水天佛)	몸은 백색이며, 양손으로 정인을 취하고 있다.	보조장엄길상불 (普照莊嚴吉祥佛)	몸은 홍색이며, 오른손은 시호인을 취하고 있고, 왼손은 정인의 자세를 취하고 있다.
길상현불 (吉祥賢佛)	몸은 황색이며, 오른손은 시호인을 취하고 있고, 왼손은 설법인의 자세를 취하고 있다.	보련회승복불 (寶蓮華勝伏佛)	몸은 등색이며, 오른손은 시호인을 취하고 있고, 왼손은 정인의 자세를 취하고 있다.
전단공덕불 (旃檀功德佛)	몸은 홍색이며, 오른손은 촉지인의 자세를 취하고 있고, 왼손은 정인을 취하고 있다.	보련화선주수미산왕불(寶蓮華善住須彌山王佛)	몸은 황색이며, 양손으로 정인의 자세를 취하고 수미산을 받치고 있다.

南無財吉祥佛 나무재길상불

南無念吉祥佛 나무염길상불

南無善名稱吉祥佛 나무선명칭길상불

南無帝幢幡王佛 나무제당번왕불

南無勝伏吉祥佛 나무승복길상불

南無鬥戰勝佛 나무두전승불

南無勝伏逝吉祥佛 나무승복서길상불

南無普照莊嚴吉祥佛 나무보조장엄길상불

南無寶蓮華勝伏佛 나무보련화승복불

南無寶蓮華善住須彌山王佛 나무보련화선주수미산왕불

시방 일체 세계 중의 모든 불세존(佛世尊)이 이와 같다.

세간에 오셔서 머물고 유력하시는 이여,

불쌍하고 가련한 저를 살펴주시기를 원합니다.

제가 혹은 금생에 혹은 남은 생에,

무시이래 지어온 많은 중죄를,

혹은 스스로 짓고 혹은 남을 따라 기쁘게 참여하여 짓고 혹은 타인을 가르쳐 지었습니다.

혹은 부처님의 물건이나 사방의 승가의 물건을 훔치는 죄를,

혹은 스스로 짓고 혹은 남을 따라 기쁘게 참여하여 짓고 혹은 타인을 가르쳐 지었습니다.

혹은 오무간죄 십불선업도를,

혹은 스스로 짓고 혹은 남을 따라 기쁘게 참여하여 짓고 혹은 타인을 가르쳐 지었습니다.

이 업장이 저의 심신을 덮어 팔난이 생겨,

혹은 지옥에 떨어져 귀취에서 태어나거나, 변지나 미려차에 태어나거나, 장수

천에 태어나거나,

온전히 사지를 갖추지 못한 인간의 몸을 얻거나, 삿된 견해에 빠져 인과를 부정하거나,

혹은 부처님이 세상을 이롭게 하시는 일을 혐오하거나, 이와 같은 일체의 업장을,

제가 이제 일체의 부처세존과 일체의 지혜를 갖춘 자 혹은 오안(五眼)을 갖춘 자,

실제를 증득한 자와 형량하는 자, 아는 자와 보는 자 앞에

제가 이제 감히 모두 드러내어 진심으로 참회를 드리옵니다. 원하옵건대 계와 율의를 다시 얻었기 때문에

다시 모든 불세존이 저의 참회를 받아주시고 보호해주시기를 원하오며, 제가 금생에 혹은 남은 생에

무시이래 생사를 유전하면서

혹은 일단의 음식을 보시하거나 방생하거나, 청정하게 지킨 계가 있거나, 범행을 하며 선근(善根)을 보인 적이 있거나

혹은 조금이나마 무상의 지혜를 보인 선근이 있다면, 모두 합하여 헤아려 주시기를 원하옵니다.

삼세의 모든 부처가 가장 뛰어난 무상의 회향으로 염원하신 것처럼

모두 위없는 정등보리에 회향하기를 원하오며

일체의 죄를 참회하고, 모든 복을 모두 기쁘게 받으며

모든 부처님께 권청하오니, 무상의 지혜를 증득하기를 원하옵니다.

과거와 미래, 현재의 사람 가운데 존귀하신

무량공덕의 바다에, 제가 이제 머리 숙여 예배 드리옵니다.

出現世間住持遊行.
출현세간주지유행

願皆觀察哀湣於我.
원개관찰애민어아

我或今生或於餘生.
아혹금생혹어여생

無始以來廣作衆罪.
무시이래광작중죄

或自作或隨喜作或敎他作.
혹자작혹수희작혹교타작

或偸盜佛物四方僧物.
혹투도불물사방승물

或自作或隨喜作或敎他作.
혹자작혹수희작혹교타작

或造五無間罪十不善業道.
혹조오무간죄십불선업도

或自作或隨喜作或敎他作.
혹자작혹수희작혹교타작

由此業障覆蔽身心生於八難.
유차업장복폐신심생어팔난

或墮地獄傍生鬼趣. 或生邊地及彌戾車. 或生長壽天.
혹타지옥방생귀취 혹생변지급미려차 혹생장수천

設得人身諸根不具. 或起邪見拔無因果.
설득인신제근불구 혹기사견발무인과

或厭諸佛出興於世. 如是一切業障.
혹염제불출흥어세 여시일체업장

我今對一切諸佛世尊. 具一切智者具五眼者.
아금대일체제불세존 구일체지자구오안자

證實際者稱量者. 知者見者前.
증실제자칭량자 지자견자전

我今誠心熟皆懺悔不敢覆藏. 願我屍羅律儀復得如故.
아금성심숙개참회불감복장 원아시라율의복득여고

復願諸佛世尊攝受護念證明於我若我今生或復餘生.
부원제불세존섭수호념증명어아금생혹복부여생

無始以來於流轉生死.
무시이래어유전생사

或曾捨施傍生一團之食. 或曾持一淨戒. 或曾修梵行善根.
혹증사시방생일단지식 혹증지일정계 혹증수범행선근

1

자세를 조정하고 신체를 편안하게 방송한다.

2

호흡을 조정하고 마음을 안정시킨다.

3

이번 선수의 목적과 동기 등을 되새긴다.

4

삼십오불에 대한 관상

5

삼십오불에 대한 예배

① 삼십오불의 광망이 수련자와 일체 중생의 죄업을 깨끗이 없애는 모습을 관상한다.

② 삼십오불에 대하여 세 차례 예배를 올리며, 주문을 염송한다.

③ 귀의문을 세 번 염송하고, 삼십오불의 명호를 한 번 혹은 세 번 염송한다.

6

회향(回向)

或曾修少分無上智善根. 熟皆合集計校籌量.
혹증수소분무상지선근 숙개합집계교주량

如三世一切諸佛於最勝無上回向願中.
여삼세일체제불어최승무상회향원중

願皆回向無上正等菩提.
원개회향무상정등보리

一切罪懺悔 諸福皆隨喜
일체죄참회 제복개수희

及勸請諸佛 願證無上智
급권청제불 원증무상지

過去及未來 現在人中尊
과거급미래 현재인중존

無量功德海 我今稽首禮
무량공덕해 아금계수례

선수를 끝마치기 전에, 중생의 이익을 위하여 이번 수련에서 얻은 깨달음과
긍정적인 성과를 중생에게 회향한다.

　'선(禪)'이란 무엇인가? 이 문제에 대한 답변은 결코 간단하지 않다. 자신이 어떤 분야에 관심을 갖고 있는지에 따라서 대답은 전혀 달라질 수 있기 때문이다. 이른바 '선학의 황금 시대'를 출현시킨 중국선(中國禪)에 와서 특히 그 답변은 다양하게 나타날 수 있다.

　중국에 불교가 전래한 이후에 기본적으로 '선(禪)'은 범어(梵語) '선나(禪那 : Dhyāna)'의 약칭으로, '기악(棄惡)', '공덕총림(功德叢林)', '사유수(思惟修)', '정려(靜慮)' 등 다양하게 의역(意譯)되었다. 또한 '선'은 자주 '선정(禪定)'으로 병칭되는데, 그 의미는 산란한 마음을 그치게 하고 하나의 경계에 전주(專注)한다는 것이다. 또한 '정려(靜慮)'에서 '정(靜)'을 '정(定)'으로, '려(慮)'를 '혜(慧)'로 해석하여 흔히 '정혜(定慧)'라고도 칭한다. 중국에 불교가 처음 전래되었을 때 바로 이러한 '선에 대한 수행' 즉 '선수(禪修)'가 집중적으로 중국인들의 관심을 끌었으며, 이 '선수' 때문에 문화적 자부심이 강한 중국에 불교가 빠르게 정착할 수 있었던 원동력이 되었다고 할 수 있다.

　그러나 이러한 '선수'의 전통은 중국에서 선종(禪宗)이 출현하고부터는 점차 복잡한 양상을 보이게 된다. 초기의 달마선(達摩禪)에서는 비록 '벽관(壁觀)'을 제시하고 전문적인 선수를 제창하지만, 이미 그 사상적인 내용은 철저하게 '반야(般若)'의 '공관(空觀)'에 입각한 것으로 기존의 '선수'와는 상당한 차별을 보인다. 이른바 제2조로 칭해지는 혜가(慧可)의 '단비구법(斷臂求法)'은 사실상 초기에 전통을 수립한 '정학(定學)' 계열과의 갈등을 상징적으로 보여주고 있는 사실이라고 하겠다(실제로는 '정학'을 제창한 불타선사佛陀禪師 - 승조僧稠 계열에서 달마達磨 - 혜가慧可 계열과의 갈등으로부터 혜가 선사의 팔이 잘린 것이지만, 후대에 목숨을 건 구법求法으로 미화되었음).

더욱이 본격적인 선종의 출현을 알린 도신(道信) - 홍인(弘忍) 선사의 동산법문(東山法門)에 이르러서는 단순한 '선수'가 아니라 노동과 함께 결합된 형태로 제시되어 이른바 선농일치(禪農一致)의 선범을 보이게 되었고, 그 문하에서 신수(神秀)의 북종(北宗)과 법지(法持)의 염불선(念佛禪), 법융(法融)의 우두종(牛頭宗), 혜능(慧能)의 남종(南宗) 등이 나타난다. 다시 혜능의 남종 아래에서 이른바 '오가칠종(五家七宗)'으로 분화되면서 '선수'는 사상적으로나 실천적으로 더 나아갈 수 없는 정봉(頂峰)에 이르게 된다. 이 과정에서 다시 유학(儒學)을 중시하던 송대(宋代)에 이르면서 선종은 급격히 쇠락하게 된다. 이때 선종의 회복을 위한 중흥 운동이 두 방향으로 일어난다. 하나는 바로 '달마선'으로 돌아가자는 기치를 내건 굉지정각(宏智正覺)의 묵조선(默照禪)이고, 또 다른 하나는 육조 혜능(慧能)의 조사선(祖師禪)으로 돌아가자는 간화선(看話禪)이라고 할 수 있다.

이렇듯 중국 선종의 흐름은 상당히 복잡하게 전개되는데, 그 사이에 각 분파마다 '선'과 '선수'의 개념은 상당히 이질적으로 나타난다. 예를 들어 달마선에서는 마음을 마치 장벽과 같이 하여 관조하는 '벽관(壁觀)'을 말하고, 이를 계승한 묵조선에서는 오로지 좌선만을 권하는 '지관타좌(只管打坐)'을 설한다. 조사선(祖師禪)에서는 형식에 치우친 좌선을 집착으로 보아 아예 좌선 자체를 부정하기도 하고, 최종적으로 '무수지수(無修之修)', 즉 '수행에 집착하지 않는 수행'으로 귀결시키기도 한다. 또한 하나의 종파라도 선사에 따라 서로 다른 '선수'를 제시하기도 한다. 따라서 사실상 '선'과 '선수'의 개념을 전체적으로 파악하기에는 상당한 어려움이 따른다. 다시 말하여 하나의 '선'과 '선수'의 개념을 온전히 파악했다고 해서 결코 그것이 전부라고 하기에는 어려움이 따른다는 말이다.

이 책은 바로 이러한 '선수'에 대하여 기본적인 개념으로부터 다양하게 편집하였다. 이 책의 구성은 총 6장으로 이루어져 있는데, 우선 1장에서는 '수심(修心)을 위한 선수(禪修)로서 가장 기본적인 '선수'에 대하여 개념과 형식을 상세하게 설명하고 있고, 이후에는 2장 '선수(禪修)의 수련', 3장 '관심(觀心)', 4장 '사고식(思考式) 선수', 5장 '관상 선수(觀想禪修)', 6장 '그 밖의 수행법' 등으로 구성되어 있다. 이는 기본적인 '선수'로부터 전체적인 선수의 면모를 파악하는데 도움을 주고자 한

편찬자의 배려라고 하겠다. 물론 조사선의 "선을 선이라 하면 선이 아니고, 선을 선이 아니라 해도 선이 아니다. 선은 선이면서 선이 아니고, 선이 아니면서 선이기 때문에 만법의 왕이 되고, 만사의 주가 된다"(이는 우리의 경봉스님의 말씀)는 식의 정의와는 배치될 수도 있는 것이다. 그러나 기본적인 틀을 이해하지 못하고서 어찌 격외(格外)·무애(無碍)·무증(無證)의 최상승 도리를 이해할 수 있겠는가? 그렇기 때문에 이 책은 오히려 최상승의 조사선과 동등한 가치를 매길 수 있는 부분이다. 4층을 오르려 하는 이가 1, 2, 3층을 밟지 않을 수 없기 때문이다.

더욱이 이 책은 '선수'와 관련된 내용을 다양한 일러스트와 도표로서 초학자라도 쉽게 읽을 수 있도록 상세하게 설명하고 있다. 이 책에 설명된 것이 결코 '수선(修禪)'의 전부는 될 수 없는 것이지만, 이 책에 설명되는 '선수'와 관련된 다양한 내용들은 기본적인 개념으로부터 어느 정도 전문적인 내용까지 포함하고 있어 '선수'와 관련된 전체적인 면모를 파악하는 데 상당한 도움이 될 것이라고 생각한다. 특히 이 책에서는 우리에게 익숙지 않은 티베트의 기청문(祈請文)과 만달라 등의 주문(呪文)이 다양하게 소개되고 있다. 이 지점에서 밝히고 싶은 바는 역자에게는 티베트 불교의 부분은 전혀 연구한 바가 없기 때문에 많은 관련 전공자들의 도움을 받았다는 점이다. 특히 주문의 음역에 도움을 준 그 분야의 전문가인 안승준, 양정연 두 선생님들께 이 지면을 통해 깊은 감사를 드린다. 전체적인 번역에서 우선 원 텍스트를 직역하였고, 직역이 오히려 이해를 어렵게 하는 부분에 대해서는 의역하였음을 밝힌다.

끝으로 이 지면을 빌려 출판계의 열악한 시장성에도 불구하고,『혜능 육조단경』,『불교명상』에 이어 세 번째 책인『선수』의 본 번역서를 기획, 출판하는 일빛 출판사의 이성우 사장님과 모든 직원들께 깊은 감사를 드린다. 특히 본 역서의 어려운 용어들에 일일이 간주를 달고, 한자에는 독음을 달아 독자들의 편의를 높인 배려는 본 역서를 더욱 유용하게 할 것으로 생각한다.

2012년 봄
불교문화연구원에서 옮긴이 손모음

찾아보기

|ㄱ|

가만(暇滿) 143
가부좌 449
가섭불(迦葉佛) 404
가지(加持) 330, 350
각(覺) 344
각오(覺悟) 205, 344
각자(覺者) 309
각지(覺知) 37
각타(覺他) 209
각행(覺行) 205, 317
감관의식(感官意識) 29
감로(甘露) 379
개차지법(開遮持犯) 437
게송체(偈頌體) 371
견취견(見取見) 195
견혹(見惑) 195
결심(決心) 179, 324
경중등지(輕重等持) 437
계(戒) 425
계율(戒律) 427
계취견(戒取見) 195
계학(戒學) 427
고(苦) 189
고고(苦苦) 199
고제(苦諦) 189
고집멸도(苦集滅道) 189
고해(苦海) 225
공(空) 35, 130, 147, 234

공겁(空劫) 149
공덕 81
공만달문 376
공무변처정(空無邊處定) 41
공무일물(空無一物) 390
공봉삼도모(供奉三度母) 401
공비쌍융(空悲雙融) 35
공성(空性) 130, 234
공양(供養) 319
공양기청문 433
공양만달 439
과보(果報) 327
과위(果位) 320
과학좌(跨鶴坐) 73
관(觀) 8, 33, 268
관비첨백(觀鼻尖白) 104
관상(觀想) 120, 268
관상명점법(觀想明点法) 273
관상불상법(觀想佛像法) 273
관상자상법(觀想字像法) 273
관선(觀禪) 34, 37, 40, 79
관세음보살(觀世音菩薩) 287
관세자재(觀世自在) 287
관식(觀息) 109
관심(觀心) 102
관음(觀音) 270
관음기청문 376
관음보살(觀音菩薩) 287, 292
관음부(觀音部) 397

관음선수(觀音禪修) 372
관음심주(觀音心呪) 188
관자재보살(觀自在菩薩) 287
관지(觀智) 67
관출입식(觀出入息) 104
관호흡(觀呼吸) 50, 61, 104, 120
광전법륜(廣轉法輪) 349
괴(壞) 147
괴겁(壞劫) 149
괴고(壞苦) 199
교전파(敎典派) 371
교차가좌(交叉架坐) 73
구도모(救度母) 279, 397
구도자(救度者) 279
구득불고(求得不苦) 189
구로주(俱盧州) 333
구밀(口密) 269
구부득고(求不得苦) 197
구업(口業) 167
구족계(具足戒) 425
구주심(九住心) 23
귀식(龜息) 63
귀의기청문(歸依祈請文) 347
귀의상사 431
근지륜(根持輪) 296
금강령(金剛鈴) 413
금강밀교법(金剛密敎法) 395
금강살타 186
금강살타참회법문(金剛薩埵懺悔法門) 412
금강상수(金剛上首) 413
금강수(金剛手) 413
금강수비밀주(金剛手秘密主) 413
금강승(金剛乘) 270
금강쌍가부좌(金剛雙跏趺坐) 360
금강장(金剛藏) 413
금강저(金剛杵) 413
금강좌(金剛坐) 72

금색보광묘행성취여래(金色寶光妙行成就如
　　來) 358
금안도모(金顔度母) 401
기(氣) 63
기청(祈請) 445
기청문(祈請文) 312
길상도모(吉祥度母) 403
길상와(吉祥臥) 77
길상왕여래(吉祥王如來) 358

| ㄴ |
나르탕빠 371, 372
남섬부주(南贍部洲) 332
납계(納戒) 425
내관(內觀) 37, 111
내귀의(內歸依) 311
내만달(內曼達) 340
내재귀의(內在歸依) 307
노고(老苦) 197
녹도모(綠度母) 280, 397
녹야원(綠野苑) 191, 347

| ㄷ |
다라모(多羅母) 279
단가부좌(單跏趺坐) 72
달마(達磨) 309
당하(當下) 105, 106
대력(大力) 287
대비(大悲) 287
대승(大乘) 209
대승 불교 28, 204
대승팔계(大乘八戒) 425
대의왕불(大醫王佛) 357
대일여래(大日如來) 74
대자재금강지기(大自在金剛地基) 335
대적정도모(大寂靜度母) 403
대지(大智) 287

도(道) 304
도거개(掉擧蓋) 95
도리삼십삼천(忉利三十三天) 335
도모(度母) 270, 280
도모법문(度母法門) 282
도모심주(度母心呪) 400
도제(道諦) 190
동승신주(東勝身洲) 332
득도인신(得到人身) 139

|ㄹ|
로덴[盧敦] 396
린첸쌔[仁欽賽] 371

|ㅁ|
마야(摩耶) 부인 349
마장(魔障) 91, 93, 280
만다라(曼陀羅) 328
만달(曼達) 328
만욕우(滿欲牛) 333
말나식(末那識) 29
망어(妄語) 173
맥(脈) 294
맥도(脈道) 295
맥륜(脈輪) 294
맹구입액(盲龜入軛) 145
멸(滅) 147
멸제(滅諦) 190
명성(明性) 117
명심견성(明心見性) 6
명심훔음도모(明心吽音度母) 403
묘고산(妙高山) 332
묘리(妙理) 413
묘불주(妙拂州) 333
묘용(妙用) 35
무과(無果) 176
무기업(無記業) 167, 173

무량겁(無量劫) 280
무량심(無量心) 316
무명(無明) 93, 116, 132, 141
무상(無上) 205
무상(無常) 8, 147, 153
무상(無相) 35
무상보리(無上菩提) 205, 206
무상성(無常性) 38
무상정등각(無上正等覺) 320
무색계(無色界) 335
무색계천 41
무소유처정(無所有處定) 41
무아(無我) 7
무아성(無我性) 38
무연자비(無緣慈悲) 223
무외인(無畏印) 281
무우최승길상여래(無憂最勝吉祥如來) 358
무인(無因) 176
무집(無執) 172
미륵불(彌勒佛) 404
미심륜(眉心輪) 294
미진(味塵) 89
밀속(密續) 270
밀종(密宗) 269

|ㅂ|
반련좌(半蓮坐) 70
반야(般若) 313
반야월(般若月) 279
반야 지혜 205
방송(放松) 31
백도모(白度母) 280
백련화(白蓮花) 375
백자명주(百字明呪) 417
번뇌 48, 50
범천(梵天) 326
법(法) 307

법계중생(法界衆生) 81
법기(法器) 271
법륜(法輪) 327
법문 81
법보(法寶) 6, 309
법상(法相) 314
법신(法身) 345
법연자비(法緣慈悲) 223
법진(法塵) 89
법해뇌음여래(法海雷音如來) 358
법해혜유희신통여래(法海慧遊戲神通如來) 358
『법화경(法華經)』 138
변견(邊見) 195
병고(病苦) 197
보구(補救) 179, 252, 324
보도중생(普度衆生) 281
보리(菩提) 205
보리심(菩提心) 48, 204
보산(寶山) 330
보살(菩薩) 313
보살계(菩薩戒) 425, 434
보살법계(菩薩法界) 175
보살참회문(菩薩懺悔文) 450
보살타참(菩薩墮懺) 450
보살행 357
보시(普施) 313
보신(報身) 345
보월지엄광음자재왕여래(寶月智嚴光音自在王
　如來) 358
보장병 341
보현금강살타(普賢金剛薩埵) 413
복덕(福德) 319
복마도모(伏魔度母) 401
복보(福報) 139
복부(腹部)호흡 108
복식(腹息) 63
본성(本性) 23

본심자성(本心自性) 35
본존(本尊) 317
본존법문(本尊法門) 395
부도(浮圖) 344
부도(浮屠) 344
부동금강좌(不動金剛坐) 72
부처(佛陀) 344
부타(浮陀) 344
북구로주(北俱盧洲) 332
분별심(分別心) 68, 203, 205
분신도모(奮迅度母)(녹도모綠度母) 401
불(佛) 307
불과(佛果) 141, 146
불과보리(佛果菩提) 81, 205
불국찰토(佛國刹土) 401
불단(不斷) 131
불단(佛壇) 53
불래(不來) 131
불멸(不滅) 131
불모(佛母) 397
불법(佛法) 281
불법계(佛法界) 175
불보(佛寶) 309
불상(不常) 131
불생(不生) 131
불성(佛性) 21, 344
불세존(佛世尊) 454
불신(佛身) 356
불염심(不染心) 116
불이(不異) 131
불이법문(不二法門) 205
불일(不一) 131
불주(拂州) 333
불출(不出) 131
불타(佛陀) 309
비(悲) 35, 222
비관심(鼻觀心) 104

비구계(比丘戒) 425
비구니계(比丘尼戒) 425
비구와 비구니계(比丘及比丘尼戒) 434
비로자나불 74
비무량심(悲無量心) 316
비민(悲憫) 172
비밀주(秘密主) 413
비발사나(毘鉢舍那) 37
비상비비상처정(非想非非想處定) 41
비식(鼻息) 63
비식(鼻識) 29
비심(悲心) 222
비지쌍운(悲智雙運) 404
비파사나(毘婆舍那) 37
빈미도모(顰眉度母) 403

| ㅅ |
사겁(四劫) 149, 155
사견(邪見) 173, 195, 360
사고(四苦) 155
사고(死苦) 197
사고식(思考式) 37
사귀의(四歸依) 317
사근본계(四根本戒) 428
사념(邪念) 88, 320
사대천왕천(四大天王天) 335
사대치력(四對治力) 423
사무량심(捨無量心) 318
사무색정(四無色定) 41
사미계(沙彌戒) 425
사미니계(沙彌尼戒) 425
사미와 사미니계(沙彌及沙彌尼戒) 434
사방지계(四旁支戒) 430
사비관음(四臂觀音) 287
사상(四相) 155
사선(四禪) 41
사성법계(四聖法界) 175

사성취도모(賜成就度母) 403
사음(邪淫) 173
사정려(四靜慮) 41
사제(四諦) 189, 191
사파린포체[梭巴仁波切] 372, 414
사혹(思惑) 195
살생(殺生) 173
삼계(三界) 195, 199
삼고(三苦) 199
삼귀계(三歸戒) 425, 434
삼귀의(三歸依) 317
삼독(三毒) 93
삼독오개(三毒五蓋) 93
삼륜체공(三輪体空) 390
삼마지(三摩地) 33
삼매(三昧) 33
삼맥(三脈) 294, 297
삼무루학(三無漏學) 427
삼밀(三密) 269
삼밀상응(三密相應) 269
삼보(三寶) 279, 307
삼보불(三寶佛) 357
삼보인(三寶印) 404
삼사도(三士道) 311
삼사도귀의(三士道歸依) 311
삼선(三禪) 41
삼선도(三善道) 169, 173
삼설(三說) 191
삼세불(三世佛) 357
삼식(三識) 29
삼신원만(三身圓滿) 345
삼십오불(三十五佛) 450
삼십오불예참법(三十五佛禮懺法) 450
삼십칠불자행(三十七佛子行) 441
삼십칠품(三十七品) 330
삼악도(三惡道) 169, 173
삼업(三業) 266

상사도귀의(上士道歸依) 311
상온(想蘊) 197
상주삼보(常住三寶) 311
색계(色界) 335
색계천(色界天) 41
색온(色蘊) 197
색진(色塵) 89
생(生) 147, 189
생고(生苦) 197
생멸(生滅) 147
생명기식(生命氣息) 294
생식륜(生殖輪) 294
생연자비(生緣慈悲) 223
생재중토(生在中土) 139
서우대주(西牛貸洲) 332
석가모니 부처님 191
선(禪) 6
선과(善果) 165, 169
선근(善根) 455
선나(禪那) 67
선법(善法) 67, 95
선법욕(善法欲) 88
선보(善報) 165
선수(禪修) 6, 22, 30
선심(善心) 67, 89
선업(善業) 164, 165, 167
선인(善因) 165, 169, 176, 327
선정(禪定) 41, 313, 427
설사자(雪獅子) 348
설식(舌識) 29
섭률의계(攝律儀戒) 434
섭선법계(攝善法戒) 434
성겁(成劫) 149
성공(性空) 130
성구도불모(聖救度佛母) 397
성다라보살(聖多羅菩薩) 397
성문법계(聲聞法界) 175

성문인(聲聞人) 191
성진(聲塵) 89
세간모(世間母) 280
소고도모(消苦度母) 403
소독도모(消毒度母) 403
소승(小乘) 191, 209
소역도모(消疫度母) 403
소연경(所緣境) 34
수계(受戒) 425, 445
수계(守戒) 445
수계서언 442
수관(修觀) 67
수미산(須彌山) 330, 335
수식(數息) 36, 104, 107, 112
수식(隨息) 107
수식관(數息觀) 104
수심(修心) 324, 368
수심팔송(修心八頌) 371, 372
수온(受蘊) 197
수정염주(水晶念珠) 375
수주(守住) 308
수호흡(數呼吸) 104
수희(隨喜) 319, 324
순진륜(純眞輪) 296
슈도다나(정반왕淨飯王) 349
스트레스 358
습제(習諦) 190
승(僧) 307
승가(僧伽) 309
승보(僧寶) 309
승삼계도모(勝三界度母) 401
승시인(勝施印) 361
승신주(勝身州) 333
승인(承認) 234
시수법(施受法) 223, 224
시원인(施願印) 404
식(息) 63

식무변처정(識無邊處定) 41
식온(識蘊) 197
식차마니계(式叉摩尼戒) 425, 434
신(身) 140
신견(身見) 195
신밀(身密) 269
신식(身識) 29
신심(信心) 304
신업(身業) 167
신주(身州) 333
실물공양(實物供養) 320
실상(實相) 347
심령(心靈) 358
심륜(心輪) 276, 284, 290, 292, 294
심식(心識) 284, 292
심식합일(心識合一) 285
심신의식(心神意識) 29
심주(心呪) 284
심지(心智) 7
심평기화(心平氣和) 203, 206, 214
십상도(十象圖) 23
십선업(十善業) 173
십악업(十惡業) 173
십원만(十圓滿) 139, 143
십이대원(十二大願) 357
십이원왕(十二願王) 357
쌍가부좌(雙跏趺坐) 72

| ㅇ |
아견(我見) 133
아귀도(餓鬼道) 169
아귀법계(餓鬼法界) 175
아띠샤[阿底峽] 371, 396
아뢰야식(阿賴耶識) 29
아만(我慢) 133
아미타불(阿彌陀佛) 357
아수라도(阿修羅道) 169

아수라법계(阿修羅法界) 175
아애(我愛) 133
아집(我執) 132
아치(我痴) 133
악과(惡果) 169
악구(惡口) 173
악법(惡法) 95
악법욕(惡法欲) 88
악보(惡報) 165
악업(惡業) 165, 167
악인(惡因) 165, 169
안관비(眼觀鼻) 104
안식(眼識) 29
애별리고(愛別離苦) 189, 197
약사불(藥師佛) 357
약사삼존(藥師三尊) 357
약사여래(藥師如來) 357
약사유리광여래(藥師琉璃光如來) 357, 358
양설(兩舌) 173
양신수심(養身修心) 6
업(業) 122, 165
업과(業果) 167
업력(業力) 165, 166, 167
업인(業因) 156, 167, 253
업장(業障) 179, 253
업제무도(業際無倒) 139
여래불(如來佛) 186
여원인(與願印) 281
여의길상좌(如意吉祥坐) 72
여의보주(如意寶珠) 288
여의수(如意樹) 333
여의자재좌(如意自在坐) 73
여의좌(如意坐) 72
여의주(如意珠) 375
연각법계(緣覺法界) 175
연화월륜(蓮花月輪) 360, 374
열반(涅槃) 49, 67

열염도모(烈焰度母) 403

염부수(閻浮樹) 333

영계(靈界) 363

영능(靈能) 296

영량(靈量) 294, 296

영력(靈力) 296

영사(靈蛇) 296

영체(靈體) 294

오개(五蓋) 93, 95

오계(五戒) 425, 434

오근구전(五根俱全) 139

오대(五大) 109

오도성불(悟道成佛) 349

오둔사(五鈍使) 195

오리사(五利使) 195

오복 139

오성(悟性) 102

오식(五識) 29

오안(五眼) 455

오온(五蘊) 37, 130, 197

오욕(五欲) 88

오자원만(五自圓滿) 139

오취온고(五取蘊苦) 189, 197

오타원만(五他圓滿) 139

오파랍화(烏巴拉花) 281, 283

외귀의(外歸依) 311

외도(外道) 360

외연(外緣) 167

외재귀의(外在歸依) 307

요익유정계(饒益有情戒) 434

욕계(欲界) 335

욕념(欲念) 242

우담화(優曇華) 20

우맥(右脈) 294

원만(圓滿) 205

원증회고(怨憎會苦) 189, 197

월광변조보살(月光遍照菩薩) 357

위맹도모(威猛度母) (백도모白度母) 401

유정중생 215

육귀의(六歸依) 317

육근(六根) 89

육도(六度) 313

육도(六道) 169

육망(六妄) 89

육묘법문(六妙法門) 104, 107

육범법계(六凡法界) 175

육쇠(六衰) 89

육자심주(六字心呪) 188

육적(六賊) 89

육진(六塵) 89

윤왕칠보(輪王七寶) 341

윤회(輪回) 169

의(意) 140

의(疑) 195

의개(疑蓋) 95

의고(依靠) 179, 322

의념(意念) 108, 441

의밀(意密) 269

의상(意象) 268

의식(意識) 29

의업(意業) 167

의왕선서(醫王善逝) 357

의환공양(意幻供養) 320

이(異) 147

이감로문(二甘露門) 104

이선(二禪) 41

이세출가(離世出家) 349

이식(耳識) 29

이십삼품(二十三品) 330

이십일도모 397

「이십일도모 예찬문(二十一度母禮贊文)」 395

이십칠품(二十七品) 330

이타(利他) 204

이타심(利他心) 368

인과법칙 165
인다라(因陀羅) 333
인도(人道) 169
인법계(人法界) 175
인신난득(人身難得) 138
인신십복(人身十福) 139
인연(因緣) 164
인욕(忍辱) 313
인중(人中) 111
일광변조보살(日光遍照菩薩) 357
일귀의(一歸依) 317
일체선법(一切善法) 67
입식(入息) 105

| ㅈ |
자(慈) 222
자기애(自己愛) 368
자무량심(慈無量心) 316
자비(慈悲) 222
자성(自性) 23, 209
자성삼보(自性三寶) 311
자심(慈心) 215
『자씨오론(慈氏五論)』 371
자아(自我) 132
자애(慈愛) 172, 213
자연도(自然稻) 333
자재(自在) 7
『잡아함경(雜阿含經)』 145
티베트 불교(藏傳佛敎) 37, 214
재가계(在家戒) 434
저상(沮喪) 97, 257
적멸 48
전련좌(全蓮坐) 70
전륜성왕(轉輪聖王) 334
전법륜(轉法輪) 326
전연전주(全然專注) 106
전인(前因) 165

전주(專注) 33
전주식(專注式) 33
접수(接受) 234
정각(正覺) 315
정계존승도모(頂髻尊勝度母) 401
정금위좌(正襟危坐) 73
정념(正念) 88
정도(正道) 48
정려(靜慮) 6
정력(定力) 34, 49, 111
정례(頂禮) 319
정륜(頂輪) 294
정법생신심(正法生信心) 139
정식(淨息) 109
정유리세계(淨琉璃世界) 357
정진(精進) 313
정토 270
정학(定學) 427
제도(濟度) 441
제륜(臍輪) 294
제석(帝釋) 326
조관(粗觀) 107
조심(調心) 99
졸화(拙火) 294
졸화법(拙火法) 294
좌맥(左脈) 294
좌법(坐法) 74
좌선(坐禪) 30, 74
좌세(坐勢) 70
주(住) 147
주겁(住劫) 149
주문(呪文) 291, 396
주술(呪術) 363
주식(住息) 105
주존(主尊) 397, 449
중뙨빠(仲敦巴) 396
중맥(中脈) 283, 294

중사도귀의(中士道歸依) 311
중생(衆生) 199, 208
중생 제도 48
증과(證果) 28
증오(證悟) 441
증오열반(證悟涅槃) 6
증입열반(證入涅槃) 349
지(止) 33
지계(持戒) 313, 425, 445
지계자(持戒者) 426
지선(止禪) 33, 40, 106, 271
지식(止息) 107
지옥도(地獄道) 169
지옥법계(地獄法界) 175
지자(智者) 309
지혜(智慧) 205, 427
진(嗔) 61, 65, 195
진감삼계도모(震撼三界度母) 403
진심(眞心) 35
진심공(眞心空) 35
진에(嗔恚) 173
진에개(嗔恚蓋) 95
진여 205
진여실제(眞如實際) 81
집제(集諦) 190
집착(執着) 66, 242, 245

| ㅊ |
찰나정(刹那定) 111
참회(懺悔) 319, 322
천(喘) 63
천도(天道) 169
천법계(法界) 175
천수천안관음(千手千眼觀音) 287
천신좌(天神坐) 73
철위산(鐵圍山) 332
청구제불전법륜(請求諸佛轉法輪) 326

청구제불주세(請求諸佛住世) 326
『청사(靑史)』 371
청장주(請長住) 319
청전법륜(請轉法輪) 319
청정사주 432
초선(初禪) 41
초전법륜(初轉法輪) 191
촉지인(觸地印) 449
촉진(觸塵) 89
총엽장엄찰토(蔥葉莊嚴刹土) 401
축생도(畜生道) 169
축생법계(畜生法界) 175
출가(出家) 67
출가계(出家戒) 434
출리(出離) 67, 348
출리심(出離心) 67
출식(出息) 105
출입식(出入息) 111
출입식관(出入息觀) 104
치(痴) 61, 65, 195
칠금산(七金山) 332
칠대해(七大海) 332
칠륜(七輪) 294
칠중금산(七重金山) 335
칠지(七支) 74
칠지기청문 318
칠지좌법 74
칠칠사십구천(七七四十九天) 326
칠품(七品) 330

| ㅌ |
탐(貪) 61, 65, 195
탐욕(貪欲) 173
탐욕개(貪欲蓋) 95
태식(胎息) 63
투도(偸盗) 173

| ㅍ |

파마군도모(破魔軍度母) 401
파적도모(破敵度母) 401
팔계(八戒) 428, 434
팔고(八苦) 197
팔관재계(八關齋戒) 425
팔난(八難) 143
팔법(八法) 390
팔보(八寶) 334
팔불관공(八不觀空) 131
팔식(八識) 29
팔십일품사혹(八十一品思惑) 195
팔십팔사견혹(八十八使見惑) 195
팔역경(八逆境) 143
팔유가(八有暇) 143
팔정(八定) 41
평등 208
평등심(平等心) 205
평상심 66, 205
포토와 371
품계(禀戒) 425

| ㅎ |

하사도귀의(下士道歸依) 311
학계(學戒) 425
해액도모(解厄度母) 403
해저륜(海底輪) 294

해탈(解脫) 48, 173
행고(行苦) 199
행온(行蘊) 197
향진(香塵) 89
허상(虛像) 234
혜(慧) 35
혜학(慧學) 427
호기(呼氣) 112
호법(護法) 317
혼면개(惛眠蓋) 95
홍련화(紅蓮花) 289
화단금족(花團錦簇) 449
화신(化身) 345, 397
『화엄경(華嚴經)』175
환상 245
환식(環息) 109
회상력(回想力) 106
회향(回向) 80, 319
회향원문(回向願文) 443
후과(後果) 165
후륜(喉輪) 294
후회(後悔) 179, 322
훔음질도모(吽音叱度母) 401
흉부(胸部)호흡 108
흡기(吸氣) 112
희무량심(喜無量心) 316